罗志田　四川大学历史系毕业，普林斯顿大学博士。历任四川大学历史系、北京大学历史学系教授，现任四川大学文科杰出教授，兼任清华大学人文与社会科学学院教授。著有《再造文明之梦：胡适传》《权势转移：近代中国的思想与社会》《民族主义与近代中国思想》《乱世潜流：民族主义与民国政治》《国家与学术：清季民初关于"国学"的思想论争》《裂变中的传承：20世纪前期的中国文化与学术》《斯文关天意：近代新旧之间的士人与学人》《革命的形成：清季十年的转折》和《激情时代：五四再认识》等。

国家与学术

清季民初关于"国学"的思想论争

罗志田 著

生活·讀書·新知 三联书店

Copyright © 2023 by SDX Joint Publishing Company.
All Rights Reserved.

本作品版权由生活·读书·新知三联书店所有。
未经许可，不得翻印。

图书在版编目（CIP）数据

国家与学术：清季民初关于"国学"的思想论争 /
罗志田著. —北京：生活·读书·新知三联书店，2023.9（2024.6 重印）
（当代学术）
ISBN 978-7-108-07593-2

Ⅰ.①国⋯ Ⅱ.①罗⋯ Ⅲ.①思想史 – 研究 – 中国 –
近代 Ⅳ.① B250.5

中国国家版本馆 CIP 数据核字 (2023) 第 011977 号

特约编辑	孙晓林
责任编辑	苑　琛
装帧设计	宁成春　薛　宇
责任校对	张国荣
责任印制	董　欢
出版发行	生活·讀書·新知 三联书店
	（北京市东城区美术馆东街 22 号 100010）
网　　址	www.sdxjpc.com
经　　销	新华书店
印　　刷	河北鹏润印刷有限公司
版　　次	2023 年 9 月北京第 1 版
	2024 年 6 月北京第 2 次印刷
开　　本	635 毫米 × 965 毫米　1/16　印张 28.5
字　　数	406 千字
印　　数	5,001–8,000 册
定　　价	108.00 元

（印装查询：01064002715；邮购查询：01084010542）

当代学术
总　序

　　生活·读书·新知三联书店从1986年恢复独立建制以来，就与当代中国知识界同感共生，全力参与当代学术思想传统的重建和发展。三十年来，我们一方面整理出版了陈寅恪、钱锺书等重要学者的代表性学术论著，强调学术传统的积累与传承；另一方面也积极出版当代中青年学人的原创、新锐之作，力求推动中国学术思想的创造发展。在知识界的大力支持下，通过多年的努力，我们已出版众多引领学术前沿、对知识界影响广泛的论著，形成了三联书店特有的当代学术出版风貌。

　　为了较为系统地呈现中国当代学术的发展和成果，我们以上世纪八十年代以来刊行的学术成果为主，遴选其中若干著作重予刊行，其中以人文学科为主，兼及社会科学；以国内学人的作品为主，兼及海外学人的论著。

　　我们相信，随着当代中国社会的繁荣发展，中国学术传统正逐渐走向成熟，从而为百余年来中国学人共同的目标——文化自主与学术独立，奠定坚实的基础。三联书店愿为此竭尽绵薄。谨序。

生活·读书·新知三联书店
2017年3月

目　次

新版序 …………………………………………………… 1
自　序 …………………………………………………… 1

第1章　国不威则教不循：中学走向无用 ………… 1
一　物质与文质的学术之"用" ……………… 2
二　"科学"与学术的虚实 …………………… 12

第2章　国无学不立：重建国学的努力 …………… 33
一　区分君学与国学 ………………………… 34
二　古学与国学 ……………………………… 43
三　"窃学"与"灭学" ……………………… 59
四　"有是地然后有是华"的国学 …………… 71

第3章　温故知新：民间的古学复兴与官方的存古学堂 ……… 82
一　国粹不阻欧化 …………………………… 83
二　"复古"与"复兴" ……………………… 89
三　存古学堂之立意 ………………………… 107
四　各方对存古取向的反应 ………………… 118
五　余论：朝野取向的异同 ………………… 137

第4章　种界与学理：抵制东瀛文体与万国新语之争 …… 143
    一　语言文字地位的上升 …… 144
    二　抵制东瀛文体 …… 153
    三　中西文字的优劣 …… 170
    四　文字改革的朝野观念异同 …… 181
    五　种界与学理 …… 193
    六　万国新语之余波 …… 213

第5章　新文化运动时期关于整理国故的思想论争 …… 218
    一　从清季到民初的观念传承 …… 219
    二　"国"与"故"的地位 …… 225
    三　国故之争折射出的新旧观念异同 …… 240
    四　余论：古今与中外 …… 255

第6章　机关枪与线装书：关于"国学书目"的论争 …… 265
    一　"国学书目"的争论及其弦外之音 …… 266
    二　机关枪对打？科学的精神与物质 …… 279
    三　科学的国学 …… 292
    四　余　论 …… 302

第7章　从正名到打鬼：新派学者对于整理国故的态度转变 …… 307
    一　引言：杂志的兴起 …… 308
    二　正名的努力：整理国故与新文学运动 …… 312
    三　从治病到打鬼：整理国故运动的一条内在理路 …… 334

第 8 章 "国学"的学科定位与认同危机·················· 360
    一　引言：国学与国故学 ························· 361
    二　西方学术分类与国学的学科定位 ················ 367
    三　区分新旧的努力：国学的排他性 ················ 384

引用书目 ·· 405

新版序

　　本书初版于2003年，那时我从川大引咎辞职转到北大，书出恰逢"非典"，数月后疫情解禁，而京城出现一股"国学热"。一时从刊物到报纸以至于电视台，忽然都对国学有了兴趣。犹忆数月间接到的采访和演讲"对谈"等邀请，每周至少两次。有些邀约者本是熟人，其余也多通过朋友介绍而来。我当然知道参与这些活动必会帮助书的销售，但若频繁"出镜"，可能很快就会成为所谓"公知"。且我到京即给自己定了规矩——不在北京演讲。于是不得不拂了各位旧雨新知的好意，闭门读书、教书，国学也就没在我这里"热"起来。

　　书的版权应是2013年到期，然从2011年起，就有好几家出版社陆续来探询再版之意。初版写作时很多史料如《国粹学报》《政艺通报》等都还难觅，所以书中所引的史料比较厚重，希望让读者可以据史料以验证我的看法。后来那些史料慢慢有了影印本甚至电子数据库，与读者分享的意义就没那么大了。我当时的想法是出一个较大幅度的修订版，将引用较详的史料删略，使书中的见解更明晰，以利更多专业而非"专门"的读者。遂向这些出版社致谢，请朋友们以后再联络。

　　忽忽好几年过去了，修订事竟未提上工作日程。到2016年，原版的三联书店编辑自己来联系了，说是要放在收纳近几十年学术原创作品的"当代学术"丛书里，就不能不欣然允诺了。虽然如此，起初仍计划不大改也要"中改"。遂开始把原来的自序改写为新序，并从第一章起调整结构，旋又因他事而搁置。这些年真是每天都在"穷忙"，其实也不知在忙什么。学无寸进，杂事却日多，而文债尤重。转眼续约签了五六年，整体的修订一直没能进入工作日程，感觉实在不好意思再拖了。

实则改与不改，内心都有些矛盾。盖历史叙述当追求"文如其事"，史迹本"变动交互"，史体亦当随之（刘咸炘语）。裁去一些资料固然可以更加清晰地彰显作者的诠释，但历史本身是丰富的，太过简明则可能失真。且即使提供了丰富的史料，历史学人也并未因此放弃史学诠释的责任，而把判断留给读者来完成。就历史撰述言，昔人写作追求的是言有余韵，现代学术也讲究说话要有分寸，在此基础上，要写出流畅通达并富有穿透力的文字，即使不受史料丰约的影响，也是极费斟酌的事。如何可以提供较多的史料以"随人观玩"（陈寅恪语），同时把自己的诠释表述得不那么余音绕梁，仍是我努力的目标。

况且不论是"国家"与"学术"的关联互动，还是"国学"本身，都是近代的大事。它们的前世今生，与20世纪以至21世纪的中国学术、思想乃至政治的变化，息息相关。这些年尽管在做别的题目，相关史料一直在留心，也有不少新的看法和想法，已积累下二十多万字的半稿，故本书即使大改，也未必都能整合进去，或许只有慢慢另成一书了。

经过再三斟酌，乃改变想法，先将此史料丰富的"详本"留给专业读者，以后若时有余裕，再为不那么专门的读者写一个以旨趣见解为主的"略本"。故这一版仅改正已知的文字错误，对个别文字略作调整，舍去尚未完成的新序，仍存原有的"自序"，第一章的结构也仍依旧貌，可以说没怎么改。经过十多年的纠结踌躇，竟是这样的结果，不能不说声惭愧！

从2003到2022这二十年间，对国学的认知以及国家与学术的关系，显然是有变化的。昔年读过此书的人，在二十年后重读同一本书，是否会读出与前不同的新意？甚至2022年的在校大学生，有些就是2003年及其后出生的。本书对他们而言，与二十年前大学生的观感，必有异同；或也只能借杜樊川所言，"江东子弟多才俊，卷土重来未可知"。

面对不同的语境、变化的读者，本书探讨的问题，既在时间中延续，或也像歌曲的旋律一样，在重复中生成新的韵律流淌。正如百年前国家与学术的问题，在今天仍启迪着后人。无论如何，本书二十年后又再版，对于读者和出版社的厚爱，个人是十分感动也特别感谢的！

2022 年 3 月 23 日
于川大江安花园

自　序

近代中国士人面临西潮冲击，在中国已由文变野、实际处于"世界"的边缘甚至未能"进入"世界的背景之下，多数中国读书人都在思考一个共同的问题：中国向何处去？由于政教相连的中国传统对"学"的强调，这个问题无时无刻不与"学"相关（这是民初读书人常能从"物质"上看到"文明"的一个重要潜因）；反之，当许多人说"学"的时候，其实考虑的、关注的又决非仅仅是学术，而是远更广阔的国家民族存亡和发展一类大问题。因此，从清季保存国粹的朝野努力及由此而起的争论开始，到新文化运动时的整理国故，再到北伐前后两次关于国故和国学的大讨论，这一系列论争都以学术为题，却远远超出了"学术"的范围，而形成了社会参与相对广泛的思想论争。[1]

这些论争有的已为学者所注意而语焉不详，有的则较少受到学者的关注。如果说清季的材料相对不易搜集，民初几次争论的材料其实并不稀见，而且参与这些论争的人物（特别是新派人物）大多数已经"青史留名"，他们的具体言论似乎仍未受到足够的重视。[2]朱维铮先生约十年前曾指出，新文化运动期间《新潮》与《国故》两派的论争，"在学

---

[1]"相对广泛"这一定语应予充分注意，这一系列论争以至我们史学研究中备受重视的清季民初新旧之争，其实都是充满士人关怀、主要在精英之间展开的争论，其在多大程度上受到当时全社会的关注，还有待考证。

[2]据说中山大学历史系正有人以黄节为博士论文的题目；关于民初的争论，一个少见的例外是沈松侨的《学衡派与五四时期的反新文化运动》（台湾大学，1984年），该书以4页约两千字的篇幅论述了1919年以北大学生为主的关于整理国故的思想论争。

术上并没有超出"刘师培"当年的主张"。[1]这一睿见并未引起研究者的注意,而朱先生该文意不在此,也仅仅点到为止。实则几次论争的观念可见明显的传承(当然也有变化),尤其是各次论争的核心关注点基本一致,但既存研究中基本未见将其联系起来思考和讨论者。

庚子以后,清季朝野皆曾有保存国粹的愿望和具体的努力。民间的"国粹派"近年受到研究者更多关注,直接以"国粹派"或"国粹主义"为题的研究,较早的有杨天石的《论辛亥革命前的国粹主义思潮》;[2]此后中国大陆学术进入非常时期,倒是美国学者施奈德和伯纳尔分别著有《国粹与知识分子》和《刘师培与国粹》;[3]到20世纪80年代则有胡逢祥的《论辛亥革命时期的国粹主义史学》;[4]进入90年代,相关论著渐多,其中郑师渠的《晚清国粹派》是迄今为止我所见到的关于"国粹派"最为详尽的研究。[5]此外,广义的近代中国民族主义、近代学术史、思想史和具体的南社、同盟会、辛亥革命以及相关人物(特别是章太炎)的

---

[1] 朱维铮:《失落了的"文艺复兴"》,收入其《音调未定的传统》,辽宁教育出版社,1995年,132页。

[2] 文载《新建设》1965年2期。

[3] Laurence A. Schneider, "National Essence and the new Intelligentsia", Martin Bernal, "Liu Shih-p'ei and National Essence", both in Charlotte Furth, ed., *The Limits of Change: Essays on Conservative Alternatives in Republican China*, Cambridge, Mass.: Harvard University Press, 1976, pp. 57–89, 90–112.

[4] 文载《历史研究》1985年5期。

[5] 如吴雁南等主编:《清末社会思潮》的第七章《国粹主义的"复兴古学"》(张恒平执笔),福建人民出版社,1990年,360—423页;郑师渠:《晚清国粹派——文化思想研究》,北京师范大学出版社,1993年(按:郑师渠另著有《国粹、国学、国魂:晚清国粹派文化思想研究》,台北文津出版社,1992年,书未见);朱维铮:《失落了的"文艺复兴"》,收入其《音调未定的传统》,132—140页;丁伟志:《晚清国粹主义述论》,《近代史研究》1995年2期;王汎森:《刘师培与清末的无政府主义运动》,《大陆杂志》90卷6期(1995年6月)。王东杰近年有三篇相关论文,即《国学保存会和清季国粹运动》,《四川大学学报》1999年1期;《欧风美雨中的国学保存会》,《档案与史学》1999年5期;及《〈国粹学报〉与"古学复兴"》,《四川大学学报》2000年5期。木山英雄的《"文学复古"与"文学革命"》(《学人》第10辑,1996年9月)从文学角度讨论问题,亦可参考。与此论题密切相关而值得参考的还有俞旦初的《爱国主义与中国近代史学》,中国社会科学出版社,1996年,和沈松侨最近的论文《振大汉之天声——民族英雄谱与晚清的国族想象》,《"中央研究院"近代史研究所集刊》33期(2000年6月)。

既存研究多少都与"国粹派"相关,均不容忽视,此不赘。

不过,由于国粹学派所涉及的内容非常广泛,如学派之内各人观念的异同、清季保存国粹的朝野努力以及国粹与欧化之争等一系列问题仍有许多可以探讨之处。尤其清政府方面保存国粹的相关努力很少有人关注,将朝野的类似关怀结合起来探讨者更几乎未见。实则清季朝野双方不仅有对立的一面,也有共同的一面;在保存国粹方面,有时像章太炎和张之洞这样在政治观念上对立的人,其文化共识的程度或者还超过章太炎与吴稚晖这样政治观念相近之革命党人。

从辛亥革命到张勋复辟,国人似更多关注直接的政治问题。胡适在20世纪20年代初注意到,因古学界青黄不接所造成的学术寂寞使许多人产生古学将要沦亡的悲观,结果"很自然的发出一种没气力的反动的运动来"。[1]然而造成那时与"古学"相关的学术寂寞恐怕还有一个重要原因,便是"学术",特别是国人真正熟悉的传统中国学术在此期间基本淡出思想言说的中心。在民初趋新的大势下,一些旧派人物试图挽狂澜于既倒的努力的确只能是"没气力的反动"。

真正使国学/国粹回到思想言说中心的是五四后新派人物推动的"整理国故"运动。这一当时影响巨大的努力虽然在各种思想史和学术史的论著中不时被提到,但不知为何迄今少见专门而系统的研究。陈以爱最近关于北京大学研究所国学门的新著虽然仅选取一个机构在一段时期(1922—1927)里的发展进行探讨,或可说是这方面第一部比较详细的专著。[2]此前较有分量的论文则多侧重于提倡整理国故最力的胡适,然数量也不多。[3]新近一些学术史研究对此有较前更具体的关注(即不

---

[1] 胡适:《〈国学季刊〉发刊宣言》,《胡适文存二集》卷一,亚东图书馆,1924年,1—2页。
[2] 陈以爱:《中国现代学术研究机构的兴起——以北京大学研究所国学门为中心的探讨(1922—1927)》,台北政治大学,1999年。
[3] 李孝悌:《胡适与整理国故——兼论胡适对中国传统的态度》,《食货月刊(复刊)》(台北),15卷5—6期(1985年11月);耿云志:《胡适整理国故平议》,《历史研究》1992年2期;雷颐:《胡适与"整理国故"运动》,收入其《时空游走:历史与现实的对话》,山东教育出版社,1999年,185—202页。

仅是提及而已），尤其桑兵教授对"国学"的研究涉及广泛[1]，但关于"整理国故"的专门研究仍待来者。[2] 而1919—1929年间几次关于国故或国学的思想论争，既存研究或偶尔提到，或几乎未见提及，显然未受到足够的重视。[3]

从清季起这一系列思想论争最显著的主线是（广义的）学术与国家的关系，在近三十年间大体经历了从保存国粹到整理国故再到不承认国学是"学"这一发展演化进程。从称谓看，又大致经历了从"中学"到"国学"/"国粹"再到"国故（学）"/"国学"这一过程。在一定程度上或可以说，国粹、国学、国故等词语的大量引入思想言说之中，恐怕就因为"中学"已经失去吸引力和竞争力，尤其"国学"明显是"中学"的近义词。章太炎在1906年提倡"以国粹激动种姓"时，他（以及主张以历史激发爱国心的梁启超等）有意无意间不过是换一个标签而试图将在时人思想言说中已经边缘化的"中学"拉回到中心来；但正由于国粹与中学的接近，这一努力的成就有限，或可说基本是不成功的。

就清季而言，从"中学"而"国学"而"国粹"这一进程当然未必即呈线性发展，具体到个人则可能还先言"国粹"而后说"国学"。[4] 但许守微1905年发表于《国粹学报》的《论国粹无阻于欧化》一文提

---

[1] 如王汎森的《民国的新史学及其批评者》和刘龙心的《学科体制与近代中国史学的建立》，两者均收入罗志田主编的《20世纪的中国：学术与社会（史学卷）》，山东人民出版社，2001年，31—130、449—580页。桑兵：《晚清民国时期的国学研究与西学》，《历史研究》1996年5期；《国学与汉学——近代中外学界交往录》，浙江人民出版社，1999年；《晚清民国的国学研究》，上海古籍出版社，2001年。钟少华的《试论近代中国之"国学"研究》（《学术研究》1999年8期）值得注意，此文非常规史学论文，作者自己也介入讨论，认为昔人"硬把国家同学术绑到一起，以希望作为抵抗外来传入的新人类知识的武器，这种徒劳的努力，历史已经将之废弃了"；同样，国学分类的混乱也是因为"将'国'与'学'搅拌到一起"的问题没解决好（引文在31—32页）；不论其"评价"的倾向性如何，该文注意到学术与国家关系的重要性，实有所见。
[2] 据我所知，南京大学中文系的徐雁平和台北政治大学的陈以爱就此为题的博士论文都已在最近通过答辩。
[3] 这一系列论争所涉及的一些具体问题的既存研究，将在相关的章节中涉及，此处不作专门的评述。
[4] 参见郑师渠：《晚清国粹派——文化思想研究》，112—113页。

示着"学"这一称谓至少在中西对立方面已明显改变（详后），章太炎恰在次年鼓吹"以国粹激动种姓"显非无因而至。到1908年，太炎自己在其《规新世纪》一文中已将国粹、国学和国故三词并用，那时基本是作为互换的同义词而避免文字的重复；但一年多后他将其重要著作命名为《国故论衡》，则意味着在意识层面对"国粹"的正式弃用，且多少隐含着"反戈一击"之意："国故"当然比"国粹"更中性，而"论衡"则义本王充，明显有商榷批评之意。不过，"国故"一词的真正流行还在十年之后了。

对一般人而言，国粹、国学、国故这几个名词在清季民初二三十年间大致为许多人互换使用（清季时一度流行的"国魂"意思也相近）。如果姑以"国学"统称之，则什么是国学、国学是否妨碍中国"走向世界"以及国学（或其后来的变体"中国文化史"）自身怎样走向世界都是当年学人与学术社会非常关注并一直在思考和争辩的大问题。就表述方式言，或可以说许守微1905年凸显的"国粹与欧化之争"是从"中西学战"到"中西文化竞争"之间的过渡阶段，三者基本同义。清季朝野各方在努力保存国粹的同时已对"欧化"采取既抵拒又包容的态度，民初学人大致继承了这一取向。由此视角考察从保存国粹到整理国故再到不承认国学是"学"这一蕴含复杂而发展曲折的演化进程，当更容易看出各派观念的异同所在。

总体地看，庚子后士人关怀的主要问题及许多具体论题、论点皆与甲午至戊戌维新时相类，有明显的继承性；但不同之处也清晰可见，主要因士人思想资源的扩充、日本的影响增强、戊戌后康梁的逃亡办报、杂志的大量涌现和留日学生开始较多发言等，而用以表述思想的术语尤可见明显的突破。当时一个显著的特征是在共同的关怀之下却常常缺乏共识，比如当时一般人眼中的新旧双方（以及新旧阵营内不同的派别）大家都意在致用，而何为"有用"，所见却大不相同，这是时人言论分歧的一大关键。

本书即以讨论19—20世纪之交的思想关联为开端，主要探索甲午中日战争后开始的关于中学（旧学）是否有用、有什么用及什么才有用等系列问题对庚子义和团之役后士人的影响，并因此产生关于物质文明与文质文明的区分和对后者的特别注重，复因中学（主要在物质层面）的"无用"发展到中国"无学"的认知，而中西学战的存在又不允许中国"无学"，结果导致对中国传统学术进行"君学"与"国学"的区分和对"古学"的全面梳理（部分也因欲模仿西欧实行中国的"古学复兴"），最后由于古学难以包容西学而使更具开放性的"国学"或"国粹"这样的新术语得以流行。这一进程未必呈线性发展，但大体维持着一种逻辑的联系。

庚子后，士人多以为政府不足以救亡，因而不可恃，故朝野双方在政治上相当对立。但在文化方面，毕竟国粹学派的组织是国学保存会，其标志与同样明确以"保存国粹"为口号的"存古"取向非常相近；且双方都不同程度地倾向于中西调和的取向，对稍后所谓"欧化"取容纳态度，而非完全排斥；故当时朝野之间的冲突和紧张程度不像以前认知的那样严重，可见明显的共性。在朝廷的一面，张之洞所谓欲强中国不得不讲西学、欲存"中士"之认同又不能不讲中学那种曲折心态相当有代表性；在民间则有提倡开放的国学、强调国粹不阻欧化的国粹学派。两者的共性是大致遵循温故知新或"新故相资"的取向，希望走出一条鱼与熊掌兼得之路。

不过，官方与民间关于保存国粹的具体取向则颇不相同，且时常视对方为对立面，这一实际存在的冲突和对立无论如何不能轻视。本书也注意考察国粹学派与办理存古学堂的官方在保存国粹方面的实际努力及其观念异同。而且，当时仍有不少人更多看见国粹与欧化那冲突的一面。同样以欧洲为学习榜样的吴稚晖等提倡无政府主义者当时就认为中国"古学"缺乏可开发的思想资源，明确表示不赞同"古学复兴"，而主张直接走"欧化"之路。对特别强调"国家"存在意义的国粹学派来说，若弃国粹而欧化，结果可能是虽富强而文明却已非"中国"，故在清季最后几年本来对欧化持开放态度的国粹学派，特别是章太炎等人针对弃国粹而欧化的主张进行了激烈的斗争，其核心则在语言文字之上：始则贬斥"东瀛文体"，继而反对采用"万国新语"，这与清季语言文字地位的上升有直接关系。

随着近代尊西趋新大势的强化,起源于传教士的中国文字难这一观念在许多中国士人中日益普及,且被认为是造成中国人识字率不高故影响"开智"的主要原因,因而出现了简化中国文字甚至再造中国新文字的主张,后者多与拼音化相关,更甚者则提出废弃中国语文而采用万国新语,在巴黎的无政府主义者鼓吹尤力。与此同时,由于西方民族主义思想在清季最后几年的引入,前此不甚被看重的语言文字地位逐渐上升,被视为"国粹"的要素之一;故国粹学派所提倡的"古学复兴",其一个重点即落实在语言文字之上。

语言文字是表述思想的工具还是构成民族或"国粹"的要素?它是否应为中国在近代中外国家竞争中的表现不佳承担责任?它能否影响晚清朝野试图改善中国在世界的地位这一共同的目标?如果能够,怎样影响?中国应该抛弃传统、减轻包袱、走直接"欧化"之路,还是寻求一条国粹包容欧化的"古学复兴"之路?这些问题在清季最后几年受到朝野共同关注,并引起激烈的观念竞争。如果一个物质上像欧美或日本那样"富强"、文化上像它们那样"文明",但其认同上已没有多少"中华"成分的"国家"出现在东亚大陆之上,这个"国家"还是"中国"吗?用今日的话说,当实现中国"国家"这一实体富强(甚至"文明")的目标与落实在中华民族之上的中国这一"民族国家"的存在发生冲突时,应该做出何种选择?

对于这些问题,当时的国粹学派和欧化派(皆取其大意)有着相当不同甚至对立的答案。而革命党人内部的对立有时甚至超过其与清政府的冲突,后者那时也在充满内部阻力的情形下尝试推行拼音化的"简字"。章太炎等人虽也曾受到无政府主义影响,却不能容忍用"万国新语"取代中文,结果形成一场革命党人内部的争论。此前,与语言文字密切相关的文体问题已成为朝野共同关注的一个焦点。在"东瀛文体"及构成此文体的重要特征"新名词"越来越流行于中国的同时,贬斥和抵制"东瀛文体"也日渐形成朝野一致的风气(这并不意味着这样的"一致"是朝野共谋的,也未必是有意识的)。关于文体和新名词的争议不仅反映了清季士人对一些基本思想和学术问题的见解，揭示出时人对日本这一敌国既试图效法又欲有所区别的心态，尤可见当时新旧的纠缠互渗已到较难区分的程度。

"国粹"一词被其主要的倡导者弃用，部分也因为他们本不认为中国传统一切皆"粹"，而提倡将传统区分对待，故曾重建出别于"君学"的"国学"。而且，国粹学派正是在试图区别于日本"国粹主义"之时隐约觉察到"国粹"这一新名词有些问题，并开始探索可否以其他更恰当的方式来表述"国粹"。章太炎便重新诠释了"国故"一词而使之流行，傅斯年后来指出，"国故一词，本为习用，即国朝之掌故也。乃太炎尽改其旧义"。然因"清末民初，人以国学二字为不妥，遂用国故"。[1]

五四后兴起的"整理国故"的努力，以其影响范围的广阔和参与者的众多，大致可以算作一场"运动"。而整理国故的主张甫提出便引起了争议，引发一场以北大学生为主的思想论争。与清季相同，论争双方的共同之处不少，尤其是继承了晚清学战的传统，特别注重"学"或后来开始流行的"文化"层面。就其既与学术相关然其关怀又超越于学术的特征而言，这次论争是从清季开始的系列论争的一部分，它上承清季保存国粹的朝野努力及由此而起的争议，下启与"科学与人生观之争"同时及北伐之后两次关于国故和国学的讨论。

与清季关于国粹的论争相近的是，1919年这次论争已不是纯粹中西之间的学战，"一切以古义为断"的"大国故主义"已基本退隐，参与思想竞争的已是大致继承了清季保存国粹论者的中西调和取向而主张"国故和科学并存"的另一种"大国故主义"了。此后即使这样的旧派也逐渐淡出，到1923年初胡适和梁启超为清华学生开具"国学书目"，又引发一轮关于整理国故的新争论；这次再争论已不在新旧两派中进行，参与者基本皆新派人物，毋宁是一场新派内部试图整合观念的努力。那时不论支持还是反对整理国故之人都经常援引"科学"以为

---

[1] 傅斯年致朱家骅［抄件］，1940年7月8日，台北"中研院"史语所"傅斯年档案"，承杜所长惠允使用。

助,像吴稚晖、康有为这样政治、文化立场都相当不同的老辈此时均特别强调中国急需的是"科学"的物质层面,而林玉堂(林语堂)等几位对"国学"认知不甚相同的年轻留学生却更注重"科学"的整体性(其实是更侧重其"精神与方法"),并进而提出了"科学的国学"的口号。

非常值得注意的是吴稚晖那时要反对的已是用西方观念武装的"洋八股",可知咸同时一些士人主张的中学胜于西学这样一种"纯八股"观念已不能在民初的思想言说中立足而参与思想竞争,主张完全回向传统的取向即使存在,也如毛子水在1919年所说,因"错处容易明白"而没有多少反对或打击的必要。[1]由于"中学"先后以"国粹"或"国故"的表现形式重新进入中国思想言说的中心,一些新文化人发现此时"八股"又因"洋"的包装和支持隐而复显,两者的结合对中国的发展构成了新的甚至可能是更严重的"威胁"。吴稚晖便认为"洋八股自是一种当行出色的新国粹",他最担心"若真真把线装书同外国文学配合成了洋八股,当此洋功名盛到顶点时代,那就葬送了中国,可以万劫不复"。[2]在西学掌握"话语权势"的时代,"国粹"若有西学为之正名,将难以破除打倒,这才是吴所惧怕的。

这也是导致一些新派学者转变态度的重要因素,他们在最初论证整理国故的正当性和必要性时,基本不存"打倒旧文化"之意,但到北伐前后几年间却转而将整理国故与破坏性的"打鬼"联系起来。最具象征意义的是与整理国故有一定距离的文学研究会在1923年和1929年的《小说月报》上分别刊发两组相关文章,前者力图为整理国故正名,后者却激烈反对国学。其实在整理国故运动内部本存在一种从病理学的意义来看待整理国故的思路,以为通过整理可防治中国固有的疾病。沿此理路走向"打鬼",甚而主张基本放弃整理国故,也是比较自然的发展,但新派学者这一态度的逆转主要还是与当时的世风密切关联,许多人正是基于整体性的新旧不两立的认知,为划清与"旧派"的界限而走上反

---

[1] 毛子水:《国故和科学的精神》,《新潮》1卷5号(1919年5月),上海书店1986年影印本,732—733页。
[2] 《吴稚晖先生来信》,《晨报副刊》,人民出版社1981年影印本,1923年10月15日,2版。

对自己前期主张之路。

从19世纪末的甲午战争到1945年抗战结束,对于久处外患压迫下的中国士人来说,20世纪20年代可能是中外"国家"实体竞争最为淡化的时段。此时与清季的最大区别是"学术"与"国家"的疏离:对强调"国无学则不立"的清季士人来说,国学既不能"无用",也不能不是"国粹";但对提倡"科学无国界"的新文化人来说,"学术"与"国家"可以无关,至少关系不密切。[1]正是在这样一种立场之上,"国学"本身成为可以比以前远更轻松地进行讨论的题目。随着一度风靡的整理国故开始走向衰歇,"国学"本身的学科定位或学术认同也产生了问题。有的学者试图用"国故学"来取代"国学",有人根本主张"国学"不是"学"。

然而,胡适等人转变其对整理国故的态度本身又是认为"国学"妨碍了"中国"这一国家实体的发展,即郑振铎担心的会"有阻碍于中国民族的进步与发展",特别是阻碍"中国国力及文化的发展"[2],无意中仍回到"国家"立场之上。结果,在较少受到外患直接压迫的情形之下,一度疏离的"国家"与"学术"再次凸显出其紧密的关联,体现了民初思想对清季思想的继承。或者说,在意识层面力图区分"学术"与"国家"的民初趋新学者在下意识层面仍相当注重"国家"与"学术"的关联。

其实,趋新学人在意识层面与下意识层面之间的此种心态紧张本肇端于清季,当时国粹学派一些核心人物一方面自己推动学术"物质化"的趋势,却又(多半无意识地)试图扭转这一趋势;他们的思想资源日益西化,却又不能完全认同西方思想;在其界定的"国学"或"国粹"向西学开放的同时,却又不能回避中西"学战"的实际存在;西来的民族主义学理唤醒了许多人内心中潜伏的夷夏之辨观念,并因此而导致反

---

[1] 学术超越的观念在新文化运动前期甚得提倡,但显然受到五四学生运动的有力冲击;或正因此,在20年代初的"科学与人生观之争"中,学术超越的观念反得到较前更有力的提倡,这一趋势要到"九一八"之后才有较大的改变,详另文。
[2] 郑振铎:《且慢谈所谓"国学"》,《小说月报》20卷1号(1929年1月),12页。

满革命意识，但当面临"中外"这一更基本的冲突时，区分满汉的观念又退居二线了。这其间"学术"与"国家"的关系既有互补的一面（如学亡则国亡、保国与保学），也有紧张的一面（如究竟以"国家"的象征黄帝纪年还是以"学术"的象征孔子纪年）。而士人基本价值观念和国家认同（即是否承认"大清"为"中国"）的暗中转换，恐怕有相当的代表性。

时人内心之中新旧思想资源混杂、竞争和互动这样一种至为复杂的多层面紧张与外在的中西新旧之间那复杂曲折的相互关系有直接的关联，而个体士人内心的紧张状态大致也表现在群体心态之中（程度容有不同，甚至可能很不同），且延续到民国初年。1920年即有人提出，"新旧"之分有时间意义和空间意义两方面，前者以"现在"为基准，"过去"为旧而"未来"为新；后者则以本地前所未有之外来者为新。由此角度看，"吾国今日新旧之争，实犹是欧化派与国粹派之争"，基本属于空间意义的新旧。[1]这一"空间意义的新旧"不过是"中西"的代名词，且在多数时人认知中与时间意义的新旧仍颇有关联。

面临这一局势，新文化人创造出一种在古今与中西之间换位的方式来化解紧张。他们引入一个新的空间范畴"世界"而赋予传统与现代的时间区分以新的含义：世界常常代表"新"的未来，而中国则更多象征着"旧"的过去；空间上的"世界"虽约等于"欧美"而未必包括"中国"，但只要时间上"现在"的中国割断与"已死的"历史的联系而认同于"正在生长"的"世界"，便可以成为想象中的"未来世界"之一部分。在这新"世界"里，不再有空间的中西之分，大家都"正在生长"因而是可能平等或正走向平等的成员（其实中国人自己内心仍不认为中西平等，故中国还要全面向西方学习）。

这样一种充满想象意味的特殊时空互动在某种程度上给了新文化人一种相对超越的地位，或者说他们常常通过时空换位给自己营造一个超越古今、中外二元对立的超越地位：时间上的"现在"使它们轻

---

[1] 管豹：《新旧之冲突与调和》，《东方杂志》17卷1号（1920年1月10日），89—90页。

易超越空间上的中西对立,而空间上的"世界"又使他们随时可跳出(中国)"古代"的笼罩。这样,近年说得热闹的人我之别(Other &/vs Self)理论对新文化人的诠释能力便相对有限,因为他们可以而且实际上也确实通过时空移位而不时转换身份认同。虽然这样的时空换位基本是在"精神"而非"物质"领域里进行(以欧美为中心的"世界"往往无意接纳甚至不那么平等对待以"世界民"自居的中国人),但仍给新文化人以超乎寻常的自我批判能力,使他们可以激烈反传统且公然认同于西方而没有多少内心不安,因为他们正在为中国再造文明,面向着一个光明的未来。

这就牵涉到晚清以来士人的一个主要关怀(虽然是有重大分歧的关怀):要改善中国在世界上的地位,究竟是"温故知新",走"古学复兴"之路还是"面向未来、推陈出新",再造一个新的中国文明?两种路向虽异,其关怀却同。毛子水曾说《国故》派的张煊不要为"'国'和'故'争一个地位",实有所见。所谓"国"的地位,大致也就是中国在世界上究竟处于一个什么地位及时人对此的希望(即中国应该处于什么样的地位);而"故"的地位则多半意味着传统(时人更多用"古代"一词)在"现代"里应否占一个地位及占一个什么样的地位;两者在当时又是紧密关联和相辅相成的。

由于中国在近代中外"物质"层面的竞争已明显败落,且新文化运动时新旧士人关注的重心本来也多在"文明"或"文化"层面,如果中国的"故"没有什么地位,则中国在"世界"上实际等于无足轻重。这正是为什么不少五四人说到"科学"便强调其"精神"和"方法"并具体化为实验主义和辩证唯物论的一个重要潜因,而"科学"的两大分支实验主义和辩证唯物论在实践层面又落实在胡适提倡的"整理国故"、顾颉刚为首的"古史辨"和郭沫若为代表的"社会史研究"之上。这既有中国学人对考据方法相对熟悉而能有所为这一技术层面的因素,也因国人隐显不一的民族主义情绪在起作用。没有科学的支撑,国学便上不了台面;没有"国故"这一多数中国学者耳熟能详的具体治学对象,以方法为依归的"科学"便不能落在实处。[1]

胡适当时就指出,整理国故是"我们'最易为力而又最有效果'的努力方向"。他特别强调,"东大与北大,虽同为国立的,而在世界学术上,尚无何等地位。要想能够有一种学术能与世界上学术上比较一下,惟有国学"。[2]实际上,那时比较有成就的也只有国学,顾颉刚就注意到"别的科学不发达而惟有国学发达"的现象。[3]不过,由于胡适自己带头转变态度,以及当时许多学人根本不承认国学是"学",尤其思想上相当对立且学术取向也颇多歧异的北京大学和东南大学的学人在"国故学即是文化史"一点上达成了大致的共识,在这样的思想与学术互动中,"国学"一名终于不立,最后还是中国所固有而西方学术分类中也存在的史学被确立下来,"国学"遂在反对声中淡出思想和学术的主流。

* * *

本书的产生带有一些偶然性,最初是一个名为"近代中国考据史学从怀疑到同情的转变"的国家社科基金研究项目,后经过适当调整,以"从国学到史学:清季民初中国学术的传承与更新"为题。其目的在梳理近代中国史学在西方学术的冲击下怎样确立自身的学科定位,特别注重其与西潮进入之前的中国学术传统的关系,以及这一过程中形成的一些(而非全部)有特色的研究取向和方法。原分为外篇和内篇两大部分,外篇主要探讨学术的思想和社会语境与学术发展的关系,内篇则沿学术发展的内在理路论证研究取向、方法、史料观等具体的重要问题。结果外篇的规模已大到足以单独成书,便离内篇而独立,是为现在的本书。

---

[1] 参见罗志田:《走向国学与史学的"赛先生"——五四前后中国人心目中的"科学"一例》,《近代史研究》2000年3期。
[2] 《教务长胡适之先生的演说》,《北大日刊》,1922年12月23日,第8册,2页;胡适:《再谈谈整理国故》,1924年1月,均引在陈以爱:《中国现代学术研究机构的兴起》,96—97页。
[3] 顾颉刚:《一九二六年始刊词》,《北京大学研究所国学门周刊》,2:13(1926年1月6日),10页。本文承刘龙心女士赐赠复印件,谨此致谢。

在前些年的讨论中，有学者认为近年思想史影响了学术史，其实恐怕"代替"大于影响，沿学术发展的内在理路认真探讨其演化的学术史研究尚不多见。至少就近代中国而言，学术与思想演变的互动关系连基本的梳理都尚未见，遑论学界的共识。实际上，由于清人（以及清代以前绝大多数历代学人）本不主张或至少不强调"思想"与"学术"之分，要按后人的观念写出一本清代或更早时代的"学术史"，恐怕也难得当事人的认可。既存的关于清代"学术史"最权威的梁启超和钱穆的两本著作[1]，便显然是清代"思想史"的必读书；且依今日的后见之明看，或许还更多是思想史著作。

即使按昔人的观念将"思想"包括在学术史之中，20世纪一个隐而不显但持续存在的问题是，对清代学术始终没有一个相对均衡的系统整理。部分因为晚清道咸以后的学风转变，既存清代学术史的代表作梁、钱两著，皆是道咸以来"新学"一线的产物；两书虽在内容的处理、侧重的面相以及风格、识见等方面有着相当大的差异，但基本不出"务为前人所不为"的道咸新学之大范围；以"读书必先识字"为表征的乾嘉汉学正宗一线虽有章太炎和刘师培等写过相当精彩的论文总结清代学术，却无人写出长篇著作；而胡适、傅斯年、顾颉刚等北大新学人虽对清代学术相当看重，尤其顾颉刚更有长期的准备，却因种种原因未产生篇幅较大的著作；结果这一领域的"基本参考书"便长期为道咸新学的观念所占据，而后学也多在无形中更受此派观念的影响。[2]

今日当然不必回到清人"汉宋""今古"一类的分别中去，但在乾嘉汉学一线的观念没有被充分结合进学术史研究之前，我们对"清代学术"的认知多少都有些偏。解决此问题的一个方法是将章太炎、刘师培

---

[1] 梁启超：《中国近三百年学术史》，目前较好的版本是朱维铮校注的《梁启超论清学史二种》，复旦大学出版社，1985年；钱穆：《中国近三百年学术史》，此书也有各种印本，我手边的是台北商务印书馆1964年的重印本。
[2] 马克思主义史学对清代学术较新文化人更为关注，侯外庐的《近代中国思想学说史》（上下册，生活书店，1947年）可视为代表作，然侯先生自己到1949年后关于这一时段的新著虽多在此书基础上改写，明显越来越偏重于接近"哲学"一线的"思想"，而原较注重的"学说"反倒淡化了（这大概受到苏联风格的影响，详另文）。

等人关于清学的论述汇集在一起,也可考虑辑入邓实等"调和汉宋"一线的学人关于清学的论述,使之与梁、钱二著并列而为清代学术史领域的参考书,则后人或可以写出更具包容性的清代学术史论著。当然,显带倾向性的梁、钱二著迄今仍为清代学术史和思想史的权威参考书,部分也因为清代以及近代中国学术与思想演变的互动关系尚乏基本的梳理,本书即尝试从此角度探讨其中一个具体的问题。

这就是说,从保存国粹到整理国故再到不承认国学是"学"这一发展进程,不仅需要沿学术发展的内在理路进行梳理探索(这方面的研究仍较薄弱),而且应该从思想史(有时甚至包括社会史)及思想与学术互动的角度考察分析。本书大致是一种介乎于思想史和学术史之间的探索,虽然最后也涉及从社会史角度考察中国学术怎样因应西方学术(包括学术分类)的冲击、怎样调整和确立自身的学科认同、"国学"怎样为社会所认知以及学人自身怎样看待其研究对象等面相。至于同一时段偏于"学术"内在一面的研究取向、方法、史料观等重要问题,则当另成一书。

本书采取回向原典的方式,认真阅读和思考这一系列论争的文字,既重视各方(注意参与论争者通常不止"双方")观念本身的异同,也关注不同观念竞争的过程。在处理史料时尽量平心对待争论各方的言论和观念,给各方以尽可能均等的"发言权",希望能重建出一个比较接近原状的观念竞争进程,以增进对昔人心态、观念及时代关怀的认识和了解。[1] 在注重检讨争论各方观念本身的同时,本书也力图将这一系列论争置于当时思想言说之中进行考察,特别注重其延续性。相对而言,本书考察清季观念竞争的各个面相更为详细(既存研究论述较清晰而个人也大致同意之处则尽量简略),希望能使我们对清季思想言说的认识稍更深入,也借此为检讨民国思想论争作铺垫,以利于对后者的理解。

陈寅恪1928年对陈守实说:"整理史料,随人观玩,史之能事已

---

[1] 需要说明的是,如果可以大致区分新旧,由于新派不管在当时还是后来都更多控制着所谓"话语权势",现存的资料中显然是新派一边的存留更多也更容易获得,因此本书实际使用的材料更多是出自趋新一线的。

毕。文章之或今或古，或马或班，皆不必计也。"[1] 后者或是谦退之辞，或是针对初入道者的特别提醒，然前者确实是陈先生论著的写作风格。实际上，陈先生主张详尽地排比史料可能还有一个重要的考虑，即不同史家对史料的解读可能相当不同，若仅仅引用一二"关键"语句并据此立论，读来会更觉通畅（coherent）而明晰，但无意中便使作者对史料的解读具有"垄断"意味，在一定程度上排斥了众多读者（特别是非专业读者及专业但非专治此题的读者）对某一具体题目的参与；若将相关史料较详尽地排比出来，虽仍有作者的剪裁、处理等倾向性在，到底可以让读者有据史料而判别作者立言是否偏颇的参与余地，此或即其"随人观玩"一语意之所在乎？

钱穆曾说，陈寅恪的学术文章往往"临深为高，故作摇曳"，太多"回环往复之情味"；而行文亦"冗沓而多枝节，每一篇若能删去十之三四始为可诵"。[2] 胡适也认为，"寅恪治史学，当然是今日最渊博、最有识见、最能用材料的人。但他的文章实在写的不高明"[3]。其实近代中国长期屈辱，士人多见不如意事，陈先生便自谓近代中国形势"如车轮之逆转，似有合于所谓退化论之说"[4]。而他又暗存"史学救国"之心，故他对中国文化基本是以"君为李煜亦期之以刘秀"的方法待之，注重的是"抽象理想之通性"；[5] 这大概即是他对吴宓所说的"情之最上者，世无其人，悬空设想，而甘为之死"的寓意。[6] 陈先生治学的这一倾向，过去较少为人所注意。

半因这种"君为李煜亦期之以刘秀"的心态存在，又不能不坚守学术戒律，故总要"牵缠反复"，始觉能尽其所欲言；同时，不可忽视的

---

[1] 此言记录在陈守实：《学术日录》，1928年旧历一月五日，收入《中国文化研究集刊》第1辑，复旦大学出版社，1984年，422页。
[2] 参见《钱宾四先生论学书简》，收在余英时：《钱穆与中国文化》，上海远东出版社，1994年，230—231页。
[3] 胡适：《胡适的日记》，1937年2月22日，中华书局，1985年，下册，539页。
[4] 陈寅恪：《读吴其昌撰〈梁启超传〉书后》，《寒柳堂集》，上海古籍出版社，1980年，150页。
[5] 陈寅恪：《王观堂先生挽词·序》，收《陈寅恪诗集》，清华大学出版社，1993年，10页。
[6] 转引自吴学昭：《吴宓与陈寅恪》，清华大学出版社，1992年，15页。

是，陈先生在意识层面恐怕确有让代表不同见解的相关史料毕呈于读者之前以"随人观玩"的深切用心。两者结合在一起，便形成了陈氏独特的学术论述风格（陈先生的序文、审查报告一类便无此风格；这些文章仍多为论学之作，然基本取点到为止的手法，尤可证其长篇论著中"牵缠反复"乃有意为之）。

本书在写作方式上对此有所借鉴，虽不像陈先生那样以排比史料占主要篇幅，然因涉及的面相过去较少受到研究者的关注，故偏重于叙述，引用史料较今日一般论著稍详，尤其对不同见解尽量征引。也有些大致属于"技术"层面的原因：一因书中涉及的不少出版物时代久远，后未曾影印，已不甚常见。二来本书涉及的相当数量的人物及其言论在既存史学言说中未得到足够的重视，不少读者会感到生疏（有些人物固然常被提及，然多限于特定的面相，对其受到忽视的言说也较多引用）。三者当时读书人之表述有其时代风格，与今日的叙述方式已相当不同；且时人言说虽自有其共性，各人亦有其特定的习惯和风格。这样，有时文字稍易便指谓不同，故凡转述（paraphrase）不致失真时则较多转述，若觉转成第三者叙述可能走样、失真（因而可能造成无意识的"曲解"）时，皆尽可能直接引述，让当事人自己说话。

另外，我想稍详细地说明一个与本书写作关系密切的问题，即为论述方便不能不对时人有所区分，而近代中国多歧互渗的时代特性在清季民初又表现得最为充分；同时清季民初即使特别讲究"科学"和"系统"的学人，也多少具有随意立论的倾向。语境稍变，立言辄异；有时语境未变而立言者预设的读者听众不同，所云亦大不同。结果其言论中出现自相矛盾的现象并不稀见，而这些立言者似乎不甚顾及或计较这一点。下面试以清季最后几年的现象为例申论之。

清季国粹或国学概念的出现与西潮特别是西学的冲击直接相关，而时人对此在观念上颇有分歧。张之洞在戊戌年（约1898）曾指出：时人关于西法有自塞、自欺和自扰"三蔽"，自塞为"恶西法者，见六经古史之无明文，不察其是非损益，而概屏之"；自欺则是"略知西法者，又概取经典所言而傅会之，以为此皆中学所已有"；而自扰乃是"溺于西法者,甚或取中西之学而糅杂之,以为中西无别。如谓《春秋》即是《公法》,孔教合于耶稣"。自塞者"令人固蔽傲慢,自陷危亡";自欺者"令人空言争胜,不求实事";自扰者"令人眩惑狂易,丧其所守"。而三蔽"皆由不观其通"。[1]以提倡"中学为体、西学为用"著称的张氏显然认为他与此三种人皆不相同。

到壬寅年(约1902),黄节发现当时"爱国者"也有三派:"其一为盲信己国派,此派以己国所有者,视为至上无极,不知己国之外更有世界;若吾国古来自称为中华,而其他皆鄙为夷狄之类是也。其二为无视己国派,此派以己国所有者,视为一无足取,一唯他国是崇拜,而不知国粹之为何义;若日本维新时,有唱言日本国语当易以英语、日本人种当杂以西种之类是也。二派者,一主保守,一主进取,其望己国之为人上,而有纯然之爱国心,一也。然其无常识,则均不能为二者讳。"所谓常识,即"爱国心之发见,必先实知己识之可爱者何在,而后爱乃用得其当"。于是有第三派即有常识之爱国者,其"深知己国之长短。己国之所长者,则崇守之;己国之所短者,则排斥之,崇守排斥之间,时寓权衡之意,不轻自誉,亦不轻自毁,斯之谓真爱国者也"[2]。

他以为,"由前一派,则易生自慢心,而有增长国恶之患;由后一派,则易生自弃心,而有蹂躏国粹之虑"。观黄节所说各派,第一派大致接近张之洞所说的自塞者,第二派约即稍后以提倡欧化著称者,第三派当然是黄氏所自诩,其实倒相对接近张之洞的中体西用派;不过两者还是有相当区别,对此黄节自己表述得很清晰,他认为前两派在"常识"方面是"一过之而一不及",唯"国家当过渡时代,常识者既不可

---

[1] 张之洞:《劝学篇·会通》,《张文襄公全集》(4),中国书店1990年影印本,589页。
[2] 本段与下段,黄节:《爱国心与常识之关系》,《壬寅政艺丛书·政学文编卷五》,184页。本书所用《政艺通报》,皆按类重装出版的《政艺丛书》(从癸卯年起名称《政艺通报××年全书》,以下皆作《丛书》),其中壬寅(约1902)、癸卯(约1903)、丁未(约1907)三年用台北文海出版社影印本。这一旧杂志的丛书版壬寅年按文分页,癸卯年按栏目分页,自甲辰年(约1904)起每一号的号数和张数也出现在文章之旁,故以下壬寅和癸卯两年注明其在《丛书》中的卷次和影印本的页数以便核检,余则注出原刊的号、张数以见刊发的先后,干支纪年首次出现时注明大致相应的公元年份。

得,则与不及,无宁过之。国粹稍损,尚有恢复之望。国恶日长,将有危亡之虞。得百自誉者,不如得一自毁者,其犹有进步之望也"。

黄节和张之洞对西学和西法都持开放态度,也都主张在中西学之间有所"权衡"(具体怎样权衡当然颇不同);但若在"自慢"和"自弃"之间不得不做出选择的话,黄节宁愿取对"国恶"进攻的破坏取向,虽有损国粹而不顾,而张之洞恐怕就会选择相反的取向。不过,在中西学战实际存在的情形下,有时面对西学挑战的"中学"不能不作为一个整体出现,此时"自誉"和"自毁"大致也成为整体性的,很难先将"国恶"从整个"国学"中区分出来进行自毁(后来这样的整体观日益增强,遂出现陈独秀所谓"一家眷属"之论,仍重在"自毁")。黄节当然希望避免这样的选择,他这一态度也未必能代表国粹学派之全体(毕竟他们是以"保存国粹"为口号的),但在"权衡"中西时对中学更倾向于进攻还是更倾向于防守大致是国粹学派与稍后倡办存古学堂的张之洞等人的一大区别。

若综合张、黄二人之所见,当时对中西文化竞争持不同态度者约有四五派以上,这充分体现了近代中国的多歧性这一时代特征。那时不仅区域发展不同步,就是思想、社会和学术之间也都存在程度不一的发展不同步;各种通常被视为冲突的人物和社群,都并非截然对立而是在许多方面彼此相互渗透、覆盖甚至重合。[1]所以,任何"派别"的划分都只能是模糊而非精确的。即使退一步为写作便利大致划分为民间的国粹学派和官方的存古学堂派,也须指出实际上每一派中各人的观念未必一致,而同一个人在很短的时间内也常常见解前后不一,故具体论述时或当尽量不以"派"论而落实在立言者本人。

实际上,晚清士人一个共同的倾向即论事往往趋于极端,脱口而出,不知所止,而较少顾及自己表述中的相互矛盾。这固然意味着他们自己的思路恐怕也不甚明晰,更揭示出时人焦虑而急迫的心态。即以清

---

[1] 参见罗志田:《权势转移:近代中国的思想、社会与学术》,湖北人民出版社,1999年,11—13页。

季士人非常重视的学术与国家的关系为例,那时不少人认为两者是互补的,即邓实所谓"国以有学而存,学以有国而昌"[1]。故学亡则国亡,国亡而学亦难保,保国与保教几乎是一枚钱币的两面,缺一不可。但另一些人则秉持传统的"道高于治"的观念,以为国亡而学尚可传于一线,以待将来,而学亡则国必随之而亡。有意思的是正是主张国亡而学尚存于民间的后一种人常常又说中国早已学与国俱亡而处于一种"国不国、学不学"的状况,其思路的混乱不清和言说中自相矛盾处均甚明显。

时人特别关注学术与国家的关系或受中西学战观念的影响,与近代西方"国家"概念的引入极有关联。[2]但也应注意即使是那些从西学角度认识"国家"者,其观念中也有一些含混甚至矛盾的因素;西学在中国的传播本不系统,这些接收者又常常将各类引入的西方概念捏合在一起,而不顾其本来是否同出一系,有时甚至也不管其聚合起来是否融洽。

如邓实本主张"自有部族之竞争,而后合群以立团体,故对于外敌而有国家"[3]。"群"是一个相当为时人看重并广泛运用的新概念,邓实这里似乎主张"国"即诸"群"竞争中的彼此称谓。但他在几年后则又提出"群"比"国"大的观点,以为"天下之学术有三焉,一曰君学,一曰国学,一曰群学。为君之学,其功在一人;为国之学,其功在一国;为群之学,其功在天下(群学,一曰社会学,即风俗学也)",主张区分"国"与"天下"的顾亭林之学即是"群学"。[4]

---

[1] 邓实:《国学讲习记》,《国粹学报》第2年(约1906)7期。按该报按栏目的类别分页,我所用者有的是原初分册本,有的又是全年分类重装本,难以统一,故不标页;时间则依原刊惯例写明第几年,每一年首次出现时注明大致相应的公元年份。

[2] 关于近代西方"国家"概念的引入,参见张佛泉:《梁启超国家观念之形成》,《政治学报》(台北)1卷1期(1971年9月); Yu Ying-Shih, "Changing Conceptions of National History in Twentieth-Century China," in Erik Lönnroth, Karl Molin, & Ragnar Björk eds., *Conceptions of National History* (Walter de Gruyter, 1994), pp. 155-174;巴斯蒂:《中国近代国家观念溯源——关于伯伦知理〈国家论〉的翻译》,《近代史研究》1997年4月;王汎森:《晚清的政治概念与"新史学"》,收入罗志田主编:《20世纪的中国:学术与社会(史学卷)》,3—10页。

[3] 邓实:《论政治思想(〈政艺通报〉发行之趣意)》,《癸卯政艺丛书·政学文编卷一》,93页。

[4] 邓实:《明末四先生学说》,《国粹学报》第2年13期。

此"群"与彼"群"显然已非同一,实际上,这里的"天下"是否还是顾氏所说的"天下",也要存疑。或者清季另一个使用甚多的新概念"种"与顾氏所说的"天下"还较接近,如邓实所谓"国学不明,大义终塞,将有国破种亡之惨,学其乌可一日已乎!"[1]。这里的"种"就与顾氏所说的"天下"相通。过去一般说"国破家亡",今而言"国破种亡",显然已融入了西来的新知,大致体现了时人重"群"的倾向。

如是则"种"也混杂于"群"和"国"之间,三者似乎都有钱锺书所谓"通而不同,向背倚伏,乍即乍离"的特点。[2]故一方面应充分注意这些新概念对时人言说的影响,同时也不宜过分强调那些概念的"新"成分(即其在西方的原义),最好仍如陈寅恪所说,"解释古书,其谨严方法,在不改原有之字,仍用习见之义"[3]。惟当时"习见之义"确不一致而实甚纷纭,恐怕只有多注意立言者使用这些概念的具体上下文,以期能接近作者之立意。

清季如此,民初亦然。从近代中国多歧互渗的时代特性看,任何一个所谓思想或学术"派别"都不仅不是"铁板一块",而且在其内部充满了程度不同的歧异。本书为写作便利而使用"国粹学派"(然除引用他人见解外尽量避用"国粹派",盖这些人的共性多立足于"学",离此实多分歧)、"新文化人"等群体称谓,但充分认识到"派"内各人的观念未必一致,而同一个人在很短的时间内也常常见解前后不一,故具体论述时尽可能不以"派"论而落实在立言者本人,亦不讳言其自相矛盾之处。这是希望先向读者说明的。

鸣　谢

今日治学特别是治史学,图书资料的丰富是必不可少的条件。我

---

[1] 邓实:《国粹学》,《政艺通报》甲辰13号,3张。
[2] 钱锺书:《管锥编》(四),中华书局,1979年,1389—1390页。
[3] 陈寅恪:《"蓟丘之植,植于汶湟"之最简易解释》,《金明馆丛稿二编》,上海古籍出版社,1980年,262页。

所在的成都市在近代中国的资料方面并不见长[1]，这些年尚能勉强维持，多赖海内外各地众多朋友代为搜集、购置、复印及赠送各种资料。多年来我索要资料的范围近则两岸，远及欧美，老中青朋友都受此累，有些还是未曾谋面者。为本书指点、赐赠或代为复制资料的朋友，年辈相近的便有二十余位，谨向所有指点者敬致谢忱，就不一一列举他们的姓名了。[2]那几年我所有著作，最后皆承徐亮工兄代为审订，这也是要特别致谢的。

另外，如我在每一本拙作中都说到的，个人倘侥幸有所得，都建立在继承、借鉴和发展既存研究的基础之上。由于现行图书发行方式使穷尽已刊研究成果成为一件非常困难之事，对相关题目的既存论著，个人虽已尽力搜求，难保不无阙漏。复因论著多而参阅时间不一，有时看了别人的文章著作，实受影响而自以为是己出者，恐亦难免。故在向既存研究的作者致谢的同时，我愿意申明：凡属观点相近相同，而别处有论著先提及者，其"专利"自属发表在前者，均请视为个人学术规范不严，利用他人成果而未及注明，请读者和同人见谅。

尽管本书只是粗浅的尝试，恐怕会有辱师教，我仍愿意在此衷心感谢成都地质学院子弟小学、成都五中、四川大学、新墨西哥大学、普林斯顿大学各位传道授业解惑的老师以及这些年来我所私淑的各位老师。他们在我修业问学的各个阶段中都曾给我以热诚的关怀和一流的教诲，在我毕业之后继续为我师表，诲我不倦，本书若幸有所获，悉来自各师的教导。当然，所有谬误之处，皆由我个人负责。

---

[1] 20世纪前几十年主持图书馆的老先生们其实相当趋新，传统史学极重视的"当代史"基本被排除在"新史学"范围之外，在此影响下的图书馆主持者相当忽视时代甚近的材料；同时他们又恐怕有些以"资格"论学的倾向，或根本不视中国近代史为合格的学问。所以成都的古史材料尚大致足用，而近代史料则极为缺乏。

[2] 此处原列有二十余位帮忙人的姓名，因其中有的已归道山，遂均略去。

第 1 章

国不威则教不循：中学走向无用

甲午中日战争后开始的关于中学（旧学）是否有用、有什么用及什么才有用等系列问题直接影响到庚子义和团之役后的士人，而中学（主要在物质层面）的"无用"发展到后来便出现中国"无学"的认知。总体言之，庚子后士人关怀的主要问题及许多具体论题、论点皆与甲午至戊戌维新时相类，有明显的继承性；但也可见明显的不同之处，主要因士人思想资源的扩充，日本的影响增强，戊戌后康梁的逃亡办报、杂志的大量涌现和留日学生开始较多发言等，而用以表述思想的术语尤可见明显的突破。当时大家都意在致用，而何为"有用"，所见却大不相同。本章主要考察国粹学派内部对学术之"用"的不同认知，偶亦兼及他人类似或对立的观念。

一　物质与文质的学术之"用"

以中国传统对政教关系的关注，复受近代西潮冲击后形成的"学战"观念的影响，晚清士人对"学"的作用特别重视；再加上道咸以后经世风气的影响，更出于外患内忧的实际需要，到清季最后几年朝野的一个共同倾向是强调"学要有用"。当时所谓学术之"有用"是有特殊含义的，那便是要能指导或至少支持当时中国面临的中外"商战"和"兵战"，用更传统的术语说也就是要落实在"送穷"和"退虏"之上，尤其是后者。一言以蔽之，学术之"用"正在于能经世保国。

对特别强调学术与国家之紧密关联的国粹学派士人而言，既不能否认中国在当时中外"商战"和"兵战"等方面的节节失利，要完全承认中学的无用又非常困难。针对这一尴尬而不容回避的问题，他们尝试了各式各样的途径来诠释既存中国学术，试图找出一个能使自己心安又可以解脱中国实际困境的方法。

清代乾嘉学者已产生学术不一定非要"致用"的观念，浸润于清代汉学者有意无意会受这一学术取向的影响。章太炎就认为："说经者，所以存古，非以是适今。"所谓"通经致用，特汉儒所以干禄"。他观察到，清代的古史研究就不过是"度制事状征验，其务观世知化，不欲以经术致用"，故"学者在辩名实、知情伪，虽致用不足尚，虽无用不足卑"；一切皆"以实事求是，有用与否，固不暇计"。[1]刘师培也指出，"求是与致用，其道固异。人生有涯，斯二者固不两立。俗儒不察，辄以内圣外王之学，求备于一人，斯不察古今之变矣"[2]。这里明显可见汉宋之争的遗绪，提示着清代汉学在与宋学的竞争中有意无意地逐步产生出学术独立的意识。

---

[1] 章太炎：《与人论〈朴学报〉书》，《章太炎全集》(4)，上海人民出版社，1985年，153—154页；《检论·清儒》，《章太炎全集》(3)，上海人民出版社，1984年，479页；《与王鹤鸣书》，《章太炎全集》(4)，151页。

[2] 刘师培：《清儒得失论》，《左盦外集》卷九，《刘申叔遗书》，江苏古籍出版社1997年影印版，1535页。

而邓实则追溯到明末清初的学术渊源以反对无意致用的乾嘉学统，他强调：顾炎武"治经以大义为先，不分汉宋"。乾嘉以来学者，多误解之；其实顾氏之学"以实用为归，故其说经，追汉采宋，不名一家，务通其大义而施之今日所可行者。不为丛脞烦碎之学，而于制度名物有关世故者，则考核引据，不厌其详。盖先生经世之学一本原于经史，言汉学者徒以考据称先生故非，而世之徒以经济推先生者亦非"。倒是阮元晚年为顾氏祠堂记，谓其"经济皆学术为之；而欲论先生之经济，舍经史末由"，才是"治学有得之言"。[1] 顾炎武是乾嘉学者奉为典范的学者，如果他治学本"以实用为归"，则学术当然不应独立于"致用"。

其实章太炎等人主张学术不一定要"致用"别有深意，故太炎到1910年干脆提出"学说是学说，功业是功业。不能为立了功业，就说这种学说好；也不能为不立功业，就说这种学说坏"。因为"学说和致用的方术不同。致用的方术，有效就是好，无效就是不好。学说就不然，理论和事实合才算好，理论和事实不合就不好，不必问他有用没用"。[2] 这样一种学与术分的取向可以在理论上将"致用"划出"学说"的社会功能，但在实践层面等于暗中承认包括"致用的方术"在内的整体中国学问的"无效"或"无用"。

王国维稍后提出，当时中学西学、新学旧学之争，不啻将"一国之名誉与光辉"置于"有用无用"之上。[3] 他主张"破中外之见"，不以学术"为政论之手段"，特别强调"学术之发达，存于其独立而已"。他认为："学术之所争，只有是非真伪之别耳。于是非真伪之别外，而以国家人种宗教之见杂之，则以学术为一手段，而非以为一目的也。未有

---

[1] 邓实：《明末四先生学说》，《国粹学报》第2年4期。
[2] 章太炎：《论教育的根本要从自国自心发出来》，汤志钧编：《章太炎政论选集》上册，中华书局，1977年，507页。到20世纪20年代，梁启超也有同样的认识，参见其《清代学术概论》（本书用朱维铮校注之《梁启超论清学史二种》本），40页。
[3] 王国维：《国学丛刊序》，《观堂别集》（《王国维遗书》，第4册），上海古籍出版社1983年影印商务印书馆1940年版，卷四，7—9页。王氏本人认为学问应超越于这些关怀之上，但同时也不忘指出：术出于学，"凡生民之先觉、政治教育之指导、利用厚生之渊源"，皆出于学问。尤其最后提及的"厚生"，其实仍是针对时人关注的"有用"而发。

不视学术为一目的而能发达者。"[1] 无论王国维本人的见解如何，他的确看到了世人关注之所在：学要"有用"涉及国家"名誉"，成为当时的关键问题。实际上，章太炎等士人虽秉持学不必有用的观念，却并未阻碍他们仍经常探讨学术之"用"，毕竟那才是中国所面临的紧迫问题，而他们固以天下为己任也。

正是王国维指出的学之"有用无用"牵涉到"一国之名誉与光辉"这一点，使得中国学术不仅不能"无用"，还必须有其长处。章太炎便以为中国学术"施之政治，行之社会，重农轻商之说，怀远御寇之方，多主均平，不使过直，吾国所以胜于白人者固已多矣"[2]。"重农轻商"和"怀远御寇"正所谓送穷、退虏也，则中国传统在这两方面都并非"无用"，只不过遵循"不为已甚"的基本取向，本不全以"富强"的多寡成败为意（先秦法家或除外）。这也落实在中国典章制度之上，太炎指出，在典章制度方面"中国特别优长的事，欧美各国所万不能及的，就是均田一事，合于社会主义。不说三代井田，便从魏晋至唐，都是行这均田制度，所以贫富不甚悬绝，地方政治容易施行。请看唐代以前的政治，两宋至今，哪能仿佛万一。这还是最大最紧的事，其余中国一切典章制度，总是近于社会主义"。所以他主张"我们今天崇拜中国的典章制度，只是崇拜我的社会主义"。[3]

有意思的是，太炎在为中国传统体制辩护时却是以西来的社会主义为依据。且具有这样观念的不止太炎一人，主张社会主义是世界大势所趋的汪德渊也认为，使中国"可弱而不可亡"的"国粹"正在于中国自古以俭为德，以侈为恶，"沿及后世，宗风未改。汉唐所谓仁君，咸具共俭之德。以此制治，故不得不贱商而恶人之封殖，斥垄断为贱，丈夫以故谈仁义而不言利。其有增进此风而使之益显者，则为东汉诸哲；降至六代淫靡之秋，尚以清门为贵。惟兹风纪，最败坏于有唐，彼其时士之有文无行者，乃为振古所罕觏。赖有宋儒崛起，振微示靡。越至晚

---

[1] 王国维：《论近年之学术界》，《静庵文集》（《王国维遗书》，第5册），97页。
[2] 章太炎：《印度人之论国粹》（1908年），《章太炎全集》（4），367页。
[3] 章太炎：《东京留学生欢迎会演说辞》（1906年），《章太炎政论选集》上册，278页。

明,尚以苦节之贞亨为可贵。"就是到晚清之时,士大夫若谋利封殖,"犹为清议所不许"。故仕而兼商者,亦因清议所在,"不敢公然为之,隐匿托名以避众谤。故总货黩贿,从古为污辱之语"。[1]

重要的是以俭为德的风气所造成的社会结果,即中国自古"虽有贵贱之阶级,实无贫富之阶级。生事之律,不甚悬绝"。中国"古来学说,皆重农黜商,明道德、陈仁义、诛强暴、恶兼并、斥垄断、贱封殖,稽其所为,皆为社会主义之至精至粹者。以故人类得有一日之粗安,而孳生蕃息,户口之数,还过于他国"。那时西方和日本表面强盛,其实国内"贫富不均,遂有亲承其祸之人,迫而自救,而以均为其祈向。所谓社会党者,势方骎盛,如火燎原,大有覆天坠地,起代现行主义之势"。从时人风靡的进化论角度看,"天道好还,后起者胜。此理殆无以易也。然则东西诸国,今虽鼎盛,而语其未来,虽谓国势未定可也"。

在汪德渊看来,中国这种自古即有的社会主义还胜过当时西方势如燎原的社会主张。故"吾国古圣相承之学说,为有办法之社会主义也;今东西萌蘖之社会党,以一杯水救一车火,乃无办法之社会主义也。东西今日虽称升平,而大势所趋,乃将向此正鹄,而在吾则为本有"。正因为中国"未有以恶衣恶食为耻,或以贫而若难为人者。是以天下相竞于一向,以礼让廉耻为维纪,可弱而不可亡。凡此皆吾国至可宝贵之元素,亦即所谓国粹者是也"。讲功利富强,必"栖神于是",才是救亡的正途。

陈寅恪曾指出,自咸同至清代结束,士大夫中始终有清流浊流之分,大体上"清流士大夫,虽较清廉,然殊无才实;浊流之士大夫略具才实,然甚贪污"[2]。汪德渊注意到的晚清之"清议"对士大夫"谋利封殖"的反对态度正可印证陈氏此说。汪氏言论发表在1907年,本章所引太炎较多看到中国传统的长处的言论也大致都在1906年以后,且愈晚愈甚,到辛亥革命前夕,他更认为中国文化的特点即"不定一尊,故笑上帝;不迩封建,故轻贵族;不奖兼并,故弃代议;不诬烝民,故重

---

[1] 本段与下两段,汪德渊:《救亡决论三、四》,《政艺通报》丁未(约1907)23号,6—8张。
[2] 陈寅恪:《寒柳堂记梦未定稿》,《寒柳堂集》,170—171页;《寒柳堂记梦未定稿(补)》,收入王永兴编:《纪念陈寅恪先生百年诞辰学术论文集》,江西教育出版社,1994年,36页。

灭国；不咨兽行，故别男女"。与西方比，这些"政教之言，佥于彼又远"[1]。这都大体支持郑师渠的论点，即国粹派本身有一个从倾慕欧化到更加看重国粹的转变。[2] 若将其纳入中国思想演变的内在理路，或可以说，当清季最后几年政坛所谓清流浊流的区分已渐失意义时，国粹学派中一些人的观念则呈现了明显的由浊转清的转变趋势（详另文）。

惟彼时还能公开坚持中学并非无用的人的确较少，多数人所见正相反，他们恰以"富强"的多寡成败定文化之优劣。当"有用"落实到"富强"这样具体的物质层面时，"中学"确有不如意的一面，其"无用"在戊戌维新前后十年间已得到强调，并为甲午之战所"证明"。[3]

那些试图表明中学尚有可取处者，多往其他方面努力，试图表明中学至少在另外一些方面有用。如邓实在1905年就主张"汉学宋学皆有其真，得其真而用之，皆可救今日之中国。夫汉学解释理欲，则发明公理；掇拾遗经，则保存国学。公理明则压制之祸免，而民权日伸；国学存则爱国之心有以依属，而神州或可再造。宋学严彝夏内外之防，则有民族之思想；大死节复仇之义，则有尚武之风。民族主义立，尚武之风行，则中国或可不亡；虽亡而民心未死，终有复兴之日"[4]。

许守微也为"国学"辩护说，有人以为汉有大儒而不能"捄黄巾之厄"、宋有大儒而"莫纾南渡之祸，国学之无益于中国，诚非瞽言矣"。其实不然，汉宋之学皆流传于民间，故外族入侵时能知夷夏之界，其泽

---

[1] 章绛：《原学》，《国粹学报》第6年（约1910）4期。
[2] 参见郑师渠：《晚清国粹派》，137—150页。不过这一转变是否已达到"根本性转折"的程度及时间是否早到1904年，似尚可探讨。
[3] 对许多士人来说，义和团一役很大程度上因清廷起用"怪力乱神"而致败，似尚不充分凸显"中学"的无用。
[4] 邓实：《国学今论》，《国粹学报》第1年（约1905）5期。按邓实此说大约是禀其师门朱次琦的主张，朱氏曾说，"学，孔子之学，无汉学无宋学也"（引在邓实《国学学》，《政艺通报》甲辰13号，3张）。但邓实自己在一年前观念却大不同，那时他曾说清代汉学家烦琐而不明大义，而"宋学者又藐焉于禅寂之性理"，二者复门户交哄、相互蔑视；故不仅那些直接投身于"干禄之学"者不足论，"即其曰汉学曰宋学者亦岂可遂谓之学哉！此近今三百年之天下，谓之适丁无学之世可也"（参见邓实：《国学保存论》，《政艺通报》甲辰3号，5—6张）。前见汉宋学之弊，后见二学之长；前主二学皆不足言"学"，遑论于用，后言二学皆有其真，得其真而用皆可救国，诚大转变，当别论之。

甚远。"是故国有学，则虽亡而复兴；国无学，则一亡而永亡。何者？盖国有学则国亡而学不亡，学不亡则国犹可再造；国无学则国亡而学亡，学亡而国之亡遂终古矣"[1]。二人皆言及亡国之后的"再造"，隐约可见陈亮、王夫之关于道高于治、若治统中绝儒者犹可"以人存道，以待将来"的传统观念之遗风[2]，然明确"以学术再造国家"的提法显然已突破了传统的学理，非常值得关注；两人虽皆以中国的历史经验立论，似乎也隐寓着西方文艺复兴之意，再进一步便是以西方为榜样的"古学复兴"了（详第三章）。

有意思的是，邓实那时把文明分为"物质"和"文质"两类，两之发达趋势皆盛，"非达于社会进步极端之天则不止"[3]。他所谓"文质文明"，大体近于后之所谓"精神文明"；而"物质文明"则侧重退虏、送穷等方面。若依此分类，上引诸公所说中学的长处或"有用"之处，大致都在邓实所谓"文质"方面，而不在"物质"方面。与那些认为"中学"基本无用的普遍看法相比较，在"文质"方面"有用"其实也已是相当看重"中学"的观念了。但对当时一般关怀国是者而言，"物质"方面的有用显然更急迫、更直接，因而也更重要。

说到物质，就牵涉到晚清思想言说中一个持续而重要的论题，即"力"与"学"之间的紧张及"学"与"术"孰轻孰重的问题。古代中国关于"学"与"术"概念的区别，朱维铮先生概括为"学贵探索，术重实用"，后来或因"术"渐同于君王南面之术而曾引起乾嘉学者试图区分"学"与"政"的努力。[4] 这里所指出的"术"与"政"的渊源的确重要，这一关联曾引起晚清士人的困扰，而"政"在晚清其实也一度继承了"术重实用"的特点。梁启超在其1896年著的《西学书目表序例》里便将西学分为"学"与"政"两大类（另有"教"一类不计），今日属于"理科"的各学科多归入"学"，而"政"则不仅有接近朱先

---

[1] 许守微：《论国粹无阻于欧化》，《国粹学报》第1年7期。
[2] 参见罗志田：《民族主义与近代中国思想》，台北东大图书公司，1998年，61—91页。
[3] 邓实：《论中国群治退迟之大势》，《癸卯政艺丛书·政学文编卷三》，129—130页。
[4] 朱维铮：《求索真文明——晚清学术史论》，上海古籍出版社，1996年，3—4页。

生所谓"统治术"的史志、官制、学制、法律一类，还包括农政、矿政、工政、商政、兵政、船政等"实用"科目。[1]

这里的船政、矿政等，其实就是我们今日所说的"科技"那后一半，显然是传承了"术"的早期含义。"政"的这种跨越今日所谓文科和工科的宽广包容性显然与后来逐渐为中国人接受的西学分类不甚相合，所以后来"工科"的那一部分渐被"艺学"取代，在张之洞的《劝学篇》里，"西学"便有"西政"和"西艺"的明确区分，此后"西政"才逐渐落实在西方制度之上（但仍不时包括今日涉及"管理"一类的学科，与稍后所谓"政法"及再后确立的"政治学"一科尚有较大区别），而同时"术"已基本和"学"连在一起使用（如麦梦华编的《经世文新编》便有"学术"一目）。这一学术史的演变相当曲折复杂，只能另文细考。

虽然有不少人说中国传统文化特别重实用，其实中国人轻术（实用）而重学（探索）有长期的传统（这与儒家所说的道、器关系也极有关联）。上古似乎是学与术不分的，如《大戴记·夏小正》和《小戴记·月令》用今天的眼光看更多只是与农事相关的"术"而已，却包括在儒家典籍之中。又如司马迁所述的"九流"中包括的"农家"，即将持此观念的社群视为一种生活方式的选择，因其与"立国"之道有关，也可视为一种政治主张。现在可以看到的先秦农家学说几乎不及具体的农技，或也可以认为与后来四部中讲务农书籍者并非一类，但我们不能因不知而断其为不有。后世撰务农书籍者与先秦农家的关系或类似道教与道家的关系，若严格区分虽可视为不全相同的两种观念，其间毕竟有切不断的内在关联：先秦"重农"学派既然是一种生活方式，不能不涉及怎样生活的技艺，其书或因为轻术重学的传统及其他原因而失传，也有可能其技艺根本多以口耳相传的方式传承。但得以流传的只是非实用的内容，提示着若非最初记载者注重的是其义理而非务农的技艺，就是后世选择传承者有此倾向。

---

[1] 梁启超：《西学书目表序例》，《饮冰室合集·文集之一》，中华书局，1989年影印版，123页。

到学与术分之后，重义理轻技艺的倾向就演变为凡是"术"都力图使之上升到"学"的层次这样一种思路。如《隋书·经籍志》始列入的《齐民要术》，虽多讲技艺，却悬"齐民"为鹄的，欲将技艺提高到义理层次的精神是非常明确的（此仅大体言之，详细的叙述还需要专门考证后再论）。更明显的可在书籍四部分类的"子部"中看到，汉代刘歆的《七略》中除《辑略》为总论外，余六略为六艺、诸子、诗赋、兵书、数术、方技；到魏晋时兴起的四部分类，则兵书、数术、方技等皆合入诸子一部。这当然可能是社会转变导致某些行业或社群的衰落因而相关门类的书籍减少所致（正如《史记》和《汉书》都有的《游侠传》到《后汉书》即无），其实也可能不过是官家藏书中此类书籍流失太多所致，但仍不失原来即有的强调某一流派的义理而非实际操作方法的观念。《四库全书总目提要·子部总序》说："六经以外，立说者皆子也"；农、兵、医等能列入重在"立说"的诸子之中，正与"五四人"从科学中多见其"精神"相类，后者很可能无意中脉承了前者的思路。

由于重学轻术这一传统的持续存在，从晚清开始，中国士人要想将重心从"学"或"理"转移到具体的"术"或"力"之上便至感困难，而要反其道而行之则相对容易。近代学西方从制造到政制再到文化的转变（仅大体言之），每次都不那么困难，而反对转变者则多从别的方面立论，说制造尚未完成不宜转移注意力者便少得多（也有，如王先谦）。这应该与道咸时"新学"更重义理的倾向有所关联，两者的合力更强化了关注"精神"甚于"物质"或"技术"的倾向。

然而，近代中国在每一次中外冲突中的失败都或隐或显地增强了注重物质一边的言说的力量，本受今文经学影响的康有为一面要保"教"，一面又非常强调"力"或"物质"的作用，相当特别，显然与时代语境的严重刺激相关。康的弟子梁启超1896年说："世界之运由乱而进于平，胜败之原由力而趋于智；故言自强于今日，以开民智为第一义"，而智又"开于学"。[1] 稍后张之洞也主张"自强生于力，力生于智，智

---

[1] 梁启超：《变法通议·学校总论》，《饮冰室合集·文集之一》，14页。

生于学"。他在论证保国、保种、保教"三事一贯而已"时说:"保种必先保教,保教必先保国。种何以存?有智则存。智者,教之谓也。教何以行?有力则行。力者,兵之谓也。故国不威则教不循,国不盛则种不尊。"[1]张说实本梁说,至少两人已具共识。这里的关键是胜败之分在力,故虽以"学"为最初本源,最后却必须表现在"力"上面。

对"力"或"物质"的强调鲜明地体现在时人"觇国"观念的转变之上。至少从春秋以来,入境察俗、观其政教就是士人的责任之一;而观察之所侧重者,又最能反映观察者真正关怀之所在。传统的观念在清季尚存,如金天翮仍主张觇国者"听其声,知其士;观其士,知其治乱兴废之效"[2]。在梁启超那里,传统的观念已改用新的表述,他在1902年说,"学术思想之在一国,犹人之有精神也。而政事法律风俗及历史上种种之现象,则形质也。故觇其国文野强弱之程度如何,必于学术思想焉求之"[3]。若从物质、文质之两分看,这里较具体的"形质",虽与"精神"对应,大致也还在偏于文质的一边。

惟那时不少士人接受西方观念后,观察的重心已有所下移;《东方杂志》一位署名作者便主张:"国者,人民之聚合体也。民强斯国强,民弱斯国弱。善觇其国者,不观其国势之强弱,而观其民气之盛衰。民气未衰,虽因一时弊政日就陵夷,一旦有人起而善用之,不难转弱为强。"[4]以"民"取代"士"为观察的主要对象,显然已是所谓近代观念了。作者真正关注的是其两度言及的"国势之强弱",但仍认为取决于"民气之盛衰",基本还侧重在"文质"一面。

而邓实的观念就相当不同了,他注重的是实业方面直接具体的强弱,故"善觇国者,入于其野,烟突巍巍,汽笛鸣鸣,黑云蔽空,炽铁川流;观于其都,铁轨纵横,气车络绎,电杆森矗,蛛网盘丝,则可谓

---

[1] 张之洞:《劝学篇·益智、同心》,《张文襄公全集》(4),566、546—547页。
[2] 金一:《心声》,《国粹学报》第3年(约1907)3期。
[3] 梁启超:《论中国学术思想变迁之大势》,《饮冰室合集·文集之七》,1页。
[4] 崇有(高凤谦?):《祝黄种之将兴》,《东方杂志》(影印本)第1年1期(光绪三十年正月二十五日),7页。

未必全在从吴稚晖到新文化人之一线。[1]梁启超曾说中国人学西方有从制造转向政制再转向文化的发展趋势,后两者皆从邓实所谓"物质"的层面转移到"文质"的层面。换言之,在从制造、政制而转向文化的表象之下,还有一股转向"科学"的潜流。[2]

邓实所谓"以科学定政论之标准"自有其所本,他回顾了从明季开始西学传入中国的历程,发现自晚清制造局李善兰出,"始集西学之大成"。然其面目也有大变,盖"李氏之前,所习皆偏于历数心性,而李氏则专注重于工艺历史。观制造局之译书,可以见李氏宗主之所在矣。李氏而后,译学日新,时局大变,于是言西学者又舍工艺而言政法,而西方之学术,于是大输于中华"[3]。张之洞在戊戌年的《劝学篇》中曾主张西学以"西政为要",那时的"西政"虽已与"西艺"区分,大概还是包括矿政等在内的"政学";进入20世纪后,邓实在光绪二十八年(约1902)办《政艺通报》时,与"艺学"并立的"政学"已基本接近今日所谓政治学,即时人口中的"政论"或"政法"了,且朝野双方似均对"舍工艺而言政法"的倾向有所保留。

邓实当时已说:"欧美之学派,政论与科学合;东亚之学派,政论与科学分。欧美之政论家,其政论多根于科学,故其政论实;东亚之政论家,其政论多不根于科学,故其政论虚。"他认为当时"日本之输入泰西学术,输入其政论者耳。吾国转贩泰西学术于日本,亦转贩其政论者耳。

---

[1] 胡适虽然在1923年已说"科学"这个名词"三十年来"在国内几乎做到了无上尊严的地位(《胡适序》,《科学与人生观》,山东人民出版社1997年横排新版,10页),但他并无实际的论述。郭颖颐虽将"科学"对中国的影响上溯至严复在19世纪末的文章,但其实际讨论"科学的流行"却始于吴稚晖1907年的言说。参见郭颖颐:《中国现代思想中的唯科学主义》,雷颐译,江苏人民出版社,1995年,3、9—10页(这里"唯科学主义"即 Scientism 的中译)。

[2] "科学"越来越落实到"物质"层面,甚至发展到经常被"科技"所取代是后来的事了。参见罗厚立:《物质的兴起:20世纪中国文化的一个倾向》,《开放时代》2001年3月号。

[3] 邓实:《古学复兴论》,《国粹学报》第1年9期。按李善兰注重历史,似少见人言及。据郭颖颐统计江南制造局1871—1905年所译书,属于自然科学者66部、军事科学者38部、工程制造者35部,而关于历史和制度者21部,比医学和农学之和的18部还多(参其《中国现代思想中的唯科学主义》,3页),确值得注意。据邓实之所论,后来新文化人之注重西方文化的文质一面,或亦前此注重心性之某种"复兴"乎?待考。

第1章 国不威则教不循:中学走向无用 13

夫政论喜理想不喜实验，其学说一干而少枝叶，可外袭而能（如自由、民权、平等之说是），故其风潮入少年之脑筋也易；科学重实验不重理想，其学说皆万枝万叶，未易寻其根干，非可由外袭也，故其风潮入少年之脑筋也难。唯易，故学人之好为政论者多；唯难，故学人之好为科学者鲜。"那时"言强中国者，莫不曰师日本矣。然东瀛学风，其影响于吾国学界者，唯政论唯［为］有力焉；而吾国学界青年之思潮，而唯喜政论而不喜科学，将来流弊，恐为吾群之害，有非新学诸君子所及料者"[1]。

与邓实相类似的观念也反映在官方的思路之中，张之洞参与制定的光绪二十九年（约1903）的《奏定学堂章程》之《学务纲要》已明确说中国办学堂要"仿照外国办法"，所以规定学堂管理者必须出洋考察。惟中国设学本是"中西兼考，择善而从；于中国有益者采之，于中国不相宜者置之"。故《纲要》第27条也说明"中国礼教政俗与各国不能尽同，现在学堂讲求实用，一切科学取资于各国者居多；然亦有中国向有之学为各国所无应加习者，有各国所重而与中国不宜应暂从缺者"[2]。

曾主张"西艺非要，西政为要"的张之洞此时进一步感觉到对"西政"应有更全面正确的认识。《纲要》第15条已在提倡"参考西国政治法律宜看全文"，指出"中国今日之剽窃西学者，辄以民权自由等字实之，变本加厉、流荡忘返。殊不知民权自由乃外国政治法律学术中半面之词"，而非其全体；"外国所谓民权者，与义务对待之名词也；所谓自由者，与法律对待之名词也"。尽义务与享权利是相互的，若只讲权利，则不能立国，遑论富强。同时，《纲要》也驳斥了旧派所谓"学堂设政法一科，恐启自由民权之渐"的说法，认为这是"不睹西书之言，实为大谬"。

---

[1] 邓实：《政论与科学之关系》，《壬寅政艺丛书·政学文编卷五》，186—187页。按日本输入泰西学术是否仅输入其政论固尚可斟酌，惟中国转贩泰西学术于日本主要转贩其政论则大致不错；当年那些主要通过"和文汉读法"之速成方式学会日文者马上要翻译日本非政论的"科学"书籍，恐怕有些困难。据黄福庆的统计，当时翻译日本书籍，文科约60%，理工科仅30%（黄福庆：《清末留日学生》，台北"中研院"近代史研究所，1975年，184—185页）。

[2] 本段与下段，《新定学务纲要》，《东方杂志》第1年3期（光绪三十年三月二十五日），86、102—104页。

其实"西国政法之书固绝无破坏纲纪教人犯上作乱之事",而"外国之所以富强者,良由于事事皆有政治法律"。如果中国"人民皆知有政治、知有法律,决不至荒谬悖诞拾外国一二字样一二名词以摇惑人心"[1]。

故《纲要》第16条便禁止私学堂修习西来的政治法律,该条指出:"近来少年躁妄之徒,凡有妄谈民权自由种种悖谬者,皆由并不知西学西政为何事,亦未见西书;耳食臆揣,腾为谬说,其病由不讲西国科学而好谈西国政治法律起。盖科学皆有实艺,政法易涉空谈。崇实戒虚,最为防患正俗要领。"[2]虽然朝野双方对"西国政法"的认知或未必一致(至少也有相通处),然在崇实戒虚方面的关怀、思路和立意皆甚接近。且《学务纲要》是代表官方观念的纲领性文献,它也强调讲求"西国科学"的必要,可知"科学的兴起"在当时确已呈现出朝野一致的趋势。[3]

惟"科学"恰是中学的弱项,刘师培论孔学四弊,皆以西学特别是"近代西学"为对比,前二弊尤凸显孔学在"科学"方面的不足。首先是"信人事而并信天事",结果开后来变异、谶纬学一派;盖"春秋之时,民智未开、科学未明。举世之民,悉惑于变异五行之说。孔子虽圣,无物理学为之证明,无机械以助其观察,安能具知天文学之精微哉"。其次则"重文科而不重实科也。凡学术思想之进步,咸由实验与穷理并崇(如泰西近世以来,培根主实验,笛卡儿主穷理,二派

---

[1] 这里对全面认识理解"西方"的强调,提示着国人心目中的"西方"已开始具有歧义,或隐或显已带有重新诠释"西方"或"外国"的意图。
[2] 《新定学务纲要》,《东方杂志》第1年第3期,104页。
[3] 略具讽刺意味的是,几年后主张无政府主义的巴黎留学生根本不承认"政论"或"国粹"可以"科学"。李石曾在1907年说,他早闻张之洞之"西艺非要,西政为要";后又常闻留东学界言,"中国人最要政治之思想"。到欧洲后,"见其文明事业,无一非出于科学,于是心羡科学之美,而疑昔日之所闻。虽然,亦不敢薄视政法也"。再后来一位留学英国者提出,"学业中惟科学为正当之学,因其不外真理,故各国之科学无异;至法政与文学,则随国而异。是科学可谓为公学,而政法文学则私学也。故怀偏小之见者,必主保国粹;私而已矣"。他显然同意此见解,并据此得出结论:"私学"乃"非科学"(民:《谈学》,《新世纪》7号,台北文海出版社影印本,1907年8月3日,2页。按也有人说"民"是褚民谊而非李石曾的笔名)。这样,作为"私学"的政论不仅不会根于作为"公学"的科学,两者根本是对立的;且倘若"国粹"也不过是"政论"之一种,黄节、邓实等人欲区分中日国粹主义的努力也就无根了。

并行而西人之学遂日以进步)。中国科学之兴,较西人尤早,然至周公时其用已衰,至孔子时其学并失",即因"孔子之学,固以实科为末业者也。观其言曰:'志于道,据于德,依于仁,游于艺'。以艺为末,以道为本,其言溢于言表矣"。《易系辞》之"形而上者谓之道,形而下者谓之器"虽尚可视为"道艺并重之词。然《乐记》言:'德成而上,艺成而下'。二者并言,复加轩轾于其间,则孔子仍以道为重矣"。这样的孔学传到后世,"儒教遂高谈性命,视科学为无足轻重(科学有二益,一足以助哲学之考验,二足资工艺之发达。中国科学不兴,故哲学与工艺无进步)"[1]。

刘氏以为,上古所谓学术,"非由思想而生,盖一切学术咸因经验而发明;学也者,即民生日用之事物也"。故"古人之学,无一非基于实验",亦即"上古有征实之学,无推理之学……惟其知征实而不知推理,故古人学术直质寡文,基于物理,与希腊古昔之学术相同"。那时"用即所学,学即所用,舍实验而外,固无所谓致知之学",整体的特点是"学崇实际"。然"唐虞以降,学术由实而趋虚,穷理之学遂与实验之学并崇"。进而逐渐发展到"实验之学亡,而后士大夫始以空言讲学,而用与学分"[2]。

王先谦在戊戌维新时已说,"中国学人大病在一空字":理学兴时都舍程朱而趋陆王,因为程朱务实;到汉学兴时又诋汉而尊宋,因为汉学更苦人。至"新学兴又斥西而守中,以西学尤繁重也"[3]。以"守旧"著称的王氏显然下了功夫了解西学,故知西学比中学更"繁重"。其尤有识见者,在看出那时旧派反新,部分也因西学繁重而思回避。而王氏的乡后辈唐才常在1897年已注意到,读西史可知"欧洲数百年以前,世家执权,民狃故常,士谭空理(如西历一千二百七十八年,

---

[1] 刘师培:《孔学真论》,《国粹学报》第2年5期。其余两弊是"有持论而无驳诘"和"执己见而排异说",前者之故有二,"一由论理思想之缺乏:印度有因明法、欧洲有归纳演绎法,故持论圆满精微,合于理论";"二由孔门之专制:孔子于弟子也,虽多谦逊之词",实际主张弟子"有听受而无问难,是为教育之专制"。
[2] 刘光汉:《古学起源论二》,《国粹学报》第1年11期。
[3] 王先谦:《复毕永年》,《虚受堂书札》,1932年葵园四种版,卷一,页34A—B。

英吉利人诬格物者为妖术),颇于中国永和遗风为近。惟彼愈变愈实,中国愈变愈虚"[1]。也就是说,在中国学术由实趋虚之时,欧洲学术却由虚转实。

中西学术这一反向的虚实转变使得西学的"繁重"日益明显,那时留日学生观察到的西学东渐的过程是:"其始也,西国之科学既稍稍输入;其继也,西国之文学更益益发见。"这样一种"今日之学由西向东"的趋势本来可能导致"支那文学科学之大革命",但可惜中国士夫"其始以为天下之学尽在中国,而他国非其伦也;其继以为我得形上之学,彼得形下之学,而优劣非其比也;其后知己国既无文学更无科学,然既畏其科学之难,而欲就其文学之易"。[2]这里的"文学"是广义的,大体即今人所说的文科。严复在大约同时也观察到,"今世学者,为西人之政论易,为西人之科学难"[3]。几年后留学欧洲者仍注意到,中国"留学生之好习政法过于科学之实因,盖因政法空虚易学速成,而科学不能也"[4]。且不论"文学"或"政法"是否真就更"易",但可知西学比中学难,而"科学"尤难确是清季许多士人的共识。

更重要的是,中国学术的空虚化导致其在"文质"方面同样无用。马君武说,近代西方科学发明日盛一日,"而吾中国守三四千年前祖先发明之庭燎野火,不能光大,何也?不知以比较、经验、观察、聚积、类别、演绎、归纳之法讲学故也。《大学》何尝不言格致,而曰格致所以诚意正心。夫心学者,格致中之一事,而非其宗主之所归也。程、朱小儒,眼孔如豆,盛张谬说,误纲常外无义理,心意外无学问;陆、王之以禅学虚空率天下者,更无论矣"。问题在于,当时"君吏昏虐,士

---

[1] 唐才常:《史学论略》,《唐才常集》,中华书局,1980年,40页。
[2] 《论文学与科学不可偏废》,《大陆》(1903年),张枬、王忍之编:《辛亥革命前十年间时论选集》卷一上,生活·读书·新知三联书店,1960年,413—414页。作者并指出,"以今日之学言之,则欧美实世界之母也"。既然西学已成"世界之学",而科学又更难,最佳者莫过于口称科学而实际从事(西式的)"文学",这正是后来新文化运动之师生两辈人中许多人的取径(虽然未必是有意识的)。
[3] 严复:《论教育书》,《外交报》(1902年),《辛亥革命前十年间时论选集》卷一上,113页。
[4] 民:《谈学》,《新世纪》7号,2页。

庶奸伪"的情形说明，长期讲求"所谓先贤义理之教、心意之学"在诚意正心方面同样无用，"丝毫不食其报"。[1]

在中国思想史和学术史上举足轻重的程、朱在马君武眼里已成眼孔如豆的"小儒"（按如此则可谓"大儒"者实亦甚寡），而陆、王更不足论，这当然不排除马氏受到清代汉学家反理学倾向的影响，然其在"西方科学"的参照下对中国传统的整体轻视尤为明显。这里的一个关键在于马君武对于清季君臣士庶的描述是否与实际情形相符，若答案倾向于肯定，则其论证非常有杀伤力，即中国学术不仅在物质方面不如西方，一向最注重的"文质"方面同样失败；反之则否。那时的实际情形是否已达到"君吏昏虐，士庶奸伪"的程度固尚可论，许多士人对中国君臣士庶的现状甚为不满却是不可否认的。

关键在于，这些人据以立论的"科学"已是以实验为基础的西方科学，而基本不是稍早一般所谓分科之学，然亦与分科专门化相关。吴稚晖稍后说，"东方学者之意中，视物质与名理，每有形上形下之分"。且通常"以科学之物质为形下，而以修己治人之方为形上。上下之名，由轻重而得，因而有贵贱之分，遂成修学上之谬点。殊不知物质与名理，止足以言表里，决不能分上下。理学至隐，必藉质学显之。故科学之名词，不专属于物质，其表则名数质力，其里则道德仁义。凡悬想者为哲理，而证实者乃科学。道德仁义，不合乎名数质力者，为悬想，以名数质力理董之者，是为科学。故自科学既兴，以声光化电之质力，遂至名数益精。名数益精，而心理、计学之类，成为专科者，其理道之深微，皆用尺度表显"。而"古世希腊诸贤，及我春秋战国老、庄、孔、墨之徒，以及禅学之经典，仅有无理统之悬想"自不可"同日语"。[2]

用尺度表以显理道之深微，的确是中西旧学均未见的新生事物。吴

---

[1] 马君武：《新学术与群治之关系》，莫世祥编：《马君武集（1900—1919）》，华中师范大学出版社，1991年，197—198页。
[2] 吴稚晖：《书神州日报〈东学西渐篇〉后》，《新世纪》101—103号（1909年6月），收入张枬、王忍之编：《辛亥革命前十年间时论选集》卷三，生活·读书·新知三联书店，1977年，476页。

稚晖此处虽偶尔将中西古学并论，与其通常尊西贬中不同，然所针对者，仍为以形上形下区分贵贱的"东方学者"。既然作为立国之本的"学"逐渐落实到"科学"之上，这一新含义的确立使政教不分的中国传统基本失去意义，士人以议政而"澄清天下"本是所谓"实学"，如今没有"实验"或"实艺"为基础的政论却因"悬想"而成"虚学"了。且时人所言之"科学"本有明显的西来特征，结果遂使中学的"无用"得到进一步凸显。

稍后汪德渊指出，中国与西方"治化之原所以大不同者，盖生于形势之自然，而一务农一务商，其制治皆由此出"。既然时代已改变，持中国旧法"以入今世，其象恰如以土规而代经纬仪之用"；而中外的接触更使中学的落伍无法掩盖，"则吾用新而去陈者，在势固不可已矣"。但什么是中国的"土规"呢？就是"礼"。而其界定为："礼者，有伦有义之谓也。有伦则人道有秩而不紊，有义则与时偕行，而不昧于损益。"[1]

严复先已论证说："吾国之礼所混同者，不仅宗教、法典、仪文、习俗而已，实且举今世所谓科学、历史者而兼综之矣。礼之为事，顾不大耶！"有意思的是，在清季中国以知"法"著称的孟德斯鸠以为"礼"的这一广泛包容性正是中国常为人所战胜，而其法典不为胜者所改，最后反能同化征服者的原因。盖胜者不能取一切而悉变之，结果逐渐变于所胜者。对此严复不完全同意，他强调，过去中国是文胜之国，而所遭遇的北方民族为质胜之族，故质难胜文乃以前东西方之常态。然"自火器与科学进而舟车大通，若前之事，不可复见，此亚丹斯密曾论之矣"。中国若"后此而见胜，其法典将变于胜家者，殆可坐而决之也"[2]。

正是"科学"及其物质层面的效应改变了历史上"质难胜文"的常态，故即使清季中国人特别心仪的孟德斯鸠也所论不立（严复反驳

---

[1] 汪德渊:《救亡决论一》,《政艺通报》丁未22号，4—5张。汪氏指出，若"无更代之物而即轻废前型"只会造成局势的进一步纷乱，这一那时少有的睿见恐怕不是当年心态焦虑的多数中国士人所听得进去的。

[2] 严复:《孟德斯鸠〈法意〉之支那论》,《政艺通报》丙午14号，7张；15号，2—3张。

的力量很大程度上因为这是另一西人"亚丹斯密曾论之")。这样，不论"礼"在历史上曾经起过多大作用，其已不能适应新的时代则毋庸置疑。中西文、质之别是严复较早就提出的观念，此时则出现了文质与物质、精神文明与物质文明等不同的表述形式，后来且成为在20世纪前30年读书人始终关注并长期争论的题目。不过，严复的主张是中国为了不再战败而致其"法典变于胜家"，就只有在火器与科学方面老实向西方学习，而将中学典籍暂时束之高阁（后来吴稚晖也持此论）。

而对于邓实等人来说，这正表明中西文化可以结合而得到互补的结果。邓实也看到中国古代"素以文明之同化力战胜于他族"，惟此后则"以地形一统之故、以君主专制之故，文明之思潮逐渐颓落。而欧美各国百年之间，长足进步，学术政教，日异月新，于是反扇其文明之新潮流以涌进吾东方大陆之上。而吾国旧有之社会政治道德法律，如长夜之残灯，风起而旋灭；如百年之老屋，雨压而将倒"。[1]他认为，"东洋文明，所谓形而上者，精神的是也；西洋文明，所谓形而下者，物质的是也"。20世纪既是两文明"争存之时代"，也是"两大文明结婚之时代"。[2]而且"西洋文明之热潮，已渐涌渐进东亚之大陆；利在顺其流而因势利导，不在逆其流而反为所推倒。吾国之文明，属于道德上而为精神的文明者，虽称完全；其属于艺术上而为物质的文明者，甚形缺乏。则以我之精神而用彼之物质，合炉同冶，以造成一特色之文明，而成一特色之国家，岂不甚懿？"[3]。

在实践层面，中西文明的结婚意味着中国必须吸收西方文明。故《国粹学报》的《发刊辞》开篇即曰，"学术所以观会通也"。而"海通以来，泰西学术，输入中邦。震旦文明，不绝一线。无识陋儒，或扬西

---

[1] 邓实：《论中国群治进退之大势》，《癸卯政艺丛书·政学文编卷三》，127页。
[2] 这一观念当受梁启超影响，梁已提出："生理学之公理，两异性相合者，其所得结果必加良，此例殆推诸各种事物而皆同者也。……大地今日只有两文明，一泰西文明，欧美是也；二泰东文明，中华是也。二十世纪，则两文明结婚之时代也。吾欲我同胞张灯置酒，迓轮俟门，三揖三让，以行亲迎之大典。彼西方美人，必能为我家育宁馨儿以亢我宗也。"参梁启超：《论中国学术思想变迁之大势》，《饮冰室合集·文集之七》，4页。
[3] 邓实：《东西洋二大文明》，《壬寅政艺丛书·政学文编卷五》，185—186页。

抑中，视旧籍若苴土。夫天下之理，穷则必通。士生今日，不能藉西学证明中学，而徒炫晳种之长，是犹有良田而不知辟，徒咎年凶；有甘泉而不知疏，徒虞水竭"。故该刊"于泰西学术，其有新理精识，足以证明中学者，皆从阐发。阅者因此可通西国各种科学"。[1]这里的"穷则必通"是从"穷则变"的古训化出，该刊虽不赞成"扬西抑中"，然观其所用之比喻，中学已到"年凶"和"水竭"的地步，而西学则为解决此问题的"良田"与"甘泉"，是其所谓"藉西学证明中学"实际仍寓"改变"中学之含义。而试图以"阅者因此可通西国各种科学"来吸引读者，尤可见世风的趋向（即尊西而重科学）。

中学而尚待西学为之"证明"，其现状之不佳是不言而喻的，则国粹学派所说的"国粹"早有向西学或欧化开放的含义在。这也不全是国粹学派一家之言，他人言及国粹、国魂者亦不乏此类见解。一位署名壮游的作者于1903年在《江苏》上说，各国无不有自己的国魂：日本"有华美高尚樱花之魂"，俄罗斯"有凌厉鸷鹜荒鹜之魂"，而英吉利则"有高掌远蹠神奇变化猛狮之魂"。中国之魂却已不见，即使像屈原那样"招魂"，归来的也是"旧魂"。若"新魂"则须"上九天下九渊，旁求泰东西国民之粹，囊之以归，化分吾旧质而更铸吾新质。吾使孔子司炉，墨子司炭，老子司机，风后力牧执大革，运气以鼓之，而黄帝视其成。彩烟直上，纠蟠空际；天花下降，白鹤飞来；而国民乃昭然其如苏，呆然其如隔世，一跃而起，率黄族以与他种战。国旗翻翻，黄龙飞舞，石破天惊，云垂海立，则新灵魂出现而中国强矣！"[2]。

与国粹学派的主张相类，壮游也主张铸中国之新魂需要"旁求泰东西国民之粹"，不过其大致还能肯定"黄龙"这一象征。几年后，鲁迅更注意到"有借口科学怀疑于中国古然之神龙者。按其由来，实在拾外人之余唾"。因为他们心中只有"利力"，见中国式微，则事事皆加轻薄。"于是吹索抉剔，以动物学之定理，断神龙为必无"。其实龙本来就

---

[1]《国粹学报发刊辞及〈略例〉》，《国粹学报》第1年1期。
[2] 壮游：《国民新灵魂》，《江苏》（1903年5期），《辛亥革命前十年间时论选集》卷一下，572—573页。

是古人之神思所创造，用动物学来衡量，不啻"自白其愚"。而"华土同人"，不仅不为国民之神思美富而"自扬"，反贬此以自责。更重要的是，"龙为国徽而加之谤，旧物将不存于世矣。顾俄罗斯枳首之鹰、英吉利人立之兽，独不蒙垢者，则以国势异也。科学为之被，利力实其心"[1]。很明显，当时已是国之强弱决定文化之文野，同样是"神思"的产物，西方的就得赞扬，而中国的便受攻击，皆因"国势异也"。而这种专注于"利力"的心态却有"科学为之被"，科学对中国人反传统所起的正名作用是至为明显的。

实际上，鲁迅所关注的尚不止此，只重"利力"这种崇尚"物质"的心态既有"科学为之被"，还有超越于清季中国这一时空而更为深远的后果，即人的"神思"一面被贱视。中国自古重视"人禽之别"，人具"神思"，正是重要因素；若但重"利力"，就可能发展到孟子所谓"率兽而食人"的境地。[2]许之衡稍早已说："要而言之，国粹者，精神之学也；欧化者，形质之学也（欧化亦有精神之学，此就其大端言之）。无形质则精神何以存？无精神则形质何以立？世有被缔绣于刍灵者，似人而不得谓之人也，无精神故也。弃国粹而用欧化者，奚以异是。"[3]

不过这样一种精神与形质之分正是其论证国粹无阻于欧化的基础，盖既然"国粹以精神而存，服左衽之服，无害其国粹也；欧化以物质而昌，行曾史之行，无害其为欧化"。故许氏提出一种鱼与熊掌两得的取向，实即本西学以讲中学的国粹。他注意到当时单讲国粹已不合潮流："今之见晓识时之士，谋所以救中夏之道，莫不同声而出于一途曰：欧化也，欧化也。兹而倡国粹，毋乃于天择之理相违，而陷于不适之境乎？毋乃袭崇古抑今之古习，阻国民之进步乎？"其实不然，"夫欧化者，固吾人所祷祠以求者也；然返观吾国，则西法入中国将三十年，而卒莫收其效，且更敝焉。毋亦其层累曲折之故，有所未莹者乎？语有之：'桔逾淮则为枳'。今日之欧化，枳之类也。彼之良法善制，一施诸我国而弊愈滋"。

---

[1] 鲁迅：《破恶声论》（1908年），《鲁迅全集》（8），人民文学出版社，1981年，30—31页。
[2] 参见罗厚立：《物质的兴起：20世纪中国文化的一个倾向》，《开放时代》2001年3月期。
[3] 本段与下两段，许守微：《论国粹无阻于欧化》，《国粹学报》第1年7期。

前引光绪《学务纲要》的第 15 条在提倡"参考西国政治法律宜看全文"时已指出,"民权、自由乃外国政治法律学术中半面之词",而不是全体。在外国,民权与义务、自由与法律,皆"对待之名词"。尽义务与享权利本是相互的,而中国之"剽窃西学者"却往往只讲权利。[1] 许之衡也发现,中国社会之情状,则"自达尔文著出,而竞争之说不以对外而以对内矣;伊耶陵著出,而权利之说不以为公而以为私矣;弥勒之著出,而自由之说不以律人而以律己矣"。故他以为,"行欧化而如是",此正类庄子所讥之内化而外不化。"如其言化也,曷以数十年以来,无一创获之器、无一独造之能,奈端、倍根何不诞中土?"当时工之绳墨、农之耒耜、士夫之学和政府之政策无不如故,实未见多少"欧化"。

此"无他,虽有嘉种,田野弗治,弗长也;虽有佳实,场圃弗修,弗植也;虽有良法,民德弗进,弗行也"。与邓实所主张的先强化"主观"而后能移植"客观"异学、先光复固有旧道德然后能接受欧美新道德的提法相类[2],许氏也主张走"温故而知新"的道路:"夫群学公例,文明之法制,恒视一群进化之度以为差。我不进吾民德、修吾民习,而竞竞于则效,是犹蒙马之技而画虎之讥也"。实际上,"歌白尼、达尔文辈能创新科学,不能创新道德。彼西人不诚以宗教为体,科学为用耶?"。欲化解倡欧化者内化而外不化的弊病,"仍在国粹而已。国粹者,道德之源泉,功业之归墟,文章之灵奥也"。虽然"进吾民德、修吾民习者,其为术不一途,而总不离乎爱国心者近是,此国粹之所以为尚也"。

稍后伍庄在大致重复了许之衡这些论述后进而说,西方思想进入中国反而滋弊的表现还在于"破坏之说入,不以之箴膏肓而以之灭国粹"。这仍是"民德不育之故"。他将国学分为"君尊"和"民德"两类,"二千年之学说,所不得不破之者君尊,而所不得不存之者民德。君尊之说,非尧舜禹汤文武周公孔孟之真传也;民德之说,则尧舜禹汤文武周公孔孟之所恃以为治者"。针对当时有人认为"中国旧学于发挥私德

---

[1]《新定学务纲要》,《东方杂志》第 1 年 3 期,102 页。
[2] 参见本书第二章。

无余蕴矣，而于公德尚未备"的主张，伍氏以为，"谓中国旧学于公德有缺则可，谓旧学所言私德无当于公德则不可，谓今日可弃私德而专求公德则更不可"。关键在于，欧学之"新道德能求，吾亦何病。而无如弃其旧者之必不能求其新也"。[1]

不过，许之衡也特别强调，"国粹也者，助欧化而愈彰，非敌欧化以自防"。实际上，今日"车轴大同，地绝天通，波谲云诡，咸驰域内；方如丸之走阪、水之就下"，纯粹的守旧已非时势所能容。即使"间有乡曲之士，姝姝于守故而拒外自大者，不一二年将风靡云从矣，不足以为难也"。且中国传统本不排外学，孔子问礼于老聃，宋儒得意于佛学"而成一精妙之哲学"，清儒习算学"而成一精妙之科学"。今日译学对国学的作用亦类此，"其国学无本，满纸新名者，曾不值通人之一盼。而能治国学者，新译脱稿，争走传颂，奉为瑰宝。若是者，以国学禽受外学之效，其萌芽乎！"揆古衡今，国粹之说实不阻进化。[2] 这样一种本西学以讲中学的"国粹"在学理上似乎可收鱼与熊掌两得之效，但清季追求富强的集体心态已至为迫切，此一取向仍显得缓不济急。

可以说，重物质轻精神的倾向与重国甚于重民的倾向以及欧化更急于保持国粹的倾向是共同的，都是晚清强调"富强"这一思路的自然发展，也就是要先在力的层面实行国争，然后再说其他不迟。康有为指出："昔者民权发轫，其重在民；今者国争，其重在国。"而"方今国争，吾中国所逊人者最在物质。儒生高蹈空谈，皆拱手雅步而耻工作，乃以匠事付之粗人。岂知今日物质竞争，虽至浅之薄物末技，皆经化光电重图算诸学而来，非不学之人所能预；而乃一切薄之不为，故全国皆无制作之精品，何况有创出之新奇哉！"[3] 说中国读书人善动口不动手本是传教士的口头禅，大致也符合事实，但同样的叙述出自当时中国思想界的领袖，意义就大不相同了。

---

[1] 伍文琛：《群书第七、第八》，《政艺通报》丙午18号7张、19号5—6张。
[2] 许守微：《论国粹无阻于欧化》，《国粹学报》第1年7期。
[3] 上海市文物保管委员会编：《康有为遗稿——列国游记》，上海人民出版社，1995年，149、264页。

这样，更普遍的看法是中国应走之路当由虚返向求实，且所求之"实"应是物质的。刘师培参与编辑的《中国白话报》于1904年刊出一篇小说《娘子军》，其主人公说："我这女学校的宗旨，第一注意是精神教育，第二注意是那实业科学上着实讲求。欧洲各国鼓吹革命的，固然靠着一般文学家，其实革命收功，却都在那实业社会。"[1]此语虽将实业科学置于精神教育之后，但革命要靠此才能"收功"，实更重要。同年《江苏》上的一篇文章说，"民族精神之统一也，匪仅可以恃区区之载籍与先正之典型也。试如交通之便利者，则精神之趋于统一也恒易；其交通之繁难者，其精神之怀于分裂也亦恒多"[2]。这里明确提出即使民族精神统一也需要类似"交通"这样的物质基础，而不能仅靠当时许多倾向于民族主义的革命党人特别看重的"载籍与先正之典型"；尤其"载籍"之前冠以"区区"的定语，已暗示书本之不甚可恃，很能体现时人观念的转变。

革命党人这种特别重实效的特点早有人注意到，信仰基督教的张竹君1902年在广州演讲时说，"在今日主张革命者，诚豪杰"，但他们多"徒求效验而已，无造原因者；皆求为华盛顿、拿破仑，无甘为福禄特尔、卢梭者。此所以无功也"。其实"世间上事事物物、声声色色，动起往复，皆有其原因焉。无原因，则无效验"[3]。对那时不少人来说，华盛顿和拿破仑还不仅是有"效验"，关键是其能以战胜而见效。

主张保皇的康有为在这方面却与革命党人的观念相类，他早在甲午前与朱一新辩论时就主张文化竞争全凭"力"之强弱，中西"教既交互，则必争长；争之胜败，各视其力"。而"力"之强弱，又落实在舟车器艺之上。[4]到1905年康在游历列国之后写出《物质救国论》，进一步发挥这一观点。与《江苏》的作者相似，康也认为中国"文明之不进，民智之不开，固由教之未尽，亦由道路未通，民富未充之故"。反观美国，以实

---

[1]《中国白话报》1904年5期，转引自郑师渠：《晚清国粹派》，127页。
[2]《民族精神论》，《江苏》（1904年），《辛亥革命前十年间时论选集》卷一下，845页。
[3] 马君武：《女士张竹君传》（1902年），《马君武集（1900—1919）》，2页。
[4] 参见罗志田：《权势转移：近代中国的思想、社会与学术》，140—142页。

业致富者又多肯捐款兴学建藏书楼等,"两者相生无已。全国之学既设,道路开,百机日新而并作,而军国民之日富以强",文明"遂不求而自致矣"。关键在于,若"炮舰军兵不备,道路不通,工艺汽电不解,虽有尧舜,万不能以立国拒敌";同样,面对强敌之时,"虽数十万士卒皆卢骚、福禄特尔、孟的斯鸠及一切全欧哲学之士,曾何以救败?"[1]。

按康氏本有心学西方作"教主",此时却看出中国的尧舜和西方"全欧哲学之士"在"退房"方面均无"效验",与张竹君眼中的革命党人何其相似!他们双方的政治见解相当不同甚至对立,而在重"物质"轻"文质"方面却有如此接近的共识,这样一种政治观歧异而文化观相通的现象过去是注意得不够的。同样有意思的是这些人似乎都以为"物质"重于"文质"是中西皆同即具有普遍适应性的道理(这里是否隐含着中西之间的差异仅在"物质"方面,并在此方面追赶上了便可中西"平等"的心态尚待考证),充分体现了时人思想资源的西移。

一位《中国丛报》的不署名作者在1836年说:当今"各社会文明与进步最正确的标准已是每个社会在'杀人技术'上的精湛程度、其用以相互毁灭的工具之完善和多样化及其通过训练而使用这些工具的技能"。[2]康有为自己也记下了英国征非洲之帅戈登的话,"方今世界,只有军兵,勿信其他所谓文明也"。康氏的结论是:"能自立而自保者,兵也;号称为文明,使人敬之重之者,兵也;掠其地、虏其民,系缧之、劫夺之、奴隶之,而使其人稽首厥角、称功颂德者,兵也。今日本胜俄,则欧人大敬之。兵乎兵乎!人身之衣也,营垒之壁也,文明之标志也,土地文明之运取器也。"[3]既然"兵"的胜负已成为"文明之标志",战败的中国自然降为"野蛮"。

---

[1] 康有为:《物质救国论》(此书承郭嵩焘教授提示,特此致谢),上海长兴书局,1919年,51、53、48—49页。并参见罗志田:《二十世纪的中国思想与学术掠影》,广东教育出版社,2001年,8—13页。

[2] "Military Skill and Power of the Chinese...", *Chinese Repository*, V : 4 (Aug., 1836),茅海建已引用此文,参其《天朝的崩溃——鸦片战争再研究》,生活·读书·新知三联书店,1995年,47页。

[3] 康有为:《物质救国论》,26—27页。

关键在于，这样的思路会导致能杀人之学为有用和能杀人者才成功的结论，发展下去自然要提倡对外侵略。这与日本这一榜样有直接的关联。王先谦在研究日本近代史时发现，当初日本在西力冲击下"捐弃故技，师法泰西"的过程中，对于是否"举一国之政，而惟外邦之从"，特别是怎样学西方，也曾有内部的争论。但因甲午战胜中国，得到战争赔款，于是"彼国之士气咸伸，而更新之机势大顺"。[1]此说极有所见，盖谓日本的内部问题已导致学西方之改革是否正确的疑问，后因战胜中国而获得肯定的解答。若进而言之，则正因为西式改革的正当性得自对外战争，就同时提高了对外征战的地位，从而隐伏了走向军国主义之路。这样一种重"力"的倾向当然会影响到甲午后大量涌入日本的中国留学生。

1903年即有人指出："中国人最乏国家之观念，故从无国魂之说。至留日学生见日本有以武士道为国魂者，始反索乎中国。奋翻生索而不得，乃强欲以'革命'当之。夫此何足以为中国魂也？匹夫篡夺，强有力者即贵为天子，富有四海，此夷齐所谓以暴易暴、以盗贼代盗贼也。诸君欲求中国魂乎？舍正气安属焉？"[2]实际上，这样一种"以暴易暴"的方式当然不仅针对国内，它同样可能是外向的。作为战败国的中国留学生接受此日本思想后，自然寄希望于复仇。若中国因重"力"而军事强大，很可能以师之道反治其师，这大概非日本人始料所及。

康有为就确实主张"在今日竞争之世，真欲保守，必先扩张，盖惟扩张乃能保守"。既然世界"新地未辟者尚无垠也，以吾国生齿之繁，甲于大地，则移民生殖，实不得已。若南美之广土，实吾之殖民地也"。中国当然先要能自治，而"保护植民，以广生计，实有国者之天职，不可以已也"。[3]所以他强调首先发展海军，以效法欧人掠夺殖民地于海外。他在荷兰博物院参观制船模型时，当即赋诗表述了"安得眼前突兀

---

[1] 王先谦：《日本源流考序》（1901年），《虚受堂文集》，1932年葵园四种版，卷六，页26A—27A。
[2] 春水：《中国国学保存编之一》，《政法学报》3卷5期（1903年12月），19页（文页）。
[3] 康有为：《物质救国论》，33—34页；上海市文物保管委员会编：《康有为遗稿——列国游记》，上海人民出版社，1995年，291页。

五百舰,横绝天地殖我民"的向往。这样的主张与"怀柔远人"特别是"王者不治夷狄、不臣要荒"的传统观念大相径庭[1],与一般人认知中欲为"教主"的康氏形象也相当不同。

在国人争相主张能杀人者为有用和成功之时,章太炎的弟子鲁迅稍后指出,了解"人类之不齐"这一特点应是处理国际关系的基础:"夫人历进化之道途,其度则大有差等,或留蛆虫性,或猿狙性,纵越万祀,不能大同。"人类社会中战争当然不可能绝迹,但要能认识到"令兵为人用,而不强人为兵奴"才是谈兵事的基础。至于"嗜杀戮攻夺,思廓其国威于天下者,兽性之爱国也。人欲超禽虫,则不当慕其思"。而"察我中国,则世之论者殆皆非也:云爱国者有人,崇武士者有人,而其志特甚犷野;托体文化,口则作肉攫之鸣,假使傅以爪牙,若余勇犹可以蹂躏大地"。这简直就像一幅康有为上述言论的素描,而"口则作肉攫之鸣"的人还可以"托体文化",正因"文化"或"文明"的定义已经转变。[2]

中国传统本尚文爱和平,至近年则不然,"举世滔滔,颂美侵略;暴俄强德,向往之如慕乐园"。对于遭受侵略的印度、波兰之民,反出以嘲弄之言。其实近代中国自己也多受侵略,与二国相类,本应同情两国人民。然今之志士"独不念之,谓自取其殃而加之谤"。似如此"崇强国"而"侮胜民",为"兽性爱国者之所无",故连兽性爱国也谈不上。鲁迅观察到,时人诗歌中竟有"援德皇威廉二世黄祸之说以自豪,厉声而嗥,欲毁伦敦而覆罗马,巴黎一地则以供淫游"者。其实欧洲"倡黄祸者虽拟黄人以兽,顾其烈则未至于此矣"。大概因近人屡次战败,"久匍伏于强暴者之足下",心中充满势利,遂失同情之旧性,而"渐成奴子之性",结果"忘本来而崇侵略",实与"兵奴"无异。

鲁迅所指出的失了"旧性",恰揭示了时人思想资源的西移。盖中国过去或不强调"有用",或言"用"而意不在富强。传统中国"民乐耕稼,轻去其乡。上而好远功,在野者则怨怼。凡所自诩,乃在文明

---

[1] 参见罗志田:《民族主义与近代中国思想》,23—27、31—33、49—59页。
[2] 本段与下两段,鲁迅:《破恶声论》(1908年),《鲁迅全集》(8),32—34页。

之光华美大,而不借暴力以凌四夷。宝爱和平,天下鲜有"。虽因"晏安长久,防卫日弛,虎狼突来,民乃涂炭",而"恶喋血、恶杀人,不忍离别,安于劳作,人之性则如是"。若"举天下之习同中国",则世界各国"此疆尔界,执守不相侵,历万世无离乱焉可也"。在中国文化的"旧性失"而成"兵奴"后,不啻退回到"其未为人类前之[兽]性"了。

周作人1908年说,凡成为"国民(nation,义与臣民有别)者,有二要素焉,一曰质体,一曰精神。质体云者,谓人、地、时三事"。此"为形成国民所有事,亦凡有国者所同具也。若夫精神之存,斯犹众生之有魂气",各不相同,故国民精神"又可字曰国魂",亦即"所谓种人之特色,而立国之精神者是也"。他所谓的"质体",大致即梁启超所说的"形质",与时人口中之"物质"尚有距离。但周氏进一步主张"质体为用,虽要与精神并尊,顾吾闻质虽就亡,神能再造,或质已灭而神不死者矣,未有精神萎死而质体尚能孤存者也。哲人觇国,探讨其盛衰兴废之故,或反观既往以远测将来,亦但视精神之何如而已。宁必张皇鹗顾,窃计其执兵之数而为之据哉?",盖"亡国灭种之大故,要非强暴之力所能独至也"。[1]其后面所反对关注的,却已不是前面所说的"质体",而直接指向以"兵"为代表的"物质"了。

不过,那时持周氏兄弟这样看法的毕竟是少数人,到1915年,顾颉刚观察到的现象,仍是"今天下竞为物质之学"。[2]或可以说,悬在清季最后十年许多士人心中的问题,正是中国学术传统何以由实转虚,导致中西在"物质"方面的巨大差距。对他们来说,鲁迅眼中退化的"兵奴",恰是康有为等人眼中进化的"文明"标志。

戊戌前后已开始的关于中学是否有用这一讨论的发展自然导出中国是否有学这个问题,国粹学派争辩说,"国之不强,在于无学,而不

---

[1] 独应(周作人):《论文章之意义暨其使命因及中国近时论文之失》,收入《辛亥革命前十年间时论选集》卷三,306—307页。
[2] 顾颉刚致叶圣陶,1915年5月,顾潮编:《顾颉刚年谱》,中国社会科学出版社,1993年,38页。

在有学;学之有用无用,在乎通大义、知今古,而不在乎新与旧之分"。然而国学之有用无用在那时确实与新旧之分相关联,他们自己便观察到,"今之人不尚有旧,自外域之学输入,举世风靡。既见彼学足以致富强,遂诮国学而无用"[1]。后来中国无学的观念正从"因西学足以致富强遂诮国学无用"的观念所导出。

其实国粹学派最关注的学之有用无用及引申出的国之有学无学,也可分为实际的和想象的两种,常视学人之认知而转移。在决定人的行为方面,有时认知还超过实际。就当下而言,有用而自以为无用及有学而自以为无学,与实际无学无用并无大异。邓实等所反对的那些人正是先认定中学无用(等于中国无学),才转而求诸外国。而国粹学派一些核心人物自己后来也不承认历代主流儒学为"学"或"国学",而偏欲从历史上的边缘重建国学,同样是一种认知领先于实际的取向(详下章)。朱熹曾说:"屈原之赋,不甚怨君,却被后人讲坏。"章学诚以为此语"最为知古人心"[2]。此后直到民初,反对与支持国学者多少都有从自己"成心"出发而将中国传统学术"讲好"或"讲坏"的倾向(早期更多是无意中受到"成心"的影响,而未必是出自立言者有意识的动机)。

正是国粹学派特别注重的"争科学"这一目标更使中国无学论具体化,在"科学"与"物质"挂钩的时代认知下,要论证中国无"科学"远比笼统地说中国"无学"更容易也更有说服力。这又预示着更深一层的危机:学术的"科学化"在那时很大程度上意味着"物质化",要么接受类似"西学源于中学说"的主张,证明中国古代还有"科学",于是所谓"古学复兴"还有意义,这似乎是国粹学派不能认可的观念;若据前引刘师培的论断,中国古代学术根本在思维方式上就不"科学",遑论实际的物质成就,则中国的"古学"本不科学,又有何"复兴"的必要?又怎能提供鼓舞人的希望?所以,在"物质文明"和"文质文

---

[1]《拟设国粹学堂启》,《国粹学报》第3年1期。观此文之遣词造句,似为刘师培所草。
[2] 章学诚:《史考摘录》,收入仓修良编:《文史通义新编》,上海古籍出版社,1993年,339页。

明"竞争的实际情形下,如果不遵循使中国古学科学化的取向,就只有努力扭转学术"物质化"的倾向,使学术"文质化",必如此始可言"古学复兴"。

邓实在论述"一国有一国之学"时界定说:"学者何?学为卿大夫、学为师儒、学为士、学为民者也。自一心以至一群,至[自]一身以至国家天下之事,皆学也。"[1] 王国维则更强调"精神"那相对超越之"用",他说,今"世人喜言功用,吾姑以其功用言之:夫人之所以异于禽兽者,岂不以其有纯粹之知识与微妙之感情哉!至于生活之欲,人与禽兽无以或异。后者政治家及实业家之所供给,前者之慰藉满足,非求诸哲学及美术不可"。且"政治家及实业家之事业,其及于五世十世者希",而哲学家与美术家的成就则"千载以下、四海以外"皆可存而共享之。所以,"生百政治家不如生一大文学家。何则?政治家与国民以物质上之利益,而文学家则与以精神上之利益。夫精神之于物质二者孰重?且物质上之利益,一时的也;精神上之利益,永久的也"[2]。

这在某种程度上都是针对"物质"那空前的影响力而对"文质"的提倡和强调,可知这些士人一方面自己正推动学术物质化的趋势,却又(多半无意识地)试图扭转这一趋势(后来新文化人将"科学"抽象到"精神"和"方法"之上,同样是一种"文质化"的努力,必如此"考据"才谈得上"科学";考据既成为科学,中国也就避免了"无学"的尴尬处境),尤其凸显了时人内心中存在的新旧思想资源混杂、竞争和互动这样一种至为复杂的多层面紧张。但中西"国家"竞争的现实却是这些人不能无视的,王国维虽正式肯定精神胜于物质,若具体到物质之上,恐怕仍不能否认中学在这方面缺乏竞争力。

正因为有"国家"实体竞争的存在,要证明中学"有用"又极为困难,这是非常关注"学术"与"国家"关系的国粹学派至感困难却又不得不解决的问题。国无学则不立是他们的口头禅,中学既然"无用",

---

[1] 邓实:《国学保存论》,《政艺通报》甲辰3号,4张。
[2] 王国维:《论哲学家及美术家之天职》《教育偶感》,均收入《静庵文集》(《王国维遗书》,第5册),101、106页。

便必须有其替代物；结果，国粹学派的一项重要努力便是重建"国学"。后来时人发现，"国粹"似比"国学"更有适应性，盖"国学"与"中学"毕竟太相近，容易产生"无用"的联想。然"国学"实不能"无用"且不能不是"国粹"。这大概是"国学"与"国粹"虽然在很大程度上是同义词且在使用中时常互换，然后一新术语在清季朝野仍要流行得多的一个重要原因。下一章即着重探讨国粹学派怎样重建"国学"。

第 2 章

国无学不立：重建国学的努力

前曾引用章太炎关于中国在送穷、退虏两方面胜于西方的见解，此说如果成立，中国之政教传统本身应无问题，则问题当出在其他方面。虽然章氏这样的观念缺乏追随者，但一个与此近似的思路却为许多时人所分享，即中国传统在最初的创始期确曾"有用"，不过由于某些因素在特定的时期后逐渐表现得"无用"，故问题出在那些使传统"无用"的因素而非传统本身。不过，究竟是什么因素导致本来"有用"的中国传统不能"经世"，却是持此观念的国粹学派士人在重建"国学"时需要首先解决的问题。

君主之人材学术也;其历史,则君主一人之历史也;其宗教,则君主一人之宗教也。观中国历代相传之学说,大抵教人君者十之六,教人臣者十之四,而民则无有焉"。如实为"古史"的六经,便"所纪皆人主之事;其书全体,则以君为纲,以臣为目,而于民十不及一二"[1]。可以说,"吾神州之学术,自秦汉以来,一君学之天下而已"。但邓实又根据"知国家与朝廷之分"这一近人"政治之界说"提出一种"别乎君学而言"的"国学"概念,而"国学"与"君学"之辨即落实在学者"知有君"还是"知有国"。由于昔人长期"知有君不知有国",无所谓国自"无所谓一国之学",故也可以说中国无"国学"。[2]

既然"君学"始于秦汉,则先秦时期还是有"国学"的。这一时间分段与传统中国经学(以及史学)关于上古三代曾是天下大治之黄金时段的观念暗合,较易为饱学之士所接受。具体言之,"中国国学之真之失,殆久矣乎!自《周礼》一书,有师儒之名。师以传经,是曰经师;儒以传道,是曰儒家。东周之季,周礼在鲁。孔子删定六经,彰明四教,兼备师儒。其后弟子一传其六艺之学,流为经师;一传其用世之学,流为儒家。周秦之间,经儒分途,经师抱残守缺,不求利禄;儒家学古入官,志在用世"。传经与传道之争是中国"道统"观的一个核心论题[3],也是汉宋之争的主题之一,在宋学家眼里,传道是远高于传经的;邓实这里暗秉汉学观念,但已予传道以全新的"现代诠释",即指"用世"为"干禄",从而贬传道之儒为"伪儒"、其所传者为"君学"。

他进一步申论说:"有真儒之学焉,有伪儒之学焉。真儒之学只知有国,伪儒之学只知有君。知有国,则其所学者上下千载,洞流索源,考郡国之利病,哀民生之憔悴。若夫伪儒,所读不过功令之书,所业不过利禄之术。"观"周秦间大师,类能以所学匡正时君之失,裁抑君权,

---

[1] 邓实:《鸡鸣风雨楼民书·总论》,《政艺通报》甲辰5号,8张,郑师渠已引此文,参其《晚清国粹派》,120—121页。
[2] 邓实:《国学真论》,《国粹学报》第3年2期。下两段同。
[3] 此方面论著甚多,黄进兴围绕孔庙从祀制度的探讨尤有新意,参其《优入圣域:权力、信仰与正当性》,台北允晨文化公司,1994年,87—325页。

申明大义，无所于畏"。故"秦以前之学，无愧其为国学之真也"。但经儒分途之后，"国学君学遂一混而不可分"。即使"知国家与朝廷之分"的近人，仍是"言学术则不知有国学、君学之辨，以故混国学于君学之内，以事君即为爱国，以功令利禄之学即为国学"，而不知国学自有其真。国学与君学既混而不分，或"真国学"被君学所掩盖，也可以说中国无国学。

黄节也主张以秦汉为"君学"确立的时代，他认为在此期间"孔学"经历了一个从"裁抑君权"到"务张君权"的过程："秦以前，君学之统未成，其时之言学者，皆能以其学为用。闻令下，则各以其学议之（李斯之言）。夫能出其学以议当世事，则其学非空言可比。况儒者之学，尤能裁抑君权而申大义于天下者乎。"秦焚书坑儒，"以吏为师，而君学之统成；孔学之真，扫地而尽矣"。汉代叔孙通议礼定朝仪，"知儒术与专制君统之不能相入，于是一变其面目，务张君权为主"，此为"秦以后孔学变为君学之第一事"。至汉武表章六艺，以利禄之路笼络天下，经汉儒修改的六艺皆以张君权为务，"孔学变而为君学，至是而其基已成"。故汉初诸儒实为"使神州学术长伏于专制君统之下"的"祸首"。[1]

邓实同意秦焚书坑儒"而君学之统以成，国学之统以绝"。此后"自汉立五经博士而君学之统开，隋唐以制科取士而君学之统固；及至宋明，士之所读者功令之书、所学者功令之学。遥遥二千年神州之天下，一君学之天下而已，安见有所谓国学者哉？"[2]这与谭嗣同论证二千年之政为大盗式的秦政、二千年之学为乡愿式的荀学极为接近，用语虽已不同，仍可见明显的观念传承。[3]然而，对强调学与国关系的邓实而言，"国无学则国不存"；在进一步完善"君学"统系的同时，他也逐步梳理出"国学"的沿革。

在这方面，邓实的观念既有持续不变的一面，也有几年内即改变

---

[1] 黄节：《孔学君学辩》，《政艺通报》丁未1号，5张；2号，6张；3号，5张。
[2] 邓实：《国学真论》，《国粹学报》第3年2期。
[3] 实际上，邓实、黄节等人构建的"君学"统系大致也本谭嗣同之《仁学一·三十》，参蔡尚思、方行编《谭嗣同全集（增订本）》，中华书局，1998年，335—337页。

的一面。他始终坚持不断重复的观点是,在君学当道的大势下,国学实际只能由少数在野学者一线传承。中国"无学而犹可以立国者,则以其学不在上而在下也。下有学则其民好礼义知廉耻,虽朝政昏乱、社稷丘墟,而古先立国立学之大谊犹幸有一线,则其国亡而学不亡,而国犹可以复造"。故"国学者,不过一二在野君子闭户著书、忧时讲学,本其爱国之忱,而为是经生之业;抱残守缺,以俟后世而已"[1]。具体言之,则"吾国绵绵延延以至于今者,实赖在周有伯夷、在秦有仲连、在汉有两生、在东汉有郑康成,而在晚明有黄黎洲、顾亭林、王船山、颜习斋、孙夏峰、李二曲诸先生之学为一线之系也"[2]。

最后这具体的国学统系是邓实1907年的论述,这些国学的具体传人之间动辄相差数百年甚至上千年,隐约可见韩愈、欧阳修所谓道统数百年一传的故调,惟过去视为传道关键人物的韩愈、朱熹等却已被摒出国学正统而排入"君学"之列了。有意思的是,在邓实1904年陈述的国学统系中,国学虽然仅一线之传,还是历代大致都有传人;他特别点出"宋承五季,廉耻扫地;孙明复、二程、朱子隐居读书,所至讲学,大义复明"[3],则那时尚把这些宋代大儒列入"国学"一系。两相对比,邓实认知中的国学传人在几年之间的改变不可谓不大。[4]

造成邓实观念转变的因素可能很多,此处无法展开。一个可能是他后来较多受汉学一派观念的影响,宋儒之作为前已存在争议,早有人指责宋儒空谈性命而误国,特别是在国有外患之时,士人不起而御外侮,却返向内心探究性理,实未尽其应有的救亡之责。但邓实对清初诸儒的取舍上却又体现出与汉学相反的趋势,他在1904年仅列入乾嘉汉学家

---

[1] 邓实:《国学保存论》,《政艺通报》甲辰3号,5张;《国学无用辨》,《国粹学报》第3年5期。如前所述,学存而国可"复造"的见解可见陈亮和王夫之所谓"以人存道,以待将来"的传统观念之影响,而邓实整个关于国学、君学和真学、伪学的系统观念,更皆深受船山道统论的影响。
[2] 邓实:《国学真论》,《国粹学报》第3年2期。
[3] 邓实:《国学保存论》,《政艺通报》甲辰3号,5张。
[4] 值得注意的是,尽管有这样大的前后转变,邓实此时重建的国学统系仍然基本为今日所谓儒学一系的人物,诸子百家并不在其中。今日不少学者强调国粹学派特别注重周秦诸子学,恐怕仍只看到时人言说的一面而已。详后。

乐道的顾、黄、王三人，而无晚清讲究"实用"后渐受注意之颜、孙、李等人，后三人在1907年的增列似提示着汉学观念对邓的影响逐渐淡化。若跳出汉宋门户的观念看，邓实在1904年列举的诸大儒大致是属于长期得到认可的正统一系，而1907年的则偏于历代相对边缘的人物。

实际上，若依邓实1907年的国学统系，其所述先秦两汉诸公，除郑玄外，皆既不见容于当世也不著称于儒林（郑玄的例外似又透露出邓受到汉学家派的影响）。即使清儒一般皆认可的明清之际顾、黄、王三大儒之当下际遇也尚不可与郑玄同日而语，如邓实稍后明言，这些明季大儒"皆思本所学以救故国，著书立说，哭告天下，而天下之人不应，漠然若毋动其中。其言不用，而神州遂至陆沉"。可知他们仍未十分见容于当世。[1]从数千年的长时段看，如此构建出来的"国学"统系很大程度上更多不过是历代的非主流"一线之系"而已。尤其从魏晋至晚明这样的长时段竟能弃而不论，颇凸显出中国长期无国学的"事实"。[2]

而伯夷在"国学"统系中的出现，则提示着"君学"的起源似比秦之焚书还要早，刘师培稍后从官学私学的角度论证了这一观点。他认为上古之学掌于史官，"为史官者，大抵以世袭之职官，位特殊之阶级，故书籍保存，实赖史力"，颇类欧洲中世纪之靠教士保存学术。但其弊有二，一是"上级有学而下级无学"，一是"有官学而无私学"。由于"史握学权，欲学旧典，必师史氏，犹之秦民学法，以吏为师也。故卿士有学，庶民无学"。古民字或训为"冥"，或训为"盲"，皆"民为愚昧无知之称，此下级无学之实证"。故周代学术"以之保守则有余，以之发挥光大则不足"。且凡"专制之时代，不独政界无自由之权也，即学界亦无自由之权。故威权极盛之世，学术皆定于一尊"。汉武帝罢黜百家虽是"学术定于一尊之始"，其实也是"用周代之陈法"；盖上古

---

[1] 邓实：《国学无用辨》，《国粹学报》第3年5期。
[2] 这样，邓实等人已开从边缘重构学统之风气，此后从新文化人到侯外庐多循此途，不过其所"发现"的学者不尽同，亦即依靠不同的边缘学者（及其著述）而重构学术史统系而已。这一取向当然大大拓宽了我们对历史的认识，然必与历代之正统即邓实所谓"君学"合流，方可言整体的"中国学术"，否则亦不过是"中国学术"之一部分而已。

"官守师儒并合未歧，官学既兴，私学禁立，致所学定于一尊。虽私意不昌，道一风同，然愚民政术，已开秦政之先"。故"周王用诗书以愚民，秦皇焚诗书以愚民"，形式看似不同，"其学术专制一而已矣"。[1]

史官掌学造成的二弊是"西周学术所以无进步"的主要原因，周末学术大进也因"反抗私门无学"和"反抗下民无学"这两种"反动力"所造成。盖"学术专制与政体之专制相表里"，周室东迁而权衰，民间学术乃兴，"由官学之时代，一变而为私学之时代。官学贵合，私学贵分"，结果"不独九流各成其学也，即学术相同者亦多源远流分，如儒分为八，墨流为三是也。思想日昌，人才日盛"。可以说"言论思想之自由，至战国而极"。史学也因学术竞争而"别为一科"，形成"专门之学"，而有《左传》《国语》等成书。同时周末"诸子之学各成一家"，亦因"学权由史官散于民间。故孔墨之徒以讲学为己任……孔子言有教无类，诚当时学术之确评哉。学兴于下，一扫学术专制之风"。[2]而当时诸侯之间，亦颇知重学"。故"学者之声价颇重于当时，国君分庭抗礼，卿相拥彗迎门。不独可以破学术专制之风，亦且可以破政界专制之级"[3]。

---

[1] 本段与下段，刘光汉：《论古学出于史官》《补古学出于史官论》，《国粹学报》第1年1期、第2年5期。从"学术定于一尊"的角度将周王"用诗书"和秦皇"焚诗书"二事并论为性质相同的愚民之术，与历来尊"三代"贱暴秦的传统看法截然相反，是相当激进的新观念，开后世新文化运动反传统之先河；虽可谓重新诠释历史，毕竟与史事不甚吻合。其实国粹派诸人有时也无意中表露出比较传统的观念，如不承认中国无学的邓实也曾说秦焚书坑儒，"不特儒术六艺从此缺略，而百家之学亦荡然无存。国且无学，何有于用？"（参其《国学无用辨》，《国粹学报》第3年5期）这便大致接近往昔的认知。

[2] 有意思的是，刘师培此前论孔学四弊之一的"有持论而无驳诘"时，又认为其一个原因即"孔门之专制：孔子于弟子也，虽多谦逊之词"，实际主张弟子"有听受而无问难，是为教育之专制"。后者虽是古今中外的共相，"然未有不依伦理、不察是非，徒遂一己之私如孔学之甚者也"。孔学由"荀卿之学流为李斯之焚书，孟子之学流为宋儒道统之说，学术定于一尊，于学术稍与孔孟异者，悉以非圣无法罪之"（参其《孔学真论》，《国粹学报》第2年5期）。如是则"一扫学术专制"的孔子又已开创新的学术专制之途，且刘氏此说与一般归咎于汉武帝"罢黜百家"者不同，而是直指孔子本人，与其抨击周王"用诗书"同样超常地激进。

[3] 按刘氏两论"古学出于史官"，相差不过年余，观念无甚差异，而前者行文雅洁，后者便稍带"白话"意味，复更多征引西方史事，如论学权由史官散于民间，便以"欧洲当十五世纪以后，学权由教会散于民间"为例，颇能提示当时学风之转变。

"学术专制与政治专制相表里"这一核心观念的反面即是学术自由与政治自由相关联,邓实先已从此角度论及战国时代"以数多之腥风血雨,忽产出一轰轰烈烈之新文明,若学术若技艺,各树一帜,十色五光,波谲云诡;自由之空气荡遍于全社会,人民之言论智识一时勃兴。加以士之怀奇抱异者无不用,虽一材一艺,皆得出而贡献于我国民。甲国不用则之乙国,乙国不用则之丙国;今日白衣明日将相矣,朝为屠牧暮作公卿矣。是以门阀之弊风能一扫净尽者,当此时代为极点。人民之思想能活动自由者,亦以此时代为极点",实为"我国历史上空前绝后未有之进步"。[1]学术与国家的关系不仅在于学之有无关涉国之存亡,且学之专制或自由也与一国政治密切相关,从这一角度看,国粹学派诸人为学术自由张目实别有深意。

"专制"是国粹学派用于描述传统中国政体的一个关键词,使用频率甚高。[2]更重要的是他们似乎建立出一种"阴谋"说,即认为君主已认识到学术专制对政治专制的支持作用并有意识地加以运用。这样一种反专制思路的背后仍隐伏着君主之"雄才"远高于人臣的见解,其实不过是换一种方式表述或至少接受"君王圣明"的传统观念。邓实指出,专制政体以愚民为要务,自三代以下的"霸天下之主,以阴谋取天下,不得不以阴谋守之。故其开国之第一事,必以诛锄民气、闭塞民智为至急之务。以为此术如行,则朝廷一切私举动私号令皆可无碍,而子孙帝王万世之业可以长保。以故其愚民之术,代工一代。使通国之民,以不读书、不识字、不知国事为本分,以耕田凿井守田园长子孙为义务"。[3]

对于士人,专制君主则将学术与利禄结合以笼络之。汉武以后儒学独尊,儒生亦以"求仕待用为其职志",则"儒之为儒,惟在湛心荣利、

---

[1] 邓实:《论中国群治进退之大势》,《癸卯政艺丛书·政学文编卷三》,122页。
[2] 传统中国政治是否"专制"及怎样被近代国人视为"专制",还需要深入的专门探讨,一些初步的看法可参见罗志田:《中国文化体系之中的传统中国政治统治》,《战略与管理》1996年3期。
[3] 邓实:《鸡鸣风雨楼民书·民智》,《政艺通报》甲辰6号,5张。郑师渠书已较详引用此文,参其《晚清国粹派》,120—129页。

苟以趋时而已。时之所尚，利禄之所在，则不惜迁就其生平之所学，以胠媚时君"。故"汉之博士一科举也，唐之诗赋一科举也，明之八比一科举也，今之学堂考试，亦一科举也"，皆是以"朝廷之趋向以为转移"的利禄之途，是"君学"的另一面相。[1]黄节也承认，说"孔子之学专为时君而设，求之六艺，亦有不可讳者"。后世尊孔，亦以"天下趋于君学之一途为未足，乃借孔子以束缚天下之人之思想言论；以为孔子者，其学能使天下之人驯服而不敢动，而一听君主之操纵也"[2]。故历代"名臣学士如鲫，而从无为吾民建一谋画一筹，以智吾民，强吾民，进吾民于文明治化无疆之休者"。反之，韩愈在《原道》便主张，"君者出令者也，臣者行君令而致之民者也，民者出粟米麻丝作器皿通货财以事其上，不则诛者也"[3]。

士人的此种表现，同样因专制君主对士人"愚之有术"，即"使之日习端整之书法干禄，蔓衍不急之文章以老其才"；而邓实则更注意到专制政体那主动进攻的一面，即在学术定于一尊之后，"使之闭门独学，孤陋寡闻。而严立会结社讲学之禁"，将各类有违儒学的思想言论视为异端邪说而取缔，要使士人"思乱之心、党锢之祸可以毋作"。由于君主有意使愚不肖者得富贵，而世趋之，使中国社会变成"纯然一愚不肖所结成之社会"。少数贤哲洁身自爱，复被多数之愚不肖"起而攻之，曰违俗、曰异端、曰大逆不道；攻之不已，至欲杀之，杀之非刀非兵，或杀之以言语，或杀之以文字"。这样上下呼应的愚民结果，下层百姓不过"出作入息，仰见光俯见土"，上层士大夫则"评点讲章咿唔墨卷而已"。故中国"非特无才民才士也，抑且巷无才偷，市无才驵，泽薮无才盗"。则"今日救亡之术，别无他途，亦惟智民使与白种平等而已。智民之术，别无他途，亦惟改革其愚民之旧政教，而听民之自求其智而已"。[4]

---

[1] 邓实：《国学真论》，《国粹学报》第3年2期。
[2] 黄节：《孔学君学辩》，《政艺通报》丁未2号6张、3号5张。
[3] 邓实：《鸡鸣风雨楼民书·总论》，《政艺通报》甲辰5号，8张。
[4] 邓实：《鸡鸣风雨楼民书·民智》，《政艺通报》甲辰6号，6张；《论中国群治进退之大势》，《癸卯政艺丛书·政学文编卷三》，120页。

关键在于,"国必有学而始立,学必以粹为有用。国不学则不国,学非粹则非学;非学不国,其将何以自存矣!"[1]。从"学必以粹为有用"到"学非粹则非学",等于说"无用"之学便非粹,实际也就"非学"。这里隐伏的意义是相当深远的,当时不论何派,通常讲"国粹"者大都落实在"学"上,若中国之学"非粹"甚至"非学",则"国粹"也就成为海市蜃楼,可望而不可即了。[2] 可知20世纪初年国粹学派煞费苦心以区分国学与君学的主要目的,恐怕还是试图回应中国学术是否有用这一当下面临的急迫问题。

在中西"学战"已是既存事实的情形下,要证明中学"有用"又已极为困难,恐怕也不宜像不少国粹学派中人那样以时代断限将秦汉以后的学术主流全部划归"君学";简言之,国学实不能"无用",国学不能不是"国粹"。此即"国粹"这一新术语在清季朝野开始流行的一个重要原因。且"国粹"也比"国学"更有适应性,那时不少读书人像章士钊一样认为"国学之不知,未有可与言爱国者"[3];这一观念当然是不能细论的,一般民众哪里知什么国学,然其便不"可与言爱国"乎? 而"国粹"这一名称的适应面就要宽广一些,尤其若像章太炎那样将国粹落实到广义的"历史"之上则适应面又更宽广得多,盖学过《三字经》或看过戏曲的民众多少都知道点"历史"(虽然未必是学者心目中"信而有征"的历史)。

邓实以为,"学以为国用者也。有一国之学,即以自治其一国,而为一国之用。无学者非国,无用者亦非学"。他注意到,"今之忧世君子,睹神州之不振,悲中夏之沦亡,则疾首痛心于数千年之古学,以为学之无用而致于此也"。实际上,自叔孙通定朝仪以后,历代所用者皆君学而非国学,"自唐代义疏之作、宋世科举之兴、明以八比取士,近世承之,其时君所乐用者,皆为君学之一面",而"吾国之古学固未尝用"。

---

[1] 邓实:《国粹学》,《政艺通报》甲辰13号,3张。
[2] 到北伐之后,"国学"非"学"的观念便相当普及,部分正渊源于其无用而非粹的认知,说详第9章。
[3] 章士钊:《国学讲习会序》(1906年),《章士钊全集》(1),文汇出版社,2000年,179页。

若"用之而无效,则谓其学为无用固宜"。今国学"犹未用也,而即嚣然以无用名之",盖因国学"不以人君之是非为是非",故"为帝王所不喜,而亦为举世所不知。学者不察,漫与君学同类,而非之曰无用无用"。实则宋以后外患不绝,"皆君学之无用有以致之,而国学不任咎焉"[1]。至此国学君学之分的良苦用心凸显无遗,"神州不振"是无法否认的事实,却可由"君学"来任其咎,而中国未来之希望犹可期之于古学复兴。

既然"国学"尚未尝用,自不能以非粹视之;然而曾经"有用"且为"粹"的国学究竟何在,却是个不那么容易解决的问题。虽然邓实认知中的"君学"已远及周代伯夷的压制者,刘师培关于学术专制的论述也已上溯到先秦的"史官",但包括他们在内的多数人又同时将秦汉作为国学与君学的时代分际,基本同意秦之焚书与"汉武之罢黜百家"为中国古学由盛转衰的主要象征。秦汉的一大不同是前者与"坑儒"直接相关,后者则主要针对儒家的竞争者"百家"。[2] 邓实便指出,自汉武以后,"诸子之学遂绝于中国。义疏于隋唐、性理于宋元、帖括于明代,学术之途,愈趋愈狭;学说之传,日远日微……古学之亡久矣"[3]。这一关于诸子学断绝的观念提示了一个可能的诠释,即先秦中国"古学"——特别是诸子学——尚具开发的潜能。这样,清理中国学术源流便成为国粹学派的一个重要努力方向。

二 古学与国学

清理中国学术源流派别是国粹派论学的一大特色,如《国粹学报发刊辞·略例》所说:"本报于我国学术源流派别,疏通证明,原原本本,阅者得此可以知读书门径";该《发刊辞》不止一次提及要效法章学诚在这方面继续努力。[4] 这一返向古代学术起源的取向与清代学术发展的

---

[1] 邓实:《国学无用辨》,《国粹学报》第3年5期。
[2] 以汉初"黄老"与法家(秦固重法家)的思想关联看,后者甚至可以看作是对前者的翻案。
[3] 邓实:《古学复兴论》,《国粹学报》第1年9期。
[4] 《国粹学报》第1年1期。

内在理路也大致相符,即研究对象越来越古。蒙文通在1922年提出:"中国从前的学术,虽也时时都在变动,却都是循着直线向前发展的。到了王阳明以后,学问的前进,便是复古。从明末直到现在,只是把从王阳明起直到孔子时候的学术,依次的回溯一番便了。"此后复古成为中国学术的基本走向,故"近三百年来的学术,可以说全是复古运动,愈讲愈精,也愈复愈古,恰似拾级而登的样子"[1]。

蒙先生这一整体性的观察主要还是落实在学者关注的典籍对象之上,然而"复古"可以"前进",也有"温故"可以"知新"的意思在。从学理层面看,刘师培、邓实等确实以西方近代学术分类为据对中国学术(特别侧重周秦和清代两时段)进行了全面的解构和重构,其意义和影响迄今仍未得到充分的认识和研究(详另文)。但他们这样做的一个主要目的,恐怕还是试图通过厘清或重构学术统系而"澄清天下"。从《国粹学报》的文章分类可以看出,不少梳理学术源流的文章并未归于"学篇",而是归于"社说"甚至"政篇",便是这一取向的鲜明表征。

叶德辉早就从学术争论的角度预测说,"有汉学之攘宋,必有西汉之攘东汉。吾恐异日必更有以战国诸子之学攘西汉者矣"[2]。晚清学术的发展趋势大致如叶所言(虽未必侧重于"攘"),惟学术既然沿着复古的走向"拾级而登",则诸子学之上的起源自亦会溯及。刘师培即注意到"后世子与史分,古代子与史合"的现象,他以为,"《汉书·艺文志》叙列九流,谓道家出于史官。吾谓九流学术,皆原于史,匪仅道德一家"。班志所言,乃"就诸子道术而分之,非就诸子渊源而溯之也。仁和龚氏有言,诸子学术,皆周史支孽小宗"。盖"三代之时,称天而治。天事人事,相为表里。天人之事,史实司之"。司天之史掌祭祀、历数,司人之史掌技艺、道术,诸子百家俱由此衍出。"由是而观,周代之学术,即史官之学也,亦即官守师儒合一之学也。"[3]

---

〔1〕 蒙文通:《经学导言》(原名《近二十年来汉学之平议》),《经史抉原》(《蒙文通文集》第3卷),巴蜀书社,1995年,10页。
〔2〕 叶德辉:《郎园书札·与戴宣翘书》,长沙中国古书刊印社1935年《郎园全书》汇印本,20页。
〔3〕 本段与下段,刘光汉:《论古学出于史官》,《国粹学报》第1年1期。

晚清传入的以进化论为基础的西方"文明史"观念给刘氏提供了重要的思想资源，使其从龚自珍和章学诚的见解中读出了新意。他说，"西儒斯宾塞有言：各教起原，皆出于祖先教。斯言也，证之中国古代，益信而有征（观斯氏《社会学原理》谓崇信祖宗之风习，凡初民皆然。又法人所著《支那文明论》云：崇拜死者乃支那家族之主要也，而其特色，则崇拜祖宗是也）。"这样，"古代所信神权，多属人鬼。尊人鬼，故崇先例；崇先例，故奉法仪。载之文字，谓之法、谓之书、谓之礼；其事谓之史职。以其法载之文字而宣之士民者，谓之太史，谓之卿大夫（仁和龚氏说）。有官斯有法，故法具于官；有法斯有书，故官守其书（会稽章氏说）。是则史也者，掌一代之学者也。一代之学，即一国政教之本，而一代王者所开也。"故古代"学出于史"，而"史为一代盛衰之所系，即为一代学术之总归"。[1]

邓实基本同意刘师培的主张，他也认为，"神州学术，其起源在乎鬼神术数而已。鬼神术数之学，其职掌在乎史官而已。三代之初，天人之学，实司于史官"。具体言之，"春秋以前，天下之学归于鬼神术数；春秋以降，天下之学归于史官。是故鬼神术数者，神州学术之原也；史

---

[1] 观此可知刘师培能将龚自珍和章学诚的见解熔于一炉而成"系统"，实赖西儒之理论为基础。他后来又著《古学起源论一》（《国粹学报》第1年8期），专论"古学出于宗教"。一般所谓"鬼神术数"皆被刘氏以"宗教"这一名词概括，其诠释的西化程度显然已更进一步。他认为，先民将万事万物归之于天，"而一二雄鸷之君，利用人民之迷信，遂日以神鬼愚其民，使君权几与神权并重，由是以人君为教主，以人臣为司教之官，凡一切学术政治，悉无不与宗教相关"。这一新诠释不仅外来新名词更多，且将人君与人民区分开来，其实人君若真能超出时代认知而主动"以鬼神愚其民"，岂止"雄鸷"，简直是天纵了。经这样解释后，原来君民共同尊人鬼崇祖先这一可能是自然的行为便成为人君方面的"阴谋"，再次体现出国粹学派有意无意将中国传统"专制化"的特色。不过刘氏注意到上古君臣皆与"宗教"之事相关，大致不差。惟刘氏此时论古学起源已与前不尽同，他认为，由于"宗教之说盛行，故古代实用之学，亦出于宗教之中。观天文之学先有合验，而后推步之法生；兵家之学以阴阳为最古，而后权谋形势之学生。推之古代音乐用于祭祀神祇，古代图画亦用以绘画神奸，则古代之学无一非生于宗教"，而宗教实"为一切学术之祖"。在稍后发表的《古学起源论二》（《国粹学报》第1年11期）中，他已在专论"古学由于实验"，强调中国古学"皆以实验为归"，或体现了黄节所谓中国人论国粹"与争科学"的意谓。刘氏并云，"自实验之学亡，而后学士大夫始以空言讲学，而用与学分"。这样的"古学"如果"复兴"，自能"有用"，其重新诠释古代传统的苦心仍在于此。

官者，神州学术之微也"。实际上，不仅鬼神术数之学掌于史，"成周一代之学术艺文典章制度，其寄于文字典籍者，莫不掌之于史官"。故"史为古今天下学术一大总归，文书之库而知识之府。故史之权于通国为独重，而史之识亦于通国为独高。春秋之季，民智日启，鬼神术数之学不足以统一天下之思想，于是而有老、孔、墨三家之学，是为神州学术后起之三大宗"。然三家之学，"固同出于史官者也"。因此，"周秦诸子为古今学术一大总归，而史又为周秦诸子学术一大总归"。[1]

从物质与文质两文明竞争的视角看，强调"史"为一代学术之总归、无史则无学的观念在某种程度上恐怕也是对学术"物质化"的一种委婉回避或抗争，盖不论将"史"视为一种制度（如古之"史官"）还是一般意义上的史学，它仍是基本属于"文质"一面的。上引刘、邓二氏所言之"史"，基本落实在古代具体的"史官"之上。稍后章太炎提出"国粹以历史为主"时，主要侧重的就是今日广义的"历史"和具体的"史学"的意义了。

太炎以为，古人最重视的人禽之别正在于人知历史而有自觉（略同于今之所谓自我认同）。他说，"人类所以殊于鸟兽者，惟其能识往事，有过去之念耳"。从高远些看，人总要有"超我"才能区别于其他动物的基本只有"本我"（动物是否有及在何种程度上有"超我"尚在认识之中），历史、伦理、文化等范畴，约即人类各种群之"超我"。[2] 太炎本不认为中国历史上的一切皆"粹"（故其后来会采取相对中立的"国故"一词），主张区别是非的是"主观"，侧重事迹的是"客观"。国粹不过"记载故言"的，至少"舍是非而征事迹"，便于人道损益无关。另一方面，从"国粹以历史为主"这一角度看，若国粹散亡，"不知百年以前事"，就和犬马没什么区别了。重要的是，"人无自觉，即为他人陵轹，无以自生；民族无自觉，即为他民族陵轹，无以自存"[3]。中国传

---

[1] 邓实：《国学微论》，《国粹学报》第1年2期。
[2] 关于"超我"与"本我"，参见弗洛伊德：《自我与本我》，收在《弗洛伊德后期著作选》，林尘等译，上海译文出版社，1986年，157—209页。
[3] 章太炎：《印度人之论国粹》，《章太炎全集》（4），366页。

统文化一向重人禽之别,亦良有以也。

将学术区分为"主观"与"客观"是太炎长期持续的主张,他在稍后论证"说经与说诸子异"时进一步指出,"说经之学,所谓疏证,惟是考其典章制度与其事迹而已,其是非且无论也"。说诸子"则不然,彼所学者,主观之学,要在寻求义理,不在考迹异同。既立一宗旨,则必自坚其说,一切载籍,可以供我之用,非束书不观也。虽异己者,亦必睹其籍,知其义趣。惟往复辩论,不稍假借而已"。周秦诸子"推迹古初,承受师法,各为独立,无援引攀附之事。虽同在一家者,犹且矜己自贵,不相通融";各自"惟以师说为宗,小有异同,便不相附,非如后人之忌狭隘、喜宽容,恶门户、矜旷视也"。正因其"持论强盛,义证坚密,故不受外熏",体现了"古学之独立",故"言诸子必以周秦为主"。[1]

太炎本出自汉学一系,其所治或稍偏于"客观"之学,然在学术之"独立"成为标榜关注的要素时,周秦诸子的长处就得到凸显了。他那时以为,"中国学说,其病多在汗漫。春秋以上,学说未兴。汉武以后,定一尊于孔子,虽欲放言高论,犹必以无碍孔氏为宗。强相援引,妄为皮傅。愈调和者愈失其本真,愈附会者愈违其解故。故中国之学,其失不在支离,而在汗漫。自宋以后,理学肇兴,明世推崇朱氏,过于素王。阳明起而相抗,其言致良知也,犹云朱子晚年定论。孙奇逢辈遂以调和朱陆为能。此皆汗漫之失也。"故"观调和独立之殊,而知古今学者远不相及"。问题在于,形成"汗漫"的学风后,"客观"之学同样受影响。本来考索典章制度与其事迹,"则不得不博览传记"。盖"今之经典,古之官书,其用在考迹异同,不在寻求义理。故孔子删定六经,与太史公、班孟坚辈,初无高下;其书既为记事之书,其学惟为客观之学"。而"汉世太常诸生,唯守一家之说",恰违背了考迹异同之学所当遵循的博览取向。

在章太炎看来,中国学术"汗漫"而不能"独立"主要因为定一尊于孔子。而学术定于一尊显然也不利于学术本身的发展。刘师培指

---

[1] 本段与下段,章绛:《诸子学略说》,《国粹学报》第2年8期。

出,"汉代之时,经学立于学宫,为经学统一之始;唐代之初,为五经撰《正义》,又为注疏统一之始。汉崇经学,而诸子百家之学亡;唐撰《正义》,而两汉魏晋南北朝之经说凡与所用之注相背者,其说亦亡。故《正义》之学,乃专守一家、举一废百之学也"。如此"学术定于一尊,使说经之儒,不复发挥新义。眯天下之目,锢天下之聪,此唐代以后之儒所由无心得之学也"〔1〕。结果如黄节所见,"尊孔之事,近世益崇,而孔学则至近世而益晦。然则其事与效之相反何也?盖自秦以来,当世之所谓孔学者,君学而已矣"〔2〕。

反之,若学术多元便不"专制"也不是"君学"。沿此思路,国粹学派多重视周秦诸子的复兴亦顺理成章。邓实观察到,"本朝学术,曰汉学、曰宋学、曰今文学,其范围仍不外儒学与六经而已,未有能出孔子六经之外而更立一新学派也。有之,自今日之周秦学派始"〔3〕。所谓"今日之周秦学派",大体即指国粹学派对周秦诸子的重视。〔4〕且讲究义理的周秦诸子在清季新兴的"哲学"方面还自有所长,章太炎虽不能不承认"中国科学不兴",却强调"哲学就不能甘居人下"。若以"周秦诸子比那欧洲、印度,或者难有定论;比那日本的物茂卿、太宰纯辈,就相去不可以道里计了。日本今日维新,那物茂卿、太宰纯辈,还是称颂弗衰;何况我们庄周、荀卿的思想,岂可置之脑后?"〔5〕。

---

〔1〕 刘师培:《国学发微》,《国粹学报》第1年11期。
〔2〕 黄节:《孔学君学辩》,《政艺通报》丁未1号,5张。
〔3〕 邓实:《国学今论》,《国粹学报》第1年5期。
〔4〕 张之洞在几年前已注意到,"道光以来,学人喜以纬书、佛书讲经学;光绪以来,学人尤喜治周秦诸子"。参张之洞:《劝学篇·宗经》,《张文襄公全集》(4),556页。但尚少见自命或被人视为已成"学派"者。
〔5〕 章太炎:《东京留学生欢迎会演说辞》,《章太炎政论选集》上册,279页。按章太炎对诸子学的态度是有转变的,他在1909年尚认为"甄明理学,此可为道德之训言(即伦理学),不足为真理之归趣(理学诸家,皆失之汗漫;不能置答,则以不了语夺之)。惟诸子能起近人之废"。然他当时已指出,若"提倡者欲令分析至精,而苟弄笔札者或变为猖狂无验之词"。到其晚年在苏州办国学讲习会时则注意到,过分强调讲究义理的诸子学的确造成了避实就虚的负面影响,以为"诸子之学,在今日易滋流弊",只能少讲,故其课程设置"以经为最多"。参见章太炎:《致国粹学报社书》,1909年11月2日,《章太炎政论选集》上册,498页;章太炎复李续川书,引在厉鼎烺:《章太炎先生访问记》,《国风》(南京),8卷4期(1936年4月),132页。

正是这西来的"哲学"从学理上提高了周秦诸子的地位,邓实便特别注意到晚清诸子学与西学"相因缘而并生"的现象。他说,诸子学的兴起,除乾嘉以还中国学术的内在理路自然从经学走向诸子学这一因素外,西学的传入也起了作用。首先因为诸子学"所含之义理"与西方各学多相通,"任举其一端,而皆有冥合之处;互观参考,而所得良多。故治西学者无不兼治诸子之学"。同时,中国"自汉以来,儒教定一尊,传之千余年。一旦而一新种族挟一新宗教入吾国,其始未尝不大怪之,及久而察其所奉之教,行之其国,未尝不治,且其治或大过于吾国",使士人"恍然于儒教之外复有他教"。西学在中国获得承认,儒教定于一尊的局面被打破,"六经之外复有诸子"也就成为逻辑的结论了。[1]

不过,时人虽推崇诸子学,却未必以诸子学与定于一尊以前的"真"孔学或儒学对立;在将儒学从一尊的地位上拉下并恢复其百家之一的原初地位,亦即进行了"去伪存真"的处理之后,不少人仍承认儒学为诸子之最。刘师培认为,"孔学与诸子不同之故"有二,一曰"兼具师儒之长也。《周礼》之言曰:师以贤得民,儒以道得民,此为师儒分歧之始"。二曰"政教之途合一也。孔子之教,无非实践"。虽然孔学同时又有四弊(详前文),但孔子毕竟集古代学术之大成,"有此四失,则孔学所以不能无遗憾也。然以周秦诸子较之,则固未有出孔学之右者"[2]。

李书城早在1903年就提出,中国人之保守而服从古人的特点并非独尊的孔学使然,而是由"诸子"之一的老学所造成。他说:"哀哉!吾中国之学者,名为承孔道,而实则守老学;传习数千年,尽失真孔之面目,驯至受保守主义之烈毒,服从古人以外不敢有思想。"虽然李氏提出的解决方法是引进西方学说以"淘洗"中国学界,而并非重新倡明"真孔道",但其视"真孔"高于老学这一点却是非常明显的。[3]

长期处于边缘的诸子学也确有其历史形成的局限性,认为周秦诸子

---

[1] 参见邓实:《古学复兴论》,《国粹学报》第1年9期。
[2] 刘光汉:《孔学真论》,《国粹学报》第2年5期。
[3] 李书城:《学生之竞争》,《湖北学生界》第2期(1903年),《辛亥革命前十年间时论选集》卷一上,458页。

"用其一皆可以有裨于当世"的邓实也不能不承认,周秦当时"君民能用其说者几何也?毋亦信仰其学而从之游者皆其一派之弟子乎?其于全社会无用也!"。这是非常深刻的观察,诸子学说的衰微固然受后来学术定于一尊的影响,然其本不见用于当世,不仅时君不用,除其弟子外民间追随者亦不广,所以才对全社会"无用"。沿此视角看下去,"使君学之盛行而国学之不振者,吾民亦与有过焉矣。吾闻泰西学者创一学说,则全社会为之震动,而其终能倡造社会左右政界"。是"其学不必赖时君之表扬也,而固已飙动云兴,足以转移一世之人心风俗而有余矣。返而观我国,则历代虽有一二巨儒,精研覃思,自成宗派,其学术非无统系之可言;而空山讲学,所与倡和者,惟其门徒及二三知己耳;而全社会不知尊仰,后人不闻表彰,故其学派遂日远而日微,其遗书亦湮轶而不可见,不亦悲乎!"〔1〕。

这里关于泰西的虚悬想象暂不论(多数泰西学者肯定不会有如此乐观的认知)〔2〕,其对中国情形的观察也有相当重的"当代诠释"成分。正因为邓实所谓"国学"是从历代学术边缘构建起来的,凡为社会认可者多斥之为"君学"(实不承认其为"学"),所余自然是不为社会所尊仰者了。这样,当昔日的中国学统被斥为"君学"而"国学"统系未能从学术层面实际建立的情形下,中国"无学"的结论已经不呼而出了。他慨叹道:"悲夫!中国之无史也。非无史,无史材也;非无史材,无史志也;非无史志,无史器也;非无史器,无史情也;非无史情,无史名也;非无史名,无史祖也。呜呼,无史祖史名史情史器史志史材,则无史也。无史则无学矣,无学则何以有国也。"〔3〕

---

〔1〕 邓实:《国学无用辨》,《国粹学报》第3年5期。
〔2〕 按邓实认为中国人与西人"同为地球之智种,同生于里海以东之高原",今日中国落后于西方,就在于西方"以工商立国,以民主为政体,故利民之智",而中国"以耕稼立国,以专制为政体,故利民之愚"。民智则国富而强,民愚则国贫而弱。故"泰西之民,神智飞扬,精神充足;其社会之内,光华美丽,如锦如霞。而泰东之民,则志虑短浅,颜色憔悴;其社会之内,阴暗凄惨,愁云遍结"(参其《鸡鸣风雨楼民书·民智》,《政艺通报》甲辰6月,5张)。这与湖南时务学堂学生林圭在几年前对中西情形的想象性描述如出一辙,代表了当时中国思想界一个相当普遍的倾向。参见罗志田:《权势转移:近代中国的思想、社会与学术》,52—53、220—221页。
〔3〕 邓实:《国学微论》,《国粹学报》第1年2期。

邓实所谓"无史则无学"当然是本其"史为古今天下学术一大总归"的观念,然中国"无学"很大程度上仍因过去的主流学统被基本否定了。摒弃了"君学"的"国学"既然具有如此虚而不实的特征,也就预示了其包容性以及对西学的开放性(详后)。实际上,邓实看到的西人之宗教"行之其国,未尝不治,且其治或大过于吾国"的现象早已引起中国士人的注意,一种反应是注重内容,试图学习引进(广义的)"西教";另一种反应即看重形式,主张中国也应尊崇自己的"教"。

起初尚在国粹学派之外的许之衡[1]便从西人关于"宗教"在国家形成中所扮演的角色得出新知,他以为,人类与禽兽之别即在"爱力合群",而"爱力合群之至,孰优如宗教者乎?社会自图腾以至今日,群治虽万变不同,然莫不与宗教有重要之关系"。盖自科学一面观之,宗教"诚为魔魔之怪物;而自群学一面观之,则宗教者,群治之母,而人类不可一日无者也"[2]。他强调:"孔子之为中国教,几于亘二千年,支配四百兆之人心久矣。而忽然夺其席,与老墨等视。夫老墨诚圣人,然能支配四百兆之人心否耶?夫以孔子为非宗教家,徒以其乏形式耳。孔子之不立形式,正其高出于各教,使人破迷信而生智信也。除形式外,殆无不备教主之资格者。"

许之衡解释说,"吾固甚尊诸子,然诸子于今日,却无足为宗教之价值。吾志在宗教,遂不得不标孔子。盖孔子固久处国教之地位,吾因其尊而尊之,以安定民志而已,岂薄诸子哉!"关键在于,当时中西学战已进入"教"的层面,耶教诚伟大,"然与我国民族,尚未能忻合无间。况今之挟教而来者,实为彼国伸其权力;与天父博爱之旨,沿流忘源。我国之信徒,亦多不明国界与教界之判"。故"揆之历史、揆之心

---

[1] 按《国粹学报》编者在发表许之衡的《读国粹学报感言》后附言,"本社撰述诸子,其学识各有所见,不能强同,故撰述中彼此论著,间有异同之处,致动阅者疑问。然今正际言论自由、学术独立之时代,势不能束缚牵合,使归一辙。好学博览之君子,当深思而自得之"。故"许君守微,久以文学雄视海内",虽批评本报,仍以之代"社说"。同时"许君更惠然来沪,为本社赞助其撰述,于国学必多所发明"(《国粹学报》第1年6期)。则许之衡写《读国粹学报感言》时尚为"他山之石",此后则为"本社"之一员了。
[2] 本段与下段,许之衡:《读国粹学报感言》,《国粹学报》第1年6期。

理、揆之民习",中国"不言信教则已,苟言信教,则莫如信孔教"。

从历史渊源看,受历代尊仰的孔子的确有诸子所不具备的社会整合功能。若从风靡当时的天演观念看,适者生存,长期居于主流的孔学与久处边缘的诸子学何为"适者",亦不言自明。邓实就曾经从"适应"的角度讨论过孔学何以得势于中国,他承认孔学在其产生的东周乱世还确有"定一尊"的时代需要:"近儒多以君主专制之政原于孔教归罪孔子,不知孔子生东周之季,贵族横暴,杀戮平民,非定一尊以破贵族之局,则生民之祸必无已时。"先秦时"老、孔、墨三家者,各立一宗,而皆有可为国教之势,然其后统一于儒者,则以儒之教本于宗法,而中国之社会亦本于宗法也"。总体言之,"中国之地理便于农,而儒重农;中国之风俗原于文,而儒重文;中国之政体本于宗法,而儒重君父。则儒教之行乎中国,固由乎其地理、风俗与政体者也。此其所以行之二千年,其于人心之微,未有背也"[1]。

在许之衡看来,即使不言宗教,而专论时人所关注的国魂或国学,仍不能离孔子。"今之所欲于孔子者,以其无尚武主义也、无国家主义也。夫尚武主义著于《儒行》,国家主义著于《春秋》,穷而绎之,皆有理论可寻,安在其不足为国魂乎?"且"国魂者,源于国学者也。国学苟灭,国魂奚存?而国学又出于孔子者也。孔子以前,虽有国学,孔子以后,国学尤繁,然皆汇源于孔子,沿流于孔子,孔子诚国学之大成也。倡国魂而保国学者,又曷能忘孔子哉!"[2]。

与邓实等人相当不同的是,许之衡不仅尊孔抑诸子,且在明确"国学出于孔子"的基础上认为"孔子以后,国学尤繁"。也就是说,邓实

---

[1] 当然,邓实也指出,合乎中国地理、风俗与政体的儒学之"所以于一国之群治不能常盛而常治者,则其弊在学在上而未普及于下,故神州无普及之教育;学在利君而不利民,故下流社会罕受其益;学在专制而不能包容,故九流诸子皆归罢黜而无与比观争胜"。但这都是"儒学末流之弊"。而古儒恰欲"通天地人",要"通经以致用",只因古"儒之真"已失,"而今之儒则训诂词章而已,咿唔估[咕]哗以求爵禄而已",才没有经世致用的人才了。参见邓实:《国学微论》,《国粹学报》第1年2期;《国学通论》,《国粹学报》第1年3期。
[2] 许之衡:《读国粹学报感言》,《国粹学报》第1年6期。

等人眼中的或属"君学"的内容在许氏眼里大致也属"国学"。更重要的是，许氏触及到当时言国学、国粹者的根本问题，即讲求国学或梳理出国粹的目的正在于因应中西之间的学战。以时人特别注重的实效看，已成统系的孔学当然比尚待确立的诸子学更能应急；许氏所谓"因其尊而尊之，以安定民志"，虽亦不乏国粹学派所反对的"统一思想"之意，正是要充分利用历史造成的孔学地位以整合民族。

这与庚子义和团事件后的国情颇有关联，甲午中日战争后中国学术在具体的"富强"层面已经"无用"的观念在民间日益流行，这在很大程度上影响了朝廷的决策。对华北义和团这一"神拳"的借重提示着朝廷基本接受了中学之上层正统已不足以救亡图存的观念，故走向基层，起用中国传统中任何可以尝试的资源，实即往异端方面寻求力量和支持。当清廷行为已类洪、杨（即提倡"子不语"的怪力乱神）时，多数士人便不再以为朝廷可救亡和振兴中国，故亦不足恃。鲁迅说，"戊戌变政既不成，越二年即庚子岁而有义和团之变，群乃知政府不足与图治，顿有掊击之意矣"[1]。这里的"群"当然是指士大夫，因为一般的老百姓在义和团之时恰与清政府有一度的"合作"。

在中西之间已是包括从商战、兵战到学战的全面竞争之时，既然朝廷不可恃已渐成共识，寻找全民族认同的象征便成为当时的急需。甲午以后康有为等已感觉到满汉区别不利于"一致对外"，提出学西方之耶稣纪年而以孔子纪年，这样一种"教人不知有本朝"的主张是戊戌年康梁构祸的重要原因之一。[2]但庚子前此类"调和满汉"的观念在民间相当流行，后来提倡革命的章太炎也曾同意孔子纪年说，并在《客帝论》中主张"以素王为共主，以清廷为霸府"。到朝廷起用义和团后情形陡变，太炎自己即上书李鸿章，促其"明绝伪诏，更建政府"，已转向反

---

[1] 鲁迅：《中国小说史略》，《鲁迅全集》（9），282页。
[2] 苏舆：《翼教丛编序》，沈松侨已引此文说明此问题，参其《我以我血荐轩辕——黄帝神话与晚清的国族建构》，《台湾社会研究季刊》第28期（1997年12月），45页。按康既主张用孔子纪年，的确不能免其对立面所谓"保中国不保大清"的指责。康有为后来也真有以更带超越性的"中国"包容满汉的表述，详另文。

满,在稍后的所谓"张园国会"上因不满唐才常等既不欲承认清政府又主张光绪帝复辟的矛盾态度而"割辫与绝",并写出《客帝匡谬》,公开进行自我批判。[1]

不久刘师培提出黄帝纪年的主张,他说,"凡一民族,不得不溯其起原。为吾四百兆汉种之鼻祖者谁乎?是为黄帝轩辕氏"。康、梁知中国用君主纪年之非,"思以孔子纪年代之,吾谓不然。盖彼等借保教为口实",故用孔子纪年;"吾辈以保种为宗旨",故当用黄帝纪年。本来清季人言及"保种"时往往有兼及"保教"之义(即偏重今日所谓文化),然刘氏此论则完全侧重"种族",明确其针对"北敌蹈隙入主中华"而"发汉族民族之感觉"的立意。[2]

此后孔子纪年和黄帝纪年两种主张竞争了好些年[3],在此期间也出现过一些其他的纪年主张。1937年钱玄同为刘师培的《黄帝纪年说》撰按语,即说清末主张废帝王纪年而用新纪年者约有四种,除康有为主张用孔子纪年和刘师培主张用黄帝纪年外,章太炎曾主张用共和纪年,而高梦旦(凤谦)则直接主张用耶稣纪年。其实钱氏自己在1910年也曾撰文讨论纪年问题,那时他注意到还有认为"孔子删《尚书》,从帝尧起,应该用帝尧纪"和"秦始皇统一全国,应该用秦始皇纪"两种主张。到同盟会成立,《民报》用黄帝纪年,以后革命党沿用之,直到民国代清后改用耶稣纪年的"公元",这一竞争才最后平息。[4]

钱玄同在1910年反对用秦始皇纪年时论证说,秦始皇曾焚书坑

---

[1] 参见汤志钧编:《章太炎年谱长编》上册,中华书局,1979年,81—111页。
[2] 刘师培:《黄帝纪年说》,《刘申叔遗书》,1662页。
[3] 这方面的研究近年较多,参见村田雄二郎:《康有为与孔子纪年》,《学人》第2辑(1992年7月),513—546页;王汎森:《清末的历史记忆与国家建构——以章太炎为例》,《思与言》(台北),34卷3期(1996年9月);沈松侨:《我以我血荐轩辕——黄帝神话与晚清的国族建构》;孙隆基:《清季民族主义与黄帝崇拜之发明》,《历史研究》2000年3期。
[4] 钱玄同:《刘师培〈黄帝纪年说〉按语》,《刘申叔遗书》,1663页;《共和纪年说》(1910年),《钱玄同文集》(2),中国人民大学出版社,1999年,318—321页。按钱氏在1910年仍遵从其师章太炎的见解,主张"从有史以后的确确有年可考的那一纪起",即司马迁《史记·十二诸侯年表》开始的共和元年。提示着太炎虽从众而采用黄帝纪年,但内心仍不认可,盖黄帝之年代在学理上难以确立,的确不适于纪年。

一　区分君学与国学

梁启超在戊戌维新前夕提出的"君史"观念为这些士人提供了一个诠释的方向,邓实、黄节等在此基础上发展出一种"君学"论。不过,梁启超的"君史"主要是指以历代正史为代表的整体中国史学,以与尚未出现的"民史"相对应,其结论指向中国"无史";而国粹学派的"君学"则是和先已存在的"国学"相对应的全体学术之一部,若抑此扬彼,仍不无"复兴"的可能。如此将传统学术划分为"君学"和"国学"两大部分并以春秋笔法明其褒贬,实际是一种重构中国学统的尝试,尚有相当程度的建设意味;不过,正因为"君学"是借鉴以破坏为主要特征的"君史"论而产生,它随时也可能导致中国"无学"的结论,这一走向在学术与物质层面的"实用"紧密联系起来之后日趋明朗。

梁启超于1897年提出:"有君史,有国史,有民史。民史之著,盛于西国,而中土几绝。中土二千年来,若正史,若编年,若载记,若传记,若纪事本末,若诏令奏议,强半皆君史也。若《通典》《通志》《文献通考》《唐会要》、两汉《会要》诸书,于国史为近,而条理犹有所未尽。"虽然还有"三通"等昔人相对不甚看重的第二手著述近于"国史",这一断语仍将中国主要史籍几乎横扫殆尽。梁氏"君史"之含义,即谓历代修史者其意不在国之强弱和民之生计,"不过为一代之主作谱牒:若何而攻城争地,若何而取威定霸,若何而固疆圉、长子孙,如斯而已"[1]。在此后1901年的《中国史叙论》和1902年的《新史学》中,他对中国过去尚有近于"国史"者也几乎不再提及,而是进一步发展了"君史"的负面含义,并干脆直言中国"无史"。[2]

邓实的"君学"说明显受到梁启超的影响,他认为中国两千年来只是君有学而民无学,"审吾黄民之风俗政教,自秦至今,所谓一君主治之天下而已。以故其制度文物,则君主之制度文物也;其人材学术,则

---

[1] 参见梁启超:《续译列国岁计政要叙》,《饮冰室合集·文集之二》,59—60页。同年论及民史的还有唐才常,参其《史学论略》,《唐才常集》,41—42页。
[2] 参见罗志田:《权势转移:近代中国的思想、社会与学术》,339—340页。

儒,"这样一个凶横残暴的人拿来代表中国,用他纪年,也未免太看重他了"[1]。此语甚能表明时人的确在努力寻找一个可以"代表中国"的象征。其实,清季一些人欲以衍圣公为共主或其他名义之元首的提法虽因清廷和革命党人皆不接受而未能成立,却与其他选择一样表明大家都在寻找一个全民族可以认同的象征,仍是一种"温故知新"型的努力,尚不欲与传统彻底决裂。而孔子纪年的提议越来越受到关注也表明,清廷已不能"代表中国"或至少无力凝聚全国人心的观念至此已成为革命党人和许多相对温和的政治派别的共识。

使用黄帝纪年还是孔子纪年的论争也反映出,时人特别关注的学术与国家的关系虽有互补的一面(如学亡则国亡、保国与保教等),也有紧张的一面,盖孔子实代表(广义的)"学术",而黄帝则隐喻着"国家"。这又不仅是当时士人受西学影响后的观念,从先秦时即存在的"道"与"势"(即后来的道统与治统)之间的紧张曾是士人长期关注和争论的关键议题。由此视角看,主张孔子纪年的康有为等和以为"国学"仅"一线之传"的邓实等人其实观念相通,俱本王夫之等关于道高于治的观念。[2]船山的乡后辈唐才常在戊戌时特撰《师统说》,强调"师统"在"君统"之上,认为"不系于师统则无中国",或者便因湖南人多读乡贤之书使然。[3]

或许正因此同一的思想资源,颇受船山影响的邓实也曾试图"调和"黄帝与孔子,他提出,"吾国者,黄帝之国;吾国之教,则孔子之教也。孔教者,以礼法为其质干,以伦纪为其元气。故礼法伦纪者,乃吾一种人之所谓道德而立之为国魂者也。使社会内而无礼法无伦纪,则国失其魂,人道荡然"[4]。值得注意的是孔教被视为时人非常看重的"国魂",而黄帝的地位反不那么明显,这与当时许多人提倡"黄帝魂"

---

[1] 钱玄同:《共和纪年说》,《钱玄同文集》(2),320页。
[2] 参见罗志田:《民族主义与近代中国思想》,69—82页。
[3] 唐才常:《师统说》,《唐才常集》,134—135页。沈松侨在其《我以我血荐轩辕——黄帝神话与晚清的国族建构》一文已注意到唐才常此文。
[4] 邓实:《鸡鸣风雨楼独立书·风俗独立》,《癸卯政艺丛书·政学文编卷七》,178页。

的主张显然有些距离。

惟邓实虽然意在"调和"黄帝与孔子,他还是将"国"与"国教"区别对待的。稍后许之衡进一步发挥这一观念时,黄帝与孔子便都成为"国魂"的组成部分了。许氏提出,"国魂者,立国之本也"。各国各有其国魂,"吾国之国魂,必不能与人苟同,亦必不能外吾国历史。若是,则可为国魂者,其黄帝乎。今日尊崇黄帝之声,达于极盛。以是为民族之初祖,揭民族主义而倡导者,以唤醒同胞之迷梦,论诚莫以易矣。然黄帝之政治犹有可寻,黄帝之道德则书阙有间"。其实民族主义与道德的关系很密切,不如在"黄帝而外,并揭孔子,而国魂始全"。盖"种族不始于黄帝,而黄帝实可为种族代表;宗教不始于孔子,而孔子实可为宗教之代表。彼二圣者,皆处吾国自古迄今至尊无上之位,为吾全历史之关键,又人人心中所同有者,以之为国魂,不亦宜乎"[1]。与前一样,许氏的论证非常注重"历史"这一要素,但他似乎并未把黄帝视为"国家"的代表符号,而毋宁更多看到其作为"民族之初祖"的文化意义。

在西方民族主义思想引入后,一些中国士人一方面要寻求原来所知不多的种族始祖,一方面又放弃原来长期推崇的文化"代表",这一取向其实隐含着矛盾,似乎也不够"实用",许之衡即已认识到这一问题。然而,如果换个视角从学理上看,正因为"黄帝之道德书阙有间",作为一个象征或"符号"的"黄帝"是相对更容易添加新内容或予以新诠释的,而长期流传且历代诠释虽未必同却已形成统系的"孔子"(作为象征)或更实际的孔学(再具体点即经学)就不那么容易更新以趋时了(康有为的孔子改制说正是这样一种努力,也因此而遇到既存学术统系或隐或显的强烈反弹,是导致其变法失败的一个潜在然而非常重要的原因)。

任何提倡孔教者皆须面对从学理上如何因应既存学统这一难题,尤其在国粹学派已在提倡包容更广的"古学"之时,后者中的诸子学便远不止"书阙有间"。钱玄同早年论及孔子纪年时即说,耶稣在西洋"是绝对的圣人,没有人敢去比他的,所以拿来纪年。我们中国人却不然,

---

[1] 许之衡:《读国粹学报感言》,《国粹学报》第1年6期。

思想是自由的，并不一定要信仰孔子。况且孔子以前还有老子，孔子以后还有墨子，此外还有诸子百家；各人所治的学问，都是很深的，所讲的道理，都是很精的，正不能分他谁高谁低，又岂可抹杀别人，专用孔子一人来纪年呢？"[1]。诸子百家虽然久被压抑，毕竟俱有"很精深"的道理，若回到其开创时期确实与孔学难分高低，复因其基本未形成诠释统系而有着更宽广的解释空间，易于开发"新理"。

邓实再次提出一种"调和"孔子与诸子的主张，他说："学术至大，岂出一途。古学虽微，实吾国粹，孔子之学，其为吾旧社会所信仰者，固当发挥而光大之；诸子之学，湮没既千余年，其有新理实用者，亦当勤求而搜讨之。夫自国之人，无不爱其自国之学，孔子之学固国学，而诸子之学亦国学也。同一神州之学，乃保其一而遗其一，可乎？"故"吾人今日对于祖国之责任，惟当研求古学，刷垢磨光，钩玄提要，以发见种种之新事理，而大增吾神州古代文学之声价。是则吾学者之光也"。只要中国读书人努力研求古学，"安见欧洲古学复兴于十五世纪，而亚洲古学不复兴于二十世纪也？呜呼，是则所谓古学之复兴者矣"[2]。

简言之，国粹学派的主要人物在清理中国学术源流时特别注重后来胡适所谓"历史的眼光"，即重视学术的渊源及历史形成的地位，所以他们认知中的中国"古学"首先是以史为总归的；同时，清理中国学术源流的努力至少部分是适应庚子以后士人对朝廷失去信任而欲寻求一个全民族可以认同的共同象征这一时代需要。在时人特别注重的"合群"要求下，不论是从传统中寻找还是干脆"再造"一个象征，都不能不具有"集大成"的包容性。故道咸之后已在上升的诸子学虽因此清理古学的努力而进一步融入学术主流，若过分强调国粹学派对诸子学的重视，则可能违背时人的初衷。

"集大成"意义的"古学"实基本等同于"国学"，后者正是解决如何因应既存学统这一问题的一条出路：它既传承了长期的学统，又提供

---

[1] 钱玄同：《共和纪年说》（1910年），《钱玄同文集》（2），319页。
[2] 邓实：《古学复兴论》，《国粹学报》第1年9期。

了通过重新诠释而再造属于"国家民族"的新学术思想体系的空间,且其开放性和包容性远超过任何一种传统的学术分类;在"国学"之中,汉学和宋学、儒学和诸子学都不必是对立的(虽然当时也有不少人确作此想),而可以是互补的。传统的汉宋学,特别是诸子学与儒学之间的紧张因有"国学"这一开放性的名目而化解,何况如许之衡所言,"汉宋儒者,亦非孔学之至,尤非吾国学之纯然至粹者",后之"附于二派者"更不足道。"今日之言国粹,非谓姝姝守一汉宋家法以自小也;固将集各学之大成,补儒术之偏蔽,蔚然成一完粹之国学,而与向之咕哔其言、咿唔其艺者,固大异其趣。"[1]

超越于"儒术"之上而"集各学之大成"这一概括尤表现出"国学"那面向未来的取向,故可以像西方那样进行再造并复兴。本来"古学(而非国学)复兴"才是国粹学派提出的口号(主要是因为要模仿欧洲而借用既存成语),但"古学"固可以包容(也可以不包容)一切既存学术,除非秉持西学源出中学说[2],其对外来学术的包容便有些困难;而在国粹学派中一些人看来,"国学"对于西学也是可以而且必须吸收包容的,其开放性尤胜于"古学"。

不过,近代中西学术/文化的碰撞与竞争是与中外"国家"本身的冲突与竞争紧密相连的,西潮进入中国实际采取了入侵的方式,其中武力的作用尤大,而西人试图从思想观念到社会生活全面改变中国的愿望和努力也彰明较著,故无论西学给中国带来多少可借鉴的思想资源,其以入侵方式进入中国及其明确欲"以西变中"这两点在很大程度上又阻碍着中国士人坦然接受这些新来的思想资源。许多国粹学派士人在提倡向西学开放时不能不注意到近代新型国际关系与前不同的一大特点:过去国家之间的争夺主要是攻城略地,战胜者尚可接受被征服者的文化;近代则不然,国与国的竞争是从武力到文化的全面竞争,胜者不仅要略

---

[1] 许守微:《论国粹无阻于欧化》,《国粹学报》第1年7期。
[2] 国学保存会中人无意中曾透露出其确实还较欣赏"西学源出中国说",邓实代其立言说,"神州奥区,学术渊海。三坟五典,为宇宙开化之先;金版六弢,作五洲文明之祖"(邓实:《国学保存会小集叙》,《国粹学报》第1年1期)。

地，而且要"灭学"。怎样在面临"灭学"威胁时向竞争对手的思想资源开放，这的确是个令人困惑、踌躇而又不能不思考的问题。

三 "窃学"与"灭学"

正是从西人那里，清季士人学到了必须重视学术与国家的关系。1905年《国粹学报》创刊，黄节撰《国粹学报叙》，开篇即曰："吾国得谓之国矣乎？曰不国也。社会莫不始于图腾，继以宗法，而成于国家者也。吾学得谓之学矣乎？曰不学也。万汇莫不统于逻辑，阐为心理，而致诸物质者也。"中国当时"四彝交侵，异族入主，然则吾国犹图腾也；科学不明，域于元知，然则吾学犹未至于逻辑也。奚以国？奚以学为？"[1]。且不论黄节是否准确掌握了当时西方关于"国"和"学"的定义（本亦变化中的概念），此处"国"与"学"的标准显然是西来的，并可见明显的进化论痕迹，即将中国当时的"国"与"学"置于人类进化过程中比较原始的阶段；"原始"在这里的近义词是"野蛮"，与那时许多读书人已不得不承认西方"文明"而中国"野蛮"的世风大致相符。

不过，以中国之"国"与"学"进化层次低而不足以言"国"与"学"这一论证，与黄节本人及其他不少人讨论"不国不学"的标准颇不相同。邓实稍早一段话代表了更多人的主张，他说："一国有一国之学，一国之学即一国兴亡之本，而一种人心灵之所开也。"具体言之，经史诸子，"礼乐其大经、人伦其大本、夷夏其大防，夫是之谓中国，夫是之谓中国之学"。中国"学之亡也，亡于秦火之焚，而专制之政体出；国之亡也，亡于五胡之乱，而外族之朝廷兴。专制出，则学其所学，而非吾之所谓学矣；外族兴，则国其所国，而非吾之所谓国矣。非吾学，则谓之异学；非吾国，则谓之异国。异学异国，充塞吾神州之土"，是则"国之不国、学之不学也久矣"。[2]

---

[1] 黄节：《国粹学报叙》，《国粹学报》第1年1期。
[2] 邓实：《国学保存论》，《政艺通报》甲辰3号，4张。

中国"亡于五胡之乱"是清季输入西方民族主义思想后出现的一种典型主张，邓实认为，中国人本轩辕贵种，但"晋氏失计，首召五胡以乱华，坐使神州陆沉，宗社邱墟，而中国之人种一弱。石晋割燕云十六州于契丹，使北方衣冠久沦草莽，而中国之人种再弱。宋室偷安南渡，三镇不守，两河不固，终至一丹正朔，沉埋碧海，而中国之人种三弱"〔1〕。黄节自己也说，"吾中国之亡，殆久矣乎。栖栖千年间，五胡之乱，十六州之割，两河三镇之亡，国于吾中国者，外族专制之国，而非吾民族之国也"。但他接着论述中国之学也久已亡时，则以为"学于吾中国者，外族专制之学，而非吾民族之学也"〔2〕。

这却与邓实的观念不甚一致，邓本认为中国之学"亡于秦火之焚"而导致专制，与外族不甚相关。盖中国自五胡乱华，虽数次异族入主，"挟其战胜之力，威棱横厉，亦尝涣大号、易服色、异器械，其制度文物，亦稍稍改变矣"。但草野之间，从正人君子到贩夫愚妇，皆能自保其类，即因"其含生之种性，受成于天地，越五千年而未尝变也。且不独不变而已，及其久焉，其力反足以征服异种，而使异种与之同化。质不能胜而文胜之，国威不能服而社会风俗服之。茫茫禹域，其性情其习惯，犹是吾黄帝之子孙所尸宰；而异族之元首不过中原之一客帝"，虽"盗居吾广土，窥窃吾神器，终不能改灭我神明之种性"。〔3〕这里"种性"与"社会风俗"显然是同义词，除邓实多次强调的学术尚有"一线之传"外〔4〕，草野之间的社会风俗长期持续不变是"种性"未灭的主要象征。

"国不国而学不学"的状况终造成外来之"大盗"不仅"窃吾之国，并窃吾之学；阳袭其崇儒重道之名，阴行其压制芟锄之实"。这里"阳

---

〔1〕 邓实：《鸡鸣风雨楼独立书·人种独立》，《癸卯政艺丛书·政学文编卷七》，172页。后来陈寅恪从西人处得启发，认为异族融合其实带入了新鲜血液，故"李唐一族之所以崛兴，盖取塞外野蛮精悍之血，注入中原文化颓废之躯，旧染既除，新机重启，扩大恢长，遂能别创空前之局"（陈寅恪：《李唐世族之推测后记》，《金明馆丛稿二编》，303页）。两人的看法恰相对立，最能体现时代风气的转折对学术观点的影响。
〔2〕 黄节：《国粹学报叙》，《国粹学报》第1年1期。
〔3〕 邓实：《鸡鸣风雨楼独立书·人种独立》，《癸卯政艺丛书·政学文编卷七》，172—173页。
〔4〕 说详本书第1章。

袭崇儒重道之名"一语很值得注意,历代外族入主中原,在维持其族类认同的基础上,最后都基本尊崇华夏文化精神并采纳既存的政治体制(这也是草野之间的社会风俗能长期维持的重要原因),邓实就观察到从石勒、元魏、北周到女真,都有类三代明王临雍劝学之盛举,历代史臣多称颂之;他本人却不承认其"曰国曰学",盖"吾国有吾国之界,吾学有吾学之界,不可得而乱也。乱其国界学界,则礼乐之大经废、人伦之大本渰、彝夏之大防溃,而人道泯绝,天地亦几乎息矣"。换言之,不是历代异族皇室不接受中国之"学",而是邓实等人不承认其"窃学"的行为。故他主张"不罪窃国窃学之大盗,而罪卖国卖学之伪儒"。如张宾、许衡一流立身伪朝而推行汉仪者,应"大书特书曰卖学贼",且"其罪浮于卖国"。[1]

邓实显然受到新入的西方民族主义的影响,但其在这方面的具体论述则全本王夫之的主张。其实"夷夏之大防"向来就既有封闭的一面,更有开放的一面,主要还是取决于文化的认同和取舍。[2]对愿意"窃"华夏之"学"的历代异族统治者,过去的学者多能接受。如黄节所说,由于"外族专制,自宋季以来,频繁复杂,绵三四纪。学者忘祖宗杀戮之惨,狃君臣上下之分,习而安之,为之润饰乎经术,黼黻乎史裁,数百年于兹矣"[3]。

而近代中国面临的西方入侵则相当不同,其全面征服的欲望从政治军事到社会文化几乎无所不在。邓实注意到,"海通以来,形势遂异。扬帆挝鼓而来者,拉丁、条顿、斯拉夫聪强之人种,而非犹夫前日契丹、女真、蒙古犬羊之贱种矣。其性冒险,其气魄雄厚,其希望伟,其谋虑深。其亡人国也,必先灭其语言、灭其文学,以次灭其种性,务使其种如堕九渊,永永沉沦。故昔中国之受侮于外族也,其祸仅于变易朝庙、更改玉步而止,不数十年而光复矣。今之受侮于外族也,其祸必至

---

[1] 邓实:《国学保存论》,《政艺通报》甲辰3号,4—5张。
[2] 关于王夫之的类似观念,参见罗志田:《民族主义与近代中国思想》,68、78—80页;关于夷夏之辨的开放与封闭,参见同书,35—61页。
[3] 黄节:《国粹学报叙》,《国粹学报》第1年1期。

于种族灭绝、神灵消丧，越千万年而未能苏。是故其传教也、其敷设铁路也、其开凿矿山也，夺吾利权、吸吾膏血，无一而非灭种之具"。而其"亡人之国，必先灭其学；埋人之种、覆人之宗、去人之人伦，必先灭其学"[1]。黄节也观察到英俄等国灭印度裂波兰，"皆先变乱其言语文学，而后其种族乃凌迟衰微"。他认为，"立乎地寰而名一国，则必有其立国之精神焉；虽震撼挠杂，而不可以灭之也。灭之则必灭其种族而后可，灭其种族，则必灭其国学而后可"[2]。

主动"灭学"和"窃学"毕竟是根本不同的两种取向，所以时人认为，"中国自古以来，亡国之祸迭见，均国亡而学存。至于今日，则国未亡而学先亡。故近日国学之亡，较嬴秦、蒙古之祸为尤酷"。过去国亡而尚有传经之儒，"今之人不尚有旧，自外域之学输入，举世风靡。既见彼学足以致富强，遂诮国学而无用"。当时的情形已是"户肄大秦之书，家习刧［佉］卢之字；宿儒抱经以行，博士依席不讲"。一切学术典籍，"嬴秦、蒙古所不能亡者，竟亡于教育普兴之世"[3]。

有人干脆认为，正因为欧美重古，又善取他人之长，故特别重视灭人语言文字："彼号称学术渊薮之欧美强国，事事不苟安于其故，善能取他人之长以为我用，故新理新法日出不穷；而于古人图书制作，网罗搜讨，好之也乃弥挚。斯其国之独立精神与人民之爱国心深固盛大而不可摇者，盖有由矣。至转而灭人家国也，则并取其语言文字而灭之，使泪焉无复有所维系，神离其舍而徒躯壳，乃惟我所欲。"盖"文者，治学之器也。无其器则工不治。是故学之将丧，文必先之"[4]。而学术典籍更是所谓"国学"之载体，"学也者，政教礼俗之所出也。学亡则一国之政教礼俗均亡，政教礼俗均亡，则邦国不能独峙"。所以"学亡之国，其国必亡。欲谋保国，必先保学。昔西欧肇迹，兆于古学复兴之年；日

----

[1] 邓实：《鸡鸣风雨楼独立书·人种独立》，《癸卯政艺丛书·政学文编卷七》，172—173页；《国学保存论》，《政艺通报》甲辰3号，6张。
[2] 黄节：《国粹学报叙》，《国粹学报》第1年1期。
[3] 《拟设国粹学堂启》，《国粹学报》第3年1期。观此文之遣词造句，似为刘师培所草。
[4] 南械（张继良？）：《佚丛序》，《政艺通报》丁未17号，38张。

本振兴，基于国粹保全之论。前辙非遥，彰彰可睹"[1]。

黄节也论证说："昔者欧洲十字军东征，弛贵族之权，削封建之制，载吾东方之文物以归。于时意大利文学复兴，达泰氏以国文著述，而欧洲教育遂进文明。昔者日本维新，归藩覆幕，举国风靡，于时欧化主义浩浩滔天，三宅雄次郎、志贺重昂等，撰杂志，倡国粹保全，而日本主义卒以成立。呜呼，学界之关系于国界也如是哉！"具有诡论意味的是，明明是在外学冲击下产生的"保学"需要，却又立刻转入以西欧和日本为榜样，如此"师夷之长技以制夷"反有可能进一步促成中国"无学"的状况。黄节自己就指出，由于中国之国与学皆亡，"一旦海通，泰西民族麇至。以吾外族专制之黑暗，而当共和立宪之文明，相形之下，优劣之胜败立见也，则其始慕泰西。甲午创后，骇于日本，复以其同文地迩情洽，而收效为速也；日本遂夺泰西之席而为吾之师，则其继尤慕日本。呜呼，亡吾国学者，不在泰西而在日本乎！"[2]。

有意思的是国粹学派虽然已虑及"师夷"可能导致"亡学"的后果，在这方面却并不落人之后。邓实以为，"学以立国，无学则何以一日国于天地？于是本国无学，则势不能不求诸外国，而外学之来有其渐矣"[3]。在汪德渊看来，中学的"无用"似已不能不承认，主要是因为时代已改变："古之时，疆土隘，人民寡，生事略，资待确，智巧未萌，情俗质朴，制治条理，简而不繁，故作宗法以寄政教，即足以尽治之能事。约而言之，则曰礼。礼者，有伦有义之谓也。有伦则人道有秩而不紊，有义则与时偕行，而不昧于损益。"本来中国与西方"治化之原所以大不同者，盖生于形势之自然，而一务农一务商，其制治皆由此出"。但时代已不同，持中国旧法"以入今世，其象恰如以土规而代经纬仪之用。盖以其法固非忒也，粗而不精耳；其事亦非谬也，宜于一而不适于多耳"。土规与经纬仪的象征性对比凸显了中学已不适应时代需要，而中外的接触更使中学的落伍无法掩盖，"锁港不成，而至人我并见，则

---

[1]《拟设国粹学堂启》，《国粹学报》第3年1期。
[2] 黄节：《国粹学报叙》，《国粹学报》第1年1期。
[3] 邓实：《古学复兴论》，《国粹学报》第1年9期。

吾用新而去陈者，在势固不可已矣"[1]。

黄节也承认中国学术既有"无待于他求"的一面，也有如"商彝周鼎，无资于利用"的部分，故"吾学界不能无取诸日本泰西，亦势也"。[2]如邓实所说，中西相遇以来，言兵战、农战、工战、商战，中国皆无不败。实际上，并非"船炮之轰裂、枪刀之屠戮然后足以亡吾国吾种"，中西之间"一智一愚"的差别在于："彼以群而我以独，彼以巧而我以拙；彼士以科学，农以新器，工以汽机，商以计学，而我士以白卷大折，农以天时，工以手足，商以命运。"而西人之"智"尤体现在其"谋一事也，必本其自得之学术；其得此学术也，必本诸即物以实验"。[3]故马君武明确提出："西方以科学强国强种，吾国以无科学亡国亡种。呜呼！科学之兴，其期匪古。及今效西方讲学之法，救祖国陆沉之祸，犹可为也。"[4]

就是趋新而一般尚不视为激进的吴汝纶也认为："文者，天地之至精至粹，吾国所独优。语其实用，则欧美新学尚焉。博物、格致、机械之用，必取资于彼，得其长乃能共竞。旧法完且好，吾犹将革新之，况其窳败不可复用。"[5]这大概也是清季主流士人的共识，在中外竞争主要落实在富强层面的大趋势下，那时几乎已无人主张仅仅"回归"中国固有学术即能承担救亡重任，即使有也难以进入思想言说的中心了。

国粹学派已虑及"师夷"可能导致"亡学"的后果，而在这方面仍不落人后，在很大程度上即因思想资源已转变，前引邓实所谓"拉丁、条顿、斯拉夫聪强之人种"与"契丹、女真、蒙古犬羊之贱种"的

---

[1] 汪德渊：《救亡决论一》，《政艺通报》丁未22号，4—5张。
[2] 黄节：《国粹学报叙》，《国粹学报》第1年1期。
[3] 邓实：《鸡鸣风雨楼民书·民智》，《政艺通报》甲辰6号，6张。按：邓实此语或本张之洞，张在《劝学篇》中已说，"大抵西法，诸事皆以先学艺后举事为要义"。参张之洞：《劝学篇·矿学》，《张文襄公全集》(4)，586页。另外，黄节已说，"天之开明此民也，不在腕力而在汽力"(黄节：《东西洋民族交通消长之大潮》，《癸卯政艺丛书·政史文编卷三》，607页)。邓实所述的中西区别，基本也就是所谓"腕力"与"汽力"的区别。
[4] 马君武：《新学术与群治之关系》，《马君武集》，198页。不过，即使国学保存会的成员对吸收西学的见解也不统一。马叙伦的看法就与邓实等相当不同，详后。
[5] 《清史稿·吴汝纶传》卷486，中华书局1977年标点本，13444页。

对比最能表现他实已接受19世纪后期盛行于西方的种族优劣说,在思想转变后自易看到中国"外族专制之黑暗"与西方"共和立宪之文明"的鲜明对比。他在1903年论《政艺通报》发行之趣意说,"自有部族之竞争,而后合群以立团体,故对于外敌而有国家;自国家之成立,而后定法律以谋公谊、保国安、立国防,故对于国家而有政治。是同处一国家,即同有其政治思想"。这里国家、政治及政治思想的概念皆为西来的新知,固无疑义,更有提示性的是他眼中西方与中国的对比:

> 泰西立宪之国,凡为一般之国民,无不同尽一国之义务,同选举议员以治内政,同服兵役以御外侮。举通国之民,人人皆有参政权,故人人皆有政治思想也。吾国人数千年服从于专制政体之下,误认朝廷为国家;凡立法、理财、军备、警察、外交数大政治,与吾民身家性命生死存亡有莫大之直接关系者,皆委之于政府官吏之手而不一动念,而吾国历朝之君主亦遂利用之尽收其权以巩固其专制之政体。[1]

前已述及,邓实眼中的泰西具有很大程度的虚悬想象意味,而这一想象正基于其思想资源的西移;他所注目的"数大政治"中除理财和军备或许还与往昔相衔接外(其实在概念上已相当不同),其余立法、警察、外交三类基本是近代始传入的新知,以这样的"数大政治"为比较的基础,中国之不如西方的确是"优劣之胜败立见"(相反,章太炎等所见中国之长处虽也以西方观念为立论的依据,却尚未以具体的西方"政治"为比较的基础)。[2]

如果说邓实对西方的虚悬想象是因其对西方不够了解,号称当时最谙西学的严复也有大致相同的看法,他在两三年后仍说:"泰西之俗,凡事之不逾于小己者,可以自由,非他人所可过问;而一涉社会,则人

---

[1] 邓实:《论政治思想(〈政艺通报〉发行之趣意)》,《癸卯政艺丛书·政学文编卷一》,93页。
[2] 参见本书第1章。

人皆得而问之。乃中国不然,社会之事,国家之事也;国家之事,惟君若吏得以问之。使民而图社会之事,斯为不安本分之小人,吏虽中之以危法可也"[1]。若当时西方社会之事"人人皆得而问之",彼时正兴起的社会主义运动真不知从何而至。重要的是西方被虚悬之后,中国也被重新"表述"。今日学者皆知中国历史上官僚系统之所以能长期保持不大的规模,实因许多在西方由政府(即君和吏)办理之事皆靠地方士绅处理,这一情形到晚清并无大变,恐怕士绅的作用还较前更重要。在严复描绘的"中国",此类士绅为小人乎?抑为吏乎?实不知置于何处。可知当时脱口而出的习惯相当广泛,而中国样样不如西方确已成为当时不少士人的既定认知。

此类中不如西的见解也无形中影响到邓实对中国历史的诠释,他在论证中国过去"无学而犹可以立国"时说,这是因为"其学不在上而在下也。下有学则其民好礼义知廉耻,虽朝政昏乱、社稷邱墟,而古先立国立学之大谊犹幸有一线,则其国亡而学不亡,而国犹可以复造"。但他接着列举的"复造"之实例,由汉至唐不点名,而宋明则具体到人,却皆未能"复造"国家:"宋承五季,廉耻扫地,孙明复、二程、朱子隐居读书,所至讲学,大义复明。故靖康之难,志士勤王,所在响应。……有明末年,君侲政乱,权阉用事,东林二三君子讲明正学、排斥奸邪,义形于色,使明久而后亡;及其亡也,忠节相望。"而明清之际黄宗羲、顾亭林、王夫之诸贤"崎岖锋镝,抗节西山,著书以告后世,系天下之学于一线,以至于今,盖未尝绝也"[2]。如果从这些实例看,中国之"学"虽尚系于一线,国却并未能"复造",实隐伏着"中学"并不足恃的言外之意。

这样,到西力东侵,"御侮无人,忧时之士愤神州之不振、哀黄民之多艰,以谓中国之弱,弱于中国之学;中国之学必不足以强中国。于是而求西学,尊西人若帝天,视西籍如神圣;方言之学堂、翻译之会社,如云而起。盖不待秦火而十三经、二十四史、诸子百家之文,不及

---

[1] 严复:《孟德斯鸠法意之支那论》,《政艺通报》丙午(约1906)15号,6张。
[2] 邓实:《国学保存论》,《政艺通报》甲辰3号,4—5张。

十年，吾知其必尽归烟灭矣"。中西对比既已如此鲜明，主张保国粹的邓实等人自身也对中学信心不足，整个社会产生尊西的大势也是自然的发展。与黄节一样，邓实"所大惧者，则惧吾学亡而吾国即亡也。盖未有学界乱而国界不乱者也。国界乱，则吾将恐其始而慕欧美之学者，继而慕欧美之政，终且有愿以欧美之种族君吾之土而不以为甚怪者"。这样下去，"吾黄帝之子孙遂长为白人之奴隶以没世矣"。[1]

如果按邓实前面的论述，中国早已是"被窃"而等待"复造"之国，"国界"之乱已久，他实际已不认同"大清"为"中国"。故其曾提出"修学好古之士"当继承黄、顾、王之遗志，"保一家存一姓者，肉食者为之；保一国存一学者，匹夫之贱，与有责焉"。这已有明显的反清意识，即郑师渠所谓不著"排满革命"的词句而实为"激动种性"的革命论。[2] 但是当邓实以预测方式讨论所谓"国界"将乱时，却又视"国界"为尚未乱，实乃认同"大清"即"中国"。可知一旦语及中西的对立，关于满汉夷夏之别的观念就退居二线了。这其间基本价值观念和国家认同的暗中转换，恐怕有相当的代表性；既不能纯从夷夏之辨的传统观念去理解，也不宜仅用近代西方的民族国家观念去认识。当时许多士人或多或少皆有类似心态的存在，个体士人内心存在的这样一种新旧思想资源混杂、竞争和互动的紧张状态大致也表现在群体心态之中（程度容有不同，甚至可能很不同），且延续了相当长的时间，尤其以新文化运动前后表现得最充分，至今余波未息。

当时学界的主流趋势已发展到潘博所谓"舍己从人"的程度，潘博说，"何以有国与天下之分？盖以易朔者，一家之事；至于礼俗政教澌灭俱尽，而天下亡矣。夫礼俗政教，固皆自学出者也。必学亡而礼俗政教乃与俱亡"。因此，"自三代以至今日，虽亡国者以十数计，而天下固未尝亡也。

---

[1] 邓实：《国学保存论》，《政艺通报》甲辰3号，6张。按是否"愿以欧美之种族君吾之土"这最后一点乃区分是否民族主义者的关键，此前各类慕欧美之学或政者仍皆以强中国为目的，后者则非是。当时也确有与其作"野蛮"的满人奴隶，不如作"文明"的白人奴隶的提法；其立意也许在恨铁不成钢，然不排除实有持此见者，详另文。
[2] 郑师渠：《晚清国粹派》，112页。

何也? 以其学存也。而今则不然矣。举世汹汹, 风靡于外域之所传习, 非第以其持之有故、言之成理也, 又见其所以施于用者, 富强之效彰彰如是; 而内视吾国, 萎薾颓朽, 不复振起, 遂自疑其学为无用, 而礼俗政教将一切舍之以从他人。循是以往, 吾中国十年后, 学其复有存者乎?"〔1〕。

通过重新诠释顾亭林关于"亡国"与"亡天下"的区分, 潘氏敏锐地注意到当时中国已面临"亡天下"的危险。且此危险之程度已深, 邓实观察到, 以前中国曾"同化于同洲外族之风俗", 至近代则又"同化于异洲外族之风俗"。当时中国社会风俗, 从饮食衣服宫室到各种军、宾、嘉礼, 都已经"半中半西半华半洋", 而"父子兄弟夫妇朋友君臣之伦, 亦必有不中不西不华不洋者矣"。关键在于, 中国乃"黄帝之国; 吾国之国教, 则孔子之教也。孔教者, 以礼法为其质干, 以伦纪为其元气。故礼法伦纪者, 乃吾一种人之所谓道德而立之为国魂者也。使社会内而无礼法无伦纪, 则国失其魂, 人道荡然"〔2〕。《东方杂志》一位作者也指出, "国之成立, 必由言语风俗宗教之结合, 相维相系, 以巩固其秩序。夫如是, 足以存立矣"〔3〕。"天下"既亡, 社会秩序无从巩固, 则国何以立?

这些表述显然已借鉴了新入的西方观念, 实与顾亭林的思路相反, 更加注重"亡天下"对于"国"之存亡的影响。与昔日尤其不同的是, 不少士人因"富强之效"的对比而主动欲舍弃一切本国礼俗政教"以从他人"。中国历史上此前也有如司空图所说的"汉儿学作胡儿语"的现象, 却基本不为主流士人所认可, 如今则已形成影响日益广泛的大趋势。再加上清季面临的是主动要"灭学"的列强, 根本不同于往昔愿意"窃学"的外族君主, 故士人主动"舍己从人"的现象尤其凸显了近代中国出现的"新"问题, 这恐怕才是时人所谓"数千年未有之大变局"的指谓之所在。

那时许多士人广泛接受的"中学无用"论推动了思想权势的转移, 而有些新学家在思维方式上却又继承了旧学那不高明的一面。在章士钊

---

〔1〕潘博:《国粹学报叙》,《国粹学报》第 1 年 1 期。
〔2〕邓实:《鸡鸣风雨楼独立书·风俗独立》,《癸卯政艺丛书·政学文编卷七》, 178 页。
〔3〕放士:《论雪国仇宜先励国耻》,《东方杂志》第 1 年 4 期 (光绪三十年四月二十五日), 65 页 (栏页)。

看来，广受攻击的科举利禄之途更深远的危害性即是造成士人不读"不切用"之书的普遍"劣根性"，其"愚不肖者，自不待论。其智者贤者，以国学无所于用，故不治之"。这当然是指清季倾向"欧化"的趋新士人，他们不但不治国学，且"自以为高出于寻常之不治国学者"。而其之所以视国学为无用，正因其以为"国学即前日所治科举之学也；吾即未尝治，当即吾祖若父所治之学也，或非尔，则必不切于用也"[1]。

科举虽是中国昔日"正学之所以不能光大者"之障害，然过去业科举者尚自知是趋于利禄，并不敢以学术正宗自诩，所以绝学尚可传而不坠。"今也不然，科举废矣；代科举而兴者，新学也。"章士钊承认"新学则固与国学有比例为损益之用，非词章帖括之全属废料者比。前之言国学者，可绝对弃置科举；而今日言国学者，不可不兼求新识"。惟"业新学者以科举之道业之，其蔽害自与科举等"；则新学"亦利禄之途也，而其名为高"。这才是清季出现的权势转移："前之业科举者，不敢排斥国学；而今之业新学者，竟敢诋国学为当废绝。"其实"知国学者，未有能诋为无用者也"；而"真新学者，未有不能与国学相挈合者也"。但"假"新学而能得高名且竟敢诋斥其本不知的国学，充分体现出世风的转移，结果"使国学之昏暗，较之科举时代而尤倍蓰"。故"科举时代，昌明绝学犹较易；新学溃裂时代，而含种种混杂之原因，而国学必至于不兴。则亡中国者，必新学也"[2]。

本来传而不坠的国学竟可能"亡于教育普兴之世"是当时不少人的忧虑所在，这与邓实、黄节等担心国学可能亡于欧美、日本之学的思虑是相通的，这里的"新学"基本是"西学"的同义词，至少是近义词。[3]

---

[1] 本段与下段，章士钊：《国学讲习会序》（1906年），《章士钊全集》（1），175—179页。

[2] 时任陕西布政使的樊增祥也认为，"今之所谓新学者，学人之美，并其丑者而亦学之；去己之短，并其长者而亦去之。不分事势之缓急，不揣程度之高下，人人自命为识时之俊杰，而其无识与八股诸公同，而祸且益烈焉"。樊增祥：《批潼关厅举人陈同熙蒲城县增生王其昌禀词》(此文作于乙巳年末)，《樊山政书》，宣统庚戌（约1910）刊本，无出版地，卷十五，20页。

[3] 这也基本是时人的共识，张之洞在《劝学篇》中论"新旧兼学"即说："四书五经、中国史事、政书、地图为旧学，西政、西艺、西史为新学；旧学为体，新学为用。"张之洞：《劝学篇·设学》，《张文襄公全集》（4），570页。

而新学"竟敢诋国学"象征着"国学"一个主要时代特征的明朗化：它本是一个代"中学"而兴、与"西学"相对应的范畴，对内固可与"君学"相别，在剔除"君学"之后的"真国学"最后面对的还是日益入据中国思想言说主流的"西学"（尽管后者经常或更多以"新学"的面目出现），其实质仍是中西学战。

如邓实所说，风俗、礼法、伦纪是孔教的质干和元气，这方面的失落当然与狭义的"学术"衰微直接相关。他看到的学界现象是："百家簧鼓，大道亡羊。《论语》当薪，'三传'束阁。倡权利之说，放弃道德；作竞争之谭，掊击仁义。谓六经为糟粕，以万物为刍狗。快意一时，流祸百世。数典而忘其祖，出门不知其乡，谓他人父，其亦不可以已乎。夫不自爱其国而爱他人之国，谓之国奴；不自爱其学而爱他人之学，谓之学奴。"他历数波兰等亡国史而叹曰："无国者如无父母，而为奴者等为禽兽。虽然，能灭者国，不能灭者国之魂；可奴者民，不可奴者民之性。"故"异族虽天纵之骄子，吾族虽天诛之戮民，而国士之风，至死不辱"。《国粹学报》"同人被服儒术，伏处海滨。家传汉学，抱一经世守之遗；世多欧风，有百年为戎之惧"〔1〕。

邓实关于中西"天诛"和"天纵"的对比，可见其有试图对抗当时风行的"天演"观念之意〔2〕，却又不能不承认在西潮冲击下自己国族之实际地位不佳。潘博当时就注意到，邓实、刘师培等创办《国粹学报》，

---

〔1〕 邓实：《国粹学报第一周年纪念辞并叙》，《国粹学报》第2年1期；《鸡鸣风雨楼独立书·自叙》，《癸卯政艺丛书·政学文编卷七》，170—171页。
〔2〕 这是当时一个隐而不显但相当重要的倾向，盖其与中国之前途和发展前景密切相关。如果承认优胜劣败这一"天诛"和"天纵"的规律，则败即是劣，中国除全盘西化外其实别无选择。章太炎是少数能据历史事实置疑进化论的国人之一，他指出，甄克思的《社会通诠》分历来社会形式为图腾社会、宗法社会、军国社会三大类，当时遂有人据此以为"以宗法社会与军国社会抗衡，则必败"，也就是"以一者为未进化，一者为已进化，故得以优劣定之"。然而"征以文义，则不如征以实事"。夫"图腾社会尚较宗法社会为下，而游牧之民实自图腾初入宗法社会耳，其与耕稼之民相抗，则劣者当在败亡之地。何南宋之卒亡于蒙古也？西罗马灭于峨特、东罗马灭于突厥、印度灭于莫卧尔，此皆以劣等社会战胜优等社会者也。是则国之兴废，非徒以社会文化高下为衡，顾民气材力何如耳"。见章太炎：《〈社会通诠〉商兑》，《章太炎全集》（4），335页。最后一语是其关注之所在，实隐喻近代中国之屡败或为"民气材力"之问题，而不关"社会文化"之高下。

即因"震于十数强国之威,眩于万有新奇之论,以与吾学竞,扬其波者且方遍天下也;而独以眇然儒生,支柱其间,不惑不惧,毅然以保全为己任"[1]。钱玄同后来也回忆说,他的老师章太炎当年欲保存国故,一因痛心于"举国不见汉仪",一因感慨于"满街尽是洋奴"。[2]

当邓实以"汉学"与"欧风"相对时,这已基本不是汉宋之争的那个"汉学",而近于时人所说的"国学",其实也就是潘博所说的"吾学",最能体现时代的转变。有"外学"始有所谓"吾学",承认"世界"由万国组成且国有其学,则"国学"之意义显。在列强"灭学"的威胁下,"国学"与"君学"的对立逐渐淡化,而与"欧风"所代表的"外学"之对立则越来越得到凸显;但章士钊所谓"今日言国学者不可不兼求新识"这一点,又揭示了"国学"自我认同的尴尬。怎样给"国学"定位成为当时"言国学者"必须解决的问题。

四 "有是地然后有是华"的国学

在"国学"的定位问题上,国粹学派的心态是相当矛盾的:他们大都认为中国之"国学"已失,同时又看到在外学冲击下产生的"保学"需要,两者的共同点是中国学术需要复兴,而其提出的"古学复兴"的口号及不少实际内容,却又是以"外学"的产地西欧和日本为榜样。为疏解这一明显具有诡论意味的取向,国粹学派赋予"国学"以广泛的开放性,并提出了以学术所在地域决定"学"之归宿和认同的观念;但正因国粹学派特别重视学术与国家的关系,外人欲"灭学"的威胁更揭示了"学战"的现实存在,这一论式仍未能完全缓解中西学之间的紧张,结果又进一步凸显了保存国粹的必要性。

邓实给"国学"下定义说:"国学者何?一国所自有之学也。有地

---

[1] 潘博:《国粹学报叙》,《国粹学报》第 1 年 1 期。
[2] 钱玄同日记,1917 年 1 月 1 日,转引自杨天石:《振兴中国文化的曲折寻求——论辛亥前后至"五四"时期的钱玄同》,中国社会科学院科研局等编:《五四运动与中国文化建设》下册,社会科学文献出版社,1989 年,996 页。

而人生其上，因以成国焉。有其国者有其学。学也者，学其一国之学以为国用，而自治其一国者也。"中国之国学内容包括经学、史学、子学、理学、掌故学、文学。故"国学者，与有国以俱来，本乎地理、根之民性而不可须臾离也。君子生是国则通是学，知爱其国无不知爱其学"[1]。这一界定肯定了国学"本乎地理"这一重要原则，但同时也明确了必须是"一国所自有之学"。

如前所述，"国学"提供了一条解决如何因应中国既存学统这一问题的出路。传统的汉宋学、诸子学与儒学之间的紧张因有"国学"这一开放性的名目而化解。邓实明确提出了"国学"或"国粹学"应该超越既存的学术派别，他自谦对于"国学十不窥一，何敢以言学，更何敢以言粹"。到19岁时"南归，游简岸读书草堂，受业简先生之门，得闻九江先生之遗风，始知吾国之有学、吾学之有粹。盖先生讲学，尝诉诸九江先生者也；九江先生则尝诉诸古人者也。诉诸古人，则九江先生之学非一家之学，乃天下之学也；九江先生之言非一家之私言，乃天下之公言也。君子续其公言、明其公谊，而一国乃常有学。今吾国之学，其派别亦多矣。朱陆异同、汉宋家法，门户水火，吾何适从？吾亦惟述吾之所学者以为学而已，吾亦惟保吾学之粹者以为粹而已"。简言之，"学，孔子之学，无汉学无宋学也"[2]。

实际上，整合"自有之学"的需要恰因"外学"的冲击而产生，邓实引朱次琦的话说："古之言异学者，畔之于道外，而孔子之道隐；今之言汉学宋学者，咻之于道中，而孔子之道歧。"这一意义在面临"西学"这一新的"异学"冲击时更得以凸显，邓实稍后注意到，当西学东渐之时，中国学术自身尚在内斗，"门户水火，则兰艾同焚；诸子九流，则冰炭不合。流至今日，而汉宋家法，操此同室之戈；景教流行，夺我谭经之席。于是蟹行之书，纷填于市门；象胥之学，相哄于黉舍。观欧风而心醉，以儒冠为可溺"。正由于惧怕"文武之道，今夜尽矣"，所以

---

[1] 邓实：《国学讲习记》，《国粹学报》第2年7期。
[2] 邓实：《国粹学》，《政艺通报》甲辰13号，3张。

要"发愤保存"国学。[1]

在"欧风"袭来的新形势下,像诸子这样过去属"道外"的"异学"自然转化为"自有之学",则"国学"当然需要将其纳入。同时,"集各学之大成"和"古学复兴"的提法都意味着"国学"的开放性还更广泛,隐伏了这一开放性也适用于西学。邓实自己便有类似的论说,他说,中国学术,"则仁义礼智诗书礼乐,黄帝之所孕育而尧舜禹汤文武周公孔子之所发明而光大之者也。然则学者何?亦惟学吾黄帝尧舜禹汤文武周公孔子之学而已,无汉学、无宋学也"。这与其师门之调和汉宋的取向无异,但他接着又加上一句"无东学、无西学也"[2];这就大大超出其师门之学了。后者看似前者同一思路的发展和扩大,不过更凸显出其开放的一面,实际却已从对抗"异学"转到包容"异学"。这样,"本乎地理"的"一国所自有之学"便不能成立了。

"国学"这一开放性可能带来的问题是多重的,如果真正学无中西而达到所谓"天下之学"的程度,则地域的界限还能维持吗?若实际上还是有中学西学的区别,则这一开放性的"国学"中是否还有个主从问题?如果仍有主从问题,便等于回到国粹学派诸人表面不谓然的张之洞的观念,则此新"国学"是否要以"中学为体、西学为用"呢?如果没有主从,至少在理论上不排除(过去的)西学成为主要成分;假如真形成这样的状况,还算不算中国的国学?面对这些问题,国粹学派诸人提出了新的解释理论,即一方面强调所谓"有是地而后有是华",同时又试图区分学术之夷夏与种族之夷夏,学术可以突破,种族却当维持。

邓实已看到问题之所在,他说,中国之学至孔子而极盛,其"学之亡也,火于秦,黄老于汉,佛于晋魏梁隋之间"。此后外族入主"假吾学以行其专制之政,借吾学以工其奴隶之术"。自宋以来,表面上经史诸子之书仍繁荣,实则"民生日偷、风俗日坏",皆因学者以其所学为专制统治润饰,故"中国之无学也久矣。运会勃兴,员舆大通,泰西之

---

[1] 邓实:《国粹学》,《政艺通报》甲辰13号,3张;《国学保存会小集叙》,《国粹学报》第1年1期。

[2] 邓实:《鸡鸣风雨楼独立书·学术独立》,《癸卯政艺丛书·政学文编卷七》,175页。

学术一旦东来以入吾国,吾国人士怵于吾国之无学,而又慕夫泰西之学之美也,乃相与联袂以欢迎之,思欲移植其学于中国而奉之以为国学"。这正是问题实质之所在,国学的开放性若无界限,结果就可能是移植"异学"而为"国学"。邓实认为这是不行的,盖"无学不可以国也,用他人之学以为己学亦不可以国也"〔1〕。

从实践层面言,至少还有西学是否适应中国社会的问题。邓实指出,自汉至明,神州二千年之学术,"大抵以儒家为质干,以六经为范围"。这是因为儒教适合于中国的"地理、风俗与政体"。所以行之中国二千年而"于人心之微,未有背也。海通以来,白种麇至,其所行之政、所奉之教,无一与我合。于是而革教之谭、排孔之论始腾于社会"。双方冲突的根本原因正在于"白人之地理便于商,白人之风俗原于武,白人之政体本于国家(《社会通诠》一曰军国),故白人之教贵平等而黄人之教尊伦常。此其不同之故,盖成于其天然之所构造,而人治不与焉"〔2〕。

他强调,"国之有土地、人种,则其质干也,其学术则其神经也,其风俗政教则其貌也"。而风俗政教又"同出于学术"。学术与土地人种合,则其学行、其学传,反之亦然。"学术者,以之造风俗政教;而土地人种者,又以之造学术。是故欲改变其风俗政教,则必改变其学术而后可;欲改变其学术,则必改变其土地人种而后可"。泰西之学,"尚同兼爱,自由平等,上下合德,君民共治。工商农兵,莫不有学;喜新而厌旧,重实用而戒浮饰。其学信美矣,然而不可以为吾学者,则以泰西之土地华离,吾国之土地方整;泰西之人种亚利安,吾国之人种巴克,则土地人种不同也;泰西之风俗习躁动,吾国之风俗习安静;泰西之政教重民权而一神,吾国之政教重君权而多神,则风俗政教不同也。"既然如此,"欲易吾学以为泰西之学,则必先易吾土地人种以为泰西之土地人种"。后者若易,实际是亡国亡族,"学术虽甚灿烂,其已非吾物矣"〔3〕。

对此问题黄节先已有论证,他提出"交通调和"这一解决方法。黄

---

〔1〕 邓实:《鸡鸣风雨楼独立书·学术独立》,《癸卯政艺丛书·政学文编卷七》,176页。
〔2〕 邓实:《国学通论》,《国粹学报》第1年3期。
〔3〕 邓实:《鸡鸣风雨楼独立书·学术独立》,《癸卯政艺丛书·政学文编卷七》,176—177页。

节说，一个民族因其土地、人种、宗教、政治之不同，"于是其风俗、气质、习惯遂各有特别之精神焉。夫有特别之精神，则此国家与彼国家，其土地、人民、宗教、政治，与风俗、气质、习惯相交通相调和，则必有宜于此而不宜于彼，宜于彼而不宜于此者。知其宜而交通调和之，知其不宜则守其所自有之宜，以求其所未有之宜而保存之，如是乃可以成一特别精神之国家"。值得注意的是黄节在同一文中给"国粹"下的定义就是"国家特别之精神也"，则"国粹"本是向外国之宗教、政治、风俗、气质、习惯那"宜于"本国的内容开放的，故"研究我国与外国之异同，取其适用而未〔?〕能永续者如马氏所举数端，皆国粹也"。[1]

邓实似乎注意到"研究"这一新表述（"研究"固旧词，然将其用得类似英文之及物动词，却是新法）比"调和"更少争议[2]，他迅速采纳并加以推衍，主张对异学不必排斥，而应"罗列古今五洲万国之学术于吾前，以吾为主观，以他人为客观，而研究之，而取舍。轩文轶野，去绣发莹，以扶植吾中土之正气、振发吾汉种之天声"，最终"树立我泰东吾千年之学术于太平洋中央，结为文明花，张以五色幢，以与彼美人兮结婚于西方，芬然大吉祥也。岂不懿哉！"[3]。其实近代日本与中国都确曾有人提出东西"合种"之说，以从人种上彻底解决问题；邓实虽然反对移植"异学"而为"国学"，倒可以接受学术上的"合种"方式。

黄节不久又发展了邓实的"研究"观，并明确"研究"的对象也包括"国粹"。他说，"国粹，科学也"。有"粹者，必有其不粹者"。而"万汇学之为用，必由研究而后可以区分，区分而后可以变化，变化而

---

[1] 黄节：《国粹保存主义》，《壬寅政艺丛书·政学文编卷五》，180—181页。按黄节文中说，"马路曰：政治之良否，关于人民之德智；以空理组织之政体，虽如何巧妙，亦不适于实用而无永续之力。永续之力为何？曰宗旨也、地位财产也、善良政治之习惯思想也、尊崇历史怀远追旧之情也"。故此处"未能永续者"似当作"能永续者"，"未"字疑衍。

[2] "调和汉宋"虽然是道咸新学的一个重要特征，但对于受清代汉学影响较深的学者如章太炎、刘师培等来说，却不过体现了提倡者不通"家法"的浅薄之处而已。甚至以"杂学"见称的湘人叶德辉，也对"调和汉宋"的取向不以为然。参见叶德辉与罗敬则往来书信，收入叶德辉：《郎园书札·与戴宣翘书》，33—38页；并参见罗志田：《权势转移：近代中国的思想、社会与学术》，343—348页。

[3] 邓实：《鸡鸣风雨楼独立书·学术独立》，《癸卯政艺丛书·政学文编卷七》，177页。

后可以致用而保存。然则言国粹者，先研究而不先保存"，以遵循"执果求因"这一"公例"。国粹乃"日本之名辞"，对中国人而言，"其名辞已非国粹"。不过，"名从主人，物从中国，吾有取于其义云尔"。盖国粹虽"日本创之，而日本不知发之，则待发于吾国"。其区别即在于，"日本之言国粹也，与争政论；吾国之言国粹也，与争科学。曰国，则有其非国者乎；曰粹，则有其非粹者乎。明乎非国非粹，则知乎为国为粹。是故以研究为国粹学之始基，庶几继破坏而有以保存矣"。这一点为黄节所特别强调，针对的是"举国方主破坏，又病其言保存"的世风，试图明确他们讲国粹并非"主乎对欧化而言之，为守旧排外之尤"。概言之，学主研究，而研究寓破坏之意，是"中国人"言国粹的特点；惟这是一种"先号后笑"的取向，虽始于破坏，最后还是要"保存"。[1]

他稍后进一步申论说，所谓研究"国粹"，犹如"天演家之择种留良"，故"国学者，明吾国界以定吾学界者也。痛吾国之不国，痛吾学之不学，凡欲举东西诸国之学以为客观，而吾为主观，以研究之，期光复乎吾巴克之族、黄帝尧舜禹汤文武周公孔子之学而已。然又慕乎科学之用宏，意将以研究为实施之因，而以保存为将来之果"。[2]虽然"明吾国界以定吾学界"看上去似乎与邓实所说国学"本乎地理"相通，但其欲研究"东西诸国之学"而"为实施之因"，则已远超过"一国所自有之学"的范围了。

"以吾为主观"的提法是相当富有想象力的诠释，在那时也并非仅见。南社成员余其锵在1903年提出："夫国于世界而有历史，则自其'祖宗社会'之所遗，固有不能不自国其国者。不能不自国其国，而其国民之文明力乃不能与人抗，则天然之压力，乃迫之使不得不去旧而迎新。"但去旧迎新也分两种："去之取之自己者，则能吸入而融化之，而活用之，其种存，其国兴。"若"与之去之自人者，则奴隶而已矣；其种绝，其国亡"。所以，"凡优强民族与劣弱相遇，其文明之同化力，乃

---

[1] 黄节：《国粹学社发起辞》，《政艺通报》甲辰1号，39张。并参见郑师渠：《晚清国粹派》，109—110页。
[2] 黄节：《国粹学报叙》，《国粹学报》第1年1期。

能吸入而融化之"。然必须"发挥特性",也就是"厉其固有使足与世界相竞"。作者指出:"特性者,运用文明之活力也。"故"种之强弱,视其文明;文明之高下,视其运用力"[1]。这一论证仍有试图对抗"天演"流行观念之意,惟随着清季"泰西民族主义汹汹东侵"[2],新学理的传入也给中国士人提供了新的诠释工具。只要是主动吸取他人之文明而使固有强化,就不仅不低劣,反是优强的表征。

在黄节看来,中国之国与学已俱亡,但时人对于泰西诸国之政、法、艺、学,"则以为非先王之道,而辞而辟之,辟之而不足以胜之";或又"以为非中国所有,而貌而袭之,袭之而仍不足以敌之"。若"还而质诸吾国何以无学,吾学何以不国,而吾之国之学,何以逊于泰西之国之学,则懵然而皆莫能言。呜呼,微论泰西之国之学果足以裨吾与否,而此懵然莫能言之故,则足以自亡其国而有余,是亦一国之人之心死也"[3]。实际上,这恐怕更多是时人对西学的心态充满矛盾的一种体现。

由于西方思维方式在中国的影响日大,学战的胜负即文化的高下基本已落实到商战特别是兵战之上,后者除"师夷之长技以制夷"这一取向外似乎没有别的选择,则国学或国粹又不能不是向其竞争对手西学开放的。黄节注意到,日本国粹派面临西学冲击时已先提出"取彼之长补我之短"的主张:"昔者日本维新,欧化主义浩浩滔天,乃于万流澎湃之中,忽焉而生一大反动力焉,则国粹保存主义是也。当是时,入日本国民思想界而主之者,纯乎泰西思想也。如同议一事焉,主行者以泰西学理主行之,反对者亦以泰西学理反对之,未有酌本邦之国体民情为根据而立论者也。"井上馨等乃提倡国粹保存主义,"以为宜取彼之长补我之短,不宜醉心外国之文物,并其所短而亦取之,并我所长而亦弃之"[4]。

但黄节认为,"井上之言,是知我国之所有者为国粹,而不知外国

---

[1] 余一(余其锵):《民族主义论》,《浙江潮》(1903年),收入《辛亥革命前十年间时论选集》卷一下,489页。
[2] 黄节:《春秋攘夷大义发微》,《国粹学报》第2年8期。
[3] 黄节:《国粹学报叙》,《国粹学报》第1年1期。
[4] 本段与下段,黄节:《国粹保存主义》,《壬寅政艺丛书·政学文编卷五》,180—181页。

之宜于我国而吾足以行焉者,亦为国粹"。故"本我国之所有而适宜焉者,国粹也;取外国之宜于我国而吾足以行焉者,亦国粹也"。国粹不当"执一名一论、一事一物、一法一令而界别之"。而应界定为:"发现于国体,输入于国界,蕴藏于国民之原质,具一种独立之思想者,国粹也;有优美而无粗粗,有壮旺而无稚弱,有开通而无锢蔽,为人群进化之脑髓者,国粹也。"国粹保存之义即类"天演家之择种留良",譬如土地甚荒,人开垦之而树以嘉木,即可葱茏。"夫地之宜于植也,其生是嘉木,犹其生是棘榛也。是宜于植者,地之粹也。因其宜于植而移嘉木以植之",其能"焕然秀发者,虽非前日之所有,而要之有是地然后有是华,不得谓非是地之华也"。简言之,一国之"地"本具包容性的"粹",复向(具有时空超越性的)各种植物之"粹"开放,且必能得"粹"然后"国"可存:"粹者,人人之所欲也。我不保存之,则人将攘夺之,还以我之粹而攻我之不粹,则国不成其为国矣。"〔1〕

反对文化"移植"说的邓实则认为,"地"并非完全被动开放的,"花钢石层之内,必不能生动植物焉;寒带之土面之上,必不能产椰蕉实焉。以非洲峣粗之土、沙漠之区,而欲植欧美之名花佳果,有萎而黄落已耳"。但他并非纯粹反对"移植",而是主张先改良固有的"土壤"。邓实论证说,"吾神州立国,固以道德为其国魂者也"。在专制、霸者、外族三者危害下,中国"自晋以后,遂无民德之可言"。故"及今而大反其所为,号称炎黄之民,且不知道德之为何物"。这是因为"既受于数千年所造之恶因矣,乃于今日而食其报"。不知历史者正"攘臂奋舌,嚣嚣然争改法度改风俗,欲以泰西之新道德移植灌溉于吾祖国。而庸讵知内恶之根据方固而无与入也。即其入之,又庸讵知以泰西最美最良之政治法律学术,至高尚完全之道德,乃变而化为至劣极恶之品,反成为弊害之丛也"。所以,"欲今日民德之进步,第一在光复其固有之旧道德,

---

〔1〕按黄节此语显然受梁启超影响,梁曾说:"今日非西学不兴之为患,而中学将亡之为患。风气渐开,敌氛渐逼,我而知西学之为急,我将兴之;我而不知,人将兴之。事机之动,在十年之间而已。"参见梁启超:《西学书目表后序》(光绪二十二年),《饮冰室合集·文集之一》,126页。

第二在发明其未有之新道德而已。夫西方之教平等,平等故贵自由,而以博爱为主义。东方之教立纲,立纲故重尊亲,而以忠孝为主义"。是故孝悌忠信礼义廉耻,"吾国之所谓旧道德,所当光复者也";公、群、权利、义务、爱国、保种,"欧美之所谓新道德,所当发明者也"。[1]

按邓实于上一年论新旧道德尚偏于新的一面,他那时认为,中国今日处于"旧社会已坏新社会未立、旧政治已革新政治未行、旧道德已灭新道德未兴、旧法律已除新法律未布之际,二者之间,搀揉混杂,其一成一败之数,至为奇险。成则升九天,败则堕九渊"。而"宇内群治之进退,一以其民智之高下为伸缩。执数千年相沿之道德以范围今日文明世界之新群,则于其群内必大相忤。知其相忤,则更求一适宜之新道德,而后可以顺吾群而安吾群。道德昔昔变,群治昔昔进。故吾谓中国将来之群治,其不与外群交通、改变其旧道德则已,苟交通焉改变焉,未有能外全球进化之公例而一支之能独立而不进也"。[2] 稍后伍庄也注意到有人认为"中国旧学,于发挥私德无余蕴矣,而于公德尚未备",故"糟粕六艺而专求欧学以为新道德"。他针对这一倾向指出,"夫新道德能求,吾亦何病,而无如弃其旧者之必不能求其新也"。[3]

换言之,在移植"客观"异学之前,应先强化已缺乏竞争力的"主观"(若"客观"胜于"主观"则有可能成为"学奴")。故邓实所建议的先光复固有旧道德然后接收欧美新道德的提法与黄节"有是地故有是华"的观念并不冲突,不过是对其的一种补充。刘师培更进一步提出区分学术之夷夏与种族之夷夏的观念说:明季遗民孙兰曾从汤若望治历学,其学术受西学影响,但深明出处之大义,明亡后不仕清廷。反之,"杨光先诋西书为诞肆,乃直声既著于明廷,仕籍复标于清史。彼斤斤于学术之间衡量□[夷]夏,而出处大节转舍夏就□[夷]"。刘氏以为,孙兰的作为才算得上真正的"高士"。概言之,"学术之界可以泯,

---

[1] 邓实:《鸡鸣风雨楼民书·民德》,《政艺通报》甲辰6号,8张。
[2] 邓实:《论中国群治进退之大势》,《癸卯政艺丛书·政学文编卷三》,128—129页。
[3] 伍文琛:《群书第八》,《政艺通报》丙午19号,5张。

种族之界不可忘"[1]。

黄节所谓"有是地然后有是华"的主张经邓实、刘师培如此补充论证后,才更全面地体现了国粹学派的特色。这是理解国粹学派的一大关键,在新的"国家"观念传入后,他们最注重的是土地,其次才是人种以及程度稍减的风俗等,惟于学术则既知不能不吸收,干脆正面接受之,并融汇各种新旧观念以强调其正当性。这当然也不是国粹学派的独得之秘,杨度在几年前就隐约感觉到如果没有"国家",则即使有"文明"也不怎么样。他说:"如埃及、如印度、如巴比伦者,皆世界文明之祖国也,其文明不能自保,而为他族所得,发明光大,转以亡其本国。至今日而文明历史犹以为其鼻祖,政治历史则已夷为领地矣。"[2]但能将此思路梳理清晰并系统表述出来,则不能不说是国粹学派努力的后果。

可知当时士人内心中充满了至为复杂的多层面紧张,他们的思想资源正日益西化,却又不能完全认同西方思想。他们强调并论证"国学"或"国粹"的正当性,当然是为了应付"西学"(以及"倭学")的冲击,但他们心里其实基本同意不论换用什么标签及怎样重组,纯粹的中学实不足以因应与"富强"相关的时代需求。正是在这样的紧张和窘境下他们赋予"国粹"(或"国学")以宽广的开放性和包容性,以至将其实际对立的西学囊括进来。国粹学派所发明的以地域决定"学"之归宿和认同这一论式突破了过去以文野之分的文化选择确立认同的传统思维模式,早已是一种"新国学"。后来新文化人在整理国故时又主动提出"新国学"的口号,已是在先已不"旧"的"国学"基础上进一步更新了。

问题在于,国与学的相互关系应该是中外皆同的,"外学"与"外国"之间同样有密不可分的关联;在"本国无学"的情势下求诸"外学",学术的开放是否会导致"瓜分"欲望明显的外国对中国"国家"

---

[1] 刘光汉:《孙兰传》,《国粹学报》第1年10期。
[2] 杨度:《游学译编叙》,《游学译编》第1期(光绪二十八年十月),4页(文页)。

的进一步入侵呢？特别是中国若真已到"国已不国"的程度，这样一种开放的"国学"与"国家"之间又会是一种怎样的关系呢？而且，若真正以"地"而非以"学"定取舍，又背离了邓实等经常引以为据的王夫之关于"学界不可乱"的观念。学可以开放，难道种就不可以开放吗（戊戌维新时即已存在的"合种"说实即主张"种"的开放）？如果满汉之间的紧张可以让位于中西之间的冲突，对身在中土的西人又当如何对待？虽然学术的开放到最后还是要包容于（中国的）"国学"这一大范畴，这些问题仍是相当难解决的，所以进入民国后这方面仍出现频繁的相关论争（详后）。

19世纪末的"中西学战"和新文化运动时期的"中西文化竞争"大体上是同一事物的不同表述方式，两者之间尚有一个过渡的表述，即清季最后几年的"国粹与欧化之争"。在那时的思想界，欧化与国粹不仅有竞争和对立的一面，主张保存国粹的朝野各方对"欧化"都曾采取一种既抵拒又包容的态度。或许因为当时正面申论这一取向的人数不太多（也不算少），或许因为过去研究者相对更重视朝野和新旧之间冲突的一面，这方面的研究似不甚充分，下一章将在既存研究的基础上就此作稍进一步的探索。

第 3 章

温故知新：民间的古学复兴与官方的存古学堂

庚子以后，士人多以为政府不足以救亡，因而不可恃，故朝野双方在政治上相当对立。但在文化方面，清季朝野皆曾有保存国粹的愿望和具体的努力；毕竟国粹学派的组织是国学保存会，其标志与同样明确以"保存国粹"为口号的"存古"取向非常相近，故朝野双方在此可见明显的共性，且都不同程度地倾向于中西调和的取向，对稍后所谓"欧化"取容纳态度，而非完全排斥。在朝廷的一面，张之洞所谓欲强中国不得不讲西学、欲存"中士"之认同又不能不讲中学那种曲折心态相当有代表性；在民间则有提倡开放的国学、强调国粹不阻欧化的国粹学派。两者的共性是大致遵循温故知新或"新故相资"的取向，希望走出一条鱼与熊掌兼得之路。不过，官方与民间关于保存国粹的具体取向相当不同，且有时的确视对方为对立面，这一实际存在的对立也无论如何不能轻视。

一 国粹不阻欧化

邓实于光绪二十九年(约1903)划分"中国之群治进化"为"一统时代""小通时代"和"大通时代"三大时期:"一统时代之群治限于一国;以同一民族立于同一政治、同一宗教之下,无有外境之感触,故无竞争;无竞争故无进化,其民老死,但知守旧制循古风而已。""小通时代之群治,外海内江,帆樯络绎,冠履综错,既有本国习惯之风尚,又有一二外国窜入之风尚。于是有倡国粹主义以保存此旧风尚者,有倡欧化主义以欢迎此新风尚者。一群之中,半文半野,忽此忽彼,茫茫如航巨海遇飓风,漂泊中流,两无涯岸",似进似退。"大通时代之群治,无此国彼国之界,吸收文明全球之新空气,以纳入国民之脑中。新社会必新政治,新政治必新道德,新道德必新法律"。而"文化之程度愈趋愈上,无有止境"。[1]

中国当时"方出第一期之一统时代而未入第三期之大通时代",亦即处于小通时代。具体地说,即"旧社会已坏新社会未立、旧政治已革新政治未行、旧道德已灭新道德未兴、旧法律已除新法律未布之际,二者之间,搀揉混杂"。结果是各种观念主张皆对立,"甲持一说,乙主一议,合加以两派复成一丙",然后出者胜,且胜者必"与其时人心风俗相合宜者也。是故人心风俗以之造学说议论,而议论学说还以之造风俗人心。大抵其群之民智程度高者,则其时之舆论亦高",反之亦然。"宇内群治之进退,一以其民智之高下为伸缩。执数千年相沿之道德以范围今日文明世界之新群,则于其群内必大相忤。知其相忤,则更求一适宜之新道德,而后可以顺吾群而安吾群。道德昔昔变,群治昔昔进。故吾谓中国将来之群治,其不与外群交通、改变其旧道德则已,苟交通焉改

---

[1] 本段与下段,邓实:《论中国群治进退之大势》,《癸卯政艺丛书·政学文编卷三》,126—129页。按邓实此说明显受梁启超影响,梁在光绪二十八年(约1902)写的《近世文明初祖二大家之学说》一文中论欧洲近世史与上世中世之不同说,"学术之革新,其最著也。有新学术然后有新道德、新政治、新技艺、新器物。有是数者,然后有新国、新世界"(《饮冰室合集·文集之十三》,1页)。然梁置"学术"于诸"新"之前,最后才有"新国、新世界",而邓置"社会"于诸新之前,仍可见其侧重者之不同。

变焉,未有能外全球进化之公例而一支之能独立而不进也。"

这里的核心观念是"学说议论"虽为"人心风俗"所造,却又能"还以之造风俗人心"。必以此为基础,然后可以通过与外群交通而改变旧道德、创造新道德,达到道德变而群治进的理想境界,进入"无此国彼国之界"的大通时代,其基本倾向是开放而前瞻的。这样,虽然在半文半野的小通时代之中国似乎出现了代表新旧"风尚"的欧化与国粹竞争的现象,两者其实可以是互补的;引进欧化方面的议论学说,便可以改造甚或再造新的"风尚",使其与学说相合。

虽然中国古代"素以文明之同化力战胜于他族",此后则"以地形一统之故、以君主专制之故,文明之思潮逐渐颓落。而欧美各国百年之间,长足进步,学术政教,日异月新,于是反扇其文明之新潮流以涌进吾东方大陆之上。而吾国旧有之社会政治道德法律,如长夜之残灯,风起而旋灭;如百年之老屋,雨压而将倒"。[1]邓实认为,"东洋文明,所谓形而上者,精神的是也;西洋文明,所谓形而下者,物质的是也。两文明一发生地中海,一发生黄海。古代之世,东西对峙,未尝相遇。自阿剌伯西渐、十字军东征,而两文明一小通焉;自哥伦布兴航海之业,瓦特创蒸汽之制,而两文明一大通焉"。故今日是两文明"争存之时代"。邓实承认"西洋文明如花似锦",在20世纪"势将驾东洋文明而上之"。在这样的形势下,"吾国三五青年,又复醉心欧化,联袂以相欢迎。不知爱吾祖国之文明,发挥而光大之;徒知爱异国之文明,崇拜而歌舞之。呜呼,吾恐不百年后,东洋之文明亡;文明亡而其发生此文明三千余年之祖国亦亡"。[2]

不过他并不因此主张"但保守东洋之文明而拒西洋文明之输入",却提出东西"两大文明结婚"的方式。既然"西洋文明之热潮,已渐涌渐进东亚之大陆;利在顺其流而因势利导,不在逆其流而反为所推倒。吾国之文明,属于道德上而为精神的文明者,虽称完全;其属于艺术上

---

[1] 邓实:《论中国群治进退之大势》,《癸卯政艺丛书·政学文编卷三》,127页。
[2] 本段与下两段,邓实:《东西洋二大文明》,《壬寅政艺丛书·政学文编卷五》,185—186页。

而为物质的文明者,甚形缺乏。则以我之精神而用彼之物质,合炉同冶,以造成一特色之文明,而成一特色之国家,岂不甚懿?"。邓实眼中的榜样即"骤进富强"的日本:"昔日本输入我国唐时之文化也,则有和魂汉才之记焉(谓以日本之精神而加以汉土之学艺);其输入泰西近代之文化也,则有和胆洋器之说焉(谓炼日本的心胆而后学西洋器械)。嗟彼东瀛,以区区岛国,三十年来,遂能骤进富强,赫然为东方之英吉利者,岂偶然哉。盖由其能培养国民之元气,不失其素有大和魂武士道之风,而又融合西洋之新制度新文物也。"

重要的是,中西文明"结婚"之后所产生的新文明不仅更好,且可以是具有超越性而统一的"世界文明"。邓实说:"生物学家之言曰,两异种相遇,有优劣者,则优种日兴而劣种日灭;无优劣者,则合两异种而成一新种,其新种必视旧种加良。"虽然"今日东洋之文明与西洋之文明果孰优而孰劣乎、孰兴而孰灭"尚"渺不可知",但"吾爱文明,吾尤爱东洋之文明;吾爱东洋之文明,吾尤爱吾东洋祖国之文明。吾欲赠东洋文明之花,供养于欧土;吾欲移西洋文明之花,孳植于东亚;吾欲结东西洋两文明并蒂之花,亭亭树立于天表。吾为之预祝曰:二十世纪以后,天地之上惟一文明焉。其文明云何?则世界文明焉,无东洋无西洋也"。最后这一界定非常重要,尽管邓实说东西文明的优劣尚不可知,但他先已说能结合成新文明者即"无优劣",可知这才是其关注之所在,无所谓东西之别的"世界文明"恰坐实了两者之"无优劣"之分。

一旦具有更为超越的"世界"立场,则以欧美是趋而尊西卑中便不显勉强了。故主张保存国粹的邓实在分析中西政治差别时可以毫不犹豫地说:"君相主治者,外籀之术也;人民自治者,内籀之术也。外籀之术,由中央内阁层级以达地方官吏,由地方官吏层级以达市町村耆长,极其能力,不过成一治一乱之局,中国是也;内籀之术,由市町村之法人膨胀而为地方之团体,[复]膨胀而为中央制度,达其极点,遂成一治不复乱之世界,欧美是也。"前说造成"专制政体",后说造成"共和立宪政体";他明确提出,"世界之民,其欲食太平安全之幸福,登文明花锦之舞台,其必用后说"。[1]正是"世界之民"的虚拟认同给了"吾尤爱吾东洋祖国之文明"的邓实以选择欧美政治学说的立足点,这已不是什么中西文明结婚,简直是弃中而尊西了。郑师渠已指出,"迄1904年底前,邓实等人也都曾是热情奔放的'欧化'论者",实有所见。[2]

立场转换之后,返观中国便几乎没有多少长处。以邓实所见,中国自魏晋后,外族入主,使其风俗"变成一奴隶异种之劣根性"。此后"每经一乱易一姓,则其奴性增高一级。循至近古,而华族乃无气无骨无色,沉忧积闷,憔悴悲惨。社会之内,层层压制,外族则如坐九天,同族则若堕九渊。非蝇营狗苟无以得富贵,非贼杀同种、为虎作伥无以博功名。由是而吾之一种人,其一半则既得此功名富贵而纡青拖紫臣妾骄人,除叩头画诺饮酒会客听剧之外无他事矣;其一半则未得者,而钻营谄媚夤缘排挤,除咿唔咕哔看相算命求签拆字之外无他事矣。斯时试起而视其世,其上流一派之社会,则一行尸走肉饮食男女之社会也;其下流一派之社会,则一命相风水鬼神阴骘之社会也"[3]。

邓实自己看到的中国社会不过如此,那时"二三青年,复醉心欧风,相率盲进,举旧日一切政教风俗欲全破坏之以为快",自不足怪。邓实虽反对此类青年的主张,但也看到"破坏"可能带来的好处:若"旧政教旧风俗既破坏矣,使新政教新风俗即能起而承其后,一出支那即入欧美,无过渡之劳,无分娩之苦,岂不甚善!"。可惜做不到,盖"方其出此入彼之间,必有无限之阻力、无穷之波澜曲折起伏于其内"。实际上,"宇内文化之长进,从无一线直行之理。欧美各国今日文明之花,如是其灿烂庄严者,皆千辛万苦、掷非常可惊之代价以购之者也"[4]。"一出支那即入欧美"的提法隐约可见日本"脱亚入欧"论的影

---

[1] 邓实:《自治论一》,《壬寅政艺丛书·政学文编卷三》,161页。
[2] 郑师渠:《晚清国粹派》,141页。不过,说他们此前"于欧化与传统的关系无所措意"或嫌稍过。其实邓实对此相当关注,他在癸卯年已强调"以吾为主观,以他人为客观",在甲辰年中也主张中国"民德之进步,第一在光复其固有之旧道德,第二在发明其未有之新道德"。说详本书第2章。
[3] 邓实:《鸡鸣风雨楼独立书·风俗独立》,《癸卯政艺丛书·政学文编卷七》,178页。
[4] 邓实:《论中国群治进退之大势》,《癸卯政艺丛书·政学文编卷三》,127页。

子,既然这样的理想境界不够现实,则两文明之结婚自成为实际的选择,时人的思路相当曲折。

在实践层面,中西文明的结婚意味着中国必须吸收西方文明。黄节认为,忽视对外界文明的吸收正是中国昔日不足之处。他注意到,欧美史家也承认"创造文明者,实东方之国民也。是故以西洋历史之第一期不能不首列吾东方诸国者,诚以吾东方诸国为文明所自出而彼固吸收之者也"。然西方颇注意吸收东方文明,东方民族则对自己的文明"既不能发明而光大之,又不能吸收外界之文明",揆诸动植物天演之例,必难逃被淘汰之命运。埃及等六大古国的衰亡,皆因"不能吸收外界之文明而反为外界所吸收";中国本"居间接之地",不能吸收外界之文明,其自身文明又随着蒙古西略乃"西流而莫之返",复因西征的蒙古人无意于欧洲、阿拉伯之文明,遂无所得。[1]

所以,《国粹学报》的《发刊辞》开篇即曰,"学术所以观会通也"。该刊"于泰西学术,其有新理精识,足以证明中学者,皆从阐发。阅者因此可通西国各种科学"。[2]所谓"藉西学证明中学",实寓"改变"中学之含义。而中学尚待西学为之"证明",其现状之不佳是不言而喻的;故如前所述,国粹学派所说的"国粹"早有向西学或欧化开放的含义在。

1905年国粹学社成立时,黄节即代表学社指出,保存国粹并不针对欧化。[3]同年江起鹏在上海新学会出版的《国学讲义》中提出一种"圆满之国粹主义",主张研究国学要"(一)不徒事诵读而时奉圣训;(二)不专事诂训而通知大义;(三)广参世界之学说以阐发微言;(四)实体先圣之志愿以普救同胞。一言以蔽之曰:实尊我孔圣者,务去二千年下似是之学说,而还我二千年上真正之孔子。毋拘牵、毋颟顸、毋自封、毋自隘,则庶乎为圆满之国粹主义乎"。其宗旨透露出集今文学和宋明理学于一身的味道,显然有针对不能"经世"的清代汉学之意;但同时又认为二千年来的孔学非真孔学,则等于将从(汉代的)

---

[1] 黄节:《东西洋民族交通消长之大潮》,《癸卯政艺丛书·政史文编卷三》,608—609页。
[2] 《国粹学报发刊辞及〈略例〉》,《国粹学报》第1年1期。
[3] 黄节:《国粹学社发起辞》,《政艺通报》甲辰1号,39张。

汉学开始的儒学一扫而空，与当时国粹学派中一些反传统议论大致相合。他同时指出，"定教育之方针，为今我国民一大问题。识者谓莫妙于欧化主义与国粹主义相持并进，庶学于人而不至役于人，不失为我国民之教育。信是，则研究国学，其亦学者所有事焉"[1]。

论述"国粹不阻欧化"最详的是许之衡，本书第一章所已较详细地引述，可以参阅。总体言之，他认为"国粹者，精神之学也；欧化者，形质之学也（欧化亦有精神之学，此就其大端言之）。无形质则精神何以存？无精神则形质何以立？"。不过这样一种精神与形质之分正是其论证国粹无阻于欧化的基础，既然"国粹以精神而存，服左衽之服，无害其国粹也；欧化以物质而昌，行曾史之行，无害其为欧化"。故许氏提出一种鱼与熊掌两得的取向，实即本西学以讲中学的国粹。他特别强调，"国粹也者，助欧化而愈彰，非敌欧化以自防"。实际上，今日"车轴大同，地绝天通，波谲云诡，咸驰域内；方如丸之走阪、水之就下"，纯粹的守旧已非时势所能容。即使"间有乡曲之士，姝姝于守故而拒外自大者，不一二年将风靡云从矣，不足以为难也"[2]。

许氏对时势的认知大体不差，光绪二十九年的《学务纲要》已明确说中国办学堂要"仿照外国办法"，所以规定学堂管理者必须出洋考察。惟中国设学本是"中西兼考，择善而从；于中国有益者采之，于中国不相宜者置之"。故《纲要》第27条也说明"中国礼教政俗与各国不能尽同，现在学堂讲求实用，一切科学取资于各国者居多；然亦有中国向有之学为各国所无应加习者，有各国所重而与中国不宜应暂从缺者"。不仅中学要重新界定而有所选择，对西学也应全面正确地认识。《纲要》第15条驳斥了旧派所谓"学堂设政法一科，恐启自由民权之渐"的说法，认为这是"不睹西书之言"而出现的"大谬"[3]。

或者可以说，"国粹不阻欧化"或欧化与国粹"相持并进"是不少

---

[1] 江起鹏：《国学讲义》，上海新学会，1905年，书未见，转引自钟少华《试论近代中国之"国学"研究》，《学术研究》1999年8期，26—27页。
[2] 许守微：《论国粹无阻于欧化》，《国粹学报》第1年7期。
[3] 《新定学务纲要》，《东方杂志》第1年3期，86、103—104页。

学术或思想观念有相当歧异之人的大致共识。正如张之洞在奏请创立存古学堂时说，"要之，孔子所言温故而知新一语，实为千古教育之准绳。所谓故者，非陈腐顽固之谓也。盖西学之才智技能日新不已，而中国之文字经史万古不磨，新故相资，方为万全无弊"[1]。这样一种"新故相资"并且先温故后知新的取向充分体现在国粹学派提出的"古学复兴"设想之上。

二 "复古"与"复兴"

还在1902年，梁启超在其《新民说》中指出："凡一国能立于世界，必有其国民独具之特质。上自道德法律，下至风俗习惯、文学美术，皆有一种独立之精神。祖父传之，子孙继之，然后群乃结、国乃成。斯实民族主义之根柢源泉也。我同胞能数千年立国于亚洲大陆，必其所具特质，有宏大高尚完美厘然异于群族者，吾人所当保存之而无失堕也。虽然，保之云者，非任其自生自长……惟其日新，正所以全其旧也。"国民之精神，既要保存，更要使之发达。所以，"新民云者，非欲吾民尽弃其旧以从人也。新之义有二：一曰淬厉其所本有而新之；二曰采补其所本无而新之"。他注意到世人多以守旧为"可厌"，其实"真能守旧者"，正在于能"淬厉其固有"。[2]

所谓真能守旧者必日新，实本孔子温故知新真义；而梁氏"再发现"和论证此义，却因西来之民族主义理论以得之，很能体现当年的时代精神。这样一种"以日新全其旧"的取向此后几年间在一部分士人中相当流行，惟各自的表述方式未必相同。国粹学派中一些人在政治上与梁启超的主张有较大歧异，但其提倡的"文学复古"或"古学复兴"在基本思路上实不出温故知新、以新全旧的模式，故双方在文化主张上大体是相通的。

---

[1] 张之洞：《创立存古学堂折》，《张文襄公全集》（2），146页。
[2] 梁启超：《新民说》，《辛亥革命前十年间时论选集》卷一上，122页。

其实梁启超对中国"古学"的自信有时还超过国粹学派中人。他在1902年曾说：中国地大物博，国民伟大，"其学术思想所磅礴郁积，又岂彼崎岖山谷中之犷族、生息弹丸上之岛夷所能梦见者。故合世界史通观之，上世史时代之学术思想，我中华第一也（泰西虽有希腊梭格拉底、亚里士多德诸贤，然安能及我先秦诸子）；中世史时代之学术思想，我中华第一也（中世史时代我国之学术思想虽稍衰，然欧洲更甚。欧洲所得者，惟基督教及罗马法耳，自余则暗无天日。欧洲以外，更不必论）。惟近世史时代，则相形之下，吾汗颜矣。虽然，近世史之前途，未有艾也。又安见此伟大国民不能恢复乃祖乃宗所处最高尚最荣誉之位置，而更执牛耳于全世界之学术思想界者？"[1]。

这大概是那时最具自信的言论了，从邓实到章太炎最多也不过认为周秦诸子可与希腊诸贤相并论，尚不及梁之"敢言"。不过，梁启超自己当时已注意到，"生此国为此民，享此学术思想之恩泽，则歌之舞之、发挥之光大之，继长而增高之，吾辈之责也。而至今未闻有从事于此者"。这与前引黄节稍后指出的"海上学社林立，顾未有言国粹者"可以并观，再次表明梁氏自己推动的趋新世风已在思想界形成某种程度的"霸权"，故他也不得不像黄节一样在文中主动致歉说"吾草此论，非欲附益我国民妄自尊大之性。盖区区微意，亦有不得已焉者尔"。

当时缺乏自信已成中国士人的群体现象，尤其梁氏未曾论及的物质层面的中西对比实不容人有此乐观[2]，故其提倡"破坏"的言论更受时人关注，影响甚大，而其"以新全旧"及为古学张目的主张在我们同样受趋新世风影响的后来研究中反被掩盖而不显；其实这类主张当时就很可能影响了邓实等人，观梁启超最后的期望，实寓"古学复兴"之意，若说他在某些观念方面开国粹学派之先河，或不为过。

传统的中国治学取向不但认为"温故"可以"知新"，很多时候根本是主张治学就应走温故知新之路。清代学术发展的内在理路本有研

---

[1] 本段与下段，梁启超：《论中国学术思想变迁之大势》，《饮冰室合集·文集之七》，2—3页。
[2] 参见本书第1章。

究对象越来越古的趋势存在，前引蒙文通所论已甚清晰。对于同样的现象，梁氏早在1902年就总结说，清代二百余年"总可名为古学复兴时代"，约20年后更明言清学是"以复古为解放"。[1]后一语尤广被引用，其实说清儒"复古"大致是叙述，"解放"则显然是以今度古的所谓"当代诠释"，绝非清代大多数学者有意识的努力目标。但梁启超的概括若用于指谓清季最后几年一部分学人，则大致不差。那时"古学复兴"确实是《国粹学报》同人仿效欧洲"文艺复兴"提出的口号，可以说是其当下的努力方向。从表面看，复古和出新当然是对立的；但当年许多人的共识则认为以复古为手段可以达到寻求改变以出新的目的。这样一种看似矛盾而带有"辩证"意味的取向能为时人所采纳，是与"欧洲"这一已经成功的榜样曾有此一段实际的经历分不开的。

那时所谓"文学复古""文学复兴""古典复兴""古学复兴"等，皆今日所谓欧洲"文艺复兴"（the Renaissance）的不同译法。实际上，中文"文艺复兴"一词出现甚早，传教士编的《东西洋考每月统记传》于丁酉（约1837）年二月介绍西方之"经书"时，先述希腊罗马之古典著述，复称："未能印书之际，匈奴、土耳其、蒙古各蛮族侵欧罗巴诸国，以后文书消亡磨灭。又千有余年，文艺复兴掇拾之。于本经之奥蕴，才学之儒，讲解而补辑之。"很明显，这里所述正是今日所谓欧洲文艺复兴时代。黄时鉴先生认为这似乎是"文艺复兴"一词"见于中文文献的最早记录"。[2]不过这一词语后来没有流传开来，所以清季中国读书人多以为"文艺复兴"这一译法是采自日本人（详后）。

郑师渠注意到，1879年出版的沈毅和的《西史汇函续编·欧洲史略》，其中介绍欧洲文艺复兴正是冠之以"古学复兴"的标题。[3]在其后较长的一段时间里，不少中国士人沿用了此种译法。如梁启超在

---

[1] 梁启超：《论中国学术思想变迁之大势》，《饮冰室合集·文集之七》，103页；《清代学术概论》，《梁启超论清学史二种》，6页。
[2] 《经书》，《东西洋考每月统记传》丁酉二月，黄时鉴整理，中华书局1997年影印，204页；并参见黄先生的《导言》，23页。此文承黄兴涛先生提示，谨此致谢！
[3] 郑师渠：《晚清国粹派》，130页。以下关于这一问题的讨论参见郑师渠书130—137页和王东杰《〈国粹学报〉与"古学复兴"》，《四川大学学报》2000年5期。

1902年写的《论学术之势力左右世界》一文中说,"凡稍治史学者,度无不知近世文明先导之两原因,即十字军之东征与希腊古学复兴是也"[1]。马君武在次年论新学术与群治的关系时说,"西方新学兴盛之第一关键,曰古学复兴 Renaissance;古学复兴之字义,即人种复生时期 A second birth time of the race 之谓也"。[2]马氏所说不知何所本,但当时许多中国士人恐怕很希望看到这样的含义。

梁启超的老师康有为在1898年说:"意大利文学复兴后,新教出而旧教殆,于是培根、笛卡儿创新学讲物质,自是新艺新器大出矣。"[3]所采用的译法又不同,然尚沿用"复兴"一词。惟章太炎在1906年却说,近世学者以为中国之祸,可以追咎于汉学。其实"反古复始,人心所同"。汉学家"追论姬汉之旧章,寻绎东夏之成事,乃适见犬羊殊族,非我亲昵。彼意大利之中兴,且以文学复古为之前导;汉学亦然,其于种族,固有益无损"[4]。康、章二人皆凸显所复者为"文学",与前引诸人不同,而太炎不取"复兴"而曰"复古",其隐含之倾向,又与这些人皆不同。

邓实、黄节等分别使用梁启超和康有为采用的译法,然其对此历史事件的理解又稍特别。邓实在甲辰(约1904)年论保存国学时说:"昔欧洲十字军东征,载东方之文物以归;意大利古学复兴,建[达?]泰氏以国文著述。日本维新,欧化主义浩浩滔天,三宅雄次郎倡国粹保全主义。顾东西人士,无不知爱其国者;爱其国,无不知爱其学者。盖学者,所以代表其种人材之性而为一国之精神也。"[5]次年黄节在其《国粹

---

[1]《饮冰室合集·文集之六》,111页。
[2] 马君武:《新学术与群治之关系》,《马君武集》,187页。李长林已注意到此文,参其《国人对欧洲文艺复兴的早期了解》,《世界史研究动态》1992年8期(本文承王东杰先生提示,谨此致谢),29页。
[3] 康有为:《进呈突厥削弱记序》(1898年),汤志钧编:《康有为政论集》上册,中华书局,1981年,298页。
[4] 章太炎:《革命之道德》(1906年),汤志钧编:《章太炎政论选集》上册,中华书局,1977年,310页。关于章太炎的"文学复古",可参见朱维铮:《求索真文明——晚清学术史论》,265—266页;木山英雄:《"文学复古"与"文学革命"》,《学人》第10辑,1996年9月。
[5] 邓实:《国学保存论》,《政艺通报》甲辰3号,6张。

学报叙》中重申此意说:"昔者欧洲十字军东征,弛贵族之权,削封建之制,载吾东方之文物以归;于时意大利文学复兴,达泰氏以国文著述,而欧洲教育遂进文明。昔者日本维新,归藩覆幕,举国风靡,于时欧化主义浩浩滔天,三宅雄次郎、志贺重昂等,撰杂志,倡国粹保全,而日本主义卒以成立。呜呼,学界之关系于国界也如是哉!"[1]

以外国事例来证明中国某一举措的正当性是清季朝野士人的共习,但试图将十字军东征、意大利古学复兴与日本维新时的国粹主义联系起来共论,在历史顺序上固无问题,在逻辑上则似乎有些勉强。尤其邓实所谓"欧洲十字军东征,载东方之文物以归"一语看上去与其"爱国而爱其学"之全段论旨并不相合,盖他眼中的十字军根本是爱他国之学而非爱自国之学。黄节所论稍详,且其特别主张学不论中外皆可以爱而纳之,然十字军东征在此仍与上下文不够妥帖。[2]不过,若注意梁启超所说的"近世文明之先导"一语,将此欧洲二史事视为一事之两阶段,便与他们所论日本维新时提倡国粹主义相通了,两者皆具先采他人之学而后珍重己学这一发展过程。则邓、黄之意,盖欲"兼爱"他人之学时尤当爱自国之学乎?

从黄节为十字军东征所增加的"反封建"含义看,他正是从历史顺序上着眼,在梁启超所说的意义上处理这一历史事件,即将其视为欧洲走向文明之"近化"过程的一阶段,也就是整体的近代欧洲这一榜样的一个组成部分。[3]蒋方震在论"国魂"时更清楚地阐述了这一意义,他

---

[1] 黄节:《国粹学报叙》,《国粹学报》第1年1期。
[2] 邓实后来说,"当欧洲文学坠地之时,亚拉伯人以国语译"希腊学说"以行于国中。故希腊学术之不至中绝者,实赖亚拉伯一线之延"(邓实:《古学复兴论》,《国粹学报》第1年9期)。则十字军东征取回的原是欧洲故物,但此时他们皆云其所取的是"东方文物"。
[3] 十字军东征对清季人的另一吸引力是其与"民族主义"的关系,黄节说,"十字军东征,克拉蒙脱一会,人心激动,贵族倾其资产以输军实者,所在恒有。由是贵族之势力遂减,封建之制度渐衰,民族主义始萌芽矣"(黄节:《东西洋民族交通消长之大潮》,《癸卯政艺丛书·政史文编卷三》,607页)。当时西人把民族主义的兴起追溯到如此早的甚少,而黄节能注意及此,眼光相当敏锐。近年西方的新研究则已将欧洲民族主义的起源大大提前了。参见 Liah Greenfeld, *Nationalism: Five Roads to Modernity*, Cambridge, Mass.: Harvard University Press, 1992。

说:"彼欧洲文明进化之阶级,其径路奚若?则所谓有古典兴复时代者发其先;彼日本改革之次序,其径路奚若?则有所谓王政复古时代者当其首。"两者皆是"由黑暗时代而进入文明"所"必经"的阶段。[1]

那时将欧洲(或意大利)古学复兴与日本维新合而并论是比较普遍的现象,杨度也曾说,"意大利统一、日本振兴之实效",皆因"意大利诗人当的编国语以教民族,日本维新之名儒福泽谕吉著书教人"务使人人能懂。[2]惟普遍化后随之而来的即是简略化,结果可能改变榜样的原义。刘师培在1906年即曾论及"欧民振兴之机,肇于古学复兴之世;倭人革新之端,启于尊王攘夷之论。但次年《国粹学报》上一篇遣词造句颇类刘氏的《拟设国粹学堂启》在论及同一事例时则说,"昔西欧肇迹,兆于古学复兴之年;日本振兴,基于国粹保全之论。前辙非遥,彰彰可睹"[3]。

后文的本意或是避免文字的雷同,然重新表述后所论日本史事实已有所转换。"尊王攘夷"乃促成明治维新的早期运动,与"王政复古"大致处于同一阶段;而"国粹保全之论"则是在明治维新造成"欧风"已盛之后的反应,在时间上一前一后,其间虽可能有内在的联系,实非一事。而且,说日本革新之端启于尊王攘夷之论大致还符合史实,若说其振兴基于国粹保全之论就未必成立;盖日本国粹保全论者固然不一定完全反对"欧化",在取向上毕竟与明治维新向往"欧化"的大方向对立,实难说成是日本振兴之基。

不过类似的想法出现较早,1898年湖南人辜天佑在南学会听讲时就问及日本之强是否与其"汉学重兴"相关,皮锡瑞答称,"日本无本国所创学派,儒教、释教,皆从中国、朝鲜传来,其旧俗崇释而尚武,不重文学"。自德川氏柄政,"稍取文学,于是其士人有讲汉学者,有讲宋学者。近日盛行西学,而汉学、宋学皆不讲。所谓'汉学重兴'者,

---

〔1〕飞生(蒋方震):《国魂篇》,《浙江潮》第1期(癸卯正月),17页(文页)。按此篇初未署名,在第3期连载时则署名"飞生"。
〔2〕杨度:《游学译编叙》,《游学译编》第1期(光绪二十八年十月),19页(文页)。
〔3〕刘光汉:《论中国宜建设藏书楼》,《国粹学报》第2年7期;《拟设国粹学堂启》,《国粹学报》第3年1期。

乃其国人以中国之学为汉学,非中国之所谓'汉学'"。而且这也是"冀幸之词",实"未知将来何如?"。无论如何,"日本之强,在多设学堂,广开民智,实事求是,上下一心,不专在礼仪、服色之间"。[1] 幸天佑虽尚不清楚何谓日本汉学,但确实关注到强国与所谓"汉学重兴"的关系。所以中国士人有这方面的联想已非一日了。

倒是邓实、黄节等将国粹主义视为对欧化风气的某种调适,还更接近事实。而杨度稍早的一句话或许表达了许多人潜存的意识:"日本由汉学一变而为欧化主义,再变而为国粹保存主义;其方针虽变,其进步未已也。"[2] 正如邓实所说,在各种观念对立之时,"则必有一胜一败焉,其胜者必其说之最后出者"[3]。当时"天演"观念风靡中国,"后出者胜"恐怕即是邓实无意中据"天演"规则而导出的推论,如是则"再变"而后出的"国粹保存主义"似比先前的"欧化主义"更为"进步",尤当为中国所采纳。

许之衡于1905年论证"国粹无阻于欧化"时也观察到,当时"言欧化之士"多乐道日本"初倡尊王攘夷",而"今日遂卒食其报",正说明上述看法的普及。不过日本的成功也无非学欧洲,故许氏强调直接学习欧洲榜样,盖"西哲之言曰:今日欧洲文明,由中世纪倡古学之复兴"。故"彼族强盛,实循斯轨"。而反观中国,则"横序之子,不知四礼;衿缨之士,不读群经。盖括帖之学,毒我神州者六百有余年;而今乃一旦廓清,复见天日,古学复兴,此其时矣"。当然,复兴中国古学的目的是要像欧洲一样进入"文明",故许氏强调,"欧洲以复古学而科学遂兴,吾国至斯,言复古已晚,而犹不急起直追,力自振拔",就有可能"沦坟典于草莽、坐冠带于涂炭、侪于巫来由红棕夷之列"(亦即沦落到"野蛮"行列)了。[4]

---

[1] 皮锡瑞:《师伏堂日记》,光绪二十四年三月十四日(1898年4月4日),选刊在《湖南历史资料》1959年第1辑,80页。
[2] 杨度:《游学译编叙》,《游学译编》第1期,2页(文页)。
[3] 邓实:《论中国群治进退之大势》,《癸卯政艺丛书·政学文编卷三》,128页。
[4] 许守微:《论国粹无阻于欧化》,《国粹学报》第1年7期。

许氏此文是在他撰文置疑《国粹学报》后又转为该报任撰述时所作[1]，其立意多接近邓实的观念。邓实在最初提及古学复兴时已说："吾国之学，经历代专制君主之改变、外族朝廷之盗窃，其精意亦浸微矣。然其类族辨物之大经、内夏外彝之明训、《小戎》之赴敌、《秦风》之同仇，固发于吾一种人之心灵，演成学理绵延至今，传为种性而未尝灭也。未尝灭，则保此一息以为吾国之国魂学魂，将天地之正气犹有所系，而中国或可以亡而不亡。"[2]

在刊发许之衡上引文后两个月，邓实自己也在《国粹学报》上发表题为《古学复兴论》的专文，他已不提日本，而是较详细地叙述了其认知中的欧洲古学复兴。他注意到希腊古学之智识思想，特别是苏格拉底、柏拉图之遗风于15世纪在意大利"照苏复活"，为此"学风所扇，人皆慕故。凡研究古代文学者，称曰豪摩尼司脱[Humanist]，当世以为美称"。而"雕刻绘画印刷之美术，同时并兴，其活泼优美之风，皆足以助文学之光彩"。这一风气北传他国后，"豪摩尼司脱之学风遍于全欧。至十六世纪而尽输于北方，英、法、德之学校，莫不以希腊、拉丁之学为普遍之学科"。伴随这样一种普遍性学术风气的却是各国文学本土化的兴起，彼时"国语渐定，学者皆以国文著述"，各国皆出现了"国文学之泰斗。而文学之兴，日益光大。吁，盛矣哉，此欧洲古学之复兴也"。[3]

接下来邓实努力论证欧洲古学复兴与中国历史的类似：中国"周秦诸子之出世，适当希腊学派兴盛之时"。周秦之际学术极盛，"百家诸子，争以其术自鸣。如墨荀之名学，管商之法学，老庄之神学，计然、白圭之计学，扁鹊之医学，孙吴之兵学，皆卓然自成一家言，可与西土哲儒并驾齐驱"。就"荀子之《非十二子》篇观之，则周末诸子之学，其与希腊诸贤，且合若符节"。不仅周秦诸子类似"希腊七贤"，此后中西历史也颇相似，"土耳其毁灭罗马图籍，犹之嬴秦氏之焚书也；旧宗

---

[1] 参见《国粹学报》编者在发表许之衡的《读国粹学报感言》时的文后附言，该报第1年6期。
[2] 邓实：《国学保存论》，《政艺通报》甲辰3号，6张。
[3] 本段与下段，邓实：《古学复兴论》，《国粹学报》第1年9期。

教之束缚、贵族封建之压制,犹之汉武之罢黜百家也。呜呼,西学入华,宿儒瞠目,而考其实际,多与诸子相符。于是而周秦学派遂兴,吹秦灰之已死,扬祖国之耿光"。故"十五世纪为欧洲古学复兴之世,而二十世纪则为亚洲古学复兴之世"[1]。

这里的亚洲,实际是指中国。重要的是中西古学复兴的类似落实在邓实所谓"周秦学派"之上,后者不过最近才出现。他稍早指出,清代学术,"曰汉学、曰宋学、曰今文学,其范围仍不外儒学与六经而已,未有能出孔子六经之外而更立一新学派也。有之,自今日之周秦学派始"。那时他就说其关于此派的阐述将见于《古学复兴论》一文,可见其对诸子学的强调(不过这并不像有些人理解的那样排斥儒学,他在同文中明确说孔子之学与诸子之学皆为应当复兴的国学)。[2]值得注意的是,邓实不仅从正面价值类比中西,就是在学术被毁损的负面意义上也找出中西相似之处,希望能借以证明中国可以重复欧洲之路而实现"古学复兴"。

马君武在1903年提出,人禽之别的一个重要体现即在于人类富有学习性。"惟是之故,故人类独有学术,而下等动物无之;文明人种独有新学术,而野蛮及不进化之人种无之"。在生存竞争中,"最宜者存。其宜性何?即能发明最新之学术,而进化不已之谓也。通观自有历史以来之世界,万劫尘尘,国种兴衰,若循环然。然当每一新学术发明之时,则必震撼一切旧社会,而摇动其政治经济等界之情状"。他所谓的学习性当然有其具体指谓:今日"新学术之盛,莫盛如欧美。凡立足于地球之各种人,莫不吸其余粒、丐其流波,以之存国,以之保种。不如是者,灭亡随之"。[3]

清季谈"古学复兴"者所特别关注的一点,即将吸收外在文明视

---

[1] 这当然不过是愿望而已,以一个世纪之后的后见之明看,邓实恐怕刚好说反,20世纪实在是中国古学日益边缘化的世纪;当年邓实等人的普及性文字今天的文科大学生读起来已经有些困难了。更重要的是,连邓实等人提倡的"温故知新"这一传统取向也渐为人摒弃,多数人显然更愿意走"推陈出新"之路。
[2] 邓实:《国学今论》,《国粹学报》第1年5期。
[3] 马君武:《新学术与群治之关系》,《马君武集》,187页。

为"复兴"的重要基础。蒋方震在1903年初界定其"国魂"的含义说："一民族而能立国于世界者，则必有一物焉，本之于特性，养之于历史，鼓之舞之以英雄，播之于种种社会上，扶其无上之魔力，内之足以统一群力，外之足以吸入文明、与异族抗。其力之膨胀也，乃能旋转世界而鼓铸之；而不然者，则其族必亡。"[1] 这里特别值得注意的就是吸入文明以与异族抗一语，这大概即是许多清季士人将十字军东征与古学复兴相提并论的思想出处。

从前引邓实、黄节等人所论看，欧洲的古学复兴本来就与吸收东方文明相关，黄节尤其注意到古代波斯、阿拉伯西征，其势力都曾进抵欧洲，"入其疆接其界，然未尝载欧洲文明之一物以归。亚历山大东征，媾婚波斯帝女，欲使东西文化人种融而为一；卒是希腊文化输入波斯，亚洲风俗深入希腊，不可谓非智识交换之明效也"。后来十字军东征所至，西人见未见之植物则大喜，睹东方之宏伟建筑则大惊，更见横亘数里之岩石城堡则大惧，当时东洋诸国文明"远出西洋诸国万万"，然西人"诚耻不如吾东方民族之文明，故卒能泡东方文明而汲引之而活泼之。自是以来，西洋民族之文明日长，而吾东洋民族之文明遂日消矣"。[2]

蔡元培后来对比中西"文艺的中兴"时仍在强调这一点，他认为中西文明进步的程序"是互相仿佛的"。双方进步较速或较迟，即因为所处环境不同。"欧洲历史上邻近的国家，大都已经有很高的文明，欧洲常可以吸收他们的文化，故'文艺的中兴'，在欧洲久已成为过去事实。至于中国，则所有相近的民族，除印度以外，大都绝无文明可言。数千年来，中国文明只在他固有的范围内、固有的特色上进化。"只是到了最近三十年，学者们"把欧洲的真正文化输入中国，中国才大受影响，也与欧洲人从前受阿拉伯文化的影响相像"，故能成为"中国文艺中兴发展的初期"。[3]

---

[1] 飞生（蒋方震）：《国魂篇》，《浙江潮》第1期，6页（文页）。
[2] 黄节：《东西洋民族交通消长之大潮》，《癸卯政艺丛书·政史文编卷三》，607页。
[3] 蔡元培：《中国的文艺中兴》，高平叔编：《蔡元培全集》(4)，中华书局，1984年，340—342页。

蔡元培这一论述虽然已在 1923 年，但大体可以视为在复述他所熟悉的清季观念（在新文化运动期间，轻视中国周边"文明"的主张已逐渐淡出思想言说的主流，远不如在清季那样流行）。

蔡元培在民国时看到的中国与"文艺中兴"前欧洲的相似，正是邓实在清季试图证明的。然而，从上文可见，不论邓实历数了多少中西相似之处，其论述中实隐伏了一大矛盾：欧洲 15 世纪复兴的虽是希腊古学，真正兴起的却是"文学"；而他在讨论中国的古学复兴之时，却全未及"文学"。"古学复兴"和"文学复古"皆今日所谓欧洲"文艺复兴"的不同译法，这一欧洲词语在不长的时期内引起广泛注意而又有这样多的译法，是个值得注意的现象。

在欧洲史事并非普及知识的时代，多数不能看或未看西文原著者正是从其中文字面去理解此类外来词的含义，许多时候更是从其希望的角度去理解（如从中看到"强国"的可能）。不同的译法以及对某一中译有意无意的采用（有些人可能是最先见到某一中译便采用之，但不排除在几种不同的译法中选用者，尤其有些是稍通西文或甚通西文而有意选用或自创者）其实也反映了译者或使用者未必相同的倾向性。

从中文字义看，"文学复古"与"古学复兴"就有较大区别，盖一主"复古"而一言"复兴"，隐含着究竟是以回归为主还是以面向未来为主两种非常不同的倾向。同时，前者重在"文学"，其含义虽比今日所谓"文学"远更广泛，仍特别强调语言文字的重要性，不少时候就落实在语言文字之上；[1] 而后者重在"古学"，所包含的学术门类还要宽广，尤其是在对周秦诸子的强调方面，与前者相当不同（这只是就其倾向性大致区分，两者并不对立，且具体到个人，恐怕是两者兼顾的还更

---

[1] 章太炎便曾将"文学"与"小学"直接挂钩，他说，"甚么国土的人，必看甚么国土的文，方觉有趣。像他们希腊、梨俱的诗，不知较我家的屈原、杜工部优劣如何？但由我们看去，自然本种的文辞方为优美。可惜小学日衰，文辞也不成个样子。若是提倡小学，能够达到文学复古的时候，这爱国保种的力量，不由你不伟大的"（章太炎：《东京留学生欢迎会演说辞》，《章太炎政论选集》上册，277 页）。

多[1]，但在不少言说中仍可看出具体侧重的不同）。

到同一名词由"古学复兴"为今日通行的"文艺复兴"所取代[2]，更可见明显的意义转折。纯从欧洲当日复兴的内容看，"文艺"当然比"文学"更切近原状（邓实已言及文学之外的内容）；然从清季时人真正关注的历史指谓看，"古学"实更接近原义，盖去"古"则无所谓"再生"也。不论"古学"被摒弃是约定俗成的自然结果还是一些人有意识提倡的结果（这一进程尚需考证），其被"文艺"取代显然体现出更为强烈的面向未来的倾向。

后来傅斯年在论述清代学术为"中国文艺复兴"时就认为康有为和章太炎代表的清代学问结束期"可说是中国近代文化转移的枢纽。这个以前，是中国的学艺复兴时代；这个以后，便要是中国学艺的再造时代"。因为传统的"古文学今文学已经成就了精密的系统，不能有大体的增加了"；而"西洋学问渐渐入中国，相逢之下，此消彼长的时机已熟了"。[3] 后者正是清季谈"古学复兴"者所特别关注的一点，即将吸收外在文明视为"复兴"的重要基础。本来人禽之别就是中国传统最为重视的核心问题，也是古人区分文野的基础，故与"文明"这一清季人特别关注的因素在逻辑上确有相通之处；两者通过马君武所说的"学习性"而结合之后，能否"吸入文明"就被提到一个新的高度，甚至超过国家"富强"这一晚清大目标了。[4]

---

[1] 如刘师培在1903年的《攘书·正名》中说，"西国古学之复兴，由于达太氏以本国语言为学，使言文合一"（《刘申叔遗书》，646页）；到1905年论言文关系时再次引述这一事例，则曰"欧洲十六世纪教育家达泰氏以本国语言用于文学，而国民教育以兴"（刘光汉：《论文杂记》，《国粹学报》第1年1期）。很难说刘师培的前后不同是在概念上有意识地区分，恐怕更多是避免文字重复而已。

[2] 留学日本的蒋方震和周作人都指出"文艺复兴"是日本人的译法，蒋指出，"Renaissance，译言再生也，东人则译为文艺复兴"[蒋方震：《欧洲文艺复兴史》，《蒋百里全集》(3)，台北传记文学出版社，1971年，9页]；后来周氏也说，将此字译作文艺复兴是"中国人沿用日本的新名词"（周作人：《苦口甘口·文艺复兴之梦》，上海太平书局，1944年，12页）。

[3] 傅斯年：《清代学问的门径书几种》，《新潮》1卷4号（1919年4月），702页。

[4] 这当然只是在学理层面言，在实践层面"富强"仍是更直接的追求目标；且如蒋方震所说，必吸入文明方足以与异族抗。

因此，当国粹学派拟设一个国粹学堂时，虽然最后是希望学生毕业后将其所学"发挥光大，以化于其乡。学风所被，凡薄海之民均从事于实学，使学术文章寖复乎古，则二十世纪为中国古学复兴时代，盖无难矣"。不过，这一国粹学堂的实际学业仍要借助西学，盖今"思想日新，民智日渝，凡国学微言奥义，均可藉晳种之学，参互考验，以观其会通，则施教易而收效远"[1]。梁启超后来所说的"以复古为解放"，惟清季数年这一股温故知新的趋向庶几近之。

或者即因看出国粹与欧化的共存性，当清季有"悲观者流，见新学小生吐弃国学，惧国学之从此而消灭"时，梁启超明言"吾不此之惧也。但使外学之输入者果昌，则其间接之影响，必使吾国学别添活气，吾敢断言也。但今日欲使外学之真精神普及于祖国，则当转输之任者，必邃于国学，然后能收其效"，学兼中西的严复即可为例。[2]

问题在于，对于多数时人来说，主张将中国旧籍暂时"束之高阁"的严复不仅不以"邃于国学"著称，且其所提倡者恰在欧化一面。梁氏当年告"我青年同胞诸君"说："凡一国之立于天地，必有其所以立之特质。欲自善其国者，不可不于此特质焉，淬厉之而增长之。今正过渡时代，苍黄不接之余，诸君如爱国也，欲唤起同胞者爱国心也，于此事必非可等闲视矣。不然，脱崇拜古人之奴隶性而复生出一种崇拜外人蔑视本族之奴隶性，吾惧其得不偿失也。"[3]那时如果确出现后一倾向，严复以及梁启超恐怕都是难辞其咎的。当梁氏自己开始放弃其大力提倡的"破坏"主张时，他所协助塑造的破坏世风已形成大潮，使其"与昨日之我战"的主张基本淹没于其中，只有邓实等少数知音。

正因趋新世风太盛，引起一些并不以守旧著称的士人的担忧（这也是朝野均出现保存国粹论的一个背景因素），樊增祥指出，"今之所谓新

---

[1]《拟设国粹学堂启》，《国粹学报》第3年1期。
[2] 梁启超：《论中国学术思想变迁之大势》，《饮冰室合集·文集之七》，104页。略具讽刺意味的是，进入民国后梁氏自己也逐渐变成"惧国学之从此而消灭"的一人，吴稚晖曾痛驳梁这一观点，详另文。
[3] 梁启超：《论中国学术思想变迁之大势》，《饮冰室合集·文集之七》，3页。

学者,学人之美,并其丑者而亦学之;去己之短,并其长者而亦去之。不分事势之缓急,不揣程度之高下,人人自命为识时之俊杰,而其无识与八股诸公同,而祸且益烈焉"。他希望陕西留学日本的士人出洋后"文物实业,总期各有一得,而终身不忘为大清国人,则善矣"[1]。更趋新的章士钊已观察到梁启超所说的"崇拜外人蔑视本族之奴隶性",他发现今日"业新学者,略识西字,奴于西人,鄙夷国学为无可道者;此Comprador[买办]之言也"。[2]

当时输入外学所面临的现实问题在于,是否存在前引黄节所谓超越而供人移植之"粹"?如果真是"无中学无西学",则外人欲"灭学"的威胁便无意义;若此威胁确实存在,则保存国粹不仅必要,恐怕中国之"土地"还不能像黄节主张的那样随便对任何"嘉木"开放。本来国粹学派自己就是"中国无学论"的始作俑者之一,而他们也多同意需要吸收"外学"的前提即在于中国"无学";在中西学战实际存在的情形下,以"无学"对"有学",怎样才能保证"以吾为主观"呢?这正是邓实强调先要改善"主观"方面的出发点,故"国学"或"国粹"无论怎样开放,仍不能不在最直观的意义上言"保存国粹"。

马叙伦提出,"国之立也,有大宝焉,是名曰国粹。国粹存则国存,国粹亡则国亡,国粹盛则国盛,国粹衰则国衰"。而"一国必有一国之特性,而后可言特立;毋论政治、学术、技艺三者具备,其国固必大强,即三者能得其一,国家亦必能小治"。关键在于,趋新派所引为榜样的"泰西诸邦,皆各守其特性、各崇其国粹,莫有弃其国粹而盲从他人者。如东邦日本,维新以来,几尽弃其旧学而从泰西矣,然近日彼邦士大夫亦斤斤以复汉学为务矣",可知尊崇本国固有的国粹是"立国之公理"。他针对当时出现的"中国无史"论说,"吾政治技艺皆不足取,然学术则有远过泰西者"。比如司马迁的《史记》与郑樵的《通志》,皆可证明"中国之学术何尝不及泰西?中国又何尝无史?"。

---

[1] 樊增祥:《批潼关厅举人陈同熙蒲城县增生王其昌禀词》,《樊山政书》卷十五,20页。
[2] 章士钊:《国学讲习会序》(1906年),《章士钊全集》(1),176页。

实际上,"中国至今日犹不急保其国粹"正是"我中国人至今日而犹不改其奴习"的表征。[1]

许之衡的见解与马叙伦略同,他也认为"国粹者,一国精神之所寄也。其为学,本之历史,因乎政俗,齐乎人心之所同,而实为立国之根本源泉也。是故国粹存则其国存,国粹亡则其国亡"。与马叙伦举"泰西诸邦"均尊崇国粹为例不同,许氏注意到,世界文明古国如埃及、希腊、印度,"皆以失其国粹,或亡或灭,或弱或微;而我中国犹岿然独著于天下,不可谓非天择之独厚也。毋亦我古先哲贤抱守维持,而得系千钧一发以至于斯乎?以群古国之文明而独竞胜于我国,其必适于天演之例可知也。其优胜适存如是,其光明俊伟如是,此正爱国保群之士所宜自雄而壮往者也"[2]。当时一般言及波兰、印度等亡国史,多以之为例而警诫国人,许氏独见各大古文明中惟中国能竞存而"适于天演",故中国之往昔完全可以"自雄而壮"之。

章士钊也强调:"凡立国,必有其天然之国粹,不与人同。"虽因时世之逼不得不有所变,"而其所席之旧治之胚胎,究不可失。失之,吾未见其能自立国者也"[3]。到《国粹学报》创刊,邓实所撰的《发刊辞》明确指出:该刊之志,在于"保种、爱国、存学";而其《略例》复曰:"本报以发明国学、保存国粹为宗旨。"

稍后他进一步提出,"不明一国之学,不能治一国之事。乃若有兼通他国之学以辅益自国者,则兼材之能也,国杰之资也。然而不通自国之学,在古不知其历史,在今无以喻其民;在野不熟其祖宗之遗事,在朝即无以效忠于其子孙。知其历史,熟其遗事,则必以读本国之书、学

---

[1] 马叙伦:《中国无史辨》,《新世界学报》第9期(光绪二十八年十二月),81—82页。本文承徐雁平君代为抄录,至为感谢!按马叙伦稍后也参与《政艺通报》的编辑并成为国学保存会成员,其关于日本的说法或有问题,日本的"国学"论固主要针对西学而发,且不乏以阳明学为日本国民道德之基础的主张;但这些日本人乃视阳明学或儒学为"日本固有道德"的一部分,未必视其为"支那"的"汉学"而"复"之,这是应该明确的。
[2] 许守微:《论国粹无阻于欧化》,《国粹学报》第1年7期。
[3] 章士钊:《王船山史说申义》(1903年),《章士钊全集》(1),166—167页。

本国之学为巫"[1]。

马叙伦自述其著《古政通志》之出发点,即"耻古政学之失坠,学者数典而忘祖",才致力于重建中国古学。他主张"学者贵能因而明之。国有学而不能明,而转掇拾乎异域之学,使代统而为尸,此其罪等于卖国"。马氏所具体针对的,即时人之提倡新学"不过崇拜西人,如乡曲愚妇之信佛说,初未识其精旨"。由于对西学之崇拜近于宗教,反过来自然"诟旧学如寇仇,斥古书为陈腐"。[2]此语揭示了中国之"旧学"与其载体"古书"那不可分割的联系。如前引邓实所说,时人"尊西人若帝天,视西籍如神圣"的结果即"十三经、二十四史、诸子百家之文"在十年内就可能不待秦火而"尽归烟灭"。[3]

果然,古书这一学术载体被视为"故纸"而弃若敝屣的现象已经出现。

一位署名南械的江南士人在壬寅(约1902)年到北京发现:庚子"丧乱之后,士夫若梦初醒,汲汲谈新学、倡学堂,窃喜墨守之习之由是而化也"。但对八国联军注重搜括之古籍,"我国人漠然无恤焉。以为是陈年故纸,今而后固不适于用者也。心又悲之"。两三年后其返回南方,则此情形更甚:"南中开通早,士多习于舍己从人之便利,日为卤莽浮剽之词,填塞耳目;而欲求一国初以前之书于市肆,几几不可得。比来海上风会所至,乃益灿然。至叩其新体新型之所以回复我精神、发皇我爱国心者何在,往往匿笑不欲言。"[4]

鲁迅在辛亥前夕的观察印证了这一趋势仍在发展,他因发现"吾乡

---

[1] 邓实:《国粹学报发刊辞》,《国粹学报》第1年1期;《国学讲习记》,《国粹学报》第2年7期。

[2] 马叙伦:《啸天庐古政通志》,《国粹学报》第1年7期;《中国无史辨》,《新世界学报》,81页。

[3] 大约同时,学问程度浅得多的山西乡绅刘大鹏也表述了类似的担忧,他推测说:"士皆殴入学堂从事西学,而词章之学无人讲求,再十年后恐无操笔为文之人矣。"参刘大鹏:《退想斋日记》,1905年11月2日,乔志强标注,山西人民出版社,1990年,147页。

[4] 南械(张继良?):《佚丛序》,《政艺通报》丁未17号,38张。

书肆,几于绝无古书"而慨叹"中国文章,其将殒落!"。[1]

学术与书籍既不可分,保存国粹便与搜集古籍直接相连。刘师培指出,"今者太西学术输入中邦,户肄大秦之书,家习刧[佉]卢之字。依席而讲,匪博士之才;抱经以行,丧宿儒之业。自今以往,更三数十年",中国书籍之"销蚀散亡,视今为何如哉?",故"欲谋保存,必先辑录"。而各省州县编辑书籍志,也是"与皙种之学术争骎比靳",亦即学战之一部分;"保存国学,意在斯乎!"实际上,也只有从书籍中方可"窥古人学术之真"。一般皆以为"国学式微,由于士不悦学",其实未必皆"不悦学者之咎也。书籍不备,虽欲悦学而无从,此则保存国粹者之隐忧也"。他注意到"东西各邦,均建有各类图书馆,官立公立私立,制各不同"。中国也"宜参用其法,于名都大邑设藏书楼一区"[2]。

陈黻宸在兼任学部编译局编纂时也重视搜集古书,曾献策以"数十万金遍购天下古书,或大招书手钞副本,为一大藏书楼。又每年聘通人一百人,每人予以千余金,大编古书暨一切外籍译本,不过二十年,藏书之富,庶几可观。而聆者以为笑谈,群嗤弟为书耽子、不达时务之流"。陈以为"兹事体大,而当事者以儿戏出之",遂提出辞职。[3]那时学者提倡建藏书楼的一个重要考虑即文化存于典籍,亦即国学保存会所说:"今人无不知爱其国,爱其国无不知爱其国之祖考先民者;顾知爱我先民祖考而不爱我先民祖考之学与所著之书,则其爱犹未至也。何也?此先民祖考之书,固我先民祖考之精神所悉寄焉者也。"[4]

---

[1] 此时尚未到过北京的鲁迅对琉璃厂还寄予希望,"闻北京琉璃厂颇有典籍,想当如是,曾一览否?"。但古书被视为"陈年故纸"的趋势必然使北京的情形也每下愈况。引文见鲁迅致许寿裳,1911年1月2日,《鲁迅全集》(11),331页。按鲁迅所谓的古书、典籍大约指不甚常见者,或不完全与"适用"直接关联。对于普通旧书之销售,那时也有不同的观察,《申报》1909年5月的一篇文章引旧书店中人语谓:"自有学堂,《论语》、《孟子》诸书销路大减,至停罢科举后,其减益甚;一二年前稍稍增多,年来已复其旧矣。"(转引自关晓红:《张之洞与晚清学部》,《历史研究》2000年3期,87页)不过这里所说的是新学堂的不成功导致私塾复兴,故《论语》《孟子》的读者群体开始回升。
[2] 刘光汉:《劝各省州县编辑书籍志启》《论中国宜建设藏书楼》,《国粹学报》第2年6期、7期。
[3] 陈黻宸致宋恕,光绪三十二年闰四月二十九日,《陈黻宸集》,中华书局,1995年,1022页。
[4] 《国学保存会藏书楼募捐启》,《政艺通报》丁未4号,插页。

黄节论国粹时已指出，"无有形体，于何保存"[1]。如果书籍这一既存学术的载体不受重视，真到了汪德渊提倡的追求富强也不能离国粹的观念为多数人所接受时，具体的"国粹"何在恐怕也已成问题了。从这一角度言，保存古籍即是保存国粹。故国学保存会创始时即以"保存国学、搜聚遗书"为目的。其开办费初由邓实捐洋三百元，黄节捐洋二百元，"原冀入会者众、阅书者盛，得收回会捐阅书券费，以作常年经费。乃开会至今，会员不过二十一人，阅书券每月所入仅及一元"。按《国粹学报》此前刊有启事，阅书券每券五分，则阅书者每月也不过20人。其实该会只要月得百金，即可维持。然始终入不敷出，仍靠邓实、黄节二人出资"竭力维持。但二君本皆寒素，平日自食其力，所得甚微；支持半年，罗掘俱尽。后顾茫茫，终非长久之计。所望海内大夫君子，慷慨捐助"[2]。此后捐款人果有增加，然亦不过数人，金额也仍未达到一月百金之数。

与《国粹学报》可以说相当广泛的影响相反，国学保存会的活动始终局限在一个很小的圈子之中。正如前引那位署名南械的士人观察到的，当时虽有忧悴之士倡国粹保全之说，"翘于众而呼号之，然而应之者卒鲜"[3]。邓实自述《国粹学报》同人的情形亦然，他们不过二三君子"相与讲求于荒江之上、寂寞之滨；朝怀铅而夕握椠兮，究万卷之纷纭；拾丛残于两汉兮，寻死灰于暴秦。……犹幸兹硕果之留存，庶几发挥而光大之兮，是所望于大雅之同群"[4]。

就在民间的国学保存会试图寻找知音之时，朝廷中以张之洞为首的一批士大夫也同样在努力保存国粹，其主要的方式即开办存古学堂。上面已考察了民间的国粹学派在保存国粹方面的观念和实际努力，下文则探讨主要落实在办理存古学堂之上的官方保存国粹的努力，并试将朝野的类似关怀结合起来分析其观念的异同。

---

[1] 黄节：《国粹学社发起辞》，《政艺通报》甲辰1号，39张。
[2]《国学保存会附启》，《国粹学报》第3年7期。
[3] 南械（张继良？）：《佚丛序》，《政艺通报》丁未17号，38张。
[4] 邓实：《国粹学报第一周年纪念辞》，《国粹学报》第2年1期。

三 存古学堂之立意

1909年张之洞逝世后,《教育杂志》一篇回顾张之洞与晚清教育的不署名文章说：张在地方时，是推动新教育的先驱；到中央主持学务后，反主保守缓进。这是因其"不明教育原理"，如小学本应注重普通知识，但从光绪二十九年（约1903）的《学堂章程》到宣统元年（约1909）的《变通小学章程》，无不强调小学生读经。晚清"欧风东来，学说为之一变，文襄不能调和利用以促进国家之文化，乃牢守保存国粹之政见，不论有益无益，概斥之为西人谬论，尽力反对之压制之"，故"吾国文化之不进，文襄实尸其咎"。张氏本人不愧"为一代伟人，惜其生于过渡时代，致有此不新不旧之宗旨，误我国文化之进步"。[1]

可知认为张之洞在教育方面由趋新转为保守的看法起源于他弃世之时，基本是盖棺即欲定论；而此论影响久远，类似观念之余波迄今可见（详后）。然该文所论张氏从癸卯年起便主张通过读经而保存国粹一点，却也提示了考察他几年后如何兴办存古学堂的一条取径。实际上，张之洞这方面的办学思路至少还可上溯到其戊戌维新时所撰的《劝学篇》，而其对"古籍"本身的重视则更可远推至二十多年前在《书目答问》的史部中新创一个子目"古史"来容纳各种与"史"相关的先秦古书，其中包括乾嘉时被逐出史部的《山海经》这样有争议的书籍。[2]

陈寅恪曾强调，理解晚清政治应特别注重士大夫中清流浊流之分；[3]从张之洞以下提倡办理存古学堂较力者，多与清流一系关系密切（如四川提学使赵启霖），这些人在赞同向西方学习的时代大趋势的同

---

[1] 不署名：《张文襄公与教育之关系》，《教育杂志》第1年10期（宣统元年九月），台北商务印书馆1975年影印，877—878页（原杂志每期未统一编页，此影印版页，下同）。按此文颇用"文化"一词，彼时尚不多见，值得注意。
[2] 参见罗志田：《〈山海经〉与近代中国史学》，《中国社会科学》2001年1期。
[3] 陈寅恪：《寒柳堂记梦未定稿》，《寒柳堂集》，170—171页；《寒柳堂记梦未定稿（补）》，《纪念陈寅恪先生百年诞辰学术论文集》，36页。

时,或因较注重体用之分,从一开始就比所谓"浊流"更注重对西洋文化入侵的抵御,试图追求一种趋新而不失其故的状态,办理存古学堂应是其一贯主张的自然发展。就张个人来说,从《劝学篇》到与其密切相关的清季办理新学章程再到存古学堂,思想一以贯之,并无多大转变,既没有放弃或放松对西政、西艺的采纳,也从来不曾将其置于次要地位。

只要稍认真阅读张之洞关于存古学堂的言论,便可知他虽将"存古"的重要性提到"延正学而固邦基"的高度,却也从未将此学堂置于当时官办新教育的主要地位,反而明确其是一种列入"专门教育"门类的补充性设施,不过希望在继续尽力讲求西学的同时不忘中学,并维持其指导性地位而已(详后)。过去的研究者或受清季以来趋新思想的影响,往往先存趋新便"政治正确"因而也"学术正确"的"成心"(当然很多时候可能未必是有意识的),故其一方面视兴办存古学堂为张之洞已转向"保守"的重要象征,而又对张氏"保守"的这一要证或简单提及便下褒贬,或存而不论,或竟全不语及,要皆暗存此类"保守逆流"可以不必认真理会的治学态度。[1]其实存古学堂本身及其相关的政治、思想、学术等面向均非常值得深入研究,下文仅从办学方面简略分析,其针对"欧化"威胁的部分将结合国粹学派的主张在下一章中探讨。

张之洞在戊戌年的《劝学篇》中已注意到,当时"欲救今日之世变者,其说有三:一曰保国家,一曰保圣教,一曰保华种"。他认为"三事一贯而已矣。保国、保种、保教,合为一心,是谓同心。保种必先保教,保教必先保国"。盖"国不威则教不循,国不盛则种不尊";故"舍

---

[1] William Ayers 的 *Chang Chih-tung and Educational Reform in China*(Harvard University Press, 1971)一书算是论及存古学堂较多者,参其 pp.248—251。而苏云峰的《张之洞与湖北教育改革》(台北"中研院"近史所专刊,1976 年)一书便全不提及存古学堂(偶尔出现一两次也是在引文之中),当然不视其为"教育改革"范围。其实以办新型学堂的方式来存古,是前所未有之举,张本人更明确其与一般旧式书院的区别,故不仅是"新教育"的一部分,无疑当属于"改革"之列。这一风气最近可见明显改变,关晓红的《张之洞与晚清学部》(《历史研究》2000 年 3 期)中,关于张之洞"保存国粹"的内容约占全文四分之一。

保国之外，安有所谓保教保种之术哉？"。当时"颇有忧时之士，或仅以尊崇孔学为保教计，或仅以合群动众为保种计，而于国、教、种安危与共之义忽焉。《传》曰：'皮之不存，毛将安傅？'孟子曰：'能治其国家，谁敢侮之！'此之谓也。"[1]孟子所说的"国家"当然与张的概念不同，这一"现代诠释"凸显了张之洞虽然主张国、教、种"三事一贯"，却与上文所述的国粹学派一样实更看重"国家"；他并不以为仅通过"尊崇孔学"便能保教，而是强调"国不威则教不循"。

庚子后，张之洞进一步申论类似的主张说，"变法二字，为环球各国所愿助、天下志士所愿闻者，皆指变中国旧法从西法也，非泛泛改章整顿之谓也"。当时"环球各国大势，孤则亡，同则存。故欲救中国残局，惟有变西法一策。……盖必变西法，然后可令中国无仇视西人之心；必变西法，然后可令各国无仇视华人之心；必变西法，然后可令各国无仇视朝廷之心"。只有"政事改用西法"，才能改善中外关系和扫除"中国吏治财政积弊"，更重要的是，"孔孟之教乃能久存、三皇五帝神明之胄乃能久延"。[2]既然"存教"和"延种"都必须落实到定义在"改从西法"的变法之上，除非有证据表明张之洞放弃了置"国家"于"圣教"之前的取向（我尚未看出这一转变），几年后的存古学堂与主要学习"西法"的其他学堂的关系大致不应脱出此框架。

张之洞的确主张"中学为内学，西学为外学；中学治身心，西学应世事"。惟当时的重心正在"世事"之上，即其所谓"今欲强中国，存中学，则不得不讲西学"。中学之"存"不能不靠西学之"讲"，最能体现其实际关注之所在。且他在《劝学篇》中更明白指出中学仍以"致用为要"，可知张的"中体西用"论之目的和重心都在"西学为用"之上。他不过认为若"不先以中学固其根柢、端其识趣，则强者为乱首，弱者为人奴，其祸更烈于不通西学"。正是从此角度出发，张之洞提出先中学后西学的治学次序，即"先通经以明我中国先圣先师立教之旨，考

---

[1]张之洞：《劝学篇·同心》，《张文襄公全集》(4)，546—547页。
[2]张之洞：《致西安鹿尚书电》(光绪二十七年二月初五日)，《张文襄公全集》(4)，12页。

史以识我中国历代之治乱、九州之风土，涉猎子集以通我中国之学术文章，然后择西学之可以补吾阙者用之、西政之可以起吾疾者取之，斯有其益而无其害。如养生者先有谷气，而后可饫庶羞；疗病者先审藏府，而后可施药石"[1]。

这与国粹学派所提倡的以吾为主观，以他人为客观；先强化已缺乏竞争力的"主观"，然后通过"研究"的方式确定对"客观"异学之取舍的主张在精神上大致相通。如果考虑立说的先后，甚至可以说国粹学派的主观客观说不过是用另一种方式表述了张之洞等人的中体西用论。虽然双方的主张特别是政治倾向有许多歧异对立之处，在文化立场上却都同意在引进西学的同时不能抛弃自我，且应以"自学"为精神上的主导；同时他们也都反对盲目抵制西学，主张在实践层面可以而且必须更侧重西学。

甲午后张之洞便指出办学与强国的关系，时人"皆知外洋各国之强由于兵，而不知外洋之强由于学"。盖"立国由于人才，人才出于立学，此古今中外不易之理"。中国要强，自应广开学堂。[2] 不过，新学堂里西学课程比例过重很快引起士人的反弹，总理衙门注意到，"近年各省所设学堂，虽名为中西兼习，实则有西而无中，且有西文而无西学。盖由两者之学未能贯通，故偶涉西事之人，辄鄙中学为无用。各省学堂既以洋务为主义，即以中学为具文，其所聘中文教习，多属学究帖括之流，其所定中文功课，不过循例呻唔之事。故学生之视此学亦同赘疣，义理之学全不讲究，经史掌故未尝厝心，……此两学所以终不能合，徒互相诟病，若水火不相入也"[3]。

张之洞那时也有类似的担忧：中国面临"外侮洊至"的大局，"不讲新学则势不行，兼讲旧学则力不给。再历数年，苦其难而不知其益，则儒益为人所贱，圣教儒书浸微浸灭；虽无嬴秦坑焚之祸，亦必有梁元

---

[1] 张之洞：《劝学篇·会通、循序》，《张文襄公全集》(4)，589、559页；并参见罗志田：《权势转移：近代中国的思想、社会与学术》，48—49页。
[2] 张之洞：《吁请修备储才折》(光绪二十一年闰五月二十七日)，《张文襄公全集》(1)，684页。
[3] 《总理衙门奏拟京师大学堂章程》(光绪二十四年)，收入北京大学校史研究室编：《北京大学史料》第1卷（1898—1911），北京大学出版社，1993年，82页。

文武道尽之忧。此可为大惧者矣！"他注意到外国学堂的课程设置均能"示存古、示有序、示爱国"，然既"欲存中学"，又不能妨碍讲求新学的主流，则只有削减中学的实际内容。张氏提出一种"守约"的方法，让学生15岁以前读一般新旧书，自15岁始，用其缩约法读"经史、诸子、理学、政治、地理、小学各门"；这些缩减后的内容"美质五年可通，中材十年可了。若有学堂专师，或依此纂成学堂专书，中材亦五年可了，而以其间兼习西文"。重要的是他明确指出，"过此以往，专力讲求时政，广究西法"[1]。按照这样一种以制度来落实中体西用观念的设计，学堂学生20岁或自学之人25岁后，因已有中学基础，便可专力于西学了。

值得注意的是"存古"已引起张之洞的注意，而其以外国榜样来强化"存古"的正当性这一点也与后来的国粹学派相近，他自己此后也不断强调之。在"存古"方面张氏已有具体的规划，即对于"好古研精、不骛功名之士，愿为专门之学者，此五年以后，博观深造，任自为之"。他估计"百人入学，必有三五人愿为专门者，是为以约存博"。不过，这是"专门著述之学"，只需"能者为之，不必人人为之"；而多数专力于西学者才是"学堂教人之学"，是整个学制的主体方向。可以看出，后来的存古学堂正是张之洞这一理念的体现，唯一的区别是此时的规划中从事"专门著述之学"者要靠自学，后来则同样专设学堂以纳入"学堂教人之学"的体系之中。这当然不是一个微小的区别，但两者的人数比例仍基本未变。

光绪二十八年（约1902）制定的第一份《钦定学堂章程》并未施行，次年张之洞参与修订了新的《奏定学堂章程》，不久正式颁行全国。新《章程》增添了《学务纲要》这一内容，最能体现章程的基本思路。《纲要》第13条说，小学堂"以养成国民忠国家尊圣教之心为主，各科学均以汉文讲授，一概毋庸另习洋文，以免抛荒中学根柢。必俟中国文义通顺、理解明白，考取入中学堂后，始准兼习洋文"。这与前引张之洞设计中15岁以前学生之所学略近。不过，对于设在通商口岸附近的高等小学堂，尤其"学生中亦有资敏家寒，将来意在

---

[1] 本段及下段，张之洞：《劝学篇·守约、循序》，《张文襄公全集》（4），560、559页。

改习农工商实业、不拟入中学堂以上各学堂者,其人系为急于谋生起见,在高等小学时自可于学堂课程时刻之外兼教洋文"[1]。这一条款明确了欲为"国家人才"者的培养方式与"急于谋生"的贫寒家庭子弟的区别,考虑得相当周到。

《纲要》第9条规定"中小学堂宜注重读经以存圣教"。其理由为,"外国学堂有宗教一门,中国之经书即是中国之宗教。若学堂不读经书,则是尧舜禹汤文武周公孔子之道,所谓三纲五常者,尽行废绝,中国必不能立国矣"。经书乃中国政教之本,"其本既失,则爱国爱类之心亦随之改易矣,安有富强之望乎?"。如张之洞《劝学篇》所说,若"中土而不通中学,此犹不知其姓之人、无辔之骑、无柁之舟,其西学愈深,其疾视中国亦愈甚。虽有博物多能之士,国家亦安得而用之哉!"[2]。总体言之,中小学读经课时尚不算太多,且呈递减之势,小学每周12点钟,中学9点钟。

新章程将原附入文学科的经学门独立设为经学科大学,与文学科、政法科、医科、格致科、农科、工科和商科等共组织八个分科大学,较前确提高了经学的地位和比重(然总体仍注重实用)。不过,界定各类学堂功能的《纲要》第2条明确了"高等学堂、大学堂意在讲求国政民事各种专门之学,为国家储养任用之人才"。真正起存古作用的是拟设的通儒院之"旧学专门",即《纲要》第2条所说的"通儒院意在研究专门精深之义蕴,俾能自悟新理、自创新法,为全国学业力求进步之方。并设立中国旧学专门,为保存古学古书之地"。而《纲要》第10条又特别说明,正因中小学读经课时不多,故"并不妨碍西学";大学和通儒院虽设经学专科,但仅"听人自择,并非以此督责众人"。

《纲要》第11条提出,"中国各种文体,历代相承,实为五大洲文化之精华。且必能为中国各体文辞,然后能通解经史古书传述圣贤精

---

[1] 《新定学务纲要》,《东方杂志》第1年3期,本段及以下三段所引用者为92—101页,不再注出。
[2] 张之洞:《劝学篇·守约、循序》,《张文襄公全集》(4),559页。进入民国后梁启超和林语堂都曾重复张氏此见,参见本书第6章。

理。文学既废,则经籍无人能读矣。外国学堂,最重保存国粹,此即保存国粹之一大端"。而第10条也强调"西国最重保存古学,亦系归专门者自行研究。古学之最可宝贵者,无过经书。无识之徒,喜新蔑古,乐放纵而恶闲检,惟恐经书一日不废,真乃不知西学西法者也"。可以看出,保存古学古书的"旧学"虽只是通儒院中一个专门,但确已开先河。而此时虽已直接言及"保存国粹",对中国学问却不称"国学"而称"旧学"或"古学",大体仍以认同不十分明显的新旧之分指代实际的中西之分。

从上文可见,《纲要》的一个明显特征是言及存古时处处以"外国学堂"为楷模,以"西学西法"为正名之依据,相当能体现当时思想观念的权势转移。张之洞后来提出创办存古学堂时,即援引《学务纲要》"重国文以存国粹"的观念,仍以西方榜样为其立论依据。他说:"今日环球万国学堂,皆最重国文一门。国文者,本国之文字语言、历古相传之书籍也。即间有时势变迁,不尽适用者,亦必存而传之,断不肯听其澌灭。至本国最为精美擅长之学术技能、礼教风尚,则尤为宝爱护持,名曰国粹,专以保存为主。凡此皆所以养其爱国之心思、乐群之情性。东西洋强国之本原,实在于此。"[1]这里特别值得注意的是,将"本国最为精美擅长之学术技能、礼教风尚"定为国粹而特意保存乃是"东西洋强国之本原",则正欲强国的中国当然应该仿效。

张之洞申论其"保存国粹之苦心"说,"近年历次兴学谕旨,惟以端正趋向为教育之源",无非"以崇正黜邪为宗,以喜新忘本为戒"。然而"近来学堂新进之士,蔑先正而喜新奇,急功利而忘道谊,种种怪风恶俗,令人不忍睹闻。至有议请废罢四书五经者、有中小学堂并无读经讲经功课者,甚至有师范学堂改订章程声明不列读经专科者。人心如是,习尚如是。循是以往,各项学堂于经学一科,虽列其目,亦止视为具文,有名无实。至于论说文章、寻常简牍,类皆捐弃雅故,专用新

---

[1] 张之洞:《创立存古学堂折》(光绪三十三年),《张文襄公全集》(2),145—148页。以下数段引文未注出处者均出此折。

词。驯至宋明以来之传记词章皆不能解,何论三代。此如籍谈自忘其祖,司城自贱其宗。正学既衰,人伦亦废。为国家计,则必有乱臣贼子之祸;为世道计,则不啻有洪水猛兽之忧"。其创立存古学之目的正在于"延正学而固邦基"。

这是一段被引用较多的话,论者多据此指证张氏的守旧和对抗新学。其实,把国势之盛衰系于国学的兴废,是相当数量清季士人大致的共识,尤其对抗"东瀛文体"和新名词是国粹学派的一项重要努力。若此为守旧,则多数国粹学派中人和不少革命党人率皆守旧,只能说当时世风已转向守旧,又有何对抗新学的必要?反之,正因为趋新已成大势,复由于当时新旧对立已非常尖锐,任何讲求旧学的主张的确可能被视为守旧。张之洞显然了解趋新世风的影响力,故在创设存古学堂时特别"声明":当时湖南拟设的景贤堂、河南拟设的尊经学堂,均号称仿照湖北存古学堂,然查其章程,"似与向来书院考课相仿,与鄂省存古学堂之办法,判然不同,毫不相涉",明示其与"书院考课"这一旧形式的根本区别。存古而必出以"学堂"的新形式,且划清与书院的界限,恰是其"新"之所在。[1]

张氏另一句被引用较多的"守旧"之语是:"若中国之经史废,则中国之道德废;中国之文理词章废,则中国之经史废。国文既无,而欲望国势之强、人才之盛,不其难乎。"其实他在这段话之前强调,"要之,孔子所言温故而知新一语,实为千古教育之准绳。所谓故者,非陈腐顽固之谓也。盖西学之才智技能日新不已,而中国之文字经史万古不磨,新故相资,方为万全无弊"。他在敦促孙诒让来任存古学堂监督时也表示,"近日风气,士人渐喜新学,顿厌旧学,实有经籍道息之忧。仅恃各学堂经史汉文功课",课时少而讲述略,"文学必不能昌。久之则中国经史文字无师矣。故拟于武昌省城特设存古学堂,以保国粹"。然其意在借鉴日本前事,于"救时局、存书种两义并行不悖"。且两义中仍以前者为主,后者并不妨碍前者:"若以新学为足救亡,则

---

[1] 关于河南拟设尊经学堂的宗旨,可参见河南巡抚、学政关于拟设尊经学堂的奏折,收入朱有瓛主编《中国近代学制史料》第2辑下册,华东师范大学出版社,1989年,527—530页。

全鄂救亡之学堂已二三百所,而保粹之学堂止此存古一所,于救亡大局何碍?"[1]

从学习的内容看,存古学堂内设经学、史学、词章学三门,习经史两门者须兼习词章中一种,而习前三门者在学制的"后四年皆须同习博览一门",博览即古今子部诸家。课程"以国文为主",注重精研中学,至于外国历史、博物、理化等,每星期各讲习一点钟,裨学生"略知世间有此各种切用学问"即可。其中"外国政治法律理财"一门之立意在讲明"外国立政大意,务使学者知外国政法有当采取处,有情势不同不能强学处。可知外国之所谓平权自由皆在法律之范围以内,而邪说诐辞自无由生"。而算学地图两门皆历来中学所重,仍应讲习,且不必拘于中国旧法,不过钟点仍不宜太多。同时在学堂附近"设立外国语文学堂一所",鼓励(但不要求)存古学生"附入该学堂"以"加习洋文,为将来考究西籍之资,用尤为大"。[2]

张之洞特别说明,以前设立的各种学堂"重在开发国民普通知识,故国文及中国旧学钟点不能过多。此项存古学堂重在保存国粹,且养成传习中学之师,故普通实业各事钟点亦不便过多"。两种学堂"互相补益,各有深意,不可偏废,不可相非"。实际上,存古学堂之所以要"略兼科学以开其普通知识",也是为了"不致流为迂拘偏执,为谈新学者所诟病",显然有预防新派攻击之意。此语应与张之洞在光绪二十九年请渐停科举时所说的一段话对看,那时他说,"或虑停罢科举、专重学堂,则士人竞谈西学,中学将无人肯讲。兹臣等现拟各学堂课程,于中学尤为注重。凡中国向有之经学、史学、文学、理学无不包举靡遗。凡科举之讲习者学堂无不优为,学堂之所兼通者科举皆所未备,是则取

---

[1] 张之洞:《致黄仲韬电》(光绪三十年六月),《张文襄公全集》(4),346页。按据浙人宋恕所见,孙诒让固然"博极群书,尤精经子",而又在"海内名宿中倾慕西法最早,当光绪初年即已提倡欧洲学说于乡里"[参宋恕:《推荐国文学堂监督人选禀》(1906年1月),胡珠生编:《宋恕集》,中华书局,1993年,上册,400—401页]。张之洞既欲得孙任此学堂监督,自需特别说明"救时局、存书种"两义并举之意。
[2] 本段与下段,张之洞:《咨学部录送湖北存古学堂课表章程》(光绪三十三年),《张文襄公全集》(2),928页。

材于科举不如取材于学堂彰彰明矣"[1]。

两相比较，前一次还试图堵守旧者之口，后一次则已在防止谈新学者之诟病，几年间思想权势的转移清晰可见。这当然提示着张氏的两次奏折皆有所针对，或未必全是直抒胸臆；但也不能因此便认为他关于新旧（或中西）两不偏废的话是言不由衷，因为这与他至少从戊戌年以来的一贯思想基本吻合。实际上，将两次表述共观更充分体现了张之洞欲强中国不得不讲西学、欲存"中士"之认同又不能不讲中学那种兼顾新旧的"中体西用"取向。

他一方面反对"眩于西法之迷徒"因"知西人算术机器制作之精，于是心悦顶礼，并慕其饮食衣服风俗而效之、忘其狙诈贪狠而信之，震其富强整齐，自安贫弱无能，以得免触怒为幸，隐忍迁就以从之"；同时也承认"西人实是富强整齐，我有自治自强之道，则足以敌之"。若"能通西法以得自强之术"，则"西法正为中国所用"，岂非快事便宜事，又何必攻之。当同属清流的宝廷著文攻击西学时，张之洞不客气地指出宝氏"于推步未能了然"，本来"天算中法实不如西法"，而宝氏于此竟"主中而驳西"，"既非事实，终不能胜"。[2]

不过，一般新学堂固然包罗了中国向有之旧学，课时毕竟太少，关键是其所提倡者实不在此。上行下效的结果，恰出现了"士人竞谈西学，中学无人肯讲"的现象。任教于天津北洋客籍学堂的孙雄在张之洞奏办存古学堂同一年发现，该学堂学生中"资禀稍胜、根柢稍厚者，多并日劳神以治洋文"。他主张"中国文与外国文，分定课程，两无偏重，琢磨砥砺，自能日新"。孙氏讲授中国文学源流一课，"虽以阐述古义为主"，却也"取证近事，兼论时局，务期听讲诸生勿疑为迂疏寡效而已"。其中西"两无偏重"的主张和防守心态均与张之洞非常类似，但又甚感叹自己"总角之龄所谓家弦户诵之书，今日为后生理而董之、细绎而讲贯者，已有舌咋于前、目笑于后者"。实不知"数十年后，又将

---

〔1〕张之洞：《请试办递减科举折》，《张文襄公全集》(2)，29页。
〔2〕张之洞：《致宝竹坡》，《张文襄公全集》(4)，909页。张能如此直言不讳，足见两人关系之深。

如何！"，颇"痛沧海之横流，惮斯文之将丧"。[1]

故前引张之洞担心趋新大势可能导致"中国经史文字无师"的确是设存古学堂的一项实际考虑，他在《创立存古学堂折》中指出，鄂省各学堂之监学和教员，皆出自其原有的经心、两湖两书院，但现在需人甚多，而两书院学生或年长或出仕或外出从业，已不足以"取资应用。而中文中学向来义理精深，文词雅奥，新设学堂学生所造太浅，仅可为初等小学国文之师。必至高等专门学、普通中学、优级师范、高等小学皆无国文专门之教员。倘高等以下各学堂之中学既微、中师已断，是所有国文之经史词章无人能解、无人能教，然则将来所谓大学专门岂非徒托空言？"。

这一点当时不久就有人置疑，高凤谦以为，"今之言保存国粹者，大抵有积极、消极二主义。其持消极主义者，曰禁用新名词以绝莠言也；其持积极主义者，曰设立存古学堂以保旧学也"。近来"各省多设存古学堂以治旧学，使古圣贤之微言大义不至失坠，其策比消极主义者为进矣"。但真要治旧学，若以精深为标准则一省未必能有足够的合格教员，也非数年便能培养出合格的学生。若一般粗浅程度，则学生已有一定基础，自修即可。像这样以设学堂的方式保存国粹，成效恐未必佳。[2] 不过，高氏所指出的当时一省之足以教授精深旧学者已未必够设一学堂之需的现象，正说明张之洞等关于旧学的传承已成问题的担忧事出有因。

的确，自《奏定学堂章程》颁布而新式中小学堂的经史课程已经削减，在趋新世风影响下愿意自学经史且有所成就者实已甚少。在章程颁布不及两年的时间里，学部便发现"研究中国本有之学问"的经科大学之学生来源将成问题："自近年学堂改章以来，后生初学，大率皆喜新厌故，相习成风，駸駸乎有荒经蔑古之患。若明习科学而又研究经学者，甚难其选。诚恐大学经科一项，几无合格升等之人。"[3] 张之洞自己在1898年曾主张旧学当让"好古研精、不骛功名之士，愿为专门之

---

[1] 孙雄：《北洋客籍学堂识小录叙》，《政艺通报》丁未14号，39张；《师郑堂国文讲义叙目》，《政艺通报》丁未15号，38—39张。
[2] 高凤谦：《论保存国粹》，《教育杂志》第1年7期（宣统元年六月），548—549页。
[3] 《学部请由各省选员入经科大学肄业》，《北京大学史料》第1卷，358—359页。

学者"自为之，但不过十年，他已发现真能逆世风而行的"不骛功名之士"实在太少，故不得不以学堂"出身"以鼓励引诱之（在废科举之后，若以功名为念，也只有学堂才是"正途出身"）。

四　各方对存古取向的反应

存古学堂于光绪三十三年由湖北试办，张之洞当时的奏折便说"后如无窒碍，即请学部核定通行，各省一律仿照办理"。后虽有一些省份陆续开办，总体情形并不乐观。学部在宣统元年的《筹备教育事宜单》内尚奏定"各省一律设立存古学堂"，但在宣统二年十一月的《酌拟改订筹备教育事宜折（并单）》中，列举了宣统三、四两年拟办的"最要次要各项"，却已不包括设立存古学堂的条目，可知已删去。[1] 宣统三年（约1911）学部的《奏修订存古学堂章程折》说，现湖北"存古学堂已设立数年，各省亦渐有仿照设立者，惟章程迄未统一"，特重新修订之，"以收整齐划一之效"。新章程基于"吾国古学精深，比之他项科学研究更为不易"，故将原设计的七年学程改为八年。[2]

这其实已暗寓不鼓励士人之意，当时外患威胁不减而内乱之象已萌，学子多有救世之志，急功近利的风气弥漫全国，在这样的世风之下要读书七年已令普通人难以接受，遑论增加。且多数存古学堂开办时已接近辛亥革命，一般人固不能预测时势，但那时中央政府控制能力的下降是非常明显的现象，激进的报刊和言论已相当流行，除个别人外，这也决非立下长远求学计划的时代，所以在校时间太长这一制度本身就可能使不少人退避三舍。先是江苏的存古学堂已将学制定为三年毕业，其自愿深造者，再留堂四年毕业。这显然是认识到湖北学制七年太长而采取的补救措施，四川存古学堂订立章程时便注意及此，决定仿照江苏办法，三年毕业，发给文凭，由提督司按其程度深

---

[1] 该折收在《教育杂志》第3年2期（宣统三年二月），2633—2634页。
[2] 本段与下段，《学部奏修订存古学堂章程折（并单）》，《政治官报》，台北文海出版社影印本（日期不详），第43册（宣统三年三月），1249号，455—456页。

浅，派至中小学堂充当教习；而仍愿留堂深造者，即仿湖北学制七年毕业。[1]

学部的《奏修订存古学堂章程折》同时指出，"臣部前于筹备单内奏定各省一律设立存古学堂，按之现在各省教育经费支绌情形，实觉力有未逮，若勉强设立，经费不充，师资缺乏，不足以得真材。自应由各省体察情形，其财力实在艰窘者，暂准缓设；或与邻省合并办理"。以下并多有主张缓办的具体措施，如第 5 条规定"每省以设一所为限，如财力实有不足者，暂准缓设。其在交通便利之处，亦可联合邻近省分，合设一所"。第 7 条规定"每级至少须满六十名，其学生过少不能成班之处，应准缓设"。第 8 条则提出，其"中等科学生，以高等小学堂四年毕业生考取升入；如人数不敷，暂准招收读完五经、文笔通适之高才生，甄录入学。……其旧日之贡生、生员中，文优长者，考试合格，准其插入中等科第三年级；举人之中，文优长兼习普通学者，准其考入高等科"。显然已意识到"学生过少不能成班"和"人数不敷"的情形。

实际上，存古学堂因其师资雄厚、资格高而毕业生待遇好，本身应有相当的吸引力。宣统二年（约 1910）江苏存古学堂开办，时就读于苏州第一中学堂的顾颉刚、王伯祥、叶圣陶三人皆去应考（而皆落榜）。顾氏自称是因倾慕其中"很有几位博学的教员"而投考，却因在答卷中批驳《尧典》之郑玄注而得到"斥郑说，谬"的评语，未取。[2] 废科举之后的中学堂已是不低的"出身"，而存古学堂尚能吸引不少中学生投考，足见其地位不差。在更偏远的甘肃，其存古学堂是宣统三年由原简易师范校址所改，除将原"育才馆"学员纳入并招收廪、增附生共 50 人外，原来的师范生也可经考试而留堂学习。当时的监堂张承煜便对师范生韩定山说，"存古学生资格比师范生高，将来毕业，就是出去当教员，也可得较好的待遇。你文字做得不坏，可以报名参加考试"。韩遵

---

[1] 何域凡：《存古学堂嬗变记》，《四川文史资料集粹》第 4 卷，四川人民出版社，1996 年，419 页。

[2] 顾潮编：《顾颉刚年谱》，中国社会科学出版社，1993 年，25 页。

示应考，果然考上。[1]在这样的情形下反出现"学生过少不能成班"和"人数不敷"的情形，颇能提示世风的转变。

庄俞当时即提请注意学部态度的变化说："他项学堂以多为贵"，并视为急务；此却"明明语人以此项学堂可设亦可不设"，则学部"修订章程以炫惑国民之观听者，其为敷衍旧学子之计乎？抑牵窒于少数主张保存国粹之大老而不得不为此乎？"[2]此前曾有报纸以为学部态度的转变是因张之洞本人观念有变："闻学部张相国前因各省建设存古学堂者日多一日，恐士子好古情殷，阻碍新学，曾拟订定限制章程，以便遵守。昨闻又交谕到部，饬速将此项章程，先行编订，一俟草案告成，即呈请相国亲自核阅。"到张去世后不久，又有报道说学部"以各省设立存古学堂，原为保存国粹起见，惟各省富于存古思想，设立日多，亦于新学前途大有妨碍，拟即严定缔制章程，嗣后凡欲禀请设立该存古学堂者，大省不得过三处，小省不得过两处，每处限百名为定额，藉示限制"[3]。可知学部拟限制存古学堂的消息早已在传播。

修订存古学堂章程颁布后，中央学部对此不积极的态度已经得到证明。同时一些已办理存古学堂的省份也可见明显的态度转变，庄俞即注意到，始倡存古学堂的湖北那时已"经咨议局议决停办"，而江苏也"以咨议局之议决，将次停办"。学部的修订章程本已提出各省财力与开办的关系，今"湖北为东南巨省，江苏以殷富称于国中"，两省尚且如此，他省正可效仿。[4]咨议局通常更多反映地方士绅的主张，其态度之转变当然与普遍的世风相关。

不过，当时也有舆论认为学部态度的转变与张之洞的弃世相关。《大公报》在1909年末报道说，"中国旧学，自偏重科学以来，半就湮没。兹张中堂为保存国粹起见，特饬学部，嗣后凡有关于保存旧学之折

---

[1] 韩定山：《我所亲历的甘肃存古学堂》，原载《甘肃文史资料》，收入朱有瓛主编《中国近代学制史料》第2辑下册，519页。
[2] 庄俞：《论各省可不设存古学堂》，《教育杂志》第3年5期(宣统三年五月)，2830—2832页。
[3] 《大公报》，1909年7月6日，4版；1910年1月22日，4版。
[4] 庄俞：《论各省可不设存古学堂》，《教育杂志》第3年5期，2830—2832页。

奏条陈，必须详加讨论，以定准驳；不可轻率从事，致使轻重失当"[1]。据说张之洞临终嘱咐其子："我经营经科大学，煞费苦心。此后恐一般新进之徒玩视国学，将此科裁去。若辈务须勉绍父志，竭力维持，毋令我死不瞑目。"[2]不久果有消息说，"枢府以庚子后新学振兴，国学衰替，幸赖张文襄管理学务，以保存国粹为宗旨，国学因以复彰。请饬学部，凡张文襄所订之学务章程，均须遵守，不得轻议更改云"[3]。

按存古学堂是张在湖广总督任上的最后举措，随即入主学部，以当时新旧不两立的世风，张自易被视为偏旧。从存古学堂章程确被修改的实情看，前说消息更准确。惟后说虽较难成立，但恐怕反映了相当一部分人的认知。此前已有报道说某御史奏参张之洞，认为他不宜"管理学部"。盖当时学部正"有提倡游学之责，固不宜过于趋新，亦未便甘心守旧"，而张氏"保存国粹之心，不无偏执"。[4]正是基于新旧不两立的观念，"存古"这一提法被认为与当时朝野远更重视的"存今"直接对立。

庄俞便认为"存古"即意味着"亡今"，他说，"古者，今之对待词也；已往曰古，现在曰今。存者，亡之对待词也；已往曰亡，现在曰存。时也、人也，属于已往，虽欲存之而不可得；属于现在，则其存也无待他求"。往者不可追，尧舜不能存。虽然时和人的现在也不过是他日的已往，而"学术之存亡，又与时与人有反切之关系。其适用于时与人也，虽至今存可也；其不适用于时与人也，虽现在不能存也。嗟乎！古之学术，非不博硕精微；无如后之能者，日新而月异之，使古之所谓博硕精微者，天然处乎淘汰之列"。这里的"古今"显然与

---

[1]《大公报》，1908年11月6日，4版。
[2] 无作者：《张相国之遗言》，《教育杂志》第1年10期（宣统元年九月），854页。
[3] 无作者：《张文襄学堂章程之影响》，《教育杂志》第1年11期（宣统元年十月），929页。《大公报》也有类似报道："某相国面请摄政王，以当庚子之后，新学振兴，时髦少年，舍华逐洋，斯文几有将丧之虑。幸赖张故相管理学务，力挽颓风，处处以保存国粹为宗旨，国学因以复彰。应请饬下学部，凡张故相所订之学务章程，均须依旧遵守，不得轻议更改等语。闻王已有许可之意。"《大公报》，1909年10月14日，5版。
[4]《申报》，1908年11月5日，4版。

"中外"是互换的同义词:"我国之学术,非不自居先进;无如例之各国,有人什己一、人仟己佰之隐痛。使吾犹挟此以自夸、以相竞,其不能存于现在也明矣。"[1]

他进而申论说,"存古学堂之所以能发现者,以其保存国粹四字,足炫惑一般人之观感也"。然而学术只能进不能退,"国家之兴学也,所以培养一般国民,使适于国家之用也。今日何日?一武装之和平世界也,一优胜之竞争世界也。人今而我古,人存而我亡。有心人方戚戚忧之,乃不知并力图维[雄?],以与人抗;而欲存人之所亡者,以求幸存于斯世,是非悖时,即为顽固"。一言以蔽之,"时异势迁,国衰民鲁。保存国粹,不足以补救大局、安全身家"。庄俞眼中的"一般人"尚倾向于"保存国粹"(从前述存古学堂的不顺利可知亦未必然),但他更关注的却是"补救大局、安全身家"。这正是当时思想冲突和观念竞争的一大关键:大家都意在学以致用,而对何为"有用"的认知却大不同。[2]

当时四川拟设的"致用学堂"最能说明这一现象,四川总督锡良和学政郑沅于光绪三十二年上奏拟添设一所致用学堂,学堂虽以"致用"为名,其目的却是"广儒效而豫师资"。盖既废科举而办学堂,"尤赖教员",而师范学堂毕业生又不敷各地之用。锡良"接见各处学员,皆云算学理化等科,可延致东西人士;惟经史国文,今多未敢遽任。若不及时豫备,中师必有缺乏之虞"。这一叙述如果确实,则几年前张之洞关于"中国经史文字无师"的担忧已成事实,故此学堂乃拟培养经史国文教员。同时,据郑沅的观察,在长期以"文学"著称的四川,虽"潜心经史者实不乏人",因"风尚既殊,似有渐就颓废之象"。故"拟于省会添设致用学堂,选录各属之举贡生员入堂肄业",课程大致以群经、历史为主。"至西人艺术,日新未已,亦资研习,以取彼长;庶中西并举、本末完备。"[3]

---

[1] 本段与下段,庄俞:《论各省可不设存古学堂》,《教育杂志》第3年5期,2829—2830、2834页。
[2] 参见本书第1章。
[3] 本段与下段,四川总督锡良、学政郑沅:《添设致用学堂以广儒效而豫师资折》,光绪三十二年三月初四,《光绪朝朱批奏折》,中华书局,1996年,第105辑,731—732页。本条资料及以下有关四川之档案资料,皆承徐跃先生赐赠,谨此致谢。

郑沅主稿的这份奏折指出，由于趋新之"风会所趋，少年学子，本原未裕，竞思捷获；掇拾一二外国名词，自命新学，蔑视经史。而有识之徒，或发愤为保存国粹之说。昔也汉宋，今也新旧，叠成聚讼。臣等尝深求其故，窃以国粹莫重于伦理、莫备于群经"，故该学堂首重读经。"至于政治，莫详历史。今必沿用古时成法，其为阻碍，岂可胜言。惟各省之风气与人民之性质，皆由数千年之事实法戒、先哲言论所陶冶而成。故虽采用东西，亦不能不就历史为参考之具。"总之，"非抉择政教之大者深研而实究之，不足以重国本而杜流弊"。

观其立论，可知其基本的关怀和主张大致与张之洞创办存古学堂者相类，但更强调"历史"在引进外学中的作用，与前引许之衡的见解接近。他们注意到当时学术争论的核心已从"汉宋"转为"新旧（中西）"这一点也与前述国粹学派的观察相类。整个奏折虽然总体上是针对"自命新学，蔑视经史"的倾向，但仍承认已不能"沿用古时成法"而当"采用东西"。前面说过，以"学堂"为存古之形式本身就是一个"新"尝试（这里主要不是指名称而是指课程的设置和讲授方式，盖朝廷已下令废科举兴学堂，不用此名也不行，但张之洞已注意到并强调关键在于其与"书院考课"的异同），而当时不少试图存古的具体思虑和举措也未必即"旧"，下面仍以四川为考察对象。

四川中书科中书董清峻于光绪三十四年提出设立国学研究所以保存国学维系人心的建议，其禀文说：

> 国学之日以堕落而即于亡，人人知其必然矣。然中国之所以成为中国，皆历代以来之中国国学造成之；苟亡其学，则凡人之心将以学理不同之变易，尽与已成之中国相反而欲破坏其已成者。此论虽近迂，而其效则甚捷。然欲保存国学，其事甚难。何也？旧学之士虽多，真有学者本少；其真有旧学者又往往不通新学，辄与新理相忤而为众所鄙弃，不能战胜以图存。至乎后起之士，非但不屑也，亦且不遑也。必也旧学专家又能普通新学，既能修之于己又善传之于人，然后可以负保存之责任也。此等人绝无而仅有，难得而

可贵,不数十年,扫地尽矣。似宜及今设一国学研究所,物色此等人聚处其中,稍崇尚之;而使后来之秀,得歆慕焉熏陶焉濡染焉;冀一线之延,为将来发达之种子,庶几有光大之一日也。[1]

这一禀文提出"中国之所以成为中国"的问题,并注意到将来之中国与"已成之中国"的关系,而其答案仍特别注重"历史"因素,这似乎是当时四川思想界的一个特点。所谓"历代以来之中国国学"当然应是具体的,若对比前引邓实所言:经史诸子,"礼乐其大经、人伦其大本、夷夏其大防,夫是之谓中国,夫是之谓中国之学",便可见双方的关怀和见解都相当接近。

董氏注意到旧学之士真有学问者本少,而新学已全面掌握"话语权势",即使真知旧学者,若与新理相忤仍"为众所鄙弃",故欲"战胜以图存"首先要旧学专家"能普通新学"。这里"通"是动词,"普通"即广泛、全面地了解。对于为数极少的旧学专家而言,要能"普通新学"决非易事。但董氏提出了一个不甚为人注意的重要问题,即必"善传之于人"然后可言"保存"。以当时后起之士对旧学"不屑亦不违"的实际情形,不通新学而欲使后起之士接受旧学,已不太可能。张之洞在十年前已认识到中学之"存"不能不靠西学之"讲",如今更到了旧学必以"新理"出之而后可传可保存的程度,这一极具诡论意味的发展趋向充分体现了"学"这一领域的全面权势转移。

董清峻能提出设"国学研究所"这一形式表明他自己的观念就较趋新,而他也不讳言其知新。他建议研究所主要进行三类活动,一是"以新学之教授法编国学之教科书",二是"传其学于后之学者",三即担任其所建议创设的机关报(详后)之著述。董氏指出:"从前人人能读经而能经学者无几,人人能识字而能小学者无几,人人皆阅史而能史学者无几,人人皆作文而能词章学者无几。此其能者,盖有一种方法;其方

---

[1] 本段及下数段引文皆出自《四川提学使方旭致叙永厅劝学所札》,光绪三十四年十二月八日,宜宾市档案馆清代劝学所档,卷号 3,54—59 页。

法无自始至终之一种书以讲明之，须由自得，是以难能而能者少"。教科书即讲明各科方法，"使人一见而能"。过去"旧学之书，除读本外，皆参考书性质，无教科书也，故当编之"。但编教科书并非"删改读本"可就，"非旧学专家而又普通新学及新学之教授法者，不能编用之教科书"。他自己就"编有多种，有《经通论》《诗学》《尚书学》《三礼学》《文字学》《史学通论》"。按董氏虽崇尚旧学，其文字尚偶有不够清通处，恐怕还算不上"真知旧学者"；但他自己显然认为是新旧学兼通，且其居然已编出这许多教科书，足证其相当趋时知新。

关于"传学"一项，董氏所言不详，只说"所中听人从学，为规定之"。最能体现他知新的，是其提出"设立机关报以救学风"。他认为当时学风不佳即"由于报及小说者至多，以阅之人万倍于入学堂之人也；故其势力，能变一世之学风"。董氏欲仿效的榜样仍是外国，"外国每办一事，必先以报耸动其国民，谓之机关报；各因其事，以定报之宗旨。率能收同心集事之效"。反观"中国各报纸，务输入新奇，未尝以有利无害之目的抉择之镕冶之，以求适合于本国也，故其中多反对中国旧理之说。人情厌故喜新，每偏信之，遂生出种种恶感，而大有害于治安"。对此"既难廓清，唯有救正。今《官报》虽即救正之性质，然仅载日行公文及寻常事件，非能针锋相对，以战胜各报而有以夺多数人之好恶也。若能就《官报》《学报》扩充之，主其事者，普通新旧学材，深明中外国度，精于理想，长于文辞，抱惟一之目的，斟酌尽善，美富足观，必能收挽学风之效而消患于无形"。故国学研究所的第三项任务即"担任机关报之著述并〔著述〕适宜于中国有益无损之新小说，以救正现行新小说之传毒中国为目的。如此则国学存，人心可正"。

董清峻敏锐地注意到报纸小说这些新的言说形式和信息传播物"能变一世之学风"的巨大"势力"而思"救正"之策，他所谓《四川官报》"仅载日行公文及寻常事件"的说法不完全准确（比如"演说"即为其中一个栏目），然《官报》并不"针锋相对以战胜各报"为目的则大致不差。他提出的以办机关报及写新小说来"战胜各报而夺多数人之好恶"的建议，大体仍不出"师夷之长技以制夷"的思路，然所师的对象已大不一样,所欲"制"者也已非"夷"而为半夷半夏的"中国各报纸"和"现行新小说",中西学战不仅已渐呈"西与西战"的特色,且已到连战之形式也必须"针锋相对"的程度了。

四川总督赵尔巽认为董氏"所议均可,实行不同"。盖"报章小说,关系于人心世习甚深,所拟扩充报纸,严定宗旨,系为救正流弊起见。阅者理想既正,则现行新小说种种谬论亦自遏而不行。学风淆杂,厌故喜新,果得学识通明之士设所研究,参酌新旧两界,编为经史教科书,于造就人才,裨益匪浅"。故批给提学司和官报局分别酌议。官报局的反应现尚未见,署理提学使方旭则说,"研究国学一节,本年春间曾经会集学界员绅提议及此,嗣以造端闳大,需费甚繁,暂从缓议。一俟筹定办法,即当实行"。可知保存国学之议先已提出,然四川"学界员绅"或方旭本人对此事不甚积极。

方旭的反应或因他对四川"学风"的观察与董清峻颇不相同,董氏的禀文说:"变法以后,汉之对于满、下之对于上、绅之对于官、新之对于旧,忽生出不良之感情,日甚一日。"这主要应归咎于报纸小说,然学堂也有责任。"公立学堂多徇学生之意,酿成桀骜不驯之学风。此间公立中学堂有尽废中国学科、无故剪去帽辫者。似宜收回官办,以免谬种流传。如各府公中学堂,合之为一,其事甚便利也。"总督赵尔巽认为"出洋剪发,亦有处于不得已之苦衷;若在本国公立学校,无端自剪发辫,废弃中学,则诚不解何意",故要提学司酌议饬禁。而方旭则说,省城现设各府公立中学堂,"本署司曾经屡次前往查看,并与各该堂学生接见,并未见有剪去辫发之人。至各堂教科,尤无废弃国学之事。推之省外,如夔府叙府等处公立中学堂,节经省视学调查报告,亦并无以上种种情事。是该中书所述,容系传闻之误"。但既然已由总督批下,仍札饬各劝学所转知该所各公立中学堂,"教科切勿违背定章、将应行教授各项国学率行删减;其堂内学生如有无故剪去辫发者,即行斥退,以肃学规"。

董清峻提出办报的建议即因为他注意到"万倍于入学堂之人"的普通识字者,这一点也为四川拣选知县戴姜福所关注,他指出,四川存古学堂名额不过百人,"三年毕业,计三十年之通不过毕业千人;无论学成如麟角，即令皆成就，幅员而分之，每县当不过数人，聊可藉以抱残守缺而已，世所不重，若存若亡，可决言也"[1]。按戴姜福实看到了存古学堂的根本问题，以当时设计的学制，的确最多不过"藉以抱残守缺而已"[2]。那时各新学堂的成效虽然远不如今日许多研究所设想的那样好，然其毕业生的数目确非存古学堂毕业者可比。这还是就三年学制所言，若按湖北之七年或学部后来修订之八年学制，就是要借此抱残守缺，恐怕也有些来不及了。

戴氏有一点与董清峻所见恰相反，董氏以为旧学不以教科书这一新方式出之则不传，戴氏则认为以教科书讲经学会导致学者不读本经："学堂既设，不能纯用儒术，讲经学者大都别撰课本，知经之本文者盖鲜。"结果仍落入博而寡要的老套，倒不如让通国之学童皆诵读《论语》之白文，不过一年半载即可卒读，"稍长讲贯，开卷有益。要使屠沽下材，悉范围于圣学之中。斯其阴固国本，非浅鲜也"。在其为赵尔巽所拟关于四川存古学堂的奏折中说，"教育之理，首重普及。以省一学堂存古，必不如使全国各学堂相与存古。经书以《论语》为最纯，本文无多，童习易成。拟乞特命通谕，申明尊孔之旨，令全国学生皆必读《论语》。并饬下部议定制，嗣后开学考试，小学堂学生非默写《论语》无讹者，不得升入中学堂；中学堂学生非讲解《论语》无谬者，不得升入高等学堂。如此明示准则，庶几通国之人不坠圣教，所操者约，而所及者广，其存古之效，宜尤大也"[3]。

对存古学堂之成效持怀疑态度的高凤谦也认为保存国粹当注重普及，故他提出"建设图书馆为保存国粹之惟一主义"。当时因"新学初

---

[1]《拣选知县戴姜福禀文》，宣统二年二月十八日，附在其《遵拟筹设存古学堂奏折》，赵尔巽档案，中国第一历史档案馆藏，案卷号468。
[2] 由少数人学习研究"藉以抱残守缺"也是后来许多年中新派实际可以接受的，即所谓"送进博物馆"的取向，详另文。
[3] 戴姜福：《遵拟筹设存古学堂奏折》，宣统二年二月，赵尔巽档案，案卷号468。这仍是张之洞精简"中学"的思路，不过几乎发挥到极致。对当年的学生而言，默写或讲解《论语》无谬（指以官方颁行的朱子观念为准）实在是非常低的要求，可知戴姜福并不希望学生在这方面下多大的功夫。

萌，旧学渐废，通都大邑之书肆，欲求经史，往往不可遽得，诚大可寒心。为今之计，苟不设立图书馆，则旧学之书可立待其尽也"。若在各州县甚至各镇乡设立一小图书馆，收"经史子集之最要者"，所费不过二三千金，可供普及性的阅读。而京师省会的大图书馆，书籍齐全，并"延聘二三通儒以主其事，俾阅书之人得以就正，较之存古学堂区区为数十百人计者，相去不可以道里也"。实际上，图书馆"固以收藏旧学之书为主，而新学各书亦不可不备，使人得就其性之所近者求之。然则是举也谓之保存国粹也可，谓之推广新学也亦可"[1]。

从赵尔巽对董清峻禀文的批示可知，他的态度大致也是趋新而不忘保存国粹。他在奏请创办四川存古学堂时进而提出，保存国粹正是为了讲求科学："立国今日，非广求知识，无以应繁变之时机；非注重本根，无以维固有之学术。而中外理本大同，欲知人者，必先求诸知己。故人文鼎盛之地，常为开通最早之区；而识力远到之材，绝无跬步自封之虑。彼此孳乳，息息相关。该司遵设存古学堂，系为保存国粹起见，亦即所以立讲求科学之基，当予批准照办。"赵氏并未采纳戴姜福拟稿中关于全国学童皆读《论语》的建议，反而认为"抱残守缺"方面的考虑是第二位的，非当时之急需，他明言："若夫抱残守缺，备儒生稽古之资；摛藻扬葇，为润色升平之助，犹其后焉者也。"[2]

若对比张之洞关于中学之"存"不能不靠西学之"讲"的主张，以"保存国粹"为"讲求科学"的基础体现出相当的开放和前瞻意味，其出发点显然与一般真欲抱残守缺者已大不同，反甚类国粹学派先强化"主观"以接受"客观"的取向。许之衡先就说过，"西哲之言曰：今日欧洲文明，由中世纪倡古学之复兴"。且"欧洲以复古学而科学遂兴"，中国正应"急起直追，力自振拔"。[3] 赵尔巽的表述虽未必即采纳许之衡的主张，两

---

[1] 高凤谦：《论保存国粹》，《教育杂志》第1年7期（宣统元年六月），第549—550页。
[2] 赵尔巽：《奏筹设存古学堂折》，《政治官报》，第900号（宣统二年三月二十四日），台北文海出版社1965年影印本，第31册，414—415页。按赵尔巽似又避免使用较多的"新名词"，如他将戴姜福拟稿中的"因果"改为"孳乳"。
[3] 许守微：《论国粹无阻于欧化》，《国粹学报》第1年7期。

人的思路显然是一致的。当时持类似见解者尚有他人,约1907年,同盟会员景定成(字梅九)等山西人成立复古社,便申明同人"闵国粹之陵夷、古典之不振,组为此社,广延同志,专研究古学,以与新学相融合"[1]。

前引张之洞关于"新故相资,方为万全无弊"的主张其实也意味着先温故后知新的取向,而稍早宋恕提出创建山东"粹化学堂"的建议将此表述得更为充分和积极,值得进行稍详细的考察。所谓"粹化",就是"国粹、欧化"的缩写。任职于山东学务处的宋恕于1905年主张,在发展普通教育的同时,要注重少数特别之教育,"窃以为普通之教育难振,即由于特别之教育久无;欧化之罕能调和,即由于国粹之罕能传习。故普通诚不可缓办,而特别尤必须补施。拟请奏创一堂,名以粹化,招英俊之书生,施特别之教育;以博览方闻为日课,融国粹、欧化于一炉,专造异材,以备大用"[2]。他这里所说的"普通教育"是指当时一般新学堂,其以"粹化"为"特别教育"的观念其实可在他最不欣赏的张之洞所著《劝学篇》中论"专门教育"处找到踪迹。

宋恕申论说:"伏查国粹、欧化四字,为今日本之熟名词。彼国自尊攘后,教育学家分国粹主义、欧化主义两派。所谓国粹主义者,以保存神、儒、佛之粹美为主义者也。所谓欧化主义者,以化合英、德、法之风俗为主义者也。其始两派竞争激烈,能调和者最居少数,乃俄而居多数焉。"中国"开港译书,皆先于彼。虽无国粹、欧化之名词,而亦显有国粹、欧化之分派。然何以竞争至六七十年之久,而能调和者仍居最少数乎?盖与彼异者,往往粹其所粹,非真能守国之粹;化其所化,非真能化合于欧。盖真国粹、真欧化,其源皆出于爱众,故一互考而调和之境易臻;伪国粹、伪欧化,其源皆出于营私,故一对观而调和之意愈断"。

然而,"何以彼多真者而我多伪者乎?此之问题,所关非一,而即教育言之,则岂非由于彼当维新之前素有特别之教育,而我则无之之故

---

[1] 《复古社广告》,《晋乘》第3期插页,转引自吴雁南等主编:《清末社会思潮》,福建人民出版社,1990年,第364页。
[2] 宋恕:《上东抚请奏创粹化学堂议》(1905年11月),《宋恕集》,371—375页,以下数段引此文不再注出。

欤！"。而日本维新前之特别教育，"要皆但有国粹而无欧化。乃其后调和欧化之杰，皆其前传习国粹之豪。则岂非欧化与国粹同源，而欲求能调和欧化者之多，必先求能传习国粹者之多之明证欤？"。盖地球各正教的宗旨"同归仁恕，所不同者，皆其形式。故本国之粹若微，则外国之粹自然亦格格而不相入；本国之粹若盛，则外国之粹自然亦息息而遥相通。苟其所坚守者皆非本国之粹，则其所欢迎者自然亦非外国之粹"。亚洲各国"不能如日本之全不受外侮，即由于国粹不能如日本之盛"[1]。

虽然奏定学堂章程"首崇中学"，然而中学教员却"类被轻贱"，部分因"薄禄之使然"，同时也因为其中学不通。"夫商周诗礼、虞夏典谟，故训艰深，通者有几？今以六籍授受之重，付诸八股焚坑之余，宜乎讲者奄奄无聊，听者昏昏欲睡。谬种相续，国粹将亡。"有人或以为"使国粹亡而于欧化之兴有关，则直恐亡之不速；抑使国粹亡而于欧化之阻无涉，亦何必亡之为忧？"。但征诸亚洲历史，则史实恰相反："大抵国粹愈微，则欧化之阻力愈大，而欧侮之排去愈难；国粹愈盛，则欧化之阻力愈小，而欧侮之排去愈易"。故不仅是先能"温故"者才能真"知新"，就是欲排"欧侮"也要先"欧化"。

此说颇有点"辩证法"的意味，而持此观念者尚不少。信仰基督教而同情革命党的张竹君就主张先输入西学而后排外，她说，"吾侪今日之责任，在输入泰西政法、格致等等美新之学术。殆既审我汉种之文明，果高胜于他族，然后自立之论可起也；既审我汉种之文明，果并驾于欧西，然后排外之论可起也"[2]。这其实仍带有张之洞所谓"今欲强中国，存中学，则不得不讲西学"的意思，不过宋恕和张竹君皆明言下一步是排外，实本冯桂芬"始则师而法之，继则比而齐之，终则驾而上之"的思路。[3]

---

[1] 不过宋恕虽曾游学日本，其所举之例多为想当然，他具体述及日本之实例皆指日本比中国还更接近中国三代文化，亦即更加"中国"，则其"国粹"全系"汉粹"，何有于日本之"国"？

[2] 马君武：《女士张竹君传》(1902年)，《马君武集》，2页。

[3] 参见罗志田：《权势转移：近代中国的思想、社会与学术》，55页。

宋恕拟办的学堂有一特色,即其所开课程仅为中外经史子集之学,而今日所谓理工科者如"博物学、物理学、化学、天文学皆暂不延师立课,其欲自行浏览译本者听"[1]。这与张之洞所办存古学堂还要略开理工科课程以避新派之讥却又不同,惟其把外国学问也分作经史子集的做法有特色,该校课程大体上近于当时所谓文科大学的范围,不过由省立而非国立,且中外并重,以副其将国粹与欧化并包的校名。但山东按察使兼学务处总理连甲也许接受了宋恕关于要先能"温故"才能"知新"的观点,虽对宋的提议"手批暨面谕嘉奖",不久下札要创办的却是"国文学堂",据说宗旨仍在"表章国粹、调和欧化",然其基本立意终已有些偏移,更接近于存古一面了。[2]

或多少受浙东学术传统的影响,宋恕对史学的重视远超过当时其他人。他主张粹化学堂以一半时间读经子集书,而用另一半的时间读史书,这样悬殊的比例在当时若非仅见,也极为少见。其理由是:

> 史为记事之书,经、子、集虽杂记事,而要皆为论事之书。记事书为原案,论事书为各断。未详原案之终始,焉知各断之是非?故欲研究各断之是非,必先调查原案之终始。昔北宋洛学好谈空而忽治史,司马温公独深慨之。南宋浙学重史,而闽学承洛风轻史;元明之后浙学不行,益以八股之祸、野史之狱,史荒愈甚,士愈虚憍。今海外望国莫不注重史学,有一学必有一学之史,有一史必有一史之学;数万里之原案咸被调查,数千年之各断悉加研究,史学极盛,而经、子、集中之精理名言亦大发其光矣。[3]

---

[1] 宋恕:《粹化学堂办法》(1905年11月),《宋恕集》上册,382—384页。
[2] 宋恕:《推荐国文学堂监督人选禀》(1906年1月),《宋恕集》上册,400页。
[3] 宋恕:《粹化学堂办法》(1905年11月),《宋恕集》上册,380页。按宋恕这一论述涉及千年的学术争议,当年蜀洛之争风靡天下,若论对经学与史学的侧重,则不仅蜀洛之外的司马光重史学,蜀学亦以史学见长,南宋浙学重史风气正受蜀学影响,刘咸炘、蒙文通之甚明;宋恕在此指责朱一系的宋学后来因官方的推崇而独大为中国学术由实入虚的主要原因,并以回归史学为救弊之方针,可以说是千年学术史的大翻案,详另文。

这里似仍可见章学诚"六经皆史"论的影子，不过已明显受到国粹学派关于天下诸学皆出于史这一观念的影响。

与所有这些人不同的是，宋恕将其对"史"的侧重落实在划分四部之后的"史书"之上，在很大程度上几乎排除了其他三部的内容；而从章学诚到国粹学派无论怎样强调"史"的重要，或将其他三部的内容纳入史部，或注重其与史部书的关联，皆无多读史部书而少读其他书的主张。晚清士人多同意史学比经学更能应世变，宋恕则明言史学近实而理学趋虚；当时一般多主张以西方的物质学来扭转中学趋虚的走向，而只讲中外"四部之学"的粹化学堂则试图以压倒数量的史学来实现由虚入实的目标，相当有特色。

不过，宋恕对课程这样的安排或者不是随意将偏于物质的西学暂时排除，他早在1895年给夏曾佑的信中就说："窃以为图拯救神州，不必改教也，复教而已。海东之所以臻此文明者，由有山鹿义矩、物茂卿诸子倡排洛闽之伪教以复洙泗之真教也；海西之所以臻此文明者，由有味格力弗、路得、束盈黎、菲立麦兰敦诸子倡排教皇之伪教以复基督之真教也。东西之事，复教之明效也。神州复教之业，天其或者责吾曹欤！"到1909年他还主张对国粹之尚存者才言"保"，已失者便当"复"。[1] 从"复教"到"复粹"，这一思路延续了十几年，可知宋恕对"知新"必先"温故"的强调是一贯的。

在宋恕看来，清季"虚憍"的世风实因当时新旧两党皆已不知国粹，其病相同。过去是旧党持虚骄之气，中国屡败而赔款后其气稍衰，而"今之所谓新党者，又往往以不学之躯，鼓虚憍之旧气，增欧化之阻力，而适以固欧侮之基础矣。总之，国粹之微者若不能复盛，则虚憍之毒根终不可得而拔。故欲欧侮之排去易，必先使欧化之阻力小，而欲欧化之阻力小，必先使国粹之微者复盛"。此时阻欧化的已是新党

---

[1] 宋恕：《致夏惠卿书》（1895年5月3日）、《国粹论》（1909年9月），《宋恕集》上册，528、460页。

而非旧党,这是当时许多人未曾注意而后之研究者也多忽视的现象。[1]宋氏的观察从一个侧面证实清季朝野主张保存国粹者未必守旧而实尚趋新,与既存研究的普遍结论相当不同,非常值得关注和思考。而新党之所以走上旧党之路,大约即其所论民族主义的影响。

宋恕注意到,"自十九世纪以来,西洋各国政界学界,皆趋重民族主义,日本尤甚"。但他以为"此主义于国有适有不适,若唱和此主义于不适之国,则其国必大蒙此主义之害"。近年"中国官私游学生多被此主义之影响,致生两种大病:一则妄鼓革命排满之逆谈,一则复煽仇洋攻教之余烬。风潮极盛,一唱百和,其有害于中国政界学界之前途甚大"。此时应该"消灭民族主义,实行满汉一体、同舟共济之事,兼宏中外一家、杂居无猜之量,则我中国不难进为地球第一等之国。若青年学子妄鼓宋明旧谈,区别满汉,则内变方滋,何暇求治?",且"庚子年仇洋攻教之祸,恐将重睹"。不过,区别满汉的主张出自"宋明旧谈"一点说明时人口中的民族主义并非全系西来,而正来自宋恕希望学生侧重的史书之中。果然,山东学生试卷之"史论,颇有涉及夷夏种族云云者",实亦"民族主义之本源"。若不拔本塞源,"则必将隐酿前两种之大病矣"[2]。

而拔本塞源的方法,仍在"融国粹、欧化于一冶,发明文宣大同主义及西洋最新之进化学说、社会学说,以力挽民族主义之狂澜,拔去排满、排外诸逆说、谬说之根源,使逆党、谬党心折反正"。盖"欲破排满逆说,非先破民族主义不可;欲破民族主义,非先立大同主义不可"。以孔子的大同主义来破除民族主义,已相当有想象力,而加入西洋的进化及社会学说,尤见其"融国粹、欧化于一冶"的特色。宋恕认为,当时的形势是既要开智,又须防祸,故当区别"邪说"和"逆说"而采取不同的对策:"邪说之界说无定,而逆说之界说有定。即如男女平等、官民

---

[1] 几年后,吴稚晖也有同样的观察,他发现"中国人能知广求智识于世界,正在萌芽;恶政府践之而不足,复经新党践之"。吴稚晖:《书神州日报〈东学西渐篇〉后》,《辛亥革命前十年间时论选集》卷三,477页。

[2] 宋恕:《单县详送学堂功课表并呈试卷批文》(1906年),《宋恕集》上册,410—411页。

分权等说,中国士大夫尚多目为邪说,而在英、德、日本等国,则共以为堂堂正正之正说。独至不敬皇室之禁,则彼我曾无少异。"故对于"诸子百家之异谈及西来、东来一切之新议论,除革命排满之逆说必当严禁外,其余皆不妨任令学生研究发挥,以畅其天机而绝其愤郁之源"[1]。

基于这样的认识,宋恕认为上海所出的《国粹学报》虽"玉石并列",但"间登逆说,致反碍及国粹"。先是山东学务处稽查委员吴炳湘在其关于学堂所用教科书的禀文中列有《国粹学报》,宋恕代学务处总理拟的批文说,"来册所列《国粹学报》一种,则业经本处查系革命逆党所编,想该守未暇披阅,故致误列,仰即摘去。并传谕各学堂严禁学生私行购阅"。同时,他发现上海商务印书馆等出版的数种历史教科书"皆直书我太祖庙讳,肆无忌惮,乃至此极,按之律例,实属大不敬之尤。方今孙文逆党到处煽乱,此种大不敬之教科书实亦暗助其势力",应从严禁购。[2]若反其意而观之,可知清季官方对出版的控制其实较松,不仅包含"逆说"的杂志和教科书(多系编译日本书,或非有意"大不敬")得以出版,且各地官办学堂颇有愿采用者,体现出当时朝野关系既对立又相通的错综复杂。

总体地看,山东"粹化学堂"的立意与张之洞所办的存古学堂略同,大体都欲走温故知新之路,而这一取向与当时宋恕目为"逆党"的国粹学派的思路也相当接近。汪德渊便指出,甲午后国人"徒震于人富强之迹,而忘夫己国之真,遂若举固有之元素、国粹皆可不须,而惟银艰于财货。或谓陆有奋击,海有楼船,一战而霸,遂可雄立于世。顾行之十年,所期之效适得其反"。这是因为"吾既为庞然大民族,则必有其繁衍之原与其可弱而不可亡之故。则吾千圣营营所为立人道以尽心性者,固自有其独辟之虑"。必"栖神于是"而后讲功利富强,才是救亡

---

[1] 宋恕:《上方学使第一笺》(1907年9月)、《吴守呈禀及附件批文》(1905年12月),《宋恕集》上册,641、393—394页。
[2] 宋恕:《上东抚请奏创粹化学堂议》(1905年11月)、《吴守呈禀及附件批文》(1905年12月)、《请通饬禁购三种历史教科书禀》(1905年11月),《宋恕集》上册,374、393、390页。

的正途。也就是说,讲求富强也不能离国粹。[1]

但山东之不取"存古"而用"粹化"之名其实也隐伏着观念上的分歧[2],前面说过,宋恕对于国粹本有所谓"复粹"的态度,即对其"尚存者之一方面则可言保",而其"已亡者之一方面,则所谓'保'者无着落,而非言'复'不可矣。故对于粹,应有二主义焉:则保也,复也"。这是宋恕在宣统元年(约1909)针对"保存国粹"主张的表述,已在官方下令全国开办存古学堂之后。联系到宋早年即有的"复教"主张,而在论证"粹化"时反复申论"调和"国粹与欧化,全不言及保存国粹,则其不赞同"存古"大概可立。

不知为什么,恰好即在1909年,不少人都对"存古"概念本身产生兴趣,表述了不同的见解。青年钱玄同在1909年9月的日记中说:"吾侪今日作事,宜师古、宜复古、宜存古,而决不可泥古。古圣作事,往往因事制宜,求其合于情势,故所作往往少弊(封建、宗法之制为古代之大弊政);后世事不师古,好骛新奇,凡有造作更张,多不合情势,第求苟简。故中国后世不如古代,即是故也(自唐以后,凡百事物,无不一日退一日)。时至今日,西学输入,凡唐以来之叔世弊政,相形之下,无不见绌。趋新之士,悉欲废之;有心人忧之。愚谓新党之浅薄诚可鄙,但此等弊政得以扫除,亦未始无裨。弊政去,而古之善政乃可见诸实行矣。"值得注意的是钱对"存古"的界定,是保存那些因时势不同而"不适宜于今者",以使后人得以"追想其祖宗创造之丰功伟烈"。[3]

在钱氏看来,复古与存古的大方向是一致的。他反对"新党"轻言废古,却又看到废古可能带来的好处;但彼时新党"欲废"的中国"弊政"是否仅限于"唐以来"者,恐怕要打个问号。有意思的是钱玄同论

---

[1] 汪德渊:《救亡决论四》《救亡决论二》,《政艺通报》丁未23号,7张;22号,6张。
[2] 按张之洞正式奏办湖北存古学堂虽在山东此议之后,但其拟议及聘请监督等则在几年前就着手,且广为人知,如正式申办在前的湖南景贤堂和河南尊经学堂均号称仿照湖北存古学堂,则山东至少有知道湖北学堂之名的可能。
[3] 钱玄同日记,1909年9月30日,转引自杨天石:《振兴中国文化的曲折寻求——论辛亥前后至"五四"时期的钱玄同》,《五四运动与中国文化建设》,991—992页。

"存古"与前引张之洞所见正同，张本认为"国文者，本国之文字语言、历古相传之书籍也。即间有时势变迁，不尽适用者，亦必存而传之，断不肯听其澌灭"，盖可借以养"爱国之心思"。

而时任江宁布政使的樊增祥却与宋恕一样认为存古与复古有区别，当时江苏高邮州王伟忠等拟创办复古学社，樊增祥以为"情殷存古，深属可嘉"；惟"现在古学尚未尽湮，不必曰复古，但曰存古可也"[1]。同在1909年，陆尔奎（炜士）则根本反对以学堂"存古"的做法，他对高凤谦说："存古二字，不成名词。遍稽载籍，就耳目之所睹记，曰好古、嗜古、尊古、重古、修古、考古、师古、法古之属多矣，从未闻有所谓存古者也。若夫存之云者，所谓存而不论而已。得非学堂所宜有事者乎？《说文》：'存，恤问也。'《礼》：'存诸孤。'今学堂以存古为名，不啻等之如敬节、育婴之属"，以此名学堂，实置"古"于这种极不佳的地位，"亦大可哀也"[2]。

这些人在大致相同的时间对"存古"的概念产生兴趣或非偶然，似乎提示着对"保存国粹"的疑惑已逐渐普遍。实际上，不论是前引董清峻所提议的以新方式传旧学，还是戴姜福所看到的存古学堂根本只能抱残守缺，均提示着消极的"保存"已难成功。钱玄同的老师章太炎也在1909年指出，仅思"保存"是不够的，他注意到"国粹学报社者，本以存亡继绝为宗。然笃守旧说，弗能使光辉日新，则览者不无思倦；略有学术者，自谓已知之矣；其思想卓绝，不循故常者，又不克使之就范。此盖吾党所深忧也"[3]。

的确，"国粹"而须"保存"，总显得不那么"粹"。曾经追随其师康有为力倡"保教"的梁启超后来反戈一击，与昔日之我战，主张教者"保人而非保于人"，大致也出于类似的考虑（详另文）。国粹学派大体是"保存"与"复兴"兼顾（但不像宋恕那样认为其所欲复兴者皆

---

[1] 樊增祥：《批高邮州学正王同德世职王伟忠禀》，《樊山政书》卷二十，40—41页。樊增祥光绪三十四年六月任江宁布政使，此文当作于此后，而在该书刊印之前。
[2] 高凤谦：《论保存国粹》，《教育杂志》第1年7期（宣统元年六月），549页。
[3] 章太炎：《致国粹学报社书》，1909年11月，《章太炎政论选集》上册，497页。

为"已亡"),而存古一边似仅多言"保存",显得不那么积极而偏于消极;[1]惟赵尔巽关于以"保存国粹"为"讲求科学"的基础这一主张则于消极之中仍寓积极性,大致与张之洞在存古学堂附近设立外国语文学堂的用意相通。前面说过,国粹学派对国学或国粹的开放性界定本特别针对西学或新学,这一取向显然在一些办理存古学堂者那里得到共鸣(许多年后更被正式确立在《学衡》杂志的宗旨之中)。

五 余论:朝野取向的异同

关晓红最近指出,张之洞办存古学堂表明其"趋新一面逐渐淡化,卫道的色彩日益加深",其根本目的是"力图平衡中学在西学冲击下失势,以加固'中体'的根基,维护纲常秩序"。这股"逆流而兴的存古之风,几乎成为近代教育史上的复古运动"[2]。这里"几乎"二字用得审慎,盖所谓"复古运动"既然是"逆流而兴",当然不可能有多大影响,本章上述情形大体可证。实际上,如果真有某种程度之"复古"倾向存在的话,那也是官方与民间的"共同"努力所致。说到底,真致力于办存古学堂者与民间的国粹学派在当时都是名副其实的少数派,其实在的影响基本不出与致用关联甚少的学术研究领域,民初各地的"国学"研究者不少即出自存古学堂,且多与国粹学派的学术观念有着或隐或显却又割不断的联系。

这当然不是说两者没有区别,许之衡当时即指出:"居今日而言国粹,其真为举世所不为而特立独行之士乎!世之图新者,必以出世太早、不合时代二语相訾议。余亦初意谓然;反复思之,而知当识别也。夫在上而言国粹,则挟其左右学界之力,欲阻吾民图新之先机,以是为束缚豪杰之具,辞而辟之可也。若在野而倡国粹,则一二抱残守缺之士,为鸡鸣风雨之思,其志哀,其旨絮。是犹仁者见仁,智者见智,欧化者自欧化,国粹者自国粹而已。与执政之主持,殆不可同日而语。"[3]

---

[1] 若据前引樊增祥的见解,则"存古"还是比"复古"更正面的词语。
[2] 关晓红:《张之洞与晚清学部》,《历史研究》2000年3期,86—87页。
[3] 许之衡:《读国粹学报感言》,《国粹学报》第1年6期。

他注意到在当时而"言国粹"确已有"逆流而兴"的意味,并明确区分"在上者"与"在野者"之不同。所谓官方的国粹论者"欲阻吾民图新之先机"而企图以此"束缚豪杰",体现了庚子后士人不再认同和信任清政府的基本倾向,但并不意味着许氏对"在上者"的解读是正确的。

章太炎在那时与《国粹学报》论学说,"甄明理学,此可为道德之训言(即伦理学),不足为真理之归趣(理学诸家,皆失之汗漫;不能置答,则以不了语夺之)。惟诸子能起近人之废";这方面"贵报宜力图增进,以为光大国学之原(肉食者不可望,文科、经科之设,恐只为具文。非在下者谁与任此),延此一线,弗以自沮"。[1]这里同样区分"肉食者"与"在下者",复明言前者"不可望"。但细绎其言,则章太炎实际上相当看重彼时文科、经科大学的设立,不过担心其"只为具文",对官方办学不寄希望,所以才强调"在下者"的责任。其不信任朝廷与许之衡同,但显然将文科、经科大学的设立(假如不止具文的话)视为"光大国学"之一部分,与《国粹学报》的努力至少相近,最说明双方取向确有共同之处。

而与章太炎一样主张不以功用为学问标准的王国维则明确反对设经科大学,他说,"若以功用为学问之标准",则经学、文学与哲学皆"当在废弃之列"。如果大学之所授者仅限于物质的应用的科学,则"坐令国家最高之学府,与工场阛阓等"。不过,恰因哲学与经学、文学为同盟军,张之洞在分科大学中设经学科来贯彻其以"中体"约束"西用"的主张,正亦不欲使大学变为"工场阛阓",与王之见解尚接近。然王对怎样"尊经"却有与张大不同的见解,他主张"尊孔孟之道,莫若发明光大之;而发明光大之道,又莫若兼究外国之学说";故不如去经科大学而易之以"欧洲各国大学"无不尊重的哲学。其实王氏根本认为当时中国几乎无人能胜任文科大学之经学、国史和国文学之讲授,不如"虚其讲座,以俟生徒自己之研究,而专授以外国哲学、文学之大旨。

---

〔1〕 章太炎:《致国粹学报社书》,1909年11月2日,《章太炎政论选集》上册,498页。

既通外国之哲学文学，则其研究本国之学术，必有愈于当日之耆宿"[1]。

可知当时各类新旧人物见解实甚纷纭，然既存研究似乎对彼时朝野之间以及各种思想、政治、学术"派别"之间的冲突对立一面强调太过，而相对忽视其相近相通之处。比如"国语"运动便是另一项从清季到民初都朝野一致的活动，光绪二十九年的《奏定学堂章程》之《学务纲要》第23条即要求"各学堂皆学官音"，其论据仍然是"各国言语，各国皆归一致。故同国之人，其情易洽"。而"中国民间各操土音，致一省之人彼此不能通语，办事动多扞格。兹拟以官音统一天下之语言，故自师范以及高等小学堂均于中国文一科内附入官话一门"[2]。这或许仍可解读为企图以此"束缚豪杰"，但恐终难说成"欲阻吾民图新之先机"也。

四川提学使赵启霖于宣统二年请设存古学堂的奏折说："立国于世界，其政治、学术、风俗、道德所以经数千年递嬗而不可磨灭者，莫不寄于本国之文字。其优美独到之所在，即其精神根本之所在。非是则国无以立。中国以文教立国，政治、学术、风俗、道德见于经传记载、足以匡扶世教、范围事理者，甲于五洲，实由国文之优美，迥绝于五洲。"将此与前引马叙伦在《中国无史辨》中所说的一段话对比，简直像出于一人之口。赵氏认识到，中国本以文教立国，"若举数千年优美独到之处，任其消蚀，将来更无以动人民思古之念、而激志士爱国之心"。这样的言论若放入《国粹学报》之中，也绝无不合之处。他特别就文学是否以"适用"为目的和标准提出，"普通之文学，以适用为宜；而精诣之文学，尤以保粹为要"。比较刘师培在几年前的主张：中国"文词，宜区二派：一修俗语，以启瀹齐民；一用古文，以保存国学"；二人所论，几如

---

[1] 王国维：《奏定经学科大学文学科大学章程书后》《教育小言十则之十》，《静安文集续编》（《王国维遗书》第5册），38、40、53页。
[2] 《新定学务纲要》，《东方杂志》第1年3期，84页。

出一辙。[1]

同样，任教于天津北洋客籍学堂的孙雄在许多方面应该更接近"存古派"，他在该校讲授中国文学源流一课的讲义《师郑堂国文讲义叙目》便"虽以阐述古义为主，而时贤绪论，亦多采录"。书共21课，其中第2、3、20三课"均采《国粹学报》"，达七分之一。[2] 北洋客籍学堂为袁世凯所办，然能用《国粹学报》文章作教材，既说明该报的影响广远，同时也提示着各方之间固有不少歧异，却也有相当多的共同之处（孙雄此文即刊发在《政艺通报》之上，很能印证彼此都能相互接受）。若对比前引宋恕在山东学务处查禁《国粹学报》的态度，则当时各地官方办学者对《国粹学报》主张接受和不接受的都有。

且本章关于保存国粹方面的朝野共性尚非全部，在稍后反对文字表述的欧化或日本化并强调中国语言文字即中国国粹的讨论中，国粹学派和存古派的主张更加一致，许多陈述达到雷同的程度，均说明当时双方关怀的问题至为接近。提倡"万国新语"的李石曾、吴稚晖在《新世纪》撰文说，当时有所谓"汉学考据家之属"的"古文实学派"，包括"自命维新之张之洞等，甚而至于革命党中，亦有如某君某君者，其言论虽若有进，实则思想、目的、手段，常不离此派"，盖两者皆"主张存古及保国粹"。吴实看到双方在这方面的共性。其所说革命党人，当即指章太炎等。而太炎在答辩时指出，"张之洞提倡国粹，亦非甚力"，恰可与前引他担心经科、文科大学"只为具文"并观，可知这正是其真实想法。[3]

实际上，章太炎并不隐讳他在一定程度上对张之洞的认可，他在1907年撰文反对中国人参与日本人发起的"汉字统一会"时，便表示

---

[1] 赵启霖：《详请奏设存古学堂文》，《四川教育官报》，宣统二年第72期，公牍栏1B—3A页；刘光汉：《论文杂记》，《国粹学报》第1年1期。许多年之后，周作人还在重新提倡这样将文学分为两类的主张，参见周作人：《艺术与生活·国语改造的意见、国语文学谈》，上海中华书局，1936年，107—115、124—125页。

[2] 孙雄：《师郑堂国文讲义叙目》，《政艺通报》丁未15号，38—39张。

[3] 真：《进化与革命》，《新世纪》20号（1907年11月2日），2页；章太炎：《复吴敬恒书》（1908年），《章太炎政论选集》上册，381页。按一般认为"真"是李石曾的笔名，李在文中称这是转述其友人某君之语，据全文看，此友人确当为吴稚晖，故太炎认其为吴而驳之，大致不误。然吴不自撰而出自李口，当有所改易而增入李之见解了。

了对"略知小学"的张之洞"亦含胡与其会"的疑惑;并特别在文末指出:"余于张之洞,戎夏异途,然故非有私怨小忿,念其窥知古学,于当今百执事间,亦庸中之佼也。且国文之用,不以朝姓变易而殊,虽仕清廷,于此不宜抑挫。故略疏斯事是非,以激其意。鼓钟在宫,声闻于外,亦犹杨子云之望伯松欤?"[1]"略知小学"这一评语在太炎口中已不是一般的赞许,而"窥知古学"更非轻易许人,尤其最后正式表明对张氏的期望,均体现出两人在不少方面的共性。对太炎而言,"国文之用,不以朝姓变易而殊"最足表现其将文化与政治区分的基本立场。

或者可以说,庚子以后朝野的政治对立虽呈日益尖锐的趋向,在一些文化和学术问题上,民间不同"派别"的士人之间观念的对立有时甚至超过某些在野者与政府的对立,尤其是在中外冲突这一压倒性因素存在之时。当时所谓"派别"的社会分野异常错综复杂,一些在政治上对立的派别在文化上却可能分享着同样的观念,而某些在思想上比较接近的派别在学术上又相当对立。这就再次提醒我们简单划分派别而论证的方式虽然醒目易读,却可能无意中(有意者虽有而极少)修改了历史,从而误导读者。

进而言之,我想提出的问题是,清季(中央和地方)政府在当时的思想言说中起到了什么样的作用?它们与当时在野并竞争中的各政治派别的观念有多大歧异?又有多少共性?过去的中外研究明显受从同盟会到国民党意识形态的影响,较少关注那一时段政府人士的观念和举措,其实稍认真地考察当时的思想言说,会很容易发现,政府与民间在很大程度上分享着共同的思想资源;尤其是政府对民间言论的采纳和包容程度远超过既存的认知。陈黻宸在发表过明确的反满言论后仍能任用为京师大学堂的教习,各级政府对剪辫这一明确带有反朝廷色彩的行为实际上相当容忍,往

---

[1] 章太炎:《论汉字统一会》(原名《汉字统一会之荒陋》,《民报》17号,1907年10月25日),《章太炎全集》(4),319、322页。

往采取视而不见的方式对待[1],都提示着那时朝野之间的冲突和紧张程度并不像以前认知的那样严重,似尚有进一步探讨的必要。

另一方面,当时仍有不少人更多看见国粹与欧化那冲突的一面。既然国粹学派拟设的国粹学堂竟也隐约指向欧化的方向,无怪同样以欧洲为学习榜样的吴稚晖等提倡虚无主义者当时就认为中国"古学"缺乏可开发的思想资源,明确表示不赞同"古学复兴",而主张直接走"欧化"之路。而对特别强调"国家"存在意义的国粹学派来说,若弃国粹而欧化,结果可能是虽富强而文明却已非"中国",故在清季最后几年本来对欧化持开放态度的国粹学派,特别是章太炎等人针对弃国粹而欧化的主张进行了激烈的斗争,其核心则在语言文字之上:始则贬斥"东瀛文体",继而反对采用"万国新语",其影响之余波更及于民国,这与清季语言文字地位的上升有直接关系。

---

[1] 吴宓于宣统三年进入清华学堂,即自己"将辫发剪去"。他特别说明"京师各校现虽不许学生剪发,已剪者则弗过问,余剪之毫无妨碍"。吴学昭整理:《吴宓日记》(1),1911年2月9日,生活·读书·新知三联书店,1998年,19—20页。前引四川提学使的态度也是一例。

第 4 章

种界与学理：抵制东瀛文体与万国新语之争

　　清季最后几年，由于西方民族主义思想的引入，前此不甚被看重的语言文字地位逐渐上升，被视为"国粹"的要素之一；故国粹学派所提倡的"古学复兴"，其一个重点即落实在语言文字之上。伴随语言文字地位的上升，与其密切相关的文体问题和语言文字的改与革成为朝野共同关注的问题。在"东瀛文体"及构成此文体的重要特征"新名词"越来越流行于中国的同时，贬斥和抵制"东瀛文体"也日渐形成朝野一致的风气（这样的"一致"不必是朝野共谋的，也未必是有意识的）。与"东瀛文体"的冲击相比，简化中国文字甚至以拼音方式再造中国新文字的主张显然已强烈得多，而废弃中国语文并采用万国新语就可以说至为激进了。惟语文既为国粹要素，即使章太炎等曾受无政府主义影响的人也不能容忍用"万国新语"取代中文，结果形成一场革命党人内部的争论。这些便是本章侧重讨论的内容。

一 语言文字地位的上升

中国引进西学，一开始就是开办同文馆、广方言馆等，后来也正是从语言文字方面发现西学侵入中学已极深，而引起一些士人之高度关注。这一发展过程同时也是中国读书人观念转变的演化进程。同文馆最初开办时，仅选八旗少年学习外国语言文字，到同治五年（约1866）则提出增设天文算学馆，招收正途出身的学员，结果引起强烈反弹，形成一场大争论。[1]虽然当时反对者的核心考虑恐怕主要在正途出身一点，但学外文则无所谓，增学其他内容则力争之，仍从一个侧面反映出士人多视语言文字为工具，对之并不重视。

类似的观念延续到戊戌维新时期，惟立场已发生根本转变。孙家鼐在甲午后议设京师大学堂时，便认为同文馆和各省广方言馆不过"斤斤于文字语言，充其量不过得数十译翻人才而止"。梁启超在大约同时也指出，"今之同文馆、广方言馆、水师学堂、武备学堂、自强学堂、实学馆之类，其不能得异才何也？言艺之事多，言政与教之事少；其所谓艺者，又不过语言文字之浅、兵学之末，不务其大、不揣其本"[2]。

过去是新旧双方对学外国语文尚能接受，而增学其他便有争议；如今是其他内容才更应该学，语文则不足道。对西学的整体认识已大变，然轻视语言文字则仍旧。虽然这些人所言及者实际为外文，但中外语言文字在性质上是相通的，在言及外文时无意中透露出那种认为语文"浅"的见解在某种程度上表明此时中国士大夫对整体的语言文字仍不够看重，后来主张改革中文甚至废弃中文者正多从其仅为"工具"这一角度出发。

---

[1] 关于这场争论的研究甚多，对其诠释过程大致经历了从守旧与维新之争到顽固与改良、落后与先进的斗争，再到中学与西学（或中西文化）之争，最后是传统与近代化的冲突。李细珠的《晚清保守思想的原型——倭仁研究》（社会科学文献出版社，2000年，165—186页）应是最新的论述，作者以为这是"传统社会的惰性力量与近代化进程的矛盾冲突"，反映出"以国家为主体的向西方学习的早期近代化运动与社会的排外主义的民族情绪之间出现了极端紧张的关系"。

[2] 孙家鼐：《议复开办京师大学堂折》（光绪二十二年七月），收入中国史学会主编：《中国近代史料丛刊——戊戌变法》第2册，神州国光社，1953年，425页；梁启超：《变法通议·学校总论》（光绪二十二年），《饮冰室合集·文集之一》，19页。

光绪二十九年（约1903）的《奏定学堂章程》之《学务纲要》第13、14条规定，小学堂"以养成国民忠国家尊圣教之心为主，各科学均以汉文讲授，一概毋庸另习洋文，以免抛荒中学根柢"。但在"中国文义通顺、理解明白"之后，"中学堂以上各学堂必勤习洋文"。其所本之道理颇有趣："今日时势，不通洋文者于交涉、游历、游学无不窒碍；而粗通洋文者往往以洋文居奇，其猾黠悖谬者则专采外国书报之大异乎中国礼法、不合乎中国政体者，截头去尾而翻译之；更或附会以一己之私意，故为增损，以求自圆其说。"若"中国通洋文者多，则此种荒谬悖诞之翻译决无所施其伎俩"。也许担心专习中国学术者忽视洋文，《纲要》特别强调，"大学堂经学、理学、中国文学、史学各科尤必深通洋文，而后其用乃为最大"[1]。此时大致还是一种鱼与熊掌兼得的取向，虽以中文为根基，最后还是要通洋文以得大用。

在大量中国学生蜂拥到日本后，部分或受日本国粹观念的影响，更多则直接受近代西方民族主义的影响（即视语言为确定"民族"的要素），时人心目中语言文字的重要性陡增。如国粹学派即多视语言文字为国粹或国学的重要组成部分，邓实说："合一种族而成一大群，合一群而奠居一处，领有其土地山川，演而为风俗民质，以成一社会。一社会之内，必有其一种之语言文字焉，以为其社会之元质，而为其人民精神之所寄，以自立一国。一国既立，则必自尊其国语国文，以自翘异而为标致。故一国有一国之语言文字，其语文亡者，则其国亡；其语文存者，则其国存。语言文字者，国界种界之鸿沟，而保国保种之金城汤池也。"[2]

重要的是，自西力东侵，邓实等中国士人开始认识到古今灭人之国方式已不同，古以杀伐，而"今之灭人国也，不过变易其国语，扰乱其国文，无声无臭，不战而已埋人国圮人种矣，此欧美列强所以多灭国之

---

[1]《新定学务纲要》，《东方杂志》第1年3期，100—102页。
[2] 本段与下段，邓实：《鸡鸣风雨楼独立书·语言文字独立》，《癸卯政艺丛书·政学文编卷七》，173—174页。

新法也"[1]。于是学习外语再也不是无足轻重之事了,马叙伦从《新体欧洲教育史》中看到"国民教育而有外国语言文字,实非得已之事",不免慨叹道,"呜呼,是诚通言哉!"[2]。学外语既因时势所迫,就更应强调本国语文。故邓实提出,"一国之立,必有其所以自立之精神焉,以为一国之粹;精神不灭,则其国亦不灭"。何况"自有世界以来,以文学立国于大地之上者,以中华为第一;立国之久而文学相传不绝者,亦以中华为第一";故"文言者,吾国所以立国之精神而当宝之以为国粹者也。灭其国粹,是不啻自灭其国"。

语言文字地位的上升也是有个过程的,不欣赏民族主义的严复在1902年以为"文辞"不过"载理想之羽翼而以达情感之音声",大体仍视其为工具,是"文以载道"观的"现代表述";不过他同时又强调"文体变化与时代之文明程度为比例",在当时可谓将其提到极高的地位。[3]几年后一位江南士人说,"文者,治学之器也。无其器则工不治。是故学之将丧,文必先之"[4]。这可能是在语言文字变得重要这一进程中的一种过渡观念,这里"文"仅被视为治学的工具,大体是清代汉学家"因文见道"观的翻版(惟"治学"在层次上仍低于"见道"许多),尚远不到"国粹"那样重要的程度;但"学之将丧,文必先之"的忧虑与邓实等人的忧患意识和表述方式都相当接近,显然已超出一般学者对工具的关注。

到清季最后几年,语言文字的至关紧要渐成为朝野许多人的共识。章太炎认为:"国于天地,必有与立,非独政教饬治而已。所以卫国性、类种族者,惟语言历史为亟。"他从已经亡国的印度人那里了解到,"民族独立,先以研求国粹为主,国粹以历史为主;自余学术皆普通之技,

---

[1] 稍后黄节也注意到,英俄灭印度裂波兰,亦"皆先变乱其言语文学,而后其种族乃凌迟衰微";结果是"学亡则国亡,国亡则国族"。黄节:《国粹学报叙》,《国粹学报》第1年1期。

[2] 马叙伦:《中国无史辨》,《新世界学报》第9期(光绪二十八年十二月),81页。

[3] 严复致梁启超,壬寅(约1902年)三月,王栻主编:《严复集》(3),中华书局,1986年,516页。

[4] 南械(张继良?):《佚丛序》,《政艺通报》丁未17号,38张。

惟国粹则为特别"[1]。这一以历史为主的国粹即包括语言,他解释说:提倡国粹"只是要人爱惜我们汉种的历史。这个历史,是就广义说的,其中可以分为三项:一是语言文字,二是典章制度,三是人物事迹"[2]。在朝的张之洞也分享这一观念,他在约略同时说:"今日环球万国学堂,皆最重国文一门。国文者,本国之文字语言、历古相传之书籍也。即间有时势变迁,不尽适用者,亦必存而传之,断不肯听其澌灭。"[3]

可知当时不仅语言文字的重要性剧增,就是"国文"的指谓也变得非常广泛,甚至包括所有文字印刷品——书籍。这部分可能因为同文馆和广方言馆先已实际变为西学馆,结果"国文"也在某种程度上成为"中学"的近义词。宣统元年关于学部的一则报道说,"张相国未管学部之前,部中已有重订小学章程之稿,废读经讲经,初等更纳历史、地理、格致三科于国文中。张相国不以为然,迄未发布"。后因摄政王催促,又"草草订定,率行入奏"[4]。章太炎和张之洞那时都是保存国粹的提倡者,而包含语言文字的"国粹"之所以到了需要保存的地步,部分也因当时的风气是学求"实用",与实用关系并不紧密的"文字"似非急务。[5]

这多少也牵涉到清代的"汉宋之争",在汉学家眼里,文字训诂是通经见道的必由之路,而宋学家则一向认为以训诂为基础的考据烦琐而不切"实用"。徘徊于汉宋之间的宋恕于1905年论"文理"一词说,此虽"俗名词",却曾见于《中庸》,"实古名词也。但俗所谓'文理',意专指文,几忘理字。此其谬,乃隋唐以来文词取士之制积重所酿成。宋明诸儒提倡理学,原欲以理矫文,故其语录皆不用文词,与今海外望国之演说录、讲义录同体。徒以取士时制皆用文词,故卒不能革轻理重文之俗"。今朝廷毅然废文词取士之弊制,宋明"先儒有知,当恨不逢其盛"。然从另一方面看,"苟文词取士之制既废,而理解取士之制不兴,

---

[1] 章太炎:《重刊〈古韵标准〉序》《印度人论国粹》,《章太炎全集》(4),203、366页。
[2] 章太炎:《东京留学生欢迎会演说词》,《章太炎政论选集》上册,276页。
[3] 张之洞:《创立存古学堂折》(光绪三十三年),《张文襄公全集》(2),145—148页。
[4] 《变通学堂章程之原因》,《教育杂志》第1年7期(宣统元年六月),595页。
[5] 参见本书第1章。

则一线相传之理解将随文词而俱亡"。中国"为古望国,愈古之书,理解愈正。若竟如理学先儒及日本言文一致派泰斗福泽谕吉氏等之痛摈文词,则又恐训诂益荒,古书将无人能读",故当理解与文词并重。[1]

如果说宋恕所思考的问题还较接近"文以载道"的传统,高凤谦于1908年撰文,则从全新的时代角度论证"偏重文字之害"。他认为当时中国"凡百事业,皆求之于文人,必多废事;有为之士,专力于文章,不屑稍治他业,必多废材"。高氏预感到有人会提出疑问:"西学东来,少年之士鄙弃旧学,识者方以国粹不保为忧,今乃倡轻文之论,国学无乃失坠乎?"他以为不然,"吾之所谓重文太甚者,非谓文之不足重,特不可因重文之故,而轻视他科学"[2]。这样的辩解当然不足以解除其所论对"重文"传统的威胁,盖高氏恐根本不认为"文"可以"载道",而其所言在那时有相当的代表性,中国"文字"所面临的压力是非常明显的。

以诗文著称的樊增祥本认为"吾中国事事不如外人,独伦理词章,历劫不磨,环球无两",但对中文的前途已充满担忧:"比来欧风醉人,中学凌替。更二十年,中文教习将借才于海外矣。吾华文字,至美而亦至难,以故新学家舍此取彼。然人人畏难而不学,将来公卿之奏议、郡县之申详、私家之议论、友朋之书札、名人之碑志,举以鄙倍枯涩凌杂苟简出之,是使当世无文章而后世无史料也。"[3]惟对于更多时人来说,"当世无文章而后世无史料"实非中国眼前之急需,倒是樊增祥所承认的"吾中国事事不如外人"才是必须立即改变的现状。就连吴汝纶这样的桐城文派大家也说,"文者,天地之至精至粹,吾国所独优。语其实用,则欧美新学尚焉。博物、格致、机械之用,必取资于彼,得其长乃能共竞"[4]。

这就呈现出某种程度的时代紧张:一方面,在西来的民族主义思

---

[1] 宋恕:《粹化学堂办法》(1905年),《宋恕集》上册,377—378页。
[2] 高凤谦:《论偏重文字之害》,《东方杂志》第5年7期(1908年8月),《辛亥革命前十年间时论选集》卷三,12页。
[3] 樊增祥:《秦中官报序》(光绪三十年正月);《批高邮州学正王同德世职王伟忠禀》(作于光绪三十四年六月樊任江宁布政使后),《樊山政书》卷七,4页;卷二十,40—41页。
[4] 《清史稿·吴汝纶传》卷486,13444页。

想影响下，语言文字被赋予"立国之本"的重要意义，大大提升了"文以载道"和"因文见道"的传统观念（随着西方近代国家观念的传入，"道"本身的含义也在转变，而"文"已几乎等同于"道"了）；另一方面，由于外患日深，"文字"显然与"退虏""送穷"等当下的需要颇有距离，且过于重文的习惯行为已被认为妨碍了实用方面的发展。吴汝纶与樊增祥一样珍重中国之"文"，然其意在以"实用"为急务是很明确的；而实用即意味着追随"欧美新学"，于是这"独优"的本国语言文字很快就因与学习西方的取向似有冲突而受到更多新学少年的冲击，沦落到需要"保存"的地步。

那时世风的转移非常明显，由译学馆派出游学的陈祖良已观察到，"倾心洋文，吐弃科学，吾国人之通病"。他以为，"科学不备，虽通洋文，无能为也"。而任教于天津北洋客籍学堂的孙雄在1907年发现，该校学生"资禀稍胜、根柢稍厚者，多并日劳神以治洋文"。他承认这些人"意非不甚善，然今日求学，不必遽语高远求大用也，但冀具完全之人格而已。中国文与外国文，分定课程，两无偏重，琢磨砥砺，自能日新"[1]。在陈氏的观察里与洋文对应的还是"科学"，与前引高凤谦所言相近，而孙氏所见则是轻中文以治洋文。与开办同文馆时相反，此时提倡中外文两无偏重已意在袒护中文，且孙氏所说的中文、洋文大体是中学、西学的近义词，学界中西之间的权势转移已至为清晰。

邓实早在1903年即观察到："海市既开，风潮震撼，吾国不学之士、无良之民，浸淫于蟹行之书，病祖国言文之深邃，反欲尽举祖宗相传以来美丽风华光明正大之语言文字废之而不用，而一惟东西之言文是依，以为夷其言语文字即足以智民而强国。"[2]可知中文"不优"甚至当废的观念先已在流传，既存研究一般较关注吴稚晖等几年后提出的废弃中国文字而改用万国新语（今称世界语）的主张，其实他们不过是将那时已存在的类似观念更系统而明确地表述出来而已（详后）。也因此，

---

[1] 孙雄：《北洋客籍学堂学识小录叙》，《政艺通报》丁未14号，39张。
[2] 邓实：《鸡鸣风雨楼独立书·语言文字独立》，《癸卯政艺丛书·政学文编卷七》，174—175页。

一些中国士人试图保存这一"独优"文字的努力还先于欧化派不久的直接进攻。

在这样的大背景下,章太炎于1906年在东京主持"国学讲习会",专讲"中国语言文字制作之原"、"典章制度所以设施之旨趣"及"古来人物事迹之可为法式者"。章士钊起草的《国学讲习会序》说:"夫一国之所以存立者,必其国有独优之治法,施之于其国为最宜;有独至之文词,为其国秀美之士所爱赏。立国之要素既如此,故凡有志于其一国者,不可不通其治法、不习其文词;苟不尔,则不能立于最高等之位置,而有以转移其国化,此定理也。中国立国已二千年,可得谓无独优之治法乎?言治法犹晦,中国之文字,于地球为特殊,可得谓无独至之文词乎?必曰无之,非欺人之言,则固未之学也。"[1]

然而任何士人对"实用"这一时代需要也不能不有所因应,刘师培在1905年已提出一种文字分工、用古文以保存国学的主张,他引斯宾塞之言,认为文字进化与通常的天演之例不同,呈现"由文趋质、由深趋浅"的趋势。中国宋儒语录和元代词曲之盛兴,"皆语言文字合一之渐也。故小说之体,即由是而兴;而《水浒传》《三国演义》诸书,已开俗语入文之渐"。故"就文字之进化之公理言之,则中国自近代以来,必经俗语入文之一级。昔欧洲十六世纪教育家达泰氏以本国语言用于文学,而国民教育以兴。盖文言合一,则识字者日益多。以通俗之文推行书报,凡世之稍识字者,皆可家置一编,以助觉民之用,此诚近今中国之急务也。然古代文词,岂宜骤废。故近日文词,宜区二派:一修俗语,以启渝齐民;一用古文,以保存国学。庶前贤矩范,赖以仅存。若夫矜夸奇博,取法扶桑,吾未见其为文也"[2]。

这样一种应用与保存并行的取向并非刘师培一人独有,四川提学使赵启霖于宣统二年也说:"国文盛衰之故,与国力之强弱相因:强国之文日见其扩张,则弱国之文日见其消缩。东西各国,每务推广其文字之实

---

[1] 章士钊:《国学讲习会序》(1906年),《章士钊全集》(1),176—177、179页。
[2] 刘光汉:《论文杂记》,《国粹学报》第1年1期。

力，以恢拓其国力。我不亟图维持国学，将输入之文，既有喧宾夺主之患；固有之文，反有礼失求野之时。议者谓文学但取适用，若中国经籍之浩博、文理之渊深，不必汲汲焉专精以从事。不知中国之所以立国，既在文教，若举数千年优美独到之处，任其消蚀，将来更无以动人民思古之念而激志士爱国之心。故普通之文学，以适用为宜；而精诣之文学，尤以保粹为要。"[1] 赵氏的观念与国粹学派的基本主张极为相似，他虽未必直接受刘师培前引文的影响，但多半接触过《国粹学报》一类印刷品。

高凤谦也主张"文字有二：曰应用之文字，曰美术之文字。应用之文字，所以代记忆、代语言，苟名为人者，无不当习知之，犹饥之需食，寒之需衣，不可一人不学，不能一日或缺也。美术之文字，则以典雅高古为贵，实为一科专门学，不特非人人所必学，即号为学者亦可以不学"。"世界万国，视文字之重者，无如我国，而识文字之少者，反无如我国。虽曰文字艰深，学之不易，亦以应用之文字与美术之文字混而为一故也"。他断定，"欲文化之普及，必自分应用之文字与美术之文字始"。而"欲百业之兴起，必自视美术之文字与各科学等始"[2]。不过，与刘、赵不同的是，高氏显然无意于保存，而着眼于更加面向未来的"百业之兴起"。

严复早在其《天演论序（手稿）》（1896）中论中国"古书难读"时，已指出"书言不合"导致"故训渐失"；[3] 他也认为"文辞"分雅俗两类，然却无意"修俗语，以启瀹齐民"。梁启超在壬寅年的《新民丛报》上推介严译时，曾指责其文过求渊雅，非多读古书之人难以索解。严复则以为，"文辞者，载理想之羽翼，而以达情感之音声也。是故理之精者不能载以粗犷之词，而情之正者不可达以鄙倍之气"。翻译虽不必"慕藏山不朽之名誉"（此谦词也，意实反之），但也不能苟然为"言庞意纤"的"报馆之文章"。若"徒为近俗之辞，以取便市井乡僻之不学，此于文界，乃所谓陵迟，非革命也"。他明确其所译乃"学理邃赜之书也，

---

[1] 赵启霖：《详请奏设存古学堂文》，《四川教育官报》，宣统二年第72期，公牍栏2B—3A页。
[2] 高凤谦：《论偏重文字之害》，《辛亥革命前十年间时论选集》卷三，11—14页。
[3] 严复：《天演论序（手稿）》，《严复集》（5），1412页。

非以饷学僮而望其受益也。吾译正以待多读中国古书之人。使其目未睹中国之古书而欲稗贩吾译者，此其过在读者，而译者不任受责也"[1]。

这一雅俗之间的选择可能受吴汝纶影响，严复曾向吴请教翻译时如何斟酌文字，吴以为文之雅洁最要，"若名之为文，而俚俗鄙浅，荐绅所不道，此则昔之知言者无不悬为戒律，曾［国藩］氏所谓辞气远鄙也"[2]。许之衡于1905年论"文学"之"改良"则说，文学"宜适晚近，不宜返之皇古。虽不必效东瀛之文体，然亦当为智识普及起见，宁失之平易，无失之艰深。盖我国识字者太少，识古字者尤少。必字字返之古义，无亦与文字进化之公例不符且窒碍滋多耶？"[3]。许氏与严复态度相反，然两人均于二分之中仅取其一，与刘师培等人分而适应不同群体的取向有相当区别。

以当时的世风言，废弃汉文的主张仍嫌激进，或难得广泛的呼应，而有些无形的影响反可能在不知不觉中导致汉文的变色。实藤惠秀后来注意到，无意中的重复出现正是最后使中国人接受日本新名词的主要途径。他举例说，《译书汇编》在刊登翻译日文《经济学研究之方法》一文时，特说明"经济云者，理财或富国之义，因原文通用此名，故仍之"。梁启超便屡次试图纠正以"经济"译economics，该文译者显然对"原文"这一含义有所保留，但既为方便而"仍之"，则该词的反复出现（仅译文第一页便出现12次），终使读者习而不怪，最后达到不约定而俗成的效果。故"中国人虽然对这个日本词汇反感，而且企图改用其他词汇，可是在日本书的中译本内，却到处可见'经济'一词，最后他们还是照日本词汇的老样子使用"[4]。

当年已有中国人虑及此意，赵启霖指出，当时新学堂中"各种学

---

[1] 按严复根本认为"声之眇者不可同于众人之耳，形之美者不可混于世俗之目，辞之衍者不可回于庸夫之听。非不欲其喻诸人人也，势不可耳"。这是其与刘师培等人一大不同之处。严复致梁启超，壬寅三月，《严复集》（3），516—517页。
[2] 吴汝纶致严复，1899年4月3日，《严复集》（5），1564页。
[3] 许之衡：《读国粹学报感言》，《国粹学报》第1年6期。
[4] 参见实藤惠秀：《中国人留学日本史》，谭汝谦、林启彦译，生活·读书·新知三联书店，1983年，311—312页。

科,多用译本,学子操觚率尔,非特捃摭新词,竞相仿效;即文法句调,亦受病于无形"[1]。对于没有"旧学根柢"且尚在学习怎样表述其思想观念的少年学子来说,新旧中西之"学"与其表述方式实际是共生并存,在修习新学的过程中自然而"无形"地学会了其"文法句调",也就等于摒弃了过去那"精谐之文学"。陈独秀后来说各种旧事物皆"一家眷属",确有所见。在新旧对立之时,双方在相当程度上真是一荣俱荣、一损俱损。这样,对于"捃摭新词"和仿效翻译教科书"文法句调"的流行做法都不能不进行反击。那时的教科书译本主要来自日本,许之衡所谓"效东瀛之文体",即刘师培不承认其"为文"的"取法扶桑",正是当时不少士人奋起抵制的一大倾向。[2]

二 抵制东瀛文体

"东瀛文体"的一个重要特色即赵启霖所说的"捃摭新词",而较多新词的出现大概始于制造局之译书,传教士和新式报刊也起了相当作用。樊增祥曾指出,"中国文字,自有申报馆而俗不可医;然犹不至于鹦鹉改言从鞾鞾,猕[猕]猴换舞学高骊[丽]也。迨戊戌以后,此等丑怪字眼,始络绎堆积于报章之上。无知之物,承窃乞余,相沿相袭"[3]。其实还不止报章,早在科举改试策论时,叶德辉就发现,"今日之试卷,满纸只有起点、压力、热力等字"。他并不欣赏所谓"时文",盖许多不以八

---

[1] 赵启霖:《详请奏设存古学堂文》,《四川教育官报》,宣统二年第72期,公牍栏2A页。
[2] 前引实藤惠秀关于中国人留学日本的研究仍是这方面最有参考价值的著作,该书中关于翻译出版的内容有两章,而关于汉语摄取日本词语的更有专章详论,并述及"文体"问题。其余经常提及清季"新文体"特别是"新名词"的论者尚多,马西尼的《现代汉语词汇的形成——十九世纪汉语外来词研究》(黄河清译,汉语大词典出版社,1997年)颇有可参考的内容;熊月之的《西学东渐与晚清社会》(上海人民出版社,1994年)含有关于"新名词"的综论性陈述(672—678页);王奇生曾注意到"文体"问题,参见其《中国留学生的历史轨迹》(湖北教育出版社,1992年),309—312页。另外,一般关于梁启超的传记都会提到所谓"梁笔",一般关于张之洞的传记也都会多少提及他反对使用新名词之事,不过两者也多是提到而已。并当参阅高名凯、刘正埮的《现代汉语外来词研究》(文字改革出版社,1958年)。
[3] 樊增祥:《批学律馆游令课卷》,《樊山政书》卷六,25页。

股文见长的"高才博学,坐是困于场屋;而揣摩之士,乃捷足得之"。然改试策论而满纸新名词,不过改变揣摩对象,"同一空谈",其弊相等。[1]

当年新派讲学,同样要以新名词装点。戊戌年皮锡瑞在南学会讲学,便强调"讲学是孔门及汉、宋诸儒旧法,并非奇怪之事"。且"必先讲学,乃能开智;必先开智,乃能自强。此虽老生常谈,实是一定道理"。而"欲讲商学、农学、工学,亦宜先从我辈讲学起点"。皮氏乃不讳新学的经师,述"老生常谈"时已杂入"起点"这一新名词,颇能体现当日趋新者风气之一斑。[2]

在叶德辉看来,这正是以胜负决文野的结果:"甲申之役,法败而中胜,则中国进于文明;甲午之役,中溃而日兴,则中国沦于半教。"本来中外既已兵戎相见,"非我族类,仇视宜然。独怪今之谈时务者,若祖若父,本中土之臣民;若子若孙,皆神明之嫡脉。而亦幸灾乐祸,人云亦云"。其议论撰文,"自称支那;初哉首基,必曰起点。不思支那乃释氏之称唐土,起点乃舌人之解算文。论其语则翻译而成词,按其文则拼音而得字。非文非质,不中不西"。实不啻东施效颦。[3]

刘师培则认为,日本文体能盛行于中国也因中国文体先已衰落,他考近世"文学变迁之由,则顺康之文,大抵以纵横文浅陋;制科诸公,博览唐宋以下之书,故为文稍趋于实。及乾嘉之际,通儒辈出,多不复措意于文,由是文章日趋于朴拙,不复发于性情。然文章之征实,莫盛于此时。特文以征实为最难,故枵腹之徒,多托于桐城之派,以便其空疏;其富于才藻者,则又日流于奇诡"。近日"作文者多师龚、魏,则以文不中律,便为放言,然袭其貌而遗其神。其墨守桐城文派者,亦囿于义法,未能神明变化。故文学之衰至近岁而极。文学既衰,故日本文体因之输入于中国"[4]。

---

[1] 叶德辉:《郋园书札·与皮鹿门书》,12页。
[2] 皮锡瑞:《师伏堂日记》,光绪二十四年六月初六日,选刊在《湖南历史资料》1959年第2辑,127页。
[3] 叶德辉:《郋园书札·答人书》,23页。
[4] 刘师培:《论近世文学之变迁》,《国粹学报》第3年1期。

从吴汝纶、姚永概、马其昶、严复、林纾等桐城派先后"控制"京师大学堂的情形看，刘师培说那时"文学之衰"已"极"恐怕不免带有以儒林人的眼光看文苑之意味（这一观念因民国后欣赏魏晋文章的革命派控制北大而成为学界主流意识，迄今未衰），然经学家已有此不满说明戊戌后中国文体的显著变化也有其内因，则大致不错。不过促成这一变化的仍以外因为主，即叶德辉所说的因中国战败导致国人之文化自定位由文明变为野蛮。正是在这样的心态下，甲午后中国读书人乃能化仇视而师敌国，蜂拥入日本游学，实中外历史上不多见之事。[1] 这些人的言论又进一步影响中国的文风，如刘师培所见，"其始也，译书撰报，据文直译，以存其真。后生小子，厌故喜新，竞相效法"。问题在于，"东籍之文，冗芜空衍，无文法之可言。乃时势所趋，相习成风，而前贤之文派无复识其源流"。实为"中国文学之阨"。[2]

到20世纪初年，东瀛文体与新名词已互为表里。前引《学务纲要》第12条正式提出，"戒袭用外国无谓名词，以存国文、端士风"。中国本有"文以载道"的传统，而"今日时势，更兼优文以载政之用。故外国论治论学，率以言语文字所行之远近，验权力教化所及之广狭"。言不文则行不远本是古训，而与国家权力教化所及连在一起则为新知（尤其《纲要》明确这是来自外国的观念，以增强其立说之正当性，非常值得注意），文体的重要自不言而喻。这样，"大凡文字务求怪异之人，必系邪僻之士。文体既坏，士风因之。夫叙事述理，中国自有通用名词，何必拾人牙慧。又若外国文法，或虚实字义倒装、或叙说繁复曲折，令人费解，亦所当戒。倘中外文法参用杂糅，久之必渐将中国文法字义尽行改变，恐中国之学术风教亦将随以俱亡矣"[3]。可见清中央学部早已关注文法字义那潜移默化的转变，且已上升到危及中国学术风教存亡的高度。

学部因此规定，"除化学家、制造家及一切专门之学，考有新物新

[1] 参见罗志田：《权势转移：近代中国的思想、社会与学术》，51—54、267—270页。
[2] 刘师培：《论近世文学之变迁》，《国粹学报》第3年1期。
[3] 本段与下段，《新定学务纲要》，《东方杂志》第1年3期，99—100页。

法，因创为新字，自应各从其本字外，凡通用名词自不宜剿袭"。《纲要》特别强调指出，"日本各种名词，其古雅确当者固多，然其与中国文字不宜者亦复不少。近日少年习气，每喜于文字间袭用外国名词谚语，如团体、国魂、膨胀、舞台、代表等字，固欠雅驯；即牺牲、社会、影响、机关、组织、冲突、运动等字，虽皆中国所习见，而取义与中国旧解迥然不同，迂曲难晓；又如报告、困难、配当、观念等字，意虽可解，然并非必需此字，舍熟求生，徒令阅者界说参差，于办事亦多窒碍"[1]。

这一政策在湖北、陕西均得到贯彻，樊增祥说："今之少年，稍猎洋书，辄拾报章余唾，生造字眼，取古今从不连属之字，阄合为文。实则西儒何曾有此，不过绎手陋妄，造作而成。而新进无知，以为文中著此等新语，即是识时务之俊杰。于是通场之中，人人如此；毕生所作，篇篇如此。"针对这一倾向，"去年鄂闱，端中丞详加戒谕，如改良、起点、反影、特色之属，概不准阑入卷端"。同年陕西"大学堂稽课卷，因榜首用文明、野蛮字，经本司严批痛斥。近南郑禀牍，用起点字，又经抚宪切责"。然似未能扭转风气，次年陕西学律馆一游姓令即在其课卷中"自鸣得意，以起点二字示其学有本原"。樊氏以为此实"吾辈之耻"，"誓以天帚扫此垢污"；并警告说，"以后凡有沿用此等不根字眼者，本司必奋笔详参，决无宽贷"。有意思的是，此卷虽被樊氏"特置榜末示儆"，却被其"幕友原取第一"，可见当时不少人确以此为"学有本原"而识时务。[2]

民间的国粹学派观察到同样的现象，不过邓实起初认为诗文比名词更重要。与其他人一样，邓实也承认中国"凡百政法艺术，其不如欧美信矣。若夫诗歌之美，文藻之长，则实优胜之。此其特异之性质，固自

---

[1] 同样，《纲要》又据外国成例来增强其说服力，指出"此类名词在外国不过习俗沿用，并未尝自以为精理要言"。而当时"日本通人所有著述文辞，凡用汉文者，皆极雅驯，仍系取材于中国经史子集之内，从未阑入此等字样。可见外国文体界限本自分别，何得昧昧剿袭"。
[2] 樊增祥：《批学律馆游令课卷》，《樊山政书》卷六，24—25页。按此"鄂闱"若为乡试，端方任鄂抚在光绪二十七至三十年间，乡试仅光绪二十九年一次，是此文应作于光绪三十年。

其土地山川风俗民质历史政教所陶铸而来者也。不自保其特美之性质,则国失其精神,而国非其国,凡百作为,举无幸焉。能独立而保存之,则异族之能亡者,不过亡吾国之名词,其立国之精神固未尝亡也。精神不亡,则国魂必有复苏之一日"[1]。邓实此文用了不少学部《纲要》不欣赏的新名词("国魂"即其一),多少也有些"文字务求怪异"的意味,然其关怀和忧虑,却与学部相当接近。

这里其实还隐伏着中国传统学问的内在差异,邓实生长于上海,青年时返广东从简朝亮学;以乾嘉朴学之正统言,其受学大体已在"礼失求诸野"的范围内,所以他能认为"文藻"重于"名词"。对希望由训诂以见道的正宗清代汉学家说来,恐怕"名词"远更重要。不过,在西潮冲击之下,所有中学的派别门类在一定程度上渐成同盟(此过程甚长,直到北伐乃至"九一八"之后才最终确立,详另文),且"语言文字"这一清季开始流行的词语也具有兼容"文藻"与"名词"(及其所代表的两派)之功能,故"文体"得以成为不同学术背景的士人之共同关注点。

到1905年《国粹学报》创刊,其《略例》即曰:"本报撰述,其文体纯用国文风格,务求渊懿精实,一洗今日东瀛文体粗浅之恶习。"[2]明确将"东瀛文体"作为该刊打击的对象,此后这一宗旨成为该刊一个特色,类似的言论时常可见。颇受《国粹学报》影响的青年钱玄同在1906年便认为"东洋文体粗率之书实不足观,且亦无甚道理"[3]。

四川总督锡良和学政郑沅注意到,因"风会所趋,少年学子,本原未裕,竞思捷获,掇拾一二外国名词,自命新学,蔑视经史;而有识之徒,或发愤为保存国粹之说。昔也汉宋,今也新旧,叠成聚讼"[4]。不久高凤谦也观察到,"今之言保存国粹者,大抵有积极消极二主义。其持消极主义者,曰禁用新名词以绝莠言也;其持积极主义者,曰设立存古

---

[1] 邓实:《鸡鸣风雨楼独立书·语言文字独立》,《癸卯政艺丛书·政学文编卷七》,175页。
[2] 《国粹学报》第1年1期。
[3] 钱玄同日记,1906年3月29日,转引自杨天石:《振兴中国文化的曲折寻求——论辛亥前后至"五四"时期的钱玄同》,《五四运动与中国文化建设》,990页。
[4] 四川总督锡良、学政郑沅:《添设致用学堂以广儒效而豫师资折》,光绪三十二年三月初四,《光绪朝朱批奏折》,第105辑,731页。

学堂以保旧学也"[1]。双方所看到的现象是一致的，然其对这一新旧之争的态度却不甚同。

锡良和郑沅主张通过读经来保存国粹，然亦不排斥新学。而高氏更主张，"今之所谓新名词，大抵出于翻译，或径用东邻之成语，其扞格不通者，诚不可胜数"，但又不能一切摒弃不用。世界既然不断变迁，新事物就不断出现，"后起之事物既为古之所无，势不能无以名之；此正新名词之所由起，固不必来自外国而始得谓之新也"。其实"新旧二字，本对待之词，其界说孰能从而画之？"。从十三经到《康熙字典》，所用之字从五千余发展到四万余，后之所增者皆经传未见之"新"字，历代都在使用。而且，像"可汗"这样的外来名词也早已为文人所习见。"世界交通，文明互换，外来之事物苟有益于我国者，既不能拒绝之"，又何必"计较于区区之名词"。

实际上，当时"译本之流行，报章之传布，上至于奏定之章程、钦颁之谕旨，所用新名词既数见而不鲜，又乌得从而禁之？"。这的确是事实，清季笔记中颇有张之洞不喜新名词而无意中仍用新名词之说，论者多已引述，此不赘。实际的事例也有，张所拟订的湖北存古学堂关于"外国史"课程的安排便曰，"先讲近百年来之大事，渐次及于近古、上古，使知时局变迁之所趋"[2]。这里对历史以近古、上古等分段法，大概即是来自教科书译本的新知。[3] 故高凤谦以为，"平心言之，新名词之不可通者，勿用可也；既已习用，必从而禁之，不可也。治古学者不用新名词，可也；必以责通常之人，不可也。且谋教育之普及，不能不设学堂，学堂不能不教科学，教科学不能不用新名词"，实无法禁。况且，就连"国粹"和"新名词"本身也是新名词呢！

前引许之衡论"文学"之改良"宜适晚近"时已指出，若字字返

---

[1] 本段与下两段，高凤谦：《论保存国粹》，《教育杂志》第1年7期（宣统元年六月），547—548页。
[2] 张之洞：《咨学部录送湖北存古学堂课表章程》（光绪三十三年），《张文襄公全集》（2），928页。
[3] 所谓上古、中古、下古"三古"之说渊源甚早，乾嘉学者也常用"上古"一词，然其含义与日本教科书所谓"上古""近古"等颇不同。

古,便与文字进化之公例不符且窒碍滋多,他具体举例说,"释词之学,用王氏引之,不若用马氏建中为尤允。马氏兼通中西,王氏则但通古训,两者相较,不若后者居胜"[1]。许氏本认为章太炎之反孔也受日本影响(详后),这里针对的"字字返之古义"正有所指;不过他也明确了"不必效东瀛文体"的态度,而提出以"兼通中西"的《马氏文通》为依据。既然日本也不过是在学西方的路上先走一步,这些身居上海而不喜"东瀛文体"之人自可寻找更正宗的西方思想资源。

许之衡的建议提示着清季中国思想界一个隐伏较深也更复杂的思虑,即直接效法欧美还是接受日本人转手的"西方"。在文体方面,像严复这样的留学欧洲者曾长期与日本对西方术语的译法作斗争,而主要在上海通过日本人接受西学的王国维则相当赞赏日本"新学语"。王氏看到了前引赵启霖关于新旧学与其表述方式共生并存的同样问题,然其态度恰反之;他强调新学语的输入不仅是语汇的扩大,更重要的是思想方式的变更,其言外之意实即主张国人的思想正应通过新学语的输入而改变。与同时的其他人相比,王国维的主张在很多方面都有相当独特之处,值得稍详细地引述。

清季一般偏向于新名词的一方多视语言文字为工具,盖工具则相对无足轻重而可以更改之。王氏却不然,他认为,"言语者,代表国民之思想者也。思想之精粗广狭,视言语之精粗广狭以为准。观其言语,而国民之思想可知矣"。正因为"国民之性质各有所特长,其思想所造之处各异,故其言语或繁于此而简于彼、或精于甲而疏于乙。此在文化相若之国犹然,况其稍有轩轾者乎"。中国人"之特质,实际的也、通俗的也;西洋人之特质,思辨的也、科学的也,长于抽象而精于分类,对世界一切有形无形之事物,无往而不用综括 Generalization 及分析 Specification 之二法,故言语之多,自然之理也"[2]。

从历史看,中国人所长"宁在于实践之方面;而于理论之方面,则

---

[1] 许之衡:《读国粹学报感言》,《国粹学报》第1年6期。
[2] 本段及以下数段,皆自王国维:《论新学语之输入》(1905年),《静庵文集》(《王国维遗书》第5册),97—100页。

以具体的知识的为满足；至分类之事，则除迫于实际之需要外，殆不欲穷究之也。夫战国议论之盛，不下于印度六哲学派及希腊诡辩学派之时代"，然印度抽象出因明学，希腊抽象出名学；"而在中国，则惠施、公孙龙等所谓名家者流，徒骋诡辩耳，其于辩论思想之法则，固彼等之所不论，而亦其所不欲论者也。故我中国有辩论而无名学，有文学而无文法。足以见抽象与分类二者，皆我国人之所不长，而我国学术尚未达自觉 Selfconciousness 之地位也。况于我国夙无之学，言语之不足用，岂待论哉！"。

若抽象太过，则可能"泥于名而远于实，此欧洲中世学术之一大弊，而今世之学者犹或不免焉"。然缺乏抽象力者，"则用其实而不知其名，其实亦遂漠然无所依，而不能为吾人研究之对象"。这是因为，"在自然之世界中，名生于实；而在吾人概念之世界中，实反依名而存故也。事物之无名者，实不便于吾人之思索。故我国学术而欲进步乎，则虽在闭关独立之时代，犹不得不造新名；况西洋之学术骎骎而入中国，则言语之不足用，固自然之势也"。而两种不同文化的接触，常能凸显言语之不足："周秦之言语，至翻译佛典之时代而苦其不足；近世之言语，至翻译西籍时而又苦其不足。是非独两国民之言语间有广狭精粗之异焉而已，国民之性质各有所特长，其思想所造之处各异"，故其言语之繁简精疏有别。

因此，"近年文学上有一最著之现象，则新语之输入是已"。既然言语是思想之代表，"新思想之输入即新言语输入之意味也。十年以前，西洋学术之输入限于形而下学之方面，故虽有新字新语，于文学上尚未有显著之影响也。数年以来，形上之学渐入于中国；而又有一日本焉，为之中间之驿骑。于是日本所造译西语之汉文，以混混之势而侵入我国之文学界。好奇者滥用之，泥古者唾弃之，二者皆非也。夫普通之文字，中国固无事于新奇之语也。至于讲一学治一艺，则非增新语不可。而日本之学者，既先我而定之矣，则沿而用之，何不可之有？故非甚不妥者，吾人固无以创造为也"。

王氏注意到，严复即"今日以创造学语名者也。严氏造语之工者固多，而其不当者亦复不少"。他认为严复以"天演"译 evolution，便不如日本人之译为"进化"。尤其严复于"西洋之新名,往往喜以不适当之古语表之。如译 Space(空间)为宇、Time(时间)为宙"。他举例指出,"空间时间之概念,足以该宇宙;而宇宙之概念,不足以该空间时间。以宇宙表 Space time,是举其部分而遗其全体"。王氏慨叹道:"以严氏之博雅而犹若是,况在他人!"然王国维自己为了文字的对仗以"新名"对"古语",显系因文害意,恰与其眼中的严复类;夫 space 与 time 非"西洋之新名",正不必深通西文而后知。这部分或是他无意识的失误,然从潜意识层面看,凡"西洋之名"必"新"大约正是当年许多国人共同的心态,王氏或亦不例外。

可知王国维所主要针对的,并非反对使用"新名词"的国粹学派或守旧派,而是以严复为代表的"创造学语"者。其实严复在翻译中"造语"颇得到一些前辈的鼓励,他曾于1899年就此问题请教吴汝纶,吴以为"欧洲文字,与吾国绝殊,译之似宜别创体制。如六朝人之译佛书,其体全是特创。今不但不宜袭用中文,并亦不宜袭用佛书,窃谓以执事雄笔,必可自我作古"。也许西书"固自有体制,或易其辞而仍其体似亦可",惟"独中国诸书无可仿效"。[1] 吴固以古文名世,却主张翻译时"不宜袭用中文",显然认为"古文"难以表述西方学理。

到1902年,黄遵宪读了前引梁启超与严复论翻译事,主动参与讨论,他也不同意严复主张译名当求古语中深浅广狭之相副者,认为"四千余岁以前创造之古文,所谓六书,又无衍声之变、孳生之法,即以之书写中国中古以来之物之事之学,已不能敷用,况泰西各科学乎!"。本来中文的使用自先秦时便"出于假借者十之八九,无通行之文,亦无一定之义"。20世纪"东西文明两相结合,而译书一事以通彼我之怀,阐新旧之学,实为要务。公于学界中又为第一流人物,一言而为天下法则"。要翻译,首先就要"造新字"。他引荀子之言曰:"命不喻而后期,期不喻而后说,说不喻而后辨",以为"欲命之而喻,诚莫如造新字"。他希望严复能"降心以从,降格以求之"。凡"新撰之字、初定之名,于

---

[1] 吴汝纶致严复,1899年4月3日,《严复集》(5),1564页。

初见时能包综其义，作为界说，系于小注，则人人共喻矣"[1]。

另一位严复的同调是倾向革命的刘师培，他在1903年曾指出，以象形为主的中文有一字数义而丐词生等五弊，致弊的第一原因就是在言语文字方面"崇拜古人"。而救弊之法，一为"宜用俗语"，其次即"造新字"以名新物，盖"古人之造字仅就古人所见之物为之"，后来"物日增而字不增，故所名之物无一确者"。特别是中外大通之后，"泰西之物，多吾中国所本无，而中国乃以本有之字借名之，丐词之生从此始矣。此侯官严氏所以谓中国名新物无一不误也。今欲矫此弊，莫若于中国文字之外别创新字以名之；循名责实，使丐词之弊不生"。据其观察，此二策皆当时"中国学者所大倡反对者"，则支持王国维的或尚为多数。[2]

黄遵宪驻日多年，至少当熟悉日文中的汉字新词，他在否定中国古文足以表述泰西科学时并未提及日本的译名，恐怕基本不持肯定的态度。而王国维则不然，他承认"近人之唾弃新名词"很大程度上是因为"译者能力之不完全"，当时中国译日本书籍者，"其有解日文之能力者，十无一二焉；其有国文之素养者，十无三四焉；其能兼通西文、深知一学之真意者，以余见闻之狭，殆未见其人也"。这些人翻译主要是为牟利，"传知识之思想，彼等先天中所未有也。故其所作，皆粗漏庞杂，佶屈而不可读"。

尽管如此，"若谓用日本已定之语，不如中国古语之易解，然如侯官严氏所译之《名学》，古则古矣，其如意义之不能了然何？以吾辈稍知外国语者观之，毋宁手穆勒原书之为快也"。当年严译享誉全国，而王国维竟说其徒以"古语"见长，却对原著之意不能了然，全不足取。从王氏的非难看，严复或者并未完全遵行吴、黄二氏的指教，其"造语"时仍循其以古为尚的取向，以多读中国古书之人为预设的读者；而对于视"言语"为国民思想之代表的王国维来说，只能在少数士人群体中流通的"言语"恐怕不足以代表国民之思想。

其实日本人自己在造"新语"时也试图使之较"古雅"，实藤惠秀指出，

---

[1] 黄遵宪致严复，1902年，《严复集》(5)，1522—1523页。
[2] 刘师培：《中国文字流弊论》，《左盦外集》卷六，《刘申叔先生遗书》，1441—1442页；并参见其同年撰写的《攘书·正名》，《刘申叔先生遗书》，645—646页。

日本人在"输入西洋新事物及新思想时",主要是"借汉字径造新词汇"。具体则多"用中国成语的字汇"(惟"新语却不包含这个成语原来的意义"),"当中国没有适当的成语可用的时候,日本人组合不同的汉字来制作新语"。当时的日语本以汉字为主,要翻译西方观念必须借助汉字。且日本人在遇到这方面问题时,首先想到的思想资源即汉学家。箕作麟祥在19世纪70年代受命翻译西方法典时,没有字典和参考书,"不但苦无可用的译语,即使向那些汉学家请教,亦毫无用处",才不得不自行创造新词语。[1]最后一语很值得反思,遇到问题首先向汉学家请教,与翻译时先用成语的倾向一致,皆类似严复的翻译宗旨,当年论争双方却未曾注意及此。

无论如何,王国维以为,不必因日本书之中译者差而"欲废日本已定之学语",盖"日人之定名,亦非苟焉而已,经专门数十家之考究、数十年之改正,以有今日"。节取日人之译语,一则"因袭之易,不如创造之难";二来"两国学术有交通之便,无扞格之虞"。更重要的是,"处今日而讲学,已有不能不增新语之势。人既造之,我沿用之,其势无便于此者"。他举例指出,日人之译语也未必皆精确,但严复等所"创造之新语卒无以加于彼";其不仅难解,在精密程度上也远不如日本已定之语,盖"日本人多用双字,其不能通者则更用四字以表之;中国则习用单字,精密不精密之分,全在于此"。

这又是一个颇能表现时人歧异的问题,其实荀子早就说过,"单足以喻则单,单不足以喻则兼"(《荀子·正名》);中国过去多以单字为词,正是遵循了在"喻"的基础上从简这一基本原则。相对"守旧"之樊增祥在前引攻击趋新少年拾报章余唾而生造字眼时,便明确反对"取古今从不连属之字,阄合为文";王国维却恰以字数之多寡而区分"精密"与否,又完全是以"新观念"来论"新学语"了。两人虽观点对立,却有一共相,即皆不取荀子提出的原则。

曾鼓励严复在翻译中"造新字"的黄遵宪更早就主张应使用"谫

---

[1] 实藤惠秀:《中国人留学日本史》,282—283页。其中关于箕作麟祥事乃转引1907年出版的大槻文彦之《箕作麟祥君传》。

语"，而其"不得不用諢语"的依据正是引用了荀子"单足以喻则单，单不足以喻则兼"的话（未言出处，然对时人言似亦不必）。[1] 黄氏之旧学仅以诗名世，不足与后来在这方面大有创获的王国维比，然此时论用字之单双虽也倾向于双，其论述似比王氏显得学有所本，并未纯从新观念出发。同样，尽管严复自谦其中学惟文辞稍长，而经史尚未入门（就门类言大体符合实情）[2]，清季支持日本新学语时的王国维所表现出的中学修养也多在文苑范围之内，他在这方面或真未必即过于严复（所以他相当认可严氏的"博雅"）。[3]

从这些关于单字兼字的歧异观念看，清季最后几年思想学术方面的新旧已纠结互渗而难以清晰地区分（其中观念最"守旧"的樊增祥整体上也并非晚清的旧派，仍提示着趋新是世风的主流）。在后来的思想史和学术史叙述中，王国维更多是"传统"的代表，而严复则常常代表着西学，此时他们的角色颇有些相反。以"古"为其译语特征的严复，真到了古学正宗，又不得不让位于曾为日本新学语申辩的王国维，诚不免遗憾；而后来以"保守"著称的王国维此时却比以"开新"著称的严复更"新"，且比主张中西体用不可分的严复更倾向于超人超国观念[4]，

────────

[1] 黄遵宪致严复，1902年，《严复集》(5)，1522页。吴稚晖稍后也注意到日文中用汉字动状等词皆"双叠之词，有如'提挈''经验''繁华''简单'之类"，中国人对此"习焉不察，仅目之为掉文而已，其实有时非双用不能达意"。吴稚晖：《书神州日报〈东学西渐篇〉后》，《辛亥革命前十年间时论选集》卷三，473页。
[2] 严复致梁启超，壬寅三月，《严复集》(3)，516页。
[3] 不过，从中学的内在理路看，严复主张文辞仅为"载理想之羽翼"，而王则以为言语"代表国民之思想"，实可见根本理念上的歧异：严复代表着"文以载道"的观念，而王国维则暗本"因文见道"的传统（并有所拔高），分别隐喻着"文苑"和"儒林"的认同。到辛亥后，王氏因思想关怀已变而转入中国经史之学，立刻显出与严复的大区别，可知天赋实不同，而少年所习也非常重要。清季的传统学问已有些礼失求诸野的意味，以古文见长（这是非常要紧的认同）的译才严复、林纾皆闽籍，然就儒林所治之经史学的整体学术环境言，福建俊彦仍不能与浙江海宁相比；故一旦王国维转入经史主流，便能左右逢源，类似朱熹所谓"一旦豁然贯通"，少时的积累多被激活而发挥作用了。
[4] 王国维在此文中曾引叔本华语，说其"讥德国学者于一切学语不用拉丁语而用本国语，谓如英、法之学者亦如德人之愚，则吾侪学一专门之学语，必学四五度而后可"。认为"其言可味"。对多数国粹学派中人而言，使用本国语正是欧洲值得仿效之处，王氏此处恰反之，似应可赞同吴稚晖等提倡世界语者（详后）。严复已是那时不赞成民族主义之人，而王国维这里对语言的态度，显然比严复更加超人超国。

尤其是诡论意味十足的现象。[1]

在大规模的留日学生发挥作用之前，特别是在梁启超和章太炎这类具有较大影响力的人接触和阐发日本版的西方学说之前，严复的确可以说是制造局之后中国思想界西方思想资源的主要提供者之一（此时传教士仍是另一主要资源提供者），梁、章二人就常常引述或发挥严复的观念。进入20世纪之后，传教士已逐渐从主要西学传播者的地位淡出，在日本（如章太炎等）和在巴黎（《新世纪》派）的革命党人曾正面挑战严复，那部分还是因为政治观念的歧异，且多从中学角度出发。[2]王国维从思想表述的角度对严复的抨击，尤其是力图从西学之学理上置严译于"古"而不"达"的位置，其打击不可小视，客观上配合了留日者对严复的挑战。在一定程度上，这与"东瀛文体"一样都是日本在华影响上升的一个组成部分。[3]

那时一个颇有意思的现象充分体现了日本影响的整体上升，即不仅在思想言说中出现频繁的国粹、国魂等观念系引自日本，一些中国学者反孔的思想资源也多来自日本人。许之衡就指出，国粹学派常说中国古学"定一尊则无怀疑、无怀疑则无进步；因以希腊诸学派律周秦诸子，而谓自汉武罢黜百家之后，学遂不竞"。此出自日人远藤隆吉的《支那哲学史》，而梁启超扬其波者也。同样，因学术定一尊而"冤孔子主张

---

[1] 同样具有诡论意味的是，所谓"东瀛文体"能够迅速在中国流行在很大程度上是靠"笔锋常带感情"的梁启超的贡献，然而在后来的研究者实藤惠秀眼中，梁启超正是反对日本词汇的代表。实藤氏论述清季中国人"对日本词汇的责难"，所举例竟全出自梁启言说。参见实藤惠秀：《中国人留学日本史》，293—295页。按实藤氏亦偶有误读，梁启超对"金融"一词加注说"谓金银行情也。日本人译此两字，今未有以易之"。他认为这是梁启超对此词"发生了疑问"，其实梁恐怕赞同之意更多。盖梁氏在同文中便明确其用"平准"以易日本的"经济"一词，态度迥然不同。

[2] 关于章太炎与严复，参见王汎森：《章太炎的思想》，台北时报出版公司1992年第二次印刷，33—37页；关于传教士，参见罗志田：《权势转移：近代中国的思想、社会与学术》，44—46页；关于革命党人攻击严复，参见朱维铮为其执行主编（钱锺书主编）的《刘师培辛亥前文选》所写的《导言》，生活·读书·新知三联书店，1998年，10、27页注37。

[3] 1909年秋，清学部设立编订名词馆，严复为总纂，而王国维任协修。王任此职大约多恃罗振玉的援引，固非因此文之作，然其与严复同在馆中如何"编订"名词，当必有趣。其实若从新名词的社会使用看，到名词馆成立时，严总纂所代表的"造语"取向已基本大败于王协修所倾向的模仿日本派了。名词馆没能留下多少实际的成绩，亦良有以也。

专制,合时君之利用",也是日人白河次郎倡其说而梁启超演之。至章太炎之《訄书·订孔》更"以孔子下比刘歆,而孔子遂大失其价值"。梁、章二人,"其学皆与东洋有渊源";远藤隆吉、白河次郎二氏之学说经梁、章推演,"后生小子,翕然和之,孔学遂几失其故步"。[1]

在许氏看来,"孔子之遗经,无一为主张专制者;虽不主共和之制,然其所言君权,大抵主限制君权之说居多"。故不能"以今日群治之不竞,而追咎古初"。若对比中西,虽然"希腊学风之盛,流衍遍于欧西,而今日无一存者,徒供历史研究之资料。欧洲自信从基督,而十字军几度战争,排去外教之侵凌,兼以输入文明,遂成今日盛兴之效",正收"定一尊之效"。可知中国"今日犹未为生番棕夷者,即此定一尊之效"也,又"安知今后之必无进步乎?"。惟日本人"排斥孔子,则由彼爱国者恐国人逐于汉化,又恐逐于欧化,故于孔子有微词,于耶苏亦多论议,以成彼一种东洋之国学,即国粹主义所由来也。论者不省,而据为典要,扬其流而逐其波,不亦误乎!"。

换言之,排孔与国粹在日本可以不冲突,但照搬到中国,则矛盾立显。关键在于,"外人之灭我国也,必并灭其宗教、灭其语言、灭其文字",故无一不须保全。不过,排孔只是部分日本人的观念,另一些日本人则根本认为儒学正宗已转到日本,杨度注意到:"日本人之常言曰:孔子之道,不行于支那,而行于日本;支那奉其名,反而日本行其实;支那以为命题作文之具,而日本以为修身治国之道。"当日中国之人心国政,实不可谓为实行孔教者。这样的尊孔言论一转到中国,仍等于反孔;若中国所推行的孔子之道不过是"命题作文之具",既存的体制便缺乏正当性。故杨度慨叹道,如此言成立,"则我国民更何所挟取自号为文明者?不惟其所本无者将取法于泰西,即其所固有者亦将索还于日本矣"。[2]

当年那些主张保存国粹的士人虽然未必同意中国所固有者已转移

---

[1] 本段与下两段,许之衡:《读国粹学报感言》,《国粹学报》第1年6期。关于章太炎反孔与这两位日本学者的思想渊源,参见王汎森《章太炎的思想》,178—183页。
[2] 杨度:《游学译编叙》,《游学译编》第1期(光绪二十八年十月),4页(文页)。

到日本之说,但大体接受并宣扬了真孔学在定于一尊之后便已失传的观念,而希望复兴原初的古学。[1] 他们中一些人正是从日本对华影响的整体性上看到了威胁之所在,黄节即喊出"亡吾国学者在日本"的警告。他认为,一国之立,必有其立国之精神,灭之则亡种亡国。当西潮东侵时,已是"外族专制之学说"的中国学说面临"共和立宪之文明,相形之下,优劣之胜败立见也,则其始慕泰西。甲午创后,骇于日本,复以其同文地迩情洽,而收效为速也。日本遂夺泰西之席而为吾之师,则其继尤慕日本。呜呼,亡吾国学者,不在泰西而在日本乎!"[2]。具有诡论意味的是,已注意到日本威胁的黄节大体仍接受了源于日本的观念,以为中国学之不竞是因为真古学已经失传。

黄节所观察到的一方面"骇于日本",同时又因"同文地迩情洽,而收效为速"乃倾慕日本的情形正是日本影响巨大而持久的原因所在。此后留日学生在中国军界、政界、财界以至文坛,都有不容忽视的影响,直到1915年日本欲迫使中国接受"二十一条"才从根本上损毁了其长期的影响力,直接导致不少留日学生变得仇日。许多留美学生恰在那段时间陆续回国并开始发挥重要作用,顾维钧在政界的迅速上升和胡适在学界的"暴得大名",在某种程度上象征着一种进行中的权势转移——美国在华影响的上升和日本在华影响的下降[3],这是后话。而清季部分朝野士人很早就警惕到日本影响的威胁,并在向其学习的同时试图有所抵御,很大程度上即因语言文字在思想言说中地位上升而得到关注使然。

在四川提学使赵启霖看来,国文的衰落与新学堂的设立和留学政策

---

[1] 参见本书第2章。
[2] 黄节:《国粹学报叙》,《国粹学报》第1年1期。
[3] 说详罗志田:《乱世潜流:民族主义与民国政治》,上海古籍出版社,2001年,83—86页。不过,日本的潜在影响仍是相当广泛的,据张君劢回忆,"一战"后梁启超游欧期间,在见了法人柏格森后到德国,忽然想起"日本人所著欧洲思想史中,必推柏格森、倭伊铿两人为泰山北斗",既已见前者,不可不一见后者。于是又联系了与倭伊铿的会面。则民初一度影响中国思想界甚多的这两位哲学家先就特别受日本学界的关注,这是非常值得认真探讨的。参见张君劢:《学术方法上之管见》,《改造》4卷5号(1922年1月),2页(文页)。

都有关联,他说:"立国于世界,其政治、学术、风俗、道德所以经数千年递嬗而不可磨灭者,莫不寄于本国之文字。其优美独到之所在,即其精神根本之所在。非是则国无以立。中国以文教立国,政治、学术、风俗、道德见于经传记载、足以匡扶世教、范围事理者,甲于五洲,实由国文之优美,迥绝于五洲。"自废科举"广设学堂,采东西各国科学,期于取长补短,宏济时艰。而风会趋新,后生厌故,学校虽逐渐推广,国粹反日就湮微。加以十数年来,负笈出洋之士既多,其间卓绝坚定者不可谓无人;至于浅中弱植之徒,无旧学以培其根柢,而浸淫于彼国之文化,归国以后,辗转灌输,于是吾国文学,愈有日即于萎缩之势"[1]。这里所谓出洋之士,基本应指留学东洋者,盖留学西洋而较有影响者如严复,正以古文著称,且在抵御东瀛文体方面,与主张保国粹者尚属盟友。

从前引宋恕所言看,他早已注意到清季"痛摈文词"的取向虽有理学先儒开其端,然也受"日本言文一致派泰斗福泽谕吉氏等"之影响;这将造成"古书将无人能读"的结果,则"于海外望国皆先振古学、后发新知之进化历史亦不合"。[2]宋恕所谓的"海外望国"也包括日本,但"先振古学、后发新知"的进化历史榜样更多是指时人常挂在口中的欧洲"古学复兴"或"文学复古"。既然日本也不过是学西方,则欧洲榜样应该更有说服力也更具"正当性",而注重本国文字或文学正是欧洲复兴榜样的重要组成部分。在具体的实践层面,宋恕其实更多主张学习日本,故其未必是有意识地用欧洲榜样来针对日本榜样;但在潜意识层面,这一表述所隐喻者相当意味深长,与国粹学派一面试图效法日本、一面又欲与日本有所区别的整体心态非常接近。

两广总督张人骏于光绪三十四年(约1908)就日本人起草的《大清新刑律草案》上奏说,"法律者,所以范围天下;必须官民共喻,然后共知遵守。今《草案》悉仿东瀛,名词新异,语复拗折",其中一些词语不过是"中国衢巷俚俗之谈"。重要的是,"以特议一代之宪章,乃

---

〔1〕赵启霖:《详请奏设存古学堂文》,《四川教育官报》,宣统二年第72期,公牍栏1B—2A页。
〔2〕宋恕:《粹化学堂办法》(1905年),《宋恕集》上册,378页。

全袭他人之文法,似非政体所宜"。且此次"更订刑律,期与各国政治跻于大同。今专仿东瀛,实与欧西迥异。非独中国臣民素所未习,凡通商诸国亦无一与之同文;与其效法一国而令各国莫能相通,何如仍用中文而另备译本之为愈"[1]。其后面的论证颇类似宋恕的思虑,但表述则明白有力得多:如果"专仿东瀛"与效法和适应"欧西"相冲突,应该做出何种选择,对很多时人来说是已有答案的问题。

将欧洲"古学复兴"与日本明治维新并论是不少清季士人的习惯,惟在涉及本国语言文字一面,西洋与东洋榜样对中国人而言存在着重大甚至根本的差别:日本语言文字本受外国影响,针对汉字而言,拼音化实更带本土化的含义,再加上当时及后来都存在所谓"脱亚入欧"的倾向,故"言文一致"应当是进一步的拼音化;而欧洲诸国则不然,"言文一致"意味着疏离于中世纪通行的拉丁文而使用本民族的口头语言为书写文字,体现了更强的独立意识。

随着近代尊西趋新大势的强化,起源于传教士的中国文字难这一观念在许多中国士人中间日益普及,且被认为这是造成中国人识字率不高故影响"开智"的主要原因[2],因而出现了简化中国文字甚至再造中国新文字的主张,后者多与拼音化相关,更甚者则提出废弃中国语文而采用万国新语。由于语文被视为国粹的要素之一,且国粹学派所提倡的"古学复兴"的一个重点也落实在语言文字之上,故即使章太炎等曾受

---

[1] 此奏折收入刘锦藻编撰:《清朝续文献通考·刑考》卷247,台北新兴书局1959年影印,9924页。
[2] 在这方面政治观念不甚相同的各种新派有共同的自相矛盾,中国识字率当时究竟高或低现在尚乏翔实的研究,但从时人言说看,多数士人接受西方人人识字或基本识字的说法。问题在于,当说到中国政治专制时,趋新士人多认为民众识字少是由于君主"愚民"的结果;而述及文字本身,则又主张是文字艰深造成民众中识字者少。类似论调直到民国仍相当流行,其实两者皆传教士或租界中外人所创造,尊西士人不过逐其流而扬其波。本来中国传统最重读书,甚至发展到"敬惜字纸"的程度,有字的纸要搜集起来专门烧掉,不能随意弃置;所谓"万般皆下品,惟有读书高"是面向所有人的观念,极少见到劝导不读书的官方言论。就算有之,理论上文字难和愚民两者当然可以并行,但专制的愚民者竟然不知文字已难而仍努力诱导民众不识字,虽然可解释为"除智务尽",然其"愚蠢"似尚过于一般民众(这又与清季新派言说中愚民者通常都超绝常人的形象冲突),又何能愚民?

无政府主义影响的人也不能容忍用"万国新语"取代中文，结果形成一场革命党人内部的争论。

争论的主角是皆反满而倾向于革命的吴稚晖和章太炎，其中虽夹杂了一些个人恩怨，但主要还是基本文化观念的冲突。这一争论所涉及的当然不仅是革命党，民间一些致力于读音统一者固相当希望得到政府的支持，清政府那时也在充满内部阻力的情形下尝试推行简体字，甚至出现了废汉文而用拼音化的"通字"之奏折。下面主要侧重革命党人内部关于万国新语的论争稍作分析。

三　中西文字的优劣

西学不能不引进在清季最后十余年可以说已成广泛共识，不论吴汝纶、黄遵宪、严复和王国维等有多少歧异，他们还有一个大致的共同点，即多不像接受了西方民族主义的国粹学派那样视语言文字为构成"民族"的要素而力图予以保存（王国维视言语为国民思想之代表，稍近民族主义，但他正基于此而强调改革固有言语的必要性），而是认为既存的文字在表述西方学理上有困难。沿着枝枝节节地造新字新语的路再往下走，就是整体的再造语言文字；对于自信稍弱或尊西倾向更强的人来说，采用更"文明"的西方文字是自然的选择。复因中外国家利益冲突的实际存在，绝大多数尊西中国士人多少仍具隐显不一的民族情绪，结果既是西文而又最能模糊其区域和民族认同的万国新语便成为一些人最佳的选择。

蔡元培在1904年设想的未来社会里已拟造一种世界通用语言："国内铁路四通，又省了许多你的我的那些分别词、善恶恩怨等类的形容词，那骂詈恶谑的话更自然没有了。交通又便，语言又简，一国的语言统统画一了。那时候造了一种新字，又可拼音，又可会意，一学就会，又用着言文一致的文体。"这样"一学就会"的文字，全世界"几乎没有一个人不学的。从文字上养成思想，又从思想上发到实事"，自然就世界一家了。[1]文字既然可以养成思想，当然比严复所谓"载理想之羽翼而以达情感之音声"这一表述工具更重要；然蔡元培将"铁路四通"与"语言画一"并论，显然注重其沟通功能，似乎仍着意于其工具作用。而试图去掉"你的我的那些分别词"恐怕即是传统的大同理想对国势已弱的清季中国士人的新吸引力之所在。

蔡元培设想的世界新语虽已言及拼音，尚未明言是本西文而造。到1907年巴黎的《新世纪》创刊，乃直接表述出废弃中国文字而改用"万国新语"的主张。其理论基础，即风行于近代中国的进化论。李石曾说，文字进化之次序与生物进化同理，皆由简单进为高等；最古象形，其次表意，再进则合声。"文字所尚者，惟在便利而已，故当以其便利与否，定其程度之高下。象形与表意之字，须逐字记之，无纲领可携，故较之合声之字画括于数十字母之中者为不便。由此可断曰：象形表意之字，不若合声之字为良。于进化淘汰之理言之，惟良者存。由此可断言曰：象形表意之字，必代之以合声之字，此之谓文字革命。"从文字进化看，合声的西文虽尚多缺点，"较支那文自大善"，必"将日趋于便"以"合世界之文字而为一"。[2]

再从印刷方式的进化看，只有古老的人工镂刻法是"东西文皆可用之"；若活字版，已是"西文较东方文简而易排"；再到机器铸字，则"惟西文可用"。可知"机器愈良，支那文愈不能用。从进化淘汰之理，则劣器当废；欲废劣器，必先废劣字"。且中国语言文字只能废而不宜改，当时有人欲"仍照支那文体"而"创合声字母"，虽已较进化，然其缺点尚多（如印刷不便），仍"不可得而存"。即使那些"欲以西式字母合支那之音而为字者"，也不过是"存留语言，革命文字"；只有"直以西文或万国文代中文"，才是"语言文字同革命"。这本是"人人得而见之者"，然"知之而不肯行之，固有成见在；此成见即所谓'保国粹'也。粹之字意即良也，若国粹名果符其实，则必存，便无所用其保矣；

---

[1] 蔡元培：《新年梦》（1904年2月），《蔡元培全集》（1），241页。
[2] 本段与下两段，真：《进化与革命》，《新世纪》20号（1907年11月2日），1页。

若其名不符实,即不良,则必当革,不能因其为国粹而保也"。良则存、不良则亡乃公理,"故求良而已,不必求保也"。

可知李石曾基本站在"超人超国"的"世界"立场来讨论人类事物的优劣,并据此反驳当时朝野共同具有的凡国粹即当保存的观念。这就带出关于万国新语之争那更实质的问题,即在中外"国家"利益冲突实际存在的情形下,是从"世界民"还是"中国民"的立场来看待中国的固有事物。李氏这篇文章既已基本概括了主张废中文而代之以"西文或万国文"的主要论点,也揭示了双方最基本的学理分歧所在,即语言文字是否"工具"(或是否仅为工具)。

如果语言文字仅是工具,即当以便利与否定高下,并可据高下以定取舍。这样,若承认西文(包括书写方式)一类合音文字最便利也适合当时的机器印刷,故程度最高,且将成为未来世界统一的文字,则中国文字自因程度低而当废。若语言文字不仅是工具,而且是构成中华"民族"的一要素,则其存废便牵涉到时人特别重视的亡国灭种问题,远非便利与否可决定的。两者当然是相关的,因为"便利"隐喻着进化的程度,即另一个时人极为关注的问题——文明与野蛮。若承认不便即程度低,等于部分接受了中国文化"野蛮"(而当淘汰),故章太炎等对两方面都不能不进行反驳。

章太炎稍后指出,万国新语是《新世纪》的核心主张之一,其"所汲汲表扬在是,以是为邮表缀,以是为印上虎纽,以是为门户金铺首,神之重之,把之握之,惟恐失之"[1]。其实,在文字的使用层面,章太炎等人也同意改革中文并有具体的方策;如果将万国新语作为一种外语来学习,他们也不反对;故双方最核心的实质性争端并不在万国新语本身,而在于中文是否当废,以及与此相关的"国粹"是否当保。下面先讨论和语言文字直接相关的内容。

在李石曾文章刊发后不久,即有署名"前行"者给《新世纪》投稿,再次提出"中国现有文字之不适于用,迟早必废;稍有翻译阅历者,

---

[1] 章太炎:《规新世纪》,《民报》24号(1908年10月),49页。

无不能言之矣；既发现有文字，则必用最佳最易之万国新语，亦有识者所具有同情矣"。此人指出中国文字的不适用是因"翻译"而发现，实有所见，在这方面尚与吴汝纶、黄遵宪等人观念相近；但当时同意中文迟早必废而当改用万国新语的"有识者"恐怕不多，所以他自己也说，"欲使万国新语通行全国，恐持论太高，而去实行犹远"，故不如先"编造中国新语，使能逐字译万国新语"，这样似更"因时合势，期于可行"，并能"介通现有文字及万国新语"，逐步达到通行万国新语的目的。[1]

吴稚晖以编者按语的形式充分赞同"中国文字迟早必废"，并提出暂时改良之二法：一是"限制字数，凡较僻之字，皆弃而不用。有如日本之限制汉文"；二是"手写之字，皆用草书。无论函牍证凭，凡手写者，无不为行草，有如西国通行之法"。[2] 前行的文章刊发后，据吴稚晖说参与讨论的来稿甚多，他摘取了三篇文章，皆已超出创造"中国新语"的范围。前行自己的续稿已在进一步探讨"采用一种欧文"、"采用罗马字母反切中国语言"和"径用万国新语"三法，他认为后者最有利于世界的"划一声音"。盖中国人数有四万万之多，若改用万国新语，欧人习此本三月可成，何乐而不为，如此则"左右世界之力，并非臆想空言"。[3]

"新语会会员某君"也认为应该直接采用可以"普及全地球"的万国新语，若"编造中国新语，徒生枝节，其结果不外多造一难题"。而吴稚晖引笃信子所述尤详，后者提出："学问之事，譬之个人与个人：彼之胜我者，我效法之而已。中国文字为野蛮，欧洲文字较良，万国新语淘汰欧洲文字之未尽善者而去之，则为尤较良。弃吾中国之野蛮文字，改习万国新语之尤较良文字，直如脱败絮而服轻裘。"故必须认定"中国略有野蛮之符号，中国尚未有文字，万国新语便是中国之文字"。若先造中国新语来过渡，好比"欲人之长行万里，先使之在室中推磨三年"。本来前行的主张已属较激进的了，但在笃信子看来，改良中文笔画等"补缀

---

[1] 前行：《中国新语凡例》，《新世纪》40号（1908年3月28日），3页。
[2] 燃（吴稚晖）：《前行〈中国新语凡例〉注》，《新世纪》40号，4页。
[3] 本段与下段，燃：《新语问题之杂答》，《新世纪》44号（1908年4月25日），2—3页。

修缮"之法仍可"视之为顽固人所嗜之弃痂",与"喜固守其结绳之故物"之"内山苗猺"相类。其实,只要"精神上直认万国新语为子孙当授受之文字,即可兼认中国文字为暂时入内山交通野蛮之应用文字"。

另有署名"苏格兰"者径提"废除汉文议",以为"文字为开智第一利器,守古为支那第一病源,汉文为最大多数支那人最笃信保守之物。故今日救支那之第一要策,在废除汉文。若支那于二十年内能废除汉文,则或为全球大同人民之先进"。他发现当时"留欧美之学生,尚往往有夸张'汉文甚好'者,诚可谓不知人间有羞耻事"。汉文再好,"于实用上有丝毫价值乎?即充一文明事业之书记员,欲求其适用,非先习练一二年不可"。其实"作一种语之达意文章,为人人应有之职,否则宛同半哑。然凡不哑者,皆视为经天纬地之才,岂非荒谬之极?至于词章考据,不过美术而已。称美术家为办事才,非丧心病狂者不至此也"[1]。

说汉文不适合实用的"文明事业",是主张废汉文者一个主要论点,后面还要论及。[2] 吴稚晖不仅赞同苏格兰废除汉文的提议,且进一步揶揄道,留学生"如果汉文甚好,则督抚处之条陈、监督处之报告,皆能丝丝入扣",正"适用于野蛮事业之书记员";然而若要作"文明书记员",则尚不像苏格兰那样乐观,"如一二年习练得来者,窃恐此事业,文明不透"。汉文好者号称能作"达意之文章",其实"遇着天文之天,地理之地,往往便经纬不过来;不哑如哑"。不过吴氏没有苏格兰那样强调"实用",他认为"美术自是世界上一件事,办事亦是世界上一件事,皆为世界进化所不可缺之要素"[3]。

---

[1] 苏格兰:《废除汉文议》及吴稚晖《按语》,该文前半部分载《新世纪》67—69号中之某号,后半部分载71号(1908年10月31日);我所用的《新世纪》影印本恰缺67—69号,故前半部分只能引用收入其《国音、国语、国字》(台北传记文学出版社,1970年)中的文本(题为《书苏格兰君〈废除汉文议〉后》),引文在19—20页。然该书手民错误不少,只能将来设法核定了。

[2] 就是不主张废汉文的高凤谦在几乎同时也认为当时中国"凡百事业,皆求之于文人,必多废事;有为之士,专力于文章,不屑稍治他业,必多废材"。参高凤谦:《论偏重文字之害》,《东方杂志》第5年7期(1908年8月),《辛亥革命前十年间时论选集》卷三,12页。

[3] 吴稚晖:《苏格兰〈废除汉文议〉按语》,《新世纪》71号,11—12页。

在苏格兰之前的几篇来稿中,吴稚晖认为"笃信君之说,最为简便易行";他基本能接受其"暂时兼认中国文字"的主张,盖以"中国人之智识程度,一跃即能采用万国新语"只能是愿望;"中国人暂时欲办中国事,不能不习中国文,此正如欲往斐洲传教,宜习斐人土语"。不过仅"为应用上暂图之便利",只宜"在教育上先置于附属品中,俟新文字代用之势既盛,便可消灭其踪迹"。既然汉字早晚必废,短期内"因大多数人方恃之为交通宣意之符号,而必苟且承用,则如不适用之废屋然:短时之间,不能不借之以蔽风雨,惟有用最廉价之便法,稍事修缮,使风雨不侵而后止"。其苟且修缮之法,即仿效日本方式改革汉字。[1]

前引吴氏提出"如日本之限制汉文"那样限制使用汉字字数,已提示着其主张受日本影响。章太炎当时便指出,"顷者日本人创汉字统一会,欲令汉人讽诵汉文,一以日本尨奇之音为主。今之欲用万国新语者,亦何以异是"[2]。这里所说的"汉字统一会"是个有意思的现象,前已述及,当时中国朝野都存在反对东瀛文体的倾向,然而这一"规设于日本人"之会,"中国人亦争附之,张之洞、端方辈且代表国人为会长"。太炎基本认可该会的方向,即"反对罗甸字母,且欲联合亚东三国,遵循旧文,勿令坠地,亦微显阐幽之义"。然其"选择常用之字以为程限,欲效秦皇同一文字事",在日本固可因陋就简;中国今日"方宜简稽古语,以审今言",实不应"以限制文字为汉字统一之途"。且中文"本自汉人创造,日本特则而效焉,末流之不如本源",自无疑义。"中国人虽自枉屈,于此固自知其胜于日本",又何必"俯而殉之"呢?[3]

连自创的汉字都要俯从日本,最能体现清季举国上下的自信不足。其实"日本之规设此会者,皆素不识字"。日本人用汉字,"知今隶而不知秦篆,蒙于六书之法",亦不知《说文》"为文字本根"。既于汉

---

[1] 燃:《新语问题之杂答》,《新世纪》44号,3页;燃料:《书驳中国用万国新语说后》,《新世纪》57号(1908年7月25日),12页;吴稚晖:《苏格兰〈废除汉文议〉按语》,《新世纪》71号,15页;《书神州日报〈东学西渐篇〉后》,《辛亥革命前十年间时论选集》卷三,467页。
[2] 章太炎:《印度人之论国粹》,《章太炎全集》(4),344页。
[3] 本段与下段,章太炎:《论汉字统一会》(原名《汉字统一会之荒陋》,《民报》17号,1907年10月25日),《章太炎全集》(4),319、320—322页,个别标点略有更易。

字"本形本义之不知,而欲窥求义训,虽持之也有故,其言之必不能成理"。故自德川幕府以来,日本儒者"训诂考证,时有善言",然其学术层次终不甚高。"岂日本诸通儒,其材力必不汉人若?正由素未识字,故摘埴冥行如此也"。太炎"每怪新学小生,事事崇信日本。专举政事,或差可耳;一言学术,则日本所采撷者,皆自西方,而中国犹有所自得;老、庄、朱、陆,日本固不可得斯人。黜我崇彼,所谓'轻其家丘'者矣"。

不过,与当时朝野之反对东瀛文体的倾向不同,吴稚晖并不掩饰且坦承其受到日本影响;他本不以学日本为耻,而是明确其逐步改革中国文字正要取法日本。吴氏提出:"中国文字本统一也,而语言则必有一种适宜之音字,附属于旧有之文字以为用,于是声音亦不得不齐一,有如日本之以东京语音齐一通国。"盖"文字有二职:一为志别,一为记音。中国文字志别之功用本完,所少者,记音之一事"。当学"日本通俗书之刻刊法"先刊字典一册,"即如日本所翻印之中国字典,字附音训于其旁"。这种作为读音的笔画,既"附加于野蛮之汉字上,又莫如即用野蛮笔画,与之相适,则莫有过于日本假名之状",以今隶之体"附益于今隶之旁"。[1]

中国当时"所谓简字切音字等,忘其苟简之术不足为别于文字之间,故离旧文字而独立;敢于作仓颉第二,遂失信用于社会"。若注音皆以"旧文字表而出之",则"音训不与旧文字相离",更易于通行。这是第一步,下一步亦"如日本已往之例,入高等学者必通一种西文,由高等学入大学校者,必通两种西文"。即使对将入小学的"未来国民"来说,"与其教以'制造局派'所译述之国文、格致、课艺,不如改教多搀日本新字眼之国文读本"。[2]身在欧洲的吴氏却处处以日本为榜样(这或者提示着他的基本观念在其留日时已形成),与那时在日本和中国

---

[1] 燃料:《书驳中国用万国新语说后》,《新世纪》57号,12页;吴稚晖:《书神州日报〈东学西渐篇〉后》,《辛亥革命前十年间时论选集》卷三,467页。
[2] 燃:《续新语问题之杂答》,《新世纪》45号(1908年5月2日),3页;燃料:《书驳中国用万国新语说后》,《新世纪》57号,13页。

国内的士人相当关注欧洲古学复兴相当不同。

对章太炎来说，自创汉字的中国与采纳部分汉字的日本有极大的不同。他注意到，认为汉字"凌杂无纪"的观念正是从日本人用汉字的事例得出，但"日本语言固与汉语有别，强用其文以为表识，称名既异，其发声又才及汉音之半，由是音读训读，所在纷猱。及空海作假名，至今承用。和汉二书，又相羼厕。夫语言文字，出于一本，独日本则为二本，欲无凌杂，其可得乎？汉人所用，顾独有汉字耳"。中国"文字本出一途，不以假名相杂，与日本之凌杂无纪者，阡陌有殊。忧其同病，所谓比拟失伦者哉"〔1〕。

而吴稚晖则看到日文中用汉字的动状等词皆"双叠之词"，中国人对此"习焉不察，仅目之为掉文而已，其实有时非双用不能达意"。他特别欣赏"日本新学词头，采用于欧书者，近二十年之所增添，大都不喜译意，而用假名译音。然则一经将日文改书欧母，于其和训之字，本不过改换字母之面目，至于译音之新学词头，即可还西文之旧"。日本的"和英、和法诸词典，已秩然其有条，为别之易，固非与汉文之繁然无统者可同日语"〔2〕。在章太炎眼中"凌杂无纪者"，吴氏则见其"秩然有条"，实因其以合于西文为评判标准；据此反观中文，自觉"繁然无统"。

太炎承认中文并非没有缺点，如中国口语差异甚大，"一道数府之间，音已互异；名物则南北大殊，既难齐一，其不便有莫甚者。同一禹域之民，而对语或须转译，曷若易之为便？"。问题是，"以万国新语易汉语，视以汉语南北互输，孰难孰易？今各省语虽小异，其根柢固大同，若为便俗致用计者，习效官音，虑非难事"。由于"中原板荡，佚在东南"，既不可谓"边方无典语"，也不可谓"中原无别语"，实则各地方言多可上溯到古音。故"北人不当以南纪之言为磔格，南人不当以中州之语为冤句；有能调均殊语，以为一家，则名言其有则矣。若是者，诚不若苟习官音为易。视彼万国新语，则难易相距，犹不可以筹策计也"。

---

〔1〕 本段及下三段，章太炎：《驳中国用万国新语说》，《章太炎全集》（4），338—341页。
〔2〕 吴稚晖：《书神州日报〈东学西渐篇〉后》，《辛亥革命前十年间时论选集》，卷三，473页。

若用万国新语来统一世界语言,"欧洲诸族,因与原语无大差违,习之自为径易"。中文则"排列先后之异,纽母繁简之殊,韵部多寡之分,器物有无之别,两相径挺。此其荦荦大者。强为转变,欲其调达如簧,固不能矣。乃夫丘里之言,偏冒众有,人情互异,虽欲转变无由"。比如托尔斯泰就认为,"中国'道'字,他方任用何文,皆不能译"。又有一个传教士告诉他,在拿东西的动作方面,"汉语有独秀者,如持者,通名也;高而举之曰抗,俯而引之曰提,束而曳之曰捽,拥之在前曰抱,曳之自后曰拖,两手合持曰奉,肩手任持曰担,并力同举曰抬,独力引重曰扛,如是别名,则他国所无也。今自废其分明者,而取他之掍合者,言以足志,宜何取焉!"[1]。

在太炎看来,"言语文字者,所以为别;声繁则易别而为优,声简则难别而为劣"。中文读音繁富,为世界之最,岂能改优从劣!且"纵尽改吾语言以就彼律,抑犹有诘诎者",盖"常言虽可易,而郡国、姓名诸语必不可易。屈而就彼,音既舛变,则是失其本名,何以成语?"。吴稚晖以为此不足为虑,他不认为"中国有如何特别之名物为他国所穷于指名。如其物而为不适于世界所用者",则"可以不必名",亦"可以随便比附音义,予以一名"。至于"中国之所谓'道',果定其界说,验其功用,为未来时代必当有一独立之专名,则且译其音为'道',而详其界说及功用于词书,于是又有专科之道学";如"其为无足重轻一古代学术之名,则译音可也"。实际上,该字"所有区域及意趣,既为万国新语各种学术之专名所分析而包有,则中国一'道'之文字,其意义为野蛮无意识之混合,绝无存立之价值,故亦无需为之密求其意味"[2]。

吴稚晖凡语及中文,每加以"野蛮"的定语;而太炎则指出,有些他们认为进化高而"文明"的,实未必然。如《新世纪》主张"象形字为未

---

[1] 稍后吴稚晖提出,此传教士关于"抗、提、曳、抱等之分别"的说法未必真是赞美,恐怕有讥笑之意;太炎也不敢肯定,然反驳说,"无论为誉为嘲,要之本有其事;而彼不能分别为名,则不得称言语完具"。燃料:《书驳中国用万国新语说后》,《新世纪》57号,15页;章太炎:《规新世纪》,《民报》24号,52—53页。

[2] 章太炎:《驳中国用万国新语说》,《章太炎全集》(4),342、344页;燃料:《书驳中国用万国新语说后》,《新世纪》57号,14—15页。

开化人所用,合音字为既开化人所用";而太炎以为,文字的区别未必代表文化的优劣,"象形、合音之别,优劣所在,未可质言。今者南至马来,北抵蒙古,文字亦悉以合音成体,彼其文化,岂有优于中国哉?"[1]。反之,有些其眼中所谓"新文明",不过"欧洲事物"的代称,却是真野蛮。

比如他们主张改汉字笔画,使"存者复为钝势,不见锋芒",其用意"殆为习用铅笔计"。中国古时本"铅铁并可作笔",后"觉其匡刺",而以鹿毫、兔毫以至鸡毛笔代之。"展转蜕变,毫之制造愈良,而铅铁遂废不用。欧洲则迄今未改。以笔言之,亦见汉土所用为已进化,而欧洲所用为未进化也。彼固以进化为美谈者,曷不曰欧人作书,当改如汉文形态;乃欲使汉字去其锋芒,抑何其自相攻伐耶?"其实毛笔"转移轻便",实胜于欧洲。"诸子在巴黎,习用铅笔,则言铅笔之善;向若漂流绝域,与赤黑人相处,其不谓芦荟叶胜于竹纸者几希。"章氏慨叹道:"呜呼,贯头之衣,本自骆越为之,欧洲人亦服焉,而见者以为美于汉衣;刀叉之具,本自匈奴用之,欧洲人亦御焉,而见者以为美于汉食。趋时之士,冥行盲步以逐文明,乃往往得其最野者。"

太炎认为,中西语言各有所长,也各有所短,双方皆存在"有实而阙其名"的现象,惟"汉土所阙者在术语,至于恒言则完;欧洲所完者在术语,至于恒言则阙。语言文字者,其职在于宣情应务,非专为学术计。且汉文既有孳乳渐多之用,术语虽阙,得绷集数字以成名,无所为病。若令恒言不具,则其语无自孳生,斯朝夕不周于事已。荀子曰:'名闻而实喻,名之用也。累而成文,名之丽也。用、丽俱得,谓之知名。'今汉字于恒言则得用,于术语则得丽;欧洲之文,术语不待丽,诚善;而恒言不给用,则不可以是更我"[2]。

田北湖稍后也说,"东西文字,各有短长,本其土俗人理,习惯使然,囿于一方一隅。既无完备之造作,则施诸域外,都非所宜"。将来世界大同,人类公共用语尚待创造。目前"列国并立,竞以文字争胜,

---

[1] 本段与下段,章太炎:《驳中国用万国新语说》,《章太炎全集》(4),352—353、338页。
[2] 章太炎:《规新世纪》,《民报》24号,54—55页。

迫其就我，于是弱且衰者益为强盛所诋毁。中土不振，受侮及兹，讥其不变于夷，此尤吾人所甚不平者"。这即是叶德辉早就指出的以强弱胜负分文野，中国之国力不竞，故文字也抬不起头。田氏心既"不平"，说话也就没有先前那么公允，他比较中外文字优劣，发现"言其体制，则连结者不若独立；言其义意，则拼母者不若形声之孳生。况运用词句，变动位置，无中土之神妙简易。人之所绌，我以为长。在今世文字中，已足雄于群丑"[1]。惟其"人之所绌，我以为长"一语，实道出几分意气之争的消息。

而章太炎尚能平静指出，废汉文而用万国新语，则"吐辞述学，势有不周；独用彼音，则繁简相差，声有未尽"。其实，"寻常译述，得其大义可也；至于转变语言，必使源流相当而后可。泛则失实，切则失情，将以何术转变之也？且万国新语者，学之难耶，必不能舍其土风而新是用；学之易耶，简单之语，上不足以明学术，下不足以道情志。苟取交通，若今之通邮异国者，用异国文字可也，宁当自废汉语哉？岂直汉语尔，印度、欧洲诸语，犹合保存。"他引庄子的话说："凫胫虽短，续之则忧；鹤胫虽长，断之则悲。"今"以中国字母施之欧洲，则病其续短矣；乃以欧洲字母施之中国，则病其断长矣"。他甚至不反对"欲求行远，用万国新语以省象译"，然汉字"更易既无其术，从而缮治，则教授疏写，皆易为功"。[2]

若"徒以交通为务，旧所承用，一切芟夷；学术文辞之章章者，

---

[1] 田北湖：《国定文字私议》，《国粹学报》第4年12期。其实吴稚晖清楚地知道国势强弱对文字的影响，当"前行"来稿提出"径用万国新语"可有"左右世界之力"的说法时，吴稚晖现实地指出，既然国界仍在，"则强者之对于弱者，苟有一隙可以用其欺惑，则保护之惟恐不完；故利用彼所习用、人所不相习之文字，以为外交上之权利，久矣奉若科律矣"。尽管西人学万国新语远比中国人容易，"其如存心不学何？如此，则外交上利便之劝，终为旁义"。燃：《新语问题之杂答》，《新世纪》44号，2页。

[2] 本段及下段，章太炎：《驳中国用万国新语说》，《章太炎全集》（4），341—344、351、338页。按各种语言均当保存是太炎的一贯主张，不仅在世界范围言是如此，就是在中国范围之内寻求"音韵一致"，也应当"不从乡曲，不从首都，惟一意求是"；而"殊言别语，终合葆存"。章太炎：《论汉字统一会》，《章太炎全集》（4），320页；《规新世纪》，《民报》24号，64—65页。

甚则弃捐、轻乃裁减，斯则其道大觳，非宜民之事"。从便民角度看，《新世纪》诸人一个重要论点即中国人识字率低即因象形的汉字太难，太炎以为此说不立，盖汉字"日本人识之，不以为奇恒难了。是知国人能遍知文字以否，在强迫教育之有无，不在象形、合音之分也"。而中国识字者不多，部分也因为农夫工匠"以为文字非所急图"，到其出而涉世，因不知书而"常苦为人所诈"，乃自悔其失学。"若豫睹知书之急，谁不督促子弟以就学者？"，故"重以强迫教育，何患汉字之难知乎"。[1] 强迫教育者，即今日所谓义务教育也。这当然主要是政府之事，而当时清廷也确有试图普及识字和统一国语的努力，足证朝野的关怀相当接近。

四　文字改革的朝野观念异同

从19世纪90年代起，民间各类"简字"（非今日所谓简体字，实多为各种形式的注音、拼音文字）纷纷出现，早期的多受西方传教士影响，后来的则以学日本假名为主；特别是王照的"官话字母"和劳乃宣的"合声简字"影响较大，前者受到直隶总督袁世凯的支持，后者因慈禧太后召见劳氏而更有力。到清季筹备立宪，"国语教育"正式列入学部的分年筹备清单之中。1910年资政院成立，议员江谦在院中大力推广"合声简字"，并提出说帖，质问学部所编官话课本"是否主用合声字拼合国语，以收统一之效？"。连署此说帖的有严复等32人，同时提出的类似说帖尚另有五份，连署者共约400人。资政院遂推严复一并审查，严复的报告主张试办，并提出将"简字"正名为"音标"。此案得通过而提交学部，后于次年的"中央教育会议"中通过一项"统一国语办法案"，其中包括

---

[1] 汪德渊也认为，所谓汉文"艰深者,实由未得良善之教法。果用造字之原则教授，引伸触类，吾未见有此病也"。对此吴稚晖不同意，他说自己在二十年前也曾主张"以《说文》教训童蒙"，现在则认为这是"谬说"。盖经过"识字之苦"的人，"觉一见《说文》，头头是道"；但对初学者则"徒于今体外又记一篆文"，只能使童蒙倍感"识字之苦"。吴稚晖：《书神州日报〈东学西渐篇〉后》，《辛亥革命前十年间时论选集》卷三，465页。

"以京音为主,审定标准音;以官话为主,审定标准语"的内容。[1]

可知当时官方的态度和取向与革命党人颇有相通处,尤其与《新世纪》诸人的主张接近;而在野者对政府此举的反应则不一。钱玄同在其1908年9月的日记中说:"今日见有法部主事江某奏请废汉文、用通字云。通字系用罗马字母二十改其音呼者。噫!近日学部纷纷调王照、劳乃宣入内拟简字,后有此獠出现,何王八蛋之多也。"钱氏当年偏向于国粹学派,认为"凡文字、言语、冠裳、衣服,皆一国之表旗,我国古来已尽臻美善,无以复加,今日只宜奉行",故态度鲜明地反对中文拼音化。[2] 此"江某"大约即江谦,在吴稚晖鼓吹废汉文的当年,同样的主张已正式见诸官员的奏折,可知双方见解的相近,江氏的奏折与反政府的《新世纪》客观上形成互为呼应之势。

吴稚晖对于民间各切音字方案,大体精神上赞同而实际不欣赏,他以为这些人"各有仓颉自负之野心,故各换其面目以表神奇"。其实"说穿了竟不值一笑也!以西文字母切土音,乃耶教徒之惯法,凡天津、上海、宁波、厦门、香港等处,所有曾入耶教之华人,莫不各有其土音之西母文字",这些人不过仿效而已。读西文者,众口一词,"以为中国人不知切音"实则"能切字音,本狗屁不值一钱之天然现成法",不致如死读西文之人意中"有若彼之难也",惟"造作文字,固不若是之易"。为注音计,不必故弄玄虚,"即用简字之笔画为老实";具体则"莫有过于日本假名之状,即近日官中正提倡之王照氏劳乃宣氏等之简字是也"。[3] 这本是吴氏

---

[1] 参见倪海曙:《中国拼音文字运动史简编》,上海时代书报出版社,1948年,32—64页(本书承钱文忠先生赐借,特致谢忱)。倪海曙另著有《清末汉语拼音运动编年史》,上海人民出版社,1959年,书未见。吴宓当年日记中记录了中央教育会讨论统一国语案的情形,可以参考,他注意到"反对者亦不乏人。惟此会究难得善之成绩,缘开会之初,俨分两派,各省派来人员则结为一体,专与学部人员反对。而凡议一事,则各省会员又有南北之见存焉。南人所倡,北人非之;北人所计,南人破之。而于统一国语案,议时尤多龃龉云。且各省会员中,惟江苏人目空一切,自视甚高,对各省人皆有鄙不屑视之意。呜呼,是岂和衷共济之道哉!"《吴宓日记》(1),1911年8月4日,117—118页。

[2] 钱玄同日记,1908年9月27日、30日,转引自杨天石:《振兴中国文化的曲折寻求——论辛亥前后至"五四"时期的钱玄同》,《五四运动与中国文化建设》,993—994页。

[3] 本段与下段,吴稚晖:《书神州日报〈东学西渐篇〉后》,《辛亥革命前十年间时论选集》卷三,467、469—471页。

的一贯主张,故其并不因"近日官中正提倡"而不赞同。

但吴稚晖却看出官方在具体改革方式上仍有矛盾,盖拼音化的"简字"与"官话"其实是两回事,却被学部混为一谈。他质问道:"学部所谓分年筹备清单者,既称颁布简易识字课本矣,何以又言颁布官话课本?吾实不解中国所谓官话者何话也。若能作文字可写之语,而又不杂以一方之土俗典故,使人人通解,而又出以官音者,是即官话。"这样的官话,似不必有课本。"如以为其中之音读有不同,则简易识字课本又是何物?岂真简字又独立于文字之外,别为一种新字乎?"若因"我国文字过于典雅,凡近俗语者,皆不得谓之文。官话课本即系通俗之文,是真不可缺少。然惟其为此,故不可仍目为话。虽'话语'与'文字',字面可互相通用,然以各国为例,必称之曰国语读本,或曰汉语课本,方为适当"。其实在学部的分年筹备清单里,这些内容正是所谓"国语教育事项",吴氏在指出其具体改革方式之矛盾时,不啻为学部之总体计划正名。

且吴稚晖虽不同意像有些提倡新语者那样寄希望于政府的支持,即不可因"求代用以万国文字,强为政治上之专制禁劝";但也不讳言愿获得政府的容忍以达到"剿灭华文"和打击"顽固党"(至少应包括章太炎)的目的。他认为文字改革当从社会好尚方面努力,而好尚最有力者为党会,"今中国党会之禁虽未大弛,然于此等讲习万国新语之会"却少"无理之干涉"。盖中国旧制,"非天子不考文,简字等尚有考文乱圣之嫌,而新语直不过为一种无足轻重之外国文耳"。故"新语虽为剿灭华文之利器,隐为顽固党至猛之死敌,然其表面,实较简字等尤为温和",不易招致干涉。[1]

同时,吴稚晖还有一点与清廷相当一致,后者正试图统一国语,而吴氏固主张"能合各国之语言,代表以一种之语言,是谓万国新语;则能合各省之语言,代表以一种之语言,始足称为中国新语"[2]。由于中国

---

[1] 燃:《续新语问题之杂答》,《新世纪》45号,2页。
[2] 燃:《前行〈中国新语凡例〉注》,《新世纪》40号,4页。

文字本统一，尚需统一者仅为语音。问题在于，以何者为准来统一语音呢？章太炎认为，"今虏虽建宅宛平，宛平之语未可为万方准则"，而应在既存官话基础上综合各地方言来取得一致的读音；他指责以京师语音统一全国有悖于吴稚晖等鼓吹的"新文明"学理："夫政令不可以王者专制，言语独可以首都专制耶？"[1]

方言和京师语音的差异既融入章太炎等革命党人关注的"夷夏之辨"，其意义就更不同。刘师培申论章太炎所著《新方言》的意义说："自东晋以还，胡羯氐羌，入宅中夏；河淮南北，间杂彝音。重以女真蒙古之乱，风俗颓替，异语横行。而委巷之谈、妇孺之语，转能保故言而不失，此则夏声之仅存者。昔欧洲希、意诸国，受制非种；故老遗民，保持旧语，而思旧之念沛然以生，光复之勋蕴蓄于此。今诸［按《刘申叔遗书》易此字为'睹'］华彝杂，与希、意同；欲革彝言而从夏声，又必以此书为嚆矢。"而"异日统一民言，以联群众"，也必将有取于此。刘氏指出，"今也教民之法，略于近而详于远，侈陈瀛海之大，博通重译之文，而钓游之地、桑梓之乡，则思古之情未发，怀旧之念未抒，殆古人所谓数典忘祖者"，所以有必要编乡土志以教民。[2]

这样，改朝换代特别是异族入主后，方言乃被认为具有保存故物之特殊功用，而清季政府以京师语音来统一国语，因此也似乎别有深意；同理，略近详远、将国人的注意力引向国外，也能起到使人"忘祖"的功用，两者竟然异曲同工！这些当然更多是革命党人的"当代诠释"，实际说方言的民众恐无此意识；然太炎等人在努力为方言争地位时，固不仅是据此以反对言语的"首都专制"，实亦因"建宅宛平"者正其欲反对的清皇朝也。不过，清季朝野上下不同的派别都在思考中国语言文字的改革，这是各种歧异冲突都不能掩盖的事实。

---

[1] 章太炎：《驳中国用万国新语说》，《章太炎全集》(4)，352页；《規新世纪》，《民报》24号，64页。纯从语音的角度看，中文之一字多音（指同一字在方言中的不同读法）正寓以不齐为齐之"非专制"的意思，似乎也是一种个性的发扬？

[2] 刘师培：《〈新方言〉后序》，《国粹学报》第4年6期；《编辑乡土志序例》，《国粹学报》第2年9期。

有意思的是，那时也在思考人类未来的康有为在其拟议中的全球新语言文字即以中文为基础，而且他与章太炎和吴稚晖对中文的认知相当不同，章、吴皆认为中文比西文更复杂（不过章以此为高明的体现，而吴却认为此乃不便的表征），康则以中文为世界之最简者。他主张"择大地各国名之最简者如中国采之，附以音母，以成语言文字，则人用力少而所得多矣。计语言之简，中国一物一名，一名一字，一字一音。印度、欧洲一物数名，一名数字，一字数音。故文字语言之简，中国过于印度、欧、美数倍"（这与前述王国维提倡多字词的观念相反），不过他也承认，"中国于新出各物尚有未备者，当采欧、美新名补之"。[1]

康有为固主张"语言文字出于人为耳，无体不可，但取易简，便于交通者足矣，非如数学、律学、哲学之有一定，而人所必须也。故以删汰其繁而劣者，同定于一为要义"。将来各国语言文字，"务令划一，以便交通。以免全世界无量学者，兼学无用之各国语言文字"。不过目前"各国并立，国界未除，则各国教育，当存其本国语言文字，以教其爱国心为立国之根本"。与吴稚晖一样，他也主张在过渡时期"定一万国通行之语言文字，令全地各国人人皆学此一种以为交通，则人人但学本国语言文字及全地通行语言文字二种"[2]。

木山英雄已注意到，吴稚晖"亦视语言为工具，与康有为共有着同类型的思考态度"[3]。惟《大同书》定稿较晚，关于万国通用语言这一部分很可能是康有为采纳了吴稚晖的主张。吴稚晖1909年提出确定全国读音的方法是，在北京或上海"特设一三个月之短会，延十八省所谓能谈中国'之乎者也'之名士，每省数人"；开会方法是由书记据字典一一唱字，唱一字即"大家议定官音当注何音"；依此法日注三四百字，"三月必可讫事"。而康有为设计的确立全球语言文字之法，则"制一地球万音室"，集合全地球各种发音之人，"不论文野，使通音乐言语之哲

---

[1] 康有为：《大同书》，收入钱锺书主编、朱维铮执行主编：《康有为大同论二种》（下同），生活·读书·新知三联书店，1998年，134页。
[2] 康有为：《大同书》，128页。
[3] 木山英雄：《"文学复古"与"文学革命"》，《学人》第10辑（1996年9月），247页。

学士合而考之,择其舌本最轻清圆转简易者制以为音,又择大地高下清浊之音最易通者制为字母"。两相比较,明显可见康有为模仿痕迹,颇支持朱维铮先生关于《大同书》之定稿在1909年后的判断。[1]

无论康有为是否模仿吴稚晖,他们确实都大致认为语言仅工具,可以万国统一;章太炎正基于相反的观念反对文字"定于一",他认为语言文字与"人事"相关,代表着"国性",世界各民族"人事"本不齐,故言语文字亦不必齐一(详后)。王国维视语言为思想之代表,其重视语言文字与国粹学派、存古派等略同,然其主张吸收西方"新学理"方面则又与康有为、吴稚晖等相近。各方面的观念错综复杂而相互渗透、相互覆盖,故即使直接对立冲突的章太炎和吴稚晖二人其实也有不少共同之处。

当太炎指责语音统一有"首都专制"之嫌时,吴稚晖敏锐地指出,"语言文字应当统一之声,不惟震慑于白人侈大之言者言之";像章太炎这样"横好古之成见者亦复言之。所谓纽文韵文等之制作,不惮空费其笔墨者;无非由人之好善莫不相同,故殊途遂至于同归"。自己确曾提出一套切音方案的章太炎只能从技术上反驳说,"汉字以形为主,于形中著定谐声之法,虽象形、指事、会意诸文,亦皆有正音在;非如欧洲文字,以音从语,不以语从音,故可强取首都为定也"。《新世纪》号称"'谈学理者只知为繁芜之就删',不悟学理为求是,非为便用"。欧洲语音"本无定是,故虽强从都会,未为倍于学理;在中国既有定是,若屈其定是而从首都,则违于学理甚矣"[2]。

正像吴稚晖看到章太炎与他观念相通之处一样,吴氏虽说过要仿效日本以东京语音统一全国语音,他自己其实也不赞成用京师口音为统一中国语音的标准。他稍后说:"所谓官音,官者,言通用也,言雅正也。

---

[1] 吴稚晖:《书神州日报〈东学西渐篇〉后》,《辛亥革命前十年间时论选集》卷三,469页;康有为:《大同书》,133—134页。关于《大同书》实际成书时间,参见朱维铮为《康有为大同论二种》所写的《导言》,13—15页。
[2] 燃料:《书驳中国用万国新语说后》,《新世纪》57号,11页;章太炎:《规新世纪》,《民报》24号,64页。

汉人之祖宗,税居于黄河两岸,故汉音之初,近于北音;南人则杂有蛮苗之音,然北人亦未尝不杂胡羌之声。故以通用而言,即以今人南腔北调、多数人通解之音为最当。其声和平,语置典则,即可以为雅正之据。"如时人作为讥讽对象的所谓"南京官话",实即"改良新语所最适当之音调也。若近日专以燕云之胡腔认作官话,遂使北京之鞑子,学得几句擎鸟笼之京油子腔口,各往别国为官话教师,扬其狗叫之怪声,出我中国人之丑,吾为之心痛!"〔1〕。

两人观念类同之处还不少,如吴稚晖提出的暂时改良中国文字的方法之一即"手写之字,皆用草书。无论函牍证凭,凡手写者,无不为行草,有如西国通行之法"。章太炎显然赞同,在其《驳中国用万国新语说》一文中列举了"辅汉文之深密,使易能易知"的方法,首先即提出"人人当兼知章草"以"速于疏写";盖草书本汉代通用,彼时"辞尚简严,犹以草书缀属;今之辞繁,则宜用草书审矣"。两人的区别,仅在于吴氏的依据是"西国通行之法",而章氏所本则为"草书之作,导源先汉"而已。〔2〕

同样,章、吴二人对于当时的"简字"皆有所保留。吴稚晖先指出,"今日所谓简字切音字等,忘其苟简之术,不足为别于文字之间,故离旧文字而独立。歆于作仓颉第二,遂失信用于社会"。章太炎稍后"闻仁和劳乃宣方造简字,又且以是上满洲政府而颁诸僮仆学校。劳乃宣者,则劳权、劳格之子姓,宜略识文字训诂。然中岁染新党风,颇与陶模辈鼠窃狗偷,不能无曲学哗世"。故太炎以为:"若其所造简字,不直以代正文,惟为反语,笺识字旁,而分纽分韵又能上稽唐韵,下合字内之正音;完具有法,不从乡曲,不从首都,惟一意求是者,余亦将表仪之。"这些大多与吴氏所见相近,更明显的是太炎接着说,"若其直代正文,自以为新仓颉,或新定纽韵奇觚非法,殉用而不求是,是则析辞擅名以乱正",当治以"符节度量之罪"。昔人甚重比拟,今章不以吴先用仓颉而

---

〔1〕 吴稚晖:《书神州日报〈东学西渐篇〉后》,《辛亥革命前十年间时论选集》卷三,470页。
〔2〕 燃:《前行〈中国新语凡例〉注》,《新世纪》40号,4页;章太炎:《驳中国用万国新语说》,《章太炎全集》(4),344页。

避之,可知确实赞同;而吴也不因章表赞同即弃之,后来再次指责创简字诸公"必歆于作仓颉第二,离于旧文字,炫耀之以为创造新字"。[1]

其实,章、吴二人与劳乃宣以及彼时朝野中许多人一样,皆认识到中文需要适当简化以便民用。高凤谦便主张区分应用之文字与美术之文字,他说,"应用之文字,既比之于衣食,无论所治何业,皆不可不习。美术之文字,则视为专门之一科"。前者"犹语言也。恒人之情,苟欲宣其心意及以所见闻告人,相隔较远,以文字代之,势所不得已也"。但自文字偏于美术,文人创出种种讲究,并据此而批评文字,使"苟非能文之士,举笔能有千钧之重"。故宜区分"美术文"与"应用文",俾各得其所。[2]

这就触及当时读书人正在思考的"言文一致"问题,太炎以为解决的方法应在方言中寻找。他发现那时的"俗士"为言文一致"所定文法,率近小说、演义之流。其或纯为白话,而以蕴藉温厚之间之;所用成语,徒唐、宋文人所造"。不如"一返方言,本无言文歧异之征,而又深契古义,视唐、宋儒言为典则"。中文之一字而读音"方言处处不同",正体现了其"便俗致用"之意。惜"俗儒鄙夫,不知小学,咸谓方言有音而无正字,乃取同音之字用相摄代;亦有声均小变,猝然莫知其何字者",不得不"强借常文以著纸帛,终莫晓其语根云何"。其实"今之里语,合于《说文》《三仓》《尔雅》《方言》者正多"。那些"以今语为非文言者,岂方言之不合于文,顾士大夫自不识字耳"。此"固非日本人所能知,虽中国儒流乐文采者亦莫知也"。而解决的方法,即"令士大夫略通小学,则知今世方言,上合周、汉者众"。[3]

不过,如果连士大夫都已不识字、连"乐文采"之儒流也不知方言"深契古义",若以当下"开智"而非长远的"保存"为目的,则"令士

---

[1] 燃料:《书驳中国用万国新语说后》,《新世纪》57号,12页;章太炎:《规新世纪》,《民报》24号,63—65页;吴稚晖:《书神州日报〈东学西渐篇〉后》,《辛亥革命前十年间时论选集》卷三,472页。
[2] 高凤谦:《论偏重文字之害》,《辛亥革命前十年间时论选集》卷三,13页。
[3] 章太炎:《论汉字统一会》,《章太炎全集》(4),319—320页。

大夫略通小学"诚未必能应急,遑论多数百姓;那些能读书而不通小学的知识青年正可因此避而远之。吴稚晖指出,"彼横通之嚼甘蔗者,心疑掊击汉文之人皆为不解汉文道妙之人",故对汉文"漠然曾不措意"。其等而下之者,"且疑后生小子,将以其所不学,代其所学,而从此彼不复得人之敬礼;故直盲相护持,尽出其砖头瓦片、破布烂絮文学,作门客之词翰考据,为钞胥之掇拾者,用以斗薛仁贵之法宝、显孙行者之神通。其意若曰:你识得么?青年不屑过问,亦惟付之一笑"。盖"能废弃较野蛮之汉文,采用较文明之别种文,则于支那人进化之助力,定能锐增"[1]。小学本甚难,故不少青年避而不问;但原来"不识字"可能还稍觉惭愧,在思想权势转移之后,既然中文本野蛮不足学,则"不识字"反成优点,可以"不屑"为之,又何乐而不为!

章太炎当然知道这一后果的严重,他理解那些主张"汉字统一"者也是担心"十年以内,士气夸毗,惟变古易常是务,不如是将不足保存汉文";但合适的方法当于学校"置小学一科,比于浅露不根之经史学,其虚实相悬矣。不然,小学既亡,而欲高谈古义,何异浮绝港以趋溟渤哉?"。吴稚晖甚能体会此意,当汪德渊提出用造字之原则教授则汉文不难时,吴氏反驳说:"经典之文字,一乱于隶书,再乱于今体,支那无所谓学术,惟周、秦、汉、魏以前之古书,公认之为学术。自此以后,千秋万世,惟尊信之,惟注释之,否则阐演之而已。故若欲考知古义而不谬,必识造字之原,此乃通经之阶梯,而非识字之丹丸也。"[2]他显然了解章太炎在学校中置小学课程的重要目的是要能解"古义",而未必仅仅是易于教学。

的确,语文在当时的含义决不仅限于语文本身,学什么文也有其伴随的社会功能。由于晚清世风尊西,太炎便观察到"以欧文致高官

---

[1] 吴稚晖:《书苏格兰君〈废除汉文议〉后》,《国音、国语、国字》,20页。
[2] 章太炎:《论汉字统一会》,《章太炎全集》(4),322页;吴稚晖:《书神州日报〈东学西渐篇〉后》,《辛亥革命前十年间时论选集》卷三,465页。按吴氏在此文中承认《说文》之在汉文,即如腊丁之于欧文,能通腊丁,则通解欧文为较易。然此特指中学校以上之学生,将지文学者言耳,曾未见挽训腊丁于小学也。有之,则在昔年黑暗时代"。可知他也知道通《说文》则易于通解中文,不过以为不切"实用"也。

厚禄者，无虑数十。其人素未习国学，为儿嬉戏，常游泳于白人间。迨而仕宦，多怀市井猥鄙之心，而卖国养交者常在此。江浙广东，多白种通商地，风气早开，其学欧文者众，则媚外者亦众"[1]。吴稚晖也注意到尊西的社会效果，他发现"一班半老未死之臭八股家，希望读得几本翻译书，也好充做新学家，做学部尚书，为学生监督"；而"中国文稍佳"之留学生，"往往恐人之诮其仅通洋语"，反而"ABCD只字不言，满口之乎者也以投时机"。[2] 章太炎看到世人欲习欧文，吴稚晖则见留学生以古文自诩，虽各重其一面，所见者实同，即新学可以干禄也。

中文对于中国民众还有特别之用，盖"今世语言，本由古言转蜕，音声流衍，或有小殊，而词气皆如旧贯"。词气既同，则通晓为易；周秦两汉之书固然要通小学者才能得其旨趣，"里言小说，但识俗字者能读之"。今日"家人妇孺之间，纵未涉学，但略识千许字，则里言小说，犹可资以为乐。一从转变，将《水浒传》《儒林外史》诸书，且难卒读，而欢愉自此丧，愤郁自此生"。汉文之改革本以其难为理由，"及革更之，令读书者转难于昔。甚矣，其果于崇拜欧洲而不察吾民之性情土用也"。[3]

只要将最后一语的表述方式稍作更易，便正是《新世纪》诸人的主张。吴稚晖以为，"种种世界最新之学问，中国人以不通西文之故，皆为之阻塞而不能习；即有健者，能一一译为中国之文字，使中国人不惟能治各种之新学，且能因而发明外国所未有，则在中国人固心满意足

---

[1] 章太炎：《规新世纪》，《民报》24号，61页。按江浙广东因早与白种通商，买办略多，故媚外者或稍众；然是否与学欧文相关，则尚可斟酌。
[2] 吴稚晖：《苏格兰〈废除汉文议〉按语》，《新世纪》71号，15页。
[3] 章太炎：《驳中国用万国新语说》，《章太炎全集》(4)，351—352页。这并非章太炎危言耸听，这一问题及一些趋新士人的类似态度均延续到民初。新文化运动后许多民众正有读不懂新小说的问题（对多数识字者而言，欧化的"白话文"可能比文言更难懂），而茅盾则认为不应是"民众文学"适应民众，而应是民众更换思想以适应"民众文学"，参见本书第7章。又，注意不使人产生"愤郁"似乎是一些清季士人的共性，宋恕在主张区别"邪说"和"逆说"时提出，"逆说"当禁，而对于"诸子百家之异谈及西来、东来一切之新议论，除革命排满之逆说必当严禁外，其余皆不妨任令学生研究发挥，以畅其天机而绝其愤郁之源"。宋恕：《吴守呈禀及附件批文》(1905年)，《宋恕集》上册，393—394页。

矣。然学问者，世界之公物，外国人所未有者，自亦许外国人之传习"。野蛮之中文固"未良未便于今日之西文，或更未良未便于今日所有之万国新语"，就是"后日西人之学问不如中国人"，为方便外国人学习，也当废中文而采用万国新语。况目前中国"野蛮"而西方"文明"为不争之事实乎！[1]

以最简单直接快速的方式与"世界文明"并驾齐驱，是吴稚晖欲废中文而用万国新语的基本考虑；而他在论证这一目的时并未始终坚持文字仅为工具这一基础观念：若文字与事理如其所述那样互动，显然已超出工具的意义。他进而提出，"文字虽不过为表意之记号，然其排列及书写之面目稍异，不啻若图画之点缀，烘染各殊；虽条件未换，而观感不同"。他举例说，如有人问："你们城里归县官管的义学里边，有附徒没有？"其意谓"你们地方上县立的小学校，有寄宿舍否？"，然前者"几成绝对的不适当，而且生人许多不快之感情；必且如下一语，采用许多日本字眼，才合新文明之条件"。即此"可以推见，便是专课贵国文，已不能不采用日本新字眼参杂其间。所以如此者，即因贵国之旧文，已于新文明甚不接合"。这里的"贵国"或为故意戏谑，未必即自居"他人"（the other）；然其对中文"不快之感情"则系直白，透露出他对更合新文明的日文那更亲切的态度。[2]

但若以"新文明"为标准，日文当然又不如西文，吴氏发现："仅仅横亘许多日本新字眼于胸中，有时与原来新文明之兴味，又极多不密合之处。此所以往往有在日本书中闹了半天，不知其为何等怪事，及一经检出西文原字，方笑而颔之曰：原来便是那件事。"故中国一些"广览译籍或借径东文谈述甚高之学理"者，即因不通西文，"往往于术语之所推衍，周章无序，于平常西国甚浅之事物，又装点之若甚离奇；全不能生与世界新文明为直接结合之观念，而兴起其真正科学思想之兴味"。同理，对将入小学之未来国民，"虽不必望其能通极高之新文明学

---

[1] 燃料：《书驳中国用万国新语说后》，《新世纪》57号，14页。
[2] 本段与下段，燃：《新语问题之杂答》，《新世纪》45号，2—3页。

理。然与其教以'制造局派'所译述之国文、格致、课艺,不如改教多揿日本新字眼之国文读本,因新字眼于发生新观念为有力。然则由此推想,又可云:与其专教多揿日本新字眼之国文读本,不如兼教一种西洋文,能发生其新观念尤为直接而有力"。

这里关于"新字眼发生新观念"的论述多半受前引王国维1905年文章的影响,问题在于,王国维固未仅视语言文字为工具也。吴稚晖实际认为,不仅欲"治世界文明之事理"便不能不以西文代中文,而且也只有新字眼才能表述新文明。则语言文字虽工具,却又不只是工具;当其主张改换文字时,便说不过如工具之更易,毋庸多虑;当涉及研治和表述"新文明"时,则连排列书写之面目也必须改换成产生该"文明"之文字才行!目的虽类,而文字在其间的重要性则迥异。说来说去,皆因以中文"讲求世界新学,处处为梗"[1]。

正因此,吴稚晖虽然采用了王国维的一些观念,却根本反对"强以科学之名词译成汉文,以望仅通汉文者亦能研究极深之科学";理由很简单,若"科学而能以东方文字研之极深,则日本人亦不消制定规则,入大学者必通两种欧文矣"。换言之,严复、王国维等在翻译方面的努力及争论无非纠缠于"吃力不讨好"的事情;其实主张通过翻译引进西方新学理此类"鬼思想,全是一班半老未死之臭八股家,希望读得几本翻译书,也好充做新学家,做学部尚书,为学生监督";同时也因辜鸿铭、严复、伍光建等留学生,其中国文稍佳,"往往恐人之诮其仅通洋语",遂"ABCD只字不言,满口之乎者也以投时机"。[2]

章太炎注意到鼓吹万国新语者以为"汉音虽繁,然译述他国固有名词,亦少音和,而多类隔",只能"得其大致";反之,"以新语译汉土旧名,小有盈朒,亦无蕾焉"。他以为:"以汉语译述者,汉人也,名从主人,号从中国。他方人、地,非吾所习狃者,虽音有弇侈,何害?今以汉人自道乡里,而声气差违,则不可以此相例,亦明矣。盖削趾以适

---

[1] 燃料:《书驳中国用万国新语说后》,《新世纪》57号,12页。
[2] 吴稚晖:《苏格兰〈废除汉文议〉按语》,《新世纪》71号,15页。

屦者，工之愚也；戕杞柳以为杯棬者，事之贼也。"其实太炎看到的问题与吴稚晖所见相同，不过两人立场迥异：章氏更多考虑"讲求世界新学"的"汉人"本身，盖即使从文字功用言，"荒废国学，故译文亦无术"，何有于西学？[1]而吴氏则主张为"讲求世界新学"不如直接习欧文，全不必为"仅通汉文者"考虑。

吴稚晖申论其语言当统一的主张说："就其原理论之，语言文字者，相互之具也。相互有所扞格，而通行之范围愈狭，即文字之职务愈不完全。今以世界之人类皆有'可相互'之资格，乃因语言之各异其声、文字之各异其形，遂使减缩相互之利益，是诚人类之缺憾。欲弥补此缺憾，岂非为人类惟一之天职？"要使语言文字"能得相互之效用，或为相互所不可缺，自必见采于统一时之同意"，有类"日本以江户之音变易全国"。这"在谈种界者，不免有彼此之感情；而在谈学理者，止知为繁芜之就删。因语言文字之便利加增，即语言文字之职务较完，岂当以不相干之连带感情，支离于其相互之职务外耶？"[2]。这就凸显了双方一个根本性的分歧：一方重视当下的"种界"，而另一方却推崇面向未来的"学理"。

五　种界与学理

章太炎指出，《新世纪》那些"震矜泰西之士，乃以汉字难知，便欲率情改作"，又不探求语言差异之利病，"而傀焉以除旧布新为号"；实"好尚奇觚，震慑于白人侈大之言，外务名誉，不暇问其中失所在"，根本即"骛名而不求实"。他希望吴稚晖等人"当以实事求是为期，毋沾沾殉名是务"。实际上，"中西文字源流各别，至日本则音训分歧、全无规则，皆不容互相拟议"。故其特别强调荀子在其《正名》中论证的"约定俗成谓之宜，异于约则谓之不宜"。[3]

---

[1] 章太炎：《驳中国用万国新语说》，《章太炎全集》（4），343—344页；《规新世纪》，《民报》24号，59页。

[2] 燃料：《书驳中国用万国新语说后》，《新世纪》57号，11—12页。

[3] 章太炎：《规新世纪》，《民报》24号，64页。

所谓"约定",即注重历史形成这一因素,这是太炎本人及国粹学派一个重要的观念支点(如太炎所谓"历史民族"说便是一例)。[1]文字是在历史发展中形成和演化,无意中也就留下了历史的烙印;尤其象形文字的演变直接反映着历史的痕迹,这是章太炎在写作时特别要使用古字的一个重要考虑。这一观念也受西学影响,当年太炎读了斯宾塞的社会学著作,对其"往往探考异言,寻其语根;造端至小,而所证明者至大"一点,颇有心得。于是重新"发现"惠栋、戴震的文字训诂,也有类似功用,可借以发现中国"文明进化之迹"。盖古事不详,"惟文字语言间留其痕迹,此与地中僵石为无形之二种大史"[2]。故他强调,中文"一字而引伸为数义者,语必有根,转用新语,彼此引伸之义,其条贯不皆相准,是则杜绝语根也"[3]。杜绝语根即等于删除中国"文明进化之迹"的一大来源,当然不可轻视。

同样,这也是刘师培看到的中国文字之价值所在。刘师培在1903年还承认中国文字有自身的弱点,曾指出以象形为主的中文有字形递变而旧意不可考、一字数义而丏词生、假借多而本意失、数字一义及点画繁多等五弊,而致弊的首要原因即"崇拜古人,凡古人之事无不以为胜于今人,即言语文字亦然";故读书人"所习之文以典雅为主,而世俗之语直以浅陋斥之",结果导致文字与言语不合。欲救此弊,有两种方法,首先是"宜用俗语",以"达意而止,使文体平易近人,智愚悉解"。其次便是前已引述的"造新字"以名新物。[4]但到1908年,他却特别撰《论中土文字有益于世》,据西人"社会学"论证因文见史的取径,以驳斥废中文的主张。

----

[1] 今日中西新派文论主张文本一产生即具有独立的生命,读者实际是(故亦不妨)"望文生义",便不甚重视文字和"文本"的历史形成这一因素。实际上,文本固在已约定之"成俗"中产生,必受其影响,读者亦然;而从文本产生到有人阅读再到多人阅读这一时间过程,也可以视为某种约定俗成的过程,惟不必一字一文仅一固定不变之"义"而已。

[2] 章太炎:《致吴君遂书》,《章太炎政论选集》,172页。

[3] 章太炎:《驳中国用万国新语说》,《章太炎全集》(4),341页。

[4] 刘师培:《中国文字流弊论》,《左盫外集》卷六,《刘申叔遗书》,1441页;并参其《攘书·正名》,《刘申叔遗书》,645—646页。

刘师培说,"察来之用,首贵藏往;舍睹往轨,奚知来辙?中土史编,记事述制,明晰便章;惟群治之进、礼俗之源,探赜索隐,鲜有专家。斯学之兴,肇端晳种",即英人称为社会学(Sociology)者。其方法"大抵集人世之现象,求事物之总归,以静观而得其真,由统计而征其实。凡治化进退之由来,民体合离之端委,均执一以验百,援始以验终。使治其学者,克推记古今迁变,穷会通之理,以证宇宙所同然。斯学既昌,而载籍所诠列,均克推见其隐;一制一物,并穷其源",可谓精微之学。他认为社会学"成立之源"主要因人类学和考古学发达所致,而后来"穿凿之迹、附会之谈,虽著作大家莫或克免。今欲斯学之得所折中,必以中土文字为根据"。盖"文字简繁,足窥治化之浅深。而中土之文,以形为纲,察其偏旁,而往古民群之状况,昭然毕呈。故治小学者,必与社会学相证明"[1]。

有意思的是,由此角度看,他前面说的中文"五弊"中除笔画多那一弊外,余皆成为优点。欲研治以象形文字为据来追溯"器物变迁、政教代嬗"这门学问,"厥有数例:察文字所从之形,一也;穷文字得训之始,二也;一字数义,求其引伸之故,三也。三例既明,而中土文字古谊毕呈;用以证明社会学,则言皆有物,迥异蹈虚。此则中土学术之有益于世者也。今人不察于中土文字,欲妄造音母,以冀行远"。却不知中文之"数字一音,数见不鲜,恒赖字形为区别。若舍形存音,则数字一音之字,均昧其所指,较之日人创罗马音者,其识尤谬"。故"中土文字之贵,惟在字形";而"中国文字之足以行远者,〔亦〕惟恃字形"。其原因正以"顾形思义,可以穷原始社会之形,足备社会学家所撷摘,非东方所克私"。

不过刘师培本亦直接参与推广无政府主义者,他也主张创造一种世界语文,其设计的未来社会便要在"破除国界以后,制一简单之文字,以为世界所通行;语言亦然,无论何人仅学一种语言文字,即可周行世界"[2]。故他也提出,"今欲扩中土文字之用,莫若取《说文》一书译以

---

[1] 本段与下两段,刘师培:《论中土文字有益于世》,《国粹学报》第4年9期。
[2] 刘师培:《人类均力说》,《刘师培辛亥前文选》,108页。

Esperanto(即中国人所谓世界语)之文。其译述之例,则首列篆文之形,或并列古文籀文二体,切以 Esperanto 之音,拟以 Esperanto 相当之义,并用彼之文详加解释,使世界人民均克援中土篆籀之文,穷其造字之形义,以考社会之起源。此亦世界学术进步之一端",且能"阐发国光",实一举两得。可知刘师培的态度在章太炎与吴稚晖之间[1],其反对废弃中文的出发点也与太炎不甚同;然其固为反对东瀛文体之一人,且因小学知识丰厚,知道以拼音代中文"以冀行远"的方式难以实行。

不以小学见长的吴稚晖也隐约感觉到一点文字与历史的关系,他说:"文字为语言之代表,语言又为事理之代表;譬如日本古世之语言,止能代表彼人所发明之事理,不足以代表中国较文明之事理;故虽其后造有假名文字,止能代表其固有之语言。若出于中国较文明事理之语言,必兼取中国文字代表之。今日西洋尤较文明之事理,即西洋人自取其本国之文字为代表,尚再三斟酌而后定,通行甚久而后信。若欲强以中国文字相译,无人不以为绝难。"在吴氏看来,正因文字与事理有这样的关系,"欲以中国文字治世界文明之事理,可以用绝对之断语否定之"[2]。也就是说,为了让国人能"治世界文明之事理",就不得不废弃中文。

希望尽可能以最简捷的方式接受"世界文明",的确是吴稚晖的基本考虑。故凡可能妨碍美好未来者,无论与"种界"是否相关,皆可弃置,至少当送入博物馆。吴氏欲学日本限制汉字,即因这样则"凡中国极野蛮时代之名物,及不适当之动作词等,皆可屏诸古物陈列院,仅供国粹家好嚼甘蔗滓者之抱残守缺,以备异日作世界进化史材料之猎取"[3]。这是《新世纪》诸人一个重要主张,吴稚晖最乐道之,且长期得

---

[1] 实际上,刘师培参与的《天义报》16—19期曾连载介绍世界语的文章(文未见,沙培德书中曾引及,参见 Peter Zarrow, *Anarchism and Chinese Political Culture*, New York: Columbia University Press, 1990, p.169)。吴稚晖后来说,"今有某报之记者,固汉文学者中之威廉第二也。早已自毁其德意志之皇冠,为万国新语之天使"(吴稚晖《书苏格兰君〈废除汉文议〉后》,《国音、国语、国字》,20页),或即指刘师培也。

[2] 燃:《新语问题之杂答》,《新世纪》44号,2页。观此表述,仍依稀可见王国维前引文的影子,知此文对吴氏影响较大,他好几次偏离自己的基本立场,皆为不知不觉中引述此文观念之时。

[3] 燃:《前行〈中国新语凡例〉注》,《新世纪》40号,4页。

以流传,新文化运动时类似主张仍较流行,"二战"后更可能影响了美国史家列文森(Joseph R. Levenson)。[1]

而当年这些在巴黎的中国无政府主义者得出这一观念却是受德国人恩格斯的启发,《新世纪》一位署名"反"的作者引"社会党烟改儿士论家族、私产、国家三者曰:'待社会革命之后,此种种者,当置诸博物馆,与古之纺车,青铜斧并陈之。'余亦曰:中国之国粹,若世人之所谓种种者,尤当早于今日陈诸博物馆"[2]。

此后类似表述不断得到重复,参加"新语"讨论的新语会会员某君云:"如谓中国文明,存于旧简,一旦废之,殊为可惜。然好古者固不废希腊、腊丁文矣,则将旧有之中国文,仍可隶于古物学之一门也。"吴稚晖更一则曰中国经史皆"应送博物院"以"供考古家之抱残守阙";再则曰章太炎"欲取已陈之刍狗,将中国古世椎轮大辂、缺失甚多之死文及野蛮无统之古音,率天下而共嚼甘蔗之渣;正所谓'无当玉卮',陈之于博物院,则可触动臭肉麻之雅趣;若用之大饭庄,定与葱根菜叶,共投于垃圾之桶"[3]。

这些无政府主义者不仅欲将中国文字"送入博物院",且明确其若仍在现代社会流通,便会被投入垃圾桶。之所以如此,即因中国语言文字"野蛮";后者尤其是当日许多趋新者(不仅无政府主义者)的口头禅,前引笃信子的来稿就一再说"中国文字野蛮"、"中国略有野蛮之符号,尚未有文字",将中文比作"败絮"、"弃痂"及"内山苗猺所喜之结绳故物"等。他们当然不是对中文有什么深仇大恨,而是担心这一

---

[1] Joseph R. Levenson, *Confucian China and Its Modern Fate*, Berkeley & Los Angeles : University of California Press, vol. 3, pp.76-82.
[2] 反:《国粹之处分》,《新世纪》44号(1908年4月25日),1页。按恩格斯本系论国家必定消失,原文今译为:"以生产者自由平等的联合体为基础的、按新方式来组织生产的社会,将把全部国家机器放到它应该去的地方,即放到古物陈列馆去,同纺车和青铜斧陈列在一起。"恩格斯:《家庭、私有制和国家的起源》,《马克思恩格斯选集》,人民出版社,1972年,第4卷,170页。恩格斯此书对当时中国读书人影响不小,刘师培即从此中悟出因文见史的治学取向,详另文。
[3] 燃:《新语问题之杂答》,《新世纪》44号,2页;燃料:《书驳中国用万国新语说后》,《新世纪》57号,12—13页。

"野蛮"符号会影响中国进入"新文明"。

不但中国文字野蛮,就是"中国文所记之古事物古法制"亦多野蛮,然因其尚具考古价值,又不必由中国人特意保存。盖"一名一物,凡不能不用中国文字以留历史上之往迹者,此实古物学、历史学陈列场之野蛮重要品。即使中国人种从此灭绝,亦尚有社会上分功作事之一小部分人,情愿理会此事者,一一为之理而董之,设一最妥当之保存法。又何必发糊粥泼在乱毛里之议论,祸及全体教育,驱多数之人共为此不相干之保存乎?故保存国粹至保存将来博物院所不收者,或保存道理之奇谬者,此适如于式枚之保存其干粪,其意若曰:此曾在我之肠腹中转化而成者,故可贵也"[1]。

正因有"送入博物院"这一取向的存在,那些"不通之经学大师"以为改革读音会使"古音之音训全湑"的担忧便不成立,盖"讲求古音者,古书俱在,仍可资其嚼甘蔗渣之研究;虽新改者至离奇,亦不过于汉字古今音源流表上,添一沿革之大故事而已"。吴稚晖"作持平之论"曰:"后人为历史比较之学,定当远过于今人。故中国古代之文字,自足为文学、比较史学科之重要材料。倘有笃旧之士,能潜心于此等无味之嚼蜡,亦未尝不可谓能尽人类中应有之一事,固求有其人而不得;若以为此我之门户所在也、我之声誉所在也,必欲强世界为之倒行,则谥其名曰野蛮、晋其号曰顽固,亦谁曰不宜。"[2]

章太炎以为此"可为大笑解颐者。'野蛮'之名,本市井鄙倍语。吾匈中素不谙识此。顽固则自署徽号久矣。不为顽民,将为顺民,故宁自坎廪以就此"。至于中国语言文字,"传之四千岁,服习之者四万万人,非吾所擅而有;其蕃衍而为国学者,自先正道其源,并世亦时有二三巨子"。吴稚晖"曩者尝以国粹归张之洞,今又移赠于斯一老,其犹张之洞以平等自由之说专委诸康梁耶?"。关键在于,"斯门户者,汉

---

[1] 吴稚晖:《苏格兰〈废除汉文议〉按语》,《新世纪》71号,14页。吴氏或以为此已够挖苦,殊不知今日有所谓"垃圾考古学",正循此取向也。
[2] 吴稚晖:《书神州日报〈东学西渐篇〉后》,《辛亥革命前十年间时论选集》卷三,470页;燃料:《书驳中国用万国新语说后》,《新世纪》57号,13—14页。

种之门户；斯声誉者，诸华之声誉"也。[1] 这样斤斤辩驳非其个人之事，说明太炎对此"野蛮"名号并未"大笑"，实较愤怒。然其最后一语则凸显了双方的分歧：章氏如此强调的"种界"，对站在"世界"立场的吴氏看来，不仅无足轻重，根本就是让历史"倒行"。

当年思想言说中的"世界"，往往是西方的代名词。太炎以为，《新世纪》诸人提倡万国新语，"其实为槭落者张气。始租界市井之学，渐染海滨士人，若颜介所谓弹琵琶学鲜卑语者，入腹地则被姗笑。海滨人奋欲报仇，犹不得便。及僮仆学校既立，遍延宇内，以交法远西为宠，学子益堕废国粹"。但这类人"自守伧陋可也，遇中原诸学者犹被笑"。故"欲为僮仆新党雪耻，独有排摈国文，令他人无所藉口"。那些"欲以万国新语剿绝国文者"正是如此。他们"挟其功利之心，歆羡纷华，每怀靡及，恨轩辕厉山为黄人，令己一朝堕藩溷，不得蜕化为大秦晰白文明之族；其欲以中国为远西藩地者久"。如《新世纪丛书》即曾说："为公益计，则为革命。即使果有瓜分之事，亦必革命。因今政府之害民，尤甚于瓜分之祸也。吾何畏瓜分乎，畏失吾自由与平等而已。请观他国与吾政府之专制，孰为甚耶？"类此"虽似赞成革命，其实愿为白人奴隶"。若"革命党濡染此种见解，则犹不如望立宪者"。

过去一种常见的观点是革命党人重政治革命甚于种族革命，这当然不错，他们确有类似的表述；但至少对章太炎这样的革命党来说，西潮东渐以后中国面临着与古代有重大区别的国际环境（约即康有为所谓由"一统垂裳"变为"列国并立"竞争之势），故"昔人读史，注意一代之兴亡"，而今日则"当注意全国之兴亡"；以今人熟悉的白话表述，即中外矛盾重于国内政争。[2] 且不说当时即有人认为中国政府未必比外国更专制[3]，就是外国政府真比清政府更不专制，也不能因为追求所谓"自

---

[1] 本段与下段，章太炎：《规新世纪》，《民报》24号，62—63、49—50页。
[2] 说详罗志田：《乱世潜流：民族主义与民国政治》，275—310页。
[3] 马叙伦即认为："今日中国政治之专制，仅及于将甚未甚，尚未臻于大甚之点。试举中国种种政治机关之专制，若法律、若警察、若宗教、若教育，与俄对照而比较之，皆不俄甚。若而中国言覆专制政府，盖夏夏哉。"马叙伦：《二十世纪之新主义》，《癸卯政艺丛书·政学文编卷四》，145页。

由平等"而甘为"远西藩地"。在中外矛盾面前，太炎甚至宁愿与革命党的政治竞争对手立宪党站在一起（这其实隐喻着认同大清）。

除了"中国"和（西方主导的）"世界"这一空间立场的差异，注重国粹和提倡万国新语的两派革命党人在时间立场上也相当对立：一方强调历史的因素，而另一方着眼于"现在"（实际更多是面向未来）；这一分歧后来一直延续到民初，仍为思想界争论的一个焦点。[1]在太炎看来，历史观念并不仅仅意味着回向往昔，而是代表着一个从过去到未来的时间发展过程。他指出：《新世纪》之人会说，"史传者，蒿里死人之遗事；文辞者，无益民用之浮言。虽悉弃捐可也"。关键在于，"人类所以异鸟兽者，正以其有过去未来之念耳。若谓过去之念当令扫除，是则未来之念亦可遏绝，人生亦知此瞬间已耳，何为怀千岁之忧而当营营于改良社会哉？"[2]。

章太炎承认"种界"与"学理"不同，他说："义有是非，取是舍非者，主观之分；事有细大，举大而不遗细者，客观之分。国粹诚未必皆是，抑其记载故言，情状具在，舍是非而征事迹，此与人道损益何与"？按太炎本不认为中国历史上的一切皆"粹"，他在《规新世纪》一文中已国粹、国学、国故并用，基本作为互换的同义词而避免重复；稍后将其论集命名为《国故论衡》，则显然取相对中立的立场。但从"国粹以历史为主"这一角度看，"人类所以殊于鸟兽者，惟其能识往事，有过去之念耳。国粹尽亡，不知百年以前事，人与犬马当何异哉？人无自觉，即为他人陵轹，无以自生；民族无自觉，即为他民族陵轹，无以自存"。故"评弹国粹者，正使人为异种役耳！"[3]。

吴稚晖等主张废弃中国文字语言，正欲"令历史不燔烧而自断灭，斯民无感怀邦族之心"。惟"种界"实与"历史"伴生，而语文即种界之要素。故即使改汉语而使其辞气与万国新语相当，也对民族自觉不利。盖"今世语言，本由古言转蜕；音声流衍，或有小殊，而词气皆

---

[1] 参见本书第5章。
[2] 章太炎：《驳中国用万国新语说》，《章太炎全集》（4），352页。
[3] 章太炎：《印度人之论国粹》，《章太炎全集》（4），366页。

如旧贯"。若"恣情变乱,以译万国新语则易,以读旧有之典籍则难。凡诸史传文辞,向日视而能了者,今乃增其隔阂"。问题在于,"语言之用,以译他国语为急耶?抑以解吾故有之书为急耶?"。太炎固主张"洞通欧语,不如求禹域之殊言;经行大地,不如省九州之风土;搜求外史,不如考迁、固之遗文"。[1]但吴稚晖等人显然认为吸收"新文明"之"新学理"才是当前之急务(严复等士人也主张将中国书籍暂时束诸高阁,先尽全力吸收西方学理;然其目的仍在自保自强,立场又不同)。

太炎强调:"一国之有语言,固亦自为,非为他人。为他人者,特余波所及耳。夫日本人于汉学,所得至浅末,然犹不欲堕废汉文;罗马字代假名之说,无过崇拜势力与轻剽好异者为之,深思者无不与反对。况吾土旧有之文,所以旂表国民之性情节族者乎!"无政府主义者自诩"不恩民族、不赖国家,兴替存亡无所问;效雉鸣以求新牡,其无所顾惜也则宜"。然欧洲"无政府家如苦鲁巴特金,一意尊其国粹,而此土言无政府者反是;忖度其心,亦曰彼文明之白人当尊国粹,此野蛮之黄人不当尊国粹耳"[2]。

彼"徒知以变语求新学,令文化得交相灌输,而不悟本实已先拨。岂必如露人之迫波兰、英人之迫杜兰斯瓦,使舍其国语而从新主;纵汉人自废之、自用之,其祸已不可嚌齐矣"。只有草昧初开之族,符号简单,故改从他方言语而无害;且"其国素无历史文学,一朝改从异语,于故有者未亏,而采获新知无量",尚颇相宜。若"以冠带之民,拨弃雅素,举文史学术之章章者,悉委而从他族;皮之不存,毛将焉附?",其实太炎此论与吴稚晖无甚歧异,在吴氏眼里"野蛮"的中国正类"草昧初开之族"。且"冠带之民"便有"皮",独"草昧初开之族"无之乎?在今日观点看来,自己也不被西人看重的中国士人仍不免有以不平等观念看待他族之嫌,然对章太炎而言,民族发展的不平衡仍是各族之"历史"在起作用。

---

[1] 章太炎:《规新世纪》,《民报》24号,50页;《驳中国用万国新语说》《印度人之论国粹》,《章太炎全集》(4),351、366页。
[2] 本段与下段,章太炎:《规新世纪》,《民报》24号,59—60页。

重要的是，"民族区分，舍语言则无以自见。一昔捐弃其固有而执鸲鹆，狌狌之业，无往而可"。而万国新语"本以欧洲为准，于他洲无所取"。全地球"殊色异居，非白人所独有。明其语不足以方行世界，独在欧洲有交通之便而已"。故不如命为"欧洲新语"。[1]太炎也不反对亚洲人"学之以为驿传，取便交通"，不过当正其名为"外交新语"。正名之后，则学之而"不以乱土风"，不啻另学一种欧洲文字。且欧洲人口面积均不敌亚洲，"若欲令亚洲人言语交通，亦可自编新语，为会同邮传之言，当名为'邦交新语'，以别于'外交新语'。犹不得自废故书，惟新语之为务"。总之东方西方皆可造新语以便交通，然"妄庸子不惠于东人，不念邦族、不度地邑民居多少，惟欲改易旧言"，只能称为"西方牛马走"。[2]

在某种程度上，愿为"西方牛马走"正与以日本为榜样而提倡学习欧文相关。主张改用万国新语者常"以日本成事相拟，不悟日本承封建末流，其尊种爱国之心坚不可坏，故习学欧文无所损；且其人皆素知和汉文言，亦无或昧于东方历史，终不以欧化易其肺肠，故少弊耳"。中国则情形不同，"人心故涣散，主之者又适为异族政府，令民志不幅凑区中；挽以国文，犹惧不葳；又随而𡊢夷之，民弃国语，不膏沐于旧德，则和悦不通，解泽不流，忘往日之感情，亦愈杀其种族自尊之念。焉得不比昵白人而乐为其厮养耶？"[3]。

一旦丧失"种族自尊"，则虽号称以未来之美好"世界"为念，其实有双重标准，盖其"曷不曰今日欧洲之楼台苑囿，丽廙而精妍者，一切当摧烧使无余烬，以待美富种性之后人建筑其黄金世界乎？土木之美则靳之，文学之美则弃之，不图市侩屠沽之见，犹在斯人也！"。尤其

---

[1] 田北湖后来再申此意说，"西人之制万国新字者，无虑数十家"，其意或不为不美；然本应"博考旁征，明于同异之故；独立标准，可以综摄全球"。结果并未参考非欧洲文字，其"凭籍[藉]之具，率取材本国。既倚一偏，卒无所效"。田北湖：《国定文字私议》，《国粹学报》第4年12期。
[2] 章太炎：《驳中国用万国新语说》，《章太炎全集》(4)，337页；《规新世纪》，《民报》24号，51—52页。
[3] 章太炎：《规新世纪》，《民报》24号，61—62页。

这里的"土木"是欧洲的,而"文学"则是中国的,非常能体现其"西方牛马走"的特色。而且,正是欧洲人自己特别强调语言为民族之要素。太炎指出,不是他要"强世界倒行",而是"世界"各国皆注重本国文化;假如全俄罗斯人皆"欲尽改其言为万国新语",则他对中国改用万国新语也"不以一语相遮。所遮者,独在汉土"。[1]这正凸显了语言和土地在意义上的等同,国粹学派本强调以国土确定国学,即所谓"有是地然后有是华"也。[2]在世界尚未大同之时,语言文字与国土一样,都是必须保存的。

稍后田北湖再申此意,明确"国家之建造与其成立,所以显明之者,土地也、人民也、文字也。沟画内外,宰执始终,苟缺一端,则名实之间离矣。失其依据,将安存焉?"。他同时也指出,保存国粹之义,不是"死守有限之旧字,强以今物就古义",而是要使之发展生长。"佳麦良茧,欲长守其富源,则必播之育之,殖而繁之,然后嘉种之传,绵延至于弗绝。一旦农夫蚕妇,什袭箧笥之中,以为典守故物,而不知生机已锢,后莫为继;经历岁时,销铄光彩,腐朽且不适用,能复化为神奇乎?"保存文字亦然。文字本是发展的,"与知识学术,同隶范围之中,不容离立者也。人群进化,本无穷期,文字随之为转移,亦无止境"。故"一国之文字,可以历久不敝,而无终古不变之理";使其发展,本后起者之责任。但要"因而不革、益而不损,型范矩庸,殊无违于朔例,循乎文明事业应历之梯阶"[3]。

《新世纪》诸人对这些观念皆不认可,署名"反"的作者直接挑战"历史",他十分赞同尼采所言:"(若)社会之进化,恒取准于历史,则又如人欲急行,而以巨石自系。"则历史不仅不是资源,反为"急行"的负担。故他说:"吾生平最不满意于历史家,尤憾于学者中之所谓历史派,凡遇一事,非曰历史上之所使然,则曰证诸历史斯不可易。孟子

---

[1] 章太炎:《规新世纪》,《民报》24号,62—63页;《东京留学生欢迎会演说辞》,《章太炎政论选集》上册,277页。
[2] 说详本书第2章。
[3] 田北湖:《国定文字私议》,《国粹学报》第4年10期。

曰,'诡诡之声音颜色,距人于千里之外',其是之谓乎!近数年来,中国之号称识者,动则称国粹。环海内外,新刊之报章书籍,或曰保存国粹,或曰发挥国粹,甚者则曰国粹之不讲,则中国其真不可救药。呜呼,此岂好现象乎!吾敢一言以断之曰:是受历史之毒,而不齿于尼采者也。"[1]而"苏格兰"更明确文字与守古的关联说,"文字为开智第一利器,守古为支那第一病源,汉文为最大多数支那人最笃信保守之物",故欲救中国必先废汉文。[2]

这位署名"反"的作者尚自认是《新世纪》中比较能承认中国历史上之成就者,他认为,"以言形上之学,若周秦之学术,两汉之政治,宋明之理学,皆可超越一世,极历史之伟观,较诸希腊、罗马未或下也"。而物质方面之发明,若指南针、经纬度、锦、印刷器、火药、磁器等,"则大裨于全世界之文明,虽在今日,西人犹多艳羡之者。以言为中国之国粹,是诚无愧"。的确,将这些言论放在《国粹学报》之中,也算是相当肯定中国往昔的了。不过其话锋一转,随即指出,在"万事以进化为衡之世,是种种者,当在淘汰之列;其补助于社会文明之功,已属过去之陈迹;其所产生之新文明,已历历然现诸面前"。当"以新产生者为模范",而不能"以未发生新文明以前之旧模型为师法"。

故若将这些国粹陈诸博物馆,"是诚保守之上策,亦尊重祖先之大道也。三五学者,既得考古之道,又可借此以观进化往迹。再若热心改革者,知平民之难化,借古所已有而今亡者以引导鼓舞之,则其苦心之处,尚在崇仰之列"。这一态度也比吴稚晖提到博物馆总要加一个"嚼甘蔗滓"的定语显得温和。然其又明确指出,"若专是古而非今、尊己而卑他,标异于人,而以助国界之愈严明;梦想草昧,而使人群之日退化;则其祸群之罪,不啻应加以大辟之刑"。他强调:"科学超于国界,良知贯于万民,固无分于东西,更无区于黄白种也。世之学者,不察于此,专以标异为务,则亦可悲矣。"很明显,要讲究不分东西黄白的

〔1〕本段与下两段,反:《国粹之处分》,《新世纪》44号,1页。
〔2〕引自吴稚晖君:《书苏格兰君〈废除汉文议〉后》,《国音、国语、国字》,19页。

"科学",便不能"标异"而严明"国界"与"种界"。

但不着意于区分东西黄白并不意味着其没有标准,当章太炎本"以不齐为齐"的原则提出"风律不同,视五土之宜,以分其刚柔侈敛。是故吹万不同,使其自已,前者唱喁,后者唱于,虽大巧莫能齐"时[1],吴稚晖便不能同意,他反驳说"语言文字之为用,无他,供人与人相互者也。既为人与人相互之具,即不当听其刚柔侈歙,随五土之宜,一任天然之吹万而不同,而不加以人力齐一之改良。执吹万不同之例以为推,原无可齐一之合点,能为大巧所指定。然惟其如是,故能引而前行,益进而益近于合点,世界遂有进化之一说。科学中之理数,向之不齐一"。然亦可"假定一数,强称齐一,为便于学理及民用者"。况"语言文字止为理道之筌蹄、象数之符号"[2]。

吴氏明确指出,"无政府党之能废强权,全恃乎能尊学术。尊学术必排斥不足为学术者,不足为学术,而必固守其习惯,为妨碍于世界,即可与强权同论",当然在排斥之列。他针对章太炎所说"学之近文者,其美乃在节奏句度之间"的观念说,文学不论中西,要在其是否合于"声响之定理",如其不合而"为甘带逐臭之偏嗜,何足以言学术?盖异日后民脑理之细密,当别成美富之种性,岂野蛮简单之篇章所足动其情感?故无论摆伦之诗、汉土之文,不在摧烧之列,即为送入博物院之料"。这里将"摆伦之诗"与"汉土之文"同等处置,倒真有点《新世纪》强调的尊今薄古的意味,与其多数言论皆尊西薄中不甚同。而其对"不足为学术者"必排斥之的主张揭示出这些无政府党强烈的进攻性,盖是否"足以为学术"的标准实每由其自定也。[3]

章太炎反驳说,"科学固不能齐万有,而创造文字,复与科学异撰。万物之受人宰制者,纵为科学所能齐;至于文字者,语言之符,语言者,心思之帜。虽天然言语,亦非宇宙间素有此物,其发端尚在人为,

---

[1] 章太炎:《驳中国用万国新语说》,《章太炎全集》(4),337页。
[2] 本段与下段,燃料:《书驳中国用万国新语说后》,《新世纪》57号,11、15页。
[3] 类似取向日后在新文化运动时仍相当流行于新派之中,参见罗志田:《权势转移:近代中国的思想、社会与学术》,269—271页。

故大体以人事为准。人事有不齐,故言语文字亦可不齐"。所谓"品物者,天下所公;社会者,自人而作"。就器物言,"固有此土所无而彼土所有者,则比字属名,亦定其号;终不可题号者,不妨从其主称"。而社会既"自人而作,故其语言各含国性以成名,故约定俗成则不易"。与"人事"相关的不同语言各含"国性",自"不容以他方言语乱之"。[1]

太炎观察到,《新世纪》"每至词穷,辄矫藉科学之名以自文,若狡兔有窟穴然。不审绝无经验而妄言者,于科学何当也?"。比如其"函胡其语,以科学牢络万端,谓事事皆可齐一";然其"所以齐一之者,彼亦未有其术,徒以大言自任;又不专心揖志以求其是,而谓假定一数,强称齐一,足以便民用。夫徒为便用计,至于假定、强称,是奚足以言科学?抑《新世纪》记者之科学欤?"。今日学者多知科学的一些基础观念(即所谓公理者)的确是尚未证明的,当年"科学"正在兴起之时,这样看便被认为是贬低(这也提示着太炎视科学甚高)。[2]然章氏至少有一点所言不误:讲求学理的"科学"不是"技术",绝非"徒为便用计"。他进一步提出,"藉令异日民别怀美富,于今日固未有此种性。舍今日之急图,责方来之空券,非愚则诬"。其实岂止科学、文学,近代新派的法宝正在于几乎可以任意描绘美好之未来,而凡带守旧意味者却必须先证明其所守者之价值所在。

章、吴二氏的辩论至此层次已相当高,所涉及者大体是迄今中西学界仍讼而未决的问题。"学理"与"种界"之争到这样的层次便难以继续,故吴稚晖提出,既然章太炎"尚怀羊毫竹纸之智识,则我辈对语,岂能相喻。听作者自为诂经精舍之獭祭课卷,我辈亦自为万国新语之摇旗小卒,各行其是可也"。虽然太炎曾论证羊毫比铅笔更进化,在吴氏眼里显然仍是"野蛮"的象征。当太炎谓中西乐器各能演奏自方乐曲而

---

[1] 本段与下段,章太炎:《规新世纪》,《民报》24号,55—56、62页。按强调"种界"与"历史"的关联是太炎的一贯看法,与其言民族不全据血统而侧重"历史民族"的观念相通。
[2] 这一观念也延续到民国,当年"科学与人生观"之争时,当"科学"一边的丁文江指出科学也有力所不及之处时,"人生观"一边的张君劢便认为丁氏贬低了"科学"。说详罗志田:《二十世纪的中国思想与学术掠影》,175页。

未必适宜于对方乐曲时，吴稚晖再次指出这是"简单之耳"无法听更加进化之音乐，正像贵州内山之苗"必闻东邻击石，欢跃不已"，而对奏岳鄂王曲的笛声"瞠目惊怪"一样。[1]

双方辩论中一个颇有意思的现象即章太炎屡斥吴稚晖崇洋而为"西方牛马走"，吴稚晖则不断贬章太炎进化层次低而"野蛮"。这当然不只是互相攻击，实揭示了各自的价值取向；不过，吴稚晖基本不以崇洋为耻，而章太炎则总欲表明自己并非"野蛮"，又提示出当时世风的趋向。当中国在中外竞争中一败再败时，要为其"国粹"张目的确相当困难（尤其所谓国粹的不少具体内容对一般国人而言已过于艰深了）；而趋新者既有欧美日本等成功榜样，更可随意描绘尚未发生的美好未来，在争论时往往先立于更加有利的地位。

一般而言，主张抛弃国粹者才更重视"今日之急图"，盖"国粹"妨碍中国吸收新文明的当下需要是从自强派到无政府派的共识；当主张保存国粹的章太炎强调起"今日之急图"时，似给人以错位的感觉。其实当年中国士人多怀有焦急的心态，保国粹然后国人知国可爱、人人爱国则国可以存正是太炎眼中的"急务"。然而恰在这一点上，吴稚晖至少在学理上确实击中了主张革命的国粹学派之痛处。

吴氏指出，今日一些"顽固东西"以为汉文之用处尚多，对于"学生抛荒汉文"或太息或忿恨。"凡抱此种见解者，其议论最易入于夹杂，且其徒党必每况愈下，愈偏愈旧。其迁变之层次略有可寻者：（一）认定中国人定与中国人交涉为多，应通中国文；（二）通了中国文，便可有计〔许〕多说不出话不出的爱国思想；（三）不但应通中国文，也并应多知中国文所记之古事物古法制；（四）于是索性笼统其词，承国家教育家之谬论，硬断国文是根本，也就并不理会自己之国文为何等之国文；（五）益发吃醉了，爽性立一个保国粹的名目，不管什么叫做文字上的汉文或名学上的汉文，凡中国笔画装起来的便是国粹。"[2]

---

[1] 燃料：《书驳中国用万国新语说后》，《新世纪》57号，14—15页。
[2] 吴稚晖：《苏格兰〈废除汉文议〉按语》，《新世纪》71号，13页。

以接纳（不分"种界"的）新文明为要务的吴稚晖当然不认为中国人交涉的对象主要为中国人（这与前引章太炎主张"语言之用以解吾故有之书为急"的观念适成鲜明对照），惟那时"一般爱国派，专以造就国民为急务；故于小学校中，倡专教国文，禁习外国文之说，此师法各国之成事也。然吹开了尿缸之沫，返照一照，看贵国文为如何之国文？惟其因此等文字，不足以发挥新文明之学理，故日陷于头等野蛮之地位，于是才有所谓兴办学堂之一说。若仍把这一桶阳沟水，倒来倒去，其去于造就义和团也几希！"[1]。以义和团喻教学之中西取舍似也非吴氏的发明，章太炎就观察到，上海的新学堂中"有教师课历史，言教科书荒陋，愿尔曹参考《纪事本末》。学童大哗，以其师为义和团"[2]。在吴稚晖看来，中文原是造成中国"野蛮"的原因，这样的国文怎么能"硬断为根本"呢？

且"所谓国文为根本者，想来断不是言贵国之国文最足以治世界进化之新学。则所谓根本之说，大约即谓中国人能将中国字给他看了，便忘不了中国"。吴氏以为，"此等屁说皆为犹太、波兰等人之迷谬思想，效果未尝有，徒留一劣感情于自己种族之间"[3]。在他看来，"此等似是而非之影响谬说，固出于有国界之自私自利者，不足深辨。然即就彼之屁说以相反诘，不知其成效何在？妨碍何在？普鲁士能以德语统一萨克森等之学校，世人流口沫言之矣；然澳大利亚[今译奥地利]亦能之，何以澳则终失日耳曼共主之权，此成效何在耶？美人何以能操英语反对英人？比利时何以能操法语表异法国？此妨碍何在耶？故世间一哄之议论，至为可笑"[4]。

如前引述，吴稚晖已观察到，爱国派提倡在小学校中专教国文而禁

---

[1] 燃：《新语问题之杂答》，《新世纪》45号，2页。
[2] 章太炎：《规新世纪》，《民报》24号，50页。
[3] 鲁迅当时即指出，多受侵略的近代中国人忘其尚文传统，颂美侵略而讥讽被侵略之印度、波兰人，实为势利的"兵奴"。吴稚晖这一表述既提示了无政府主义者的超人超国意味，也表明其并未逾越清季"举世滔滔"的"崇强国"而"侮胜民"之世风。参见鲁迅：《破恶声论》，《鲁迅全集》(8)，32—34页；并参见本书第1章。
[4] 本段与下段，吴稚晖：《苏格兰〈废除汉文议〉按语》，《新世纪》71号，14页。

习外国文是"师法各国之成事";今顽固者"硬断国文是根本"这一思路,又是承西方"国家教育家之谬论"。中国之保国粹者的思想资源其实也来自"新文明"的产地,这是后来许多研究者不甚重视的,吴氏却早已将其指明,故其特意援引西方事例来证明此说不立。

他进而反观中国的情形:"若言中国人能读中国文之效果,不说犹可,一说则使我顿时通身的肉,绉将起来麻一个不了。口读中国书,头挈鞑子尾,二百六十余年之八股,其成效可睹矣。尚迷信此物定能爱国耶?"所谓"以国文发起人民之爱国心",无非欲"增添抵抗外族之热度",然而揆诸"写汉字、读汉文而作满洲之官、拖满洲之辫"的现象,"国文之效力何如?曾从汉文上稍增爱国心之热度否耶?"[1]。清季中国士人本已极重"实用",革命党人又正倡反满,而中外实际成效不过如此,这一辩驳的确相当有力。

吴稚晖继续驳斥"采用他国文字,自弃其国文,直与服从无异"的言论说,"美国服从英国乎?比利时服从法兰西乎?满洲人服从汉人乎?反而诘之,印度人未服从英人乎?犹太人之分居各国者,未服从所在之国乎?"当时"世俗之见,称曰亚人欧化,即以为亚人降服;称曰东学西渐,又以为东人胜利"。然在欧洲留学之人皆正其名为"留欧学生",而"学生则必有为之师者,出洋留欧,明明言以西人为师;若照世俗之成见,中国多一学生,是即外国多一俘囚。然而凡居学生之名者,初不作是想。因人类之相师,固与相制异也"。故"或渐或化,各当顺乎好学之自然而迎受之耳,无荣辱包于其中"。若"但喜我之能渐,不愿人之来化",不免过于"自足而拒善"。

他重申:"文字者,不过器物之一。如其必守较不适用之文字,则武器用弓矢可矣,何必采用他人之快枪?航海用帆樯可矣,何必采用他人之汽舟?文字所以达意,与弓矢、快枪、帆樯、汽舟之代力,非同物欤?何为不宝祖宗之弓矢与帆樯,而必宝其呆滞朴塞之音、板方符咒之

---

[1] 本段与下两段,吴稚晖:《书神州日报〈东学西渐篇〉后》,《辛亥革命前十年间时论选集》卷三,477、474、463—464页。

字哉！是真所谓以讹传讹、习焉不察者也。"这就凸显出视语言文字为工具的意义了，工具当求其良，弃此取彼，正相宜也。若明知是"较不适用之文字"而保守之，实"故意与他人不相齐一"，反"阻碍于智识之活泼"。

文字既为工具，则对于"中国文所记之古事物古法制"，且不说"就普通一般之教育而言，应知之者，至为有限"；就是应知，"无论用何种新改之文字，皆能适如其数，编之译之，以供普通教育之取求"，影响并不大。那些"以为汉文之用处尚多"的顽固者"立一个保国粹的名目"，"凡中国笔画装起来的便是国粹"。然而"所谓粹者，当指道理之精确、未能为后世学说所非难者而言。如有此种精确之道理，不拘用何种文字，皆可记述，不必保之以中国文"。同样，"野蛮之国粹，亦可以无论何种文字记述之，何必兼保中国文字？"，故"粹字上加一国字实为不通之谬名词。如其此种道理，在中国文字记载之中，则为至精；若质之于世界之新学说，早已显其谬误。如此而曰国粹，分明以此为野蛮国学说之最精粹者，所以自生分别，自认非为世界学说之精粹者。则国粹之名词，自确当矣；然保存之，有异乎慎保鞑狗之猪尾乎？"[1]。

不过，吴稚晖立刻又从文字仅工具的立场移位，承认文学在"美术上之价值，先赋于种性，而后即充溢于一种族所创之文字，代表而出之。故欲保持何种民族之种性，必先保持其美术（文字音乐雕刻等皆是）"。但由于他已认定中国种性野蛮，则"惟知保持中国人固有之种性，而不与世界配合别成为新种性，岂非与进化之理正相反？"，若"必以代表单纯旧种性之文字，以之保存旧种性于无疆，则质而言之，直为一制造野蛮之化学药料"。故以后"先当废除代表单纯旧种性之文字（旧种性者本于文字外充溢于精神），而后自由杂习他种文字之文学，以世界各种之良种性，配合于我旧种性之良者，共成世界之新文学，以造世界之新种性。如此，对于一种人，则为改良；对于世界，则为进化；对于文字，则为能尽其用"。

---

[1] 本段与下段，吴稚晖：《苏格兰〈废除汉文议〉按语》，《新世纪》71号，14—15、12—13页。

这里吴氏已稍让步，到底承认中国"旧种性"尚有"良"之成分。他在呼应"苏格兰"主张"今日救支那之第一要策在废除汉文"时说，"支那好古家不尝自负曰：'中国之文明为世界先进之文明'乎？然则中国人之祖宗，能于全世界野蛮相等夷时，独先超进于文明，乃至于今之不肖子孙，每曰西洋不过如此，中国何能如此；作一跟屁股虫，尚歉然自以为不足。故中国所谓好古家者，特好祖宗之糟粕，未尝能好祖宗之精神"。可知吴稚晖的许多偏激言论或者也带有梁启超等人那"故意激进"的意味[1]，他至少还接受古代中国曾走在世界前列，其"精神"亦可法。而其之所以要"故意激进"，很可能正如"苏格兰"所说，"若支那于二十年内能废除汉文，则或为全球大同人民之先进"。短期内便一举走在世界前列，正近代中国士人持续梦寐以求者，吴氏号称超越"种界"，又何尝不希望中国为全球之先进呢！[2]

后汪德渊（寂照）在《神州日报》刊《东学西渐篇》，引日本汉学家槐南陈人的文章，反对废汉字之假名的主张，吴稚晖又有评说。因槐南氏所据为西人爱读汉文书，吴氏乃一反常态，专论西人不足为据。他说，"西人亦人耳。人类之进化无穷，故在比较级上论气质，杂有善恶。普通之弊习，以西人较于他族之人，一切皆有"。反对槐南氏者"每谓西人之异于我，不当从我"；赞成槐南氏者"又谓西人之同于我，自可从我"。虽"轻我重我，彼此有别，而认西人即为道理，固无少异。吾人论世间事，皆非一己之私事，误与不误，皆不必回护。彼此之所以认西人即为道理者，无非急求论证，可以强词驳难，故遂不暇研究其误点"[3]。

本来"西人之习华文，特参考东学耳，非习东文也"。但槐南氏"所论者为学术，而所以论者则仅指文字"。吴氏叹曰，"久矣，东方人初不知学术与文字为同为异矣！以广义言之，文字固亦学术之一；若就典型泯灭、汉学大光等云云之狭义言之，学术自学术，文字自文字"。

---

[1] 参见罗志田：《权势转移：近代中国的思想、社会与学术》，60—61、282—284 页。
[2] 引自吴稚晖：《书苏格兰君〈废除汉文议〉后》，《国音、国语、国字》，19 页。
[3] 本段以及以下数段，吴稚晖：《书神州日报〈东学西渐篇〉后》，《辛亥革命前十年间时论选集》卷三，461、463—464、473—474、476 页。

比如中国禅宗，"其源非记载以梵文乎？何以译为华文之《华严经》等等，梵文消灭而佛理仍在，并且见采于宋学？《华严经》等等又消灭，而佛理之存在如故。则公佛有灵，当无戚于腐心采用支那字笔画、废弃梵文之字母也"。吴稚晖说得口滑，大概没想到似如此之学术与文字为异，以汉文翻译西方学理岂不甚宜，又何必废汉文而改万国新语？

于是他不得不反复申论东方旧文字不论怎样改革仍为"大同之梗"，不如竟"舍其旧文"，直接"采用较公用之文字，如万国新语等，次亦采用任何一国通行较广之语"，则"世界不同之点，亦以减缩"。盖"既知彼之较适用、较齐一于我，不得已欲仿之而改良，则又何必专殉国界之私见，必造异点于世？"，之所以采用西文，"因有不可掩之比较，实彼良而我劣耳；非因西人所行用，从而迁就之也"。吴氏知道，"父壤母舌等之无意识语，西人之迷信有过于我，然可恕其伪谬之恶根性贻自彼之劣祖宗。今但问道理应当何如"，而"断不能即认西人所言遂为道理"。

实际上，"二百年来科学时代之思想与事物，实世界古今之大变动"；而"科学世界实与古来数千年非科学之世界，截然而为两世界"。吴氏提出，"凡悬想者为哲理，而证实者乃科学。道德仁义，不合乎名数质力者，为悬想；以名数质力理董之者，是为科学。故自科学既兴，以声光化电之质力，遂至名数益精"，分科亦专，"其理道之深微，皆用尺度表显，岂如古世希腊诸贤，及我春秋战国老、庄、孔、墨之徒，以及禅学之经典，仅有无理统之悬想所可同日语乎？"，故"以非科学世界之文字，欲代表科学世界之思想与事物，皆牵强附会，凑长截短，甚不敷于应用"。

"二百年来"是个重要的时间断限，此前确有所谓东学西渐，"罗盘、印器等等，来自东方，明载西籍，固无所事于讳匿；特用其原理，变为新制，不害其为西器"。这里吴氏不"讳匿"西人采用了东方原理，更明确此不妨碍其"西器"之认同，立场相当清晰，且其并不指出这是人类共同的知识。然"二百年来"则不同，科学"忽涌现于西方，此非应西人独得之智识"，乃人类各时代之积累，适至此时此地；或即因此，欧洲文字自更能表述"科学世界之思想与事物"，他人径用之可也。盖

"世界有科学,起点在西与在东,不过发脚之先后;世界既有其物,固必普及于人类";若仍用非辗转引申假借不能达意的中文,"徒为修学之魔障,自画其智识,不能与世界共同进化而已"。

吴稚晖这样从"世界"角度立论看似超越,但他却忽略了一点,当年东学西渐之时西方并未采用东方语言而仍能运用其"原理",何以今日中国不废中文便不能接纳西方学理呢?二百年来之"科学世界"真与"古来数千年非科学之世界"有这样本质的区别吗?当"科学"、"新文明"与"世界"都与近代西方直接相关之时,吴氏虽有意不计"种界"而专重"学理",然无意中每偏向更"文明"的西方。综观其论述,"欧化"一词出现极少(本章所引仅一次),然其实欲中国欧化的意思则随处可见。

六　万国新语之余波

在清季最后几年,万国新语和国学对青年学子皆有相当的吸引力,在当时的竞争中,似乎国学一方稍占上风。在日本留学的钱玄同于1906年3月读《国粹学报》后,深感"保存国粹,输入新思想,光大国学,诚极大之伟业也。数年以来,余扮了几种新党,今皆厌倦矣,计犹不如于此种寻绎之有味也"。然他到1907年秋又积极参与无政府主义和社会主义的活动。到1908年时,日本无政府主义者大杉容举办世界语讲习班,章太炎举办国学讲习会,钱皆欲参加,终因时间冲突而选择后者,听讲中并发愿自此"一志国学,以保持种性,拥护民德"[1]。

到1910年钱氏协助老师章太炎创办《教育今语杂志》,即强调"我国文字发生最早、组织最优、效用亦最完备,确足以冠他国而无愧色"。只因唐宋以降"故训日湮、俗义日滋",导致读书人"习流忘源;不学者遂视为艰深无用,欲拨弃之以为快。夫文字者,国民之表旗;此而拨

---

[1] 杨天石:《振兴中国文化的曲折寻求——论辛亥前后至"五四"时期的钱玄同》,《五四运动与中国文化建设》,989页。引文皆为钱玄同日记。钱玄同在数年间便几易思想倾向,然总不离趋新的大方向,相当能体现清季那"日日新"的世风。

弃，是自亡其国也"[1]。此时他的态度完全站在国粹学派一边，正式反对废弃中文的主张。

不过吴稚晖一边的观念也在延续，胡适在美国留学时，便发现"吾国学生有狂妄者，乃至倡废汉文而用英文"。胡适则以为，"吾国文字本可运用自如。今之后生小子，动辄毁谤祖国文字，以为木强，不能指挥如意（Inflexible），徒见其不通文耳"[2]。这已是民国初年，那时闻一多仍在申述"国于天地，必有与立，文字是也。文字者，文明之所寄，而国粹之所凭"。他认为中国"汉唐之际，文章彪炳，而郅治跻于咸五登三之盛。晋宋以还，文风不振，国势披靡。洎乎晚近，日趋而伪，亦日趋而微。维新之士，醉心狄鞮，么么古学；学校之有国文一科，只如告朔之饩羊耳"。但他也承认"夫赋一诗不能退虏，撰一文不能送穷；恒年矻矻、心瘁肌瘦，而所谓诵《诗》三百，使于四方，不能专对者，遍于天下"[3]。以文字为凭借的国学在退虏、送穷及外交等致用方面显然不足，而闻一多并不能提出实际的解决方案。

结果，到新文化运动后则风气再转，原来的万国新语当时多已改称世界语，而其昔日的反对者钱玄同也转而为支持者了。钱氏后来回顾说，当年在《新世纪》和《国粹学报》之间，他是倾向于后者的，除了共和政体外，"那时对于一切'欧化'，都持'诡诡然拒之'的态度"。而复古之念更甚于章太炎，"以为保存国粹的目的，不但要光复旧物。光复之告成以后，当将满清的政制仪文一一推翻而复于古"。而1917年的张勋复辟使许多新文化人转为激进，曾在清季几年间数易思想趋向的钱氏观念又变，他于次年回忆起吴稚晖提出的中国文字迟早必废，或至少当送入古物陈列院的主张，自己也成为主张废汉文的健将，以为"欲使中国不亡，欲使中国民族为二十世纪文明之民族，必以废孔学、灭道

---

[1] 钱玄同：《刊行〈教育今语杂志〉之缘起》，《钱玄同文集》(2)，中国人民大学出版社，1999年，313页。
[2] 胡适：《藏晖室札记（胡适日记）》，1914年9月13日记4日事，1915年6月6日，上海商务印书馆，1939年，375、660—661页。
[3] 闻一多：《论振兴国学》(1916年)，《闻一多全集》(2)，湖北人民出版社，1993年，282页。

教为根本之解决；而废记载孔门学说及道教妖言之汉文，尤为根本解决之根本解决"。只有"先废汉文"，才能废孔学、才能"驱除一般人之幼稚的顽固的思想"。[1]

当时持相同观念的新文化人甚多，陈独秀对钱玄同说："今日'国家''民族''家族''婚姻'等观念，皆野蛮时代狭隘之偏见所遗留，根底甚深，即先生与仆亦未必能免俗，此国语之所以不易废也。倘是等观念悉数捐除，国且无之，何有于国语？"他提出"先废汉文，且存汉语，而改用罗马字母书之"的主张。但这似乎也有点"言文不一致"的味道，故胡适一方面表示对此"极赞成"，又进一步论证说，"中国将来应该有拼音的文字，但是文言中单音太多，决不能变成拼音文字。所以必须先用白话文字来代文言的文字，然后把白话的文字变成拼音的文字"[2]。

对傅斯年来说，"语言是表现思想的器具，文字又是表现语言的器具"；且也"仅仅是器具，器具以外更没有丝毫作用"。惟其都是器具，"所以只要求个方便"；他主张废文言而改用国语以及将汉字改用拼音，"无非为现在和将来一般人的便利起见"。这里"既没有古不古的问题，更不存国不国的观念"；为了"要为一般人谋一种表达语言的方便器具，任凭国家的偶像破除了，中国不国了，我们总得要发展这国语的文学。……中国可以不要，中国的语言不可不存"。这是因为，"外国语是极难学的，更不是中国人都能学得的。万一改用外国语当做国语，大多数的中国人登时变成哑子"[3]。

傅斯年这里似乎已在为亡国之后的中国人考虑，鲁迅也有类似的思虑，但主张恰相反，他以为"汉文终当废去，盖人存则文必废，文存则人当亡。在此时代，已无幸存之道"[4]。这才是关键，也是闻一多注意到而未能解决的问题，以前吴稚晖只说中文不能输入和研究"科学"的

---

[1] 钱玄同：《三十年来我对于满清的态度底变迁》(1924年)，《钱玄同文集》(2)，113—114页；《中国今后之文字问题》(1918年)，《钱玄同文集》(1)，168、162、166—167页。
[2] 陈独秀致钱玄同、胡适按语《新青年》4卷4号（1918年4月15日），通信栏，356—357页。
[3] 傅斯年：《汉语改用拼音文字的初步谈》(1919年2月11日)，《新潮》1卷3号（1919年3月），392—394页。
[4] 鲁迅致许寿裳，1919年1月16日，《鲁迅全集》(11)，357页。

西方新学理，如今形势更恶化，中国"文字"已影响到"中国人"之存废，这是当时不少新文化主张废汉文的实际思虑。与当时的国粹保存者一样，他们视文字为"传统"的载体；而文字在这里同时又是一个象征，他们根本认为中国的"文化"或"传统"已在阻碍作为"国家"或"民族"的中国向着变成"现代的世界文化"这一发展方向前进。

但1919年的五四学生运动向许多人提醒了"国界"的依然存在，增强了国人对外患的关注，思想倾向又有所转变。周作人在1922年自述他关于国语的观念变化说，当清季吴稚晖与章太炎论争时，他"对于章先生的言论完全信服，觉得改变国语非但是不可能，实在是不应当的"。到1918年钱玄同重提改用世界语，周氏的思想也随之改变。"到了近年再经思考，终于得到结论，觉得改变言语毕竟是不可能的事，国民要充分的表现自己的感情思想，终以自己的国语为最适宜的工具"。因为人的表述"多少受着历史的遗产的束缚"，而"一民族之运用其国语以表现其情思，不仅是文字上的便利，还有思想上的便利更为重要：我们不但以汉语说话作文，并且以汉语思想，所以便用这言语去发表这思想，较为自然而且充分"，此即"言语的职分"也。[1]

吴稚晖当年大概未曾预料到他的主张在新文化运动期间会有这么多知音，他以前一度显得相当自信，向章太炎提出"试悬我等二说于方来，遭后人瘟臭之毒骂者为谁"的挑战；然马上又退缩，以为万国新语"与中国人之程度太悬殊"，只能逐步进行；且"在今日中国昏瞀之时代，或且作者[章太炎]等之邪说为易入，亦未可知。我辈尽我辈之言责，不使后人对于往事抱无穷之遗恨，如是而已"。二十多年后，北伐造成的政权更迭伴随着世风的大转，身与北伐的吴氏自己终于承认，"日本事事瞧不起中国，事事崇拜西洋，如其能废汉文，早已废了汉文、造成西洋文了。汉文的废不了，非不欲也，是不能也。我们要废除汉文，也是废不了；也为了尽管想要废止，必不能废"[2]。日本是因"崇拜

---

[1] 周作人：《艺术与生活·国语改造的意见》，上海中华书局，1936年，101—104页。
[2] 燃料：《书驳中国用万国新语说后》，《新世纪》57号，13、14页；吴稚晖：《三十五年来之音符运动》（1931年），收《国音、国语、国字》，276页。

西洋"而欲"废汉文",吴稚晖等"我们"当年是否也因此呢?

至于汉文何以"废不了",吴氏没有申论。但曾留学日、美两国的杨荫杭在1920年指出,清季"吾国教育家或亦拾西人之唾余,谓汉文难学,有碍教育普及。昔有人弃其所学之八股试帖而入学堂,每发愤感慨,自叹脑力已敝,皆多读汉文、多用记忆力所致"。其实,汉文"通行至三千余年之久,为地球上最长寿文字"。且汉文之难,虽在形体太多而难记,但其"文法之简便,为各国文字之所无。论者或讥之,谓文法太简,措辞易涉模棱。然以吾辈之经验言之,则用之数千年,固亦甚便,实无取乎苛细之文法。此欧人所不料也"[1]。"欧人所不料"者,"崇拜西洋"的吴稚晖等"我们"大约也难料及。其实如果回到清季人最心仪的天演论,适者生存,《新世纪》诸人最不欣赏的"历史"似已回答了这一问题。

---

[1] 文载1920年12月21日《申报》,收入杨荫杭:《老圃遗文辑》,长江文艺出版社,1993年,164—165页。

第5章

新文化运动时期关于整理国故的思想论争

辛亥革命后民国代清,清季曾较激烈的国粹与欧化之争一度似有所减缓,然而以反传统著称的新文化运动却很快转入"整理国故"之中。就在五四运动当年,一场关于"整理国故"的争论在北大学生之中展开并波及教师。这次论争是从清季开始的系列论争的一部分,它上承清季保存国粹的朝野努力及由此而起的争论,下启与"科学与人生观之争"同时及北伐之后两次关于国故和国学的讨论。本章从思想视角考察整理国故的口号初起时以北大学生为主的思想论争中与学术相关然其关怀又超越学术的部分,纯学术层面具体怎样"整理"国故的内容将另文探讨(在思想论争范围内,后来发展出的整理国故是为了"打鬼"的观念此时虽已见端倪,也归入后面讨论这一观念的章节之中)。由于几次论争的观念可见明显的传承(当然也有变化),尤其是各次论争的核心关注点基本一致,下面先简单回顾与此次论争相关的清季思绪。

一　从清季到民初的观念传承

虽然清季世风一般倾向于国粹与欧化是对立的，且认为提倡国粹有碍中国的发展故不合时宜，但朝野间均有相当一部分人试图走出一条温故知新之路。即使在学界思想界这一不大的范围里，温故知新的取向也始终未能被多数人接受，但类似的主张确实传承到民国初年，新文化运动时章士钊、胡适、顾颉刚和傅斯年都曾在不同程度上提倡或实际努力于这一方向。支持他们的一项基本思想资源便是与清季民初最为盛行的进化论相通的"历史的观念"：中国如果处在一个发展的进程之中，"现在"便是连接未来和过去的一点；无论未来多么光明、过去多么黑暗，任何"现在"以及"未来"之中都蕴含着已逝而挥之不去的往昔。

同一思路既可以支持从"过去"中寻找思想资源的取向，也可支持反传统的取向。实际上，把中国传统两分的观念在清季相当流行，如邓实等人所论"国学"与"君学"之别、伍庄所谓"君尊"与"民德"之分，以及宋恕所说的往昔之中"国粹"与"国糠"并存。[1] 前引蒋方震界定"国魂"含义时特别强调其"本之于特性，养之于历史"；他同时也指出，"中国之恶习惯，殆与吾之所谓国魂类。彼亦养之于历史，彼亦根之于特性，彼更有无数恶魔尽力以为天下倡。是故习惯不去，国魂不来"。处于"旧者已去、新者未来"之过渡时代的中国，已到"何以立国？曰习惯"的程度，可以说是"习惯神圣时代"，类似于欧洲的"黑暗时代"。故所谓"复古云者，盖扫除其恶习惯而复古人创业之精神是也"[2]。

传统既然被两分，扫除恶习惯和复古人创业之精神遂能并存；由于历史是在不断地"进化"，新的时代更要求国粹可以且应该包容"欧化"。邓实以为："今日全球皆通、全球皆变矣。中国闭关自尊，殆数千载，迄今而欧洲新群治方放其异彩，映射吾人之眼帘。吾人乃相与设

---

[1] 宋恕：《国粹论》(1909年9月)，《宋恕集》上册，458—460页；朱维铮先生认为，章太炎使用"国故"来代替"国粹"这样的表述，很可能是受到宋的影响。参见朱维铮：《〈国故论衡〉校本引言》，收入其《求索真文明：晚清学术史论》，292—293页。
[2] 飞生（蒋方震）：《国魂篇》，《浙江潮》第1期，6、15—16页（文页）。

会，钟鼓而欢迎之。其果能移欧花、食欧果，以金碧庄严我东亚之世界乎？要不可知。然而此黑暗幽室，年年闭户，一旦而忽露曙光；既露矣，使复从而闭之，其必逃而出此幽室，以尽睹天地万象日月星辰如是之光明可爱，有必然也。"中国已开放，势不能再闭关。更重要的是，宇宙进化之天演规律也保证了中国的未来："欧美近日所盛行之民族主义、国家主义，犹是过渡时代之一波折耳。吾国虽后起乎，而革新之机如危厓之转巨石，已一动而不可遏。二十世纪之时代，其有一国雄飞大地、呈种种之新道德新伦理以照耀世界者，吾知其必中国也。"[1]

不过，未来的可能美好与现实的中外竞争和冲突仍然是矛盾的，"世界"由大致平等的许多国家所组成这一新观念引入后，"既有我国，即有敌国；自有历史以至今日，国国之间，无日无时不事竞争。国于争竞，求可永立，必其有好胜之心而无屈下之志也。盖既有争竞，即有胜败；胜败所至，荣辱随之"[2]。胜败既然牵涉到国之荣辱，已经广为接受的"师夷"取向就隐含着新的问题了。

倭仁早在同治年间反对"师事夷人"时就尖锐指出，"夷人，吾仇也！"[3]。中国传统中向有视"夷狄"为异类的观念，且近代之"夷狄"也早为中国之"敌"；在西方"国家"和"世界"观念引入之前，一般反对"师夷"者多从"非我族类，其心必异"的角度思考问题，故倭仁提出"师敌"似不那么引人注意。新观念特别是西方民族主义观念引入后，虽然"夷狄"已基本为"泰西"的称谓所取代，"师法泰西"也基本已成共识；若将其转化为"师敌"，仍可能大大降低其正当性，因而需要更大的勇气。然而实际的情形是，清季"师敌"的做法不仅未受到强烈的挑战，反而成为大势所趋，这与荣辱观念本身也随世风而变有直接的关联。

章太炎发现，那时世人多以中国"不类远西方为耻"。若以此为耻

---

[1] 邓实：《论中国群治进退之大势》，《癸卯政艺丛书·政学文编卷三》，129—130页。
[2] 放士：《论雪国仇宜先励国耻》，《东方杂志》1年4期（光绪三十年四月二十五日），65页（栏页）。
[3] 倭仁奏折，收在宝鋆等修：《筹办夷务始末（同治朝）》卷47，台北文海出版社影印，24页。

而思改变之，当然不必太顾虑所师者为敌与否。太炎自己则认为"不类方更为荣，非耻之分也"。盖"世之言学，有仪刑他国者，有因仍旧贯得之者。细征乎一人，其巨征乎邦国"。"通达之国，中国、印度、希腊，皆能自恢弜者也。其余因旧而益短拙，故走他国以求仪刑。仪刑之，与之为进，罗甸、日耳曼是矣；仪刑之，不能与之为进，大食、日本是事矣；仪刑之，犹半不成，吐蕃、东胡是矣。夫为学者，非徒博识成法，挟前人所故有也；有所自得。"若"中国、印度，自理其业，今虽衰，犹自恢弜"，非日本所能比。"夫仪刑他国者，惟不能自恢弜，故老死不出译胥钞撮；能自恢弜，其不亟于仪刑，性也。"[1]

这样一种在学习日本的同时又欲区别于日本的倾向那时相对普遍，如前引黄节所强调的，"日本之言国粹也，与争政论；吾国之言国粹也，与争科学"。其所欲争之"科学"，更多是指以"国学"为表现形式的"国粹"，相对更带长远性质，这与黄节等人是"在野而倡国粹"（许之衡语）这一现实有着极大的关系。盖日本国粹主义是直接针对当时国家发展方向立论，而中国的国粹学派所强调的"国学"一方面必须通过"复古"的方式来"再造"，故显得迂远；更重要的是这些在野者与"国学"相关的大量主张和朝廷主政者的观念颇具共性，在这方面并无"争政论"的必要。而且，黄节表面上欲区分中日言国粹者，实际上他与当时以为"日本政术几匹欧美，而社会道德百不逮一"的梁启超一样，追随的仍是日本的国粹论者。[2]

但中日言国粹者确有一大区别：不论日本的国粹主义怎样主张东西洋道德的调和，其毕竟是正面挑战欧化；而中国的国粹学派虽也反对极端的欧化，却强调国粹不阻欧化，且特别注意日本国粹主义者不反对学西方的一面。[3]的确，与清季特别是民初中国的思想倾向比较，日本的

---

[1] 章绛：《原学》，《国粹学报》第6年4期。
[2] 参见狭间直树：《关于梁启超称颂"王学"问题》，《历史研究》1998年5期。
[3] 黄节一开始就注意到日本提倡国粹保存主义者"以为宜取彼之长补我之短，不宜醉心外国之文物，并其所短而亦取之，并我所长而亦弃之。其说颇允"。参黄节：《国粹保存主义》，《壬寅政艺丛书·政学文编卷五》，181页。

明治维新虽然以欧化为主导，仍具有相对更多的"温故知新"意味，至少国粹主义在日本还能在较长时期内立足；而在中国，当曾经提倡"以国粹激动种性"的章太炎将其重要著作命名为《国故论衡》时，"国粹"已开始走下坡路了。太炎这一变化当然不是随意的，他与其弟子于1910年发行的《教育今语杂志》便明确"以保存国故、振兴学艺、提倡平民普及教育为宗旨"[1]。

像太炎这样以不类远西更为荣的少数人已如此，多数人的尊西崇新尤盛。清季一位江南士人注意到，过去"我国学之不昌，阂以国界，痼以心疾，荼然墨守二十余年，今始一折而入于蜕之时代"。这是因为"人之精神，不寄于彼，即寄于此。彼消此长，归于适用。今之世，适用之学可睹矣"。但因过分讲求"实用"而趋新，使"新之与故，骤成正负。正者方独用大胜，负者乃迅扫退听。不数十年，其物殆将老死"。其实，从历史的观念看，任何国家在实践层面也不可能舍旧图新。故他指出："凡物之生，日新为之；而不有其故，亦必无其新。一日之营养，所滋生之质，占几何？决不能立命之成一新体，而谓昨日以前之旧干为无用也；又非如抟土造人，意匠所至，可悉毁其种种之模型，而别铸一新型也。"[2]

伍庄也认为，中国之学"二千年间，专制坏之，小人儒乱之"，的确已受病。"学人厌故而喜新，今欧学东渐，其势遂风靡于吾国"。这就好像"气虚思食，足跛羡飞，无怪其然"，但一面倒的倾向又过于"一往而不返"。本来"药石虽灵，只以治病；菽粟之养，乃可强身。吾国既沉沉于二千年君尊学说之中，屈伏于专制政体之下，欧学之入，实足以起吾瘫痳。然瘫痳起矣，元气之养，乃可弃其菽粟乎？夫吾岂谓惟吾国学乃菽粟，欧学非菽粟哉！欧学虽菽粟，然我有菽粟，亦何须欧学为菽粟也"[3]。

关键在于，在中西国家竞争的现实之下，尊西可能导致看不到中

---

[1] 钱玄同：《刊行〈教育今语杂志〉之缘起》，《钱玄同文集》（2），312页。
[2] 南械（张继良?）：《佚丛序》，《政艺通报》丁未17号，38张。
[3] 伍文琛：《群书第九》，《政艺通报》丙午19号，7张。

国的长处，因而丧失自信。章太炎观察到，"近来有一种欧化主义的人，总说中国人比西洋人所差甚远，所以自甘暴弃，说中国必定灭亡，黄种必定剿绝。因为他不晓得中国的长处，见得别无可爱，就把爱国爱种的心，一日衰薄一日"[1]。正因此，无论国粹学派对欧化取何种程度的开放与包容态度，仍须注意其基本组织是国学保存会、主要口号为保存国粹这一点。邓实所撰的《国粹学报发刊辞》说，该刊之志在于"保种、爱国、存学"；既然种、国与学已三位一体，"国粹"可以包容欧化，中国却不能完全"仅刑他国"，也不可能毁其过去而别铸新型。故邓实在1908年回顾当初创办《政艺通报》，即因"欧风东渐，国学几灭，著者抱亡学亡国之惧"，乃起而著文，以图止横流、维学风、救国家。[2]

清季士人就是在这样一种曲折复杂的窘境中试图厘清中国与"世界"的关系，即中国在世界上究竟应该处于一个什么样的地位。当时中国在世界上的地位不佳既是现实也是共识，所以改善和提高中国的地位便成为多数士人的主要关怀。但对于究竟应该怎样进行，不同派别的人却有着极大的分歧；主张全盘欧化的可能更多本是学日本之"文明派"，而希望直接师法西欧之文艺复兴者反要"先振古学"，虽仿效日本的国粹主义却又力图有所区别。[3] 除了主张连中国文字都废弃的极端派欧化派，余人多能接受国粹与欧化的某种调和，所不同的更多是在调和的程度和各自的比例等方面。

对于主张"有是地而后有是华"的国粹学派来说，只要"国家"这一实体存在，东西文明的"结婚"不仅可能，甚至已成为国家继续存在的前提条件，在实践层面也有日本这一既存榜样。对更知西方的严复来

---

[1] 章太炎：《东京留学生欢迎会演说辞》，《章太炎政论选集》上册，276页。
[2] 邓实：《第七年政艺通报题记》，《政艺通报》戊申1号，转引自丁伟志、陈崧：《中西体用之间：晚清中西文化观述论》，中国社会科学出版社，1995年，342页。
[3] 这里的一个重要潜在原因，如前文数次指出的，即日本的国粹主义中不论有多少欲恢复其"汉学"以及（从中国传入的）佛学的内容，从根本上它首先是强调日本的"国粹"，故带有相当强的针对"中国"学术思想的倾向。詹森（Marius B. Jansen）在其《日本及其世界：二百年的转变》（柳立言译，香港商务印书馆，1987年）的第一部分中有非常精当的论述（1—35页）。

说，日本恐怕没有学到多少西方真正的长处。且严复显然更清楚地认识到了当时中西交往的实质，即西方未必愿意与中国"结婚"，而是试图征服或至少全面改变中国；正如他指出的，这次的征服如果发生，将不同于以往的北方民族，战胜者要连中国以礼为核心的"法典"一起改变。以今日的后见之明看，梁启超、邓实等主张中西文明结婚的人似稍偏于理想主义，不过，国粹学派确实担心过分强调学西方的一面会导致中国文化的自我消亡（下一步就是亡国）。

这样，20世纪初年的辩论仍承续着19世纪末的思想论争。从甲午后到戊戌维新时的变法派都有一种明确的主张：与其被迫变于人，不如自己主动变，尚可做到权操在我。当时新旧两派的一个根本区别即是，新派害怕不行新政则瓜分之祸亟，外患又必引起内乱，从而造成亡国；旧派则认为人心不固将先生内乱而招外侮，然后亡国。虽然祸乱的总根源都是西力东渐，但在可能发生的当下祸源方面，新派以为外患已迫，而旧派认为内乱更急。[1]清季最后几年的分歧仍与戊戌时的两派相近，即一方忧虑他亡而一方忧虑自亡，结果导致在提高中国地位方面具体方式方法的巨大差异。

若仅从文化层面看，或可以说像严复及后来的胡适这样主张全盘西化者对中国文化的信心更强，他们大致以为化到最后也化不过去，富强之后还能回归中国传统；[2]而张之洞、邓实等则自信不足，即担心在化的过程中失去自我，变成没有自我认同实际也就是认同于他人的民族。正是这潜存的信心强弱导致了一方希望在包容欧化的同时也要"复古"，另一方则越来越多地侧重于"复兴"。或可说一方更多主张"温故知新"，而另一方更倾向于"推陈出新"。

其实两者在思想资源方面是相通的，当胡适后来说为中国"再造文

---

[1] 参见罗志田：《权势转移：近代中国的思想、社会与学术》，139—147页。
[2] 20世纪末又有新"启蒙"者出现，他们虽或隐或显地尊严复、胡适等为前驱，其实与严、胡等相当不同，盖其不仅没有多少自信，也不特别愿意有自信，比其前辈远更真实地愿意实现"世界一家"；而他们之所以如此，很大程度上也因其实际也不太知中国传统，他们激烈反对的"封建"而"专制"的"传统"在相当程度上是虚悬的，甚或是（通常是无意中）自造出来的。

明"之时,他心里想的正是清季人奉为榜样的欧洲"文艺复兴";但由于清季民初人普遍的焦虑和急迫心态,具有同样思想资源的双方在共同关怀下的具体取向分歧便逐渐由差异走向尖锐的对立。民国初年的思想争论其实仍是清季的延伸:是推陈出新,在损毁传统的基础上全面创造一个新的中国和中国文化?还是温故知新,在损益传统的基础上重建一个新的中国和中国文化?其中一个核心问题,即在中国"国家"的发展中,"传统"特别是文化传统究竟处在什么地位?能够或应该起什么样的作用?

二 "国"与"故"的地位

一般所谓的新文化运动本是以反传统著称的,却很快转入"整理国故"之中,这是一度为新文化人普遍赞同,不久又引起运动内外疑惑的一个大转变。何以会如此呢?新文化运动的早期研究者伍启元解释说:"要提倡新文化,就不能不对旧文化有所认识;要打倒旧文化,更应先明白旧文化为什么要被打倒。所以新文化运动者就不惜用他们的时光,用他们的智力,用他们的新方法,向故纸堆中去研究。"陈端志基本照抄这段话后赞同说,"整理国故"是新文化运动"不可越过的一种步骤"。[1]

两人的著作都是20世纪30年代前期对新文化运动总结性的研究[2],他们都至少部分误解了整理国故的主要提倡者胡适在当时的本意[3],这可能因为胡适自己到北伐前后也转变了态度,将整理国故更多

---

[1] 伍启元:《中国新文化运动概观》,现代书局,1934年,9页;陈端志:《五四运动之史的评价》,生活书店,1936年,香港中文大学1973年影印,328页。
[2] 陈书基本模仿伍著,然后来陈书影响稍大。总体看来,两书实际上都较少为后来的研究者所参考;陈书在海外还有些影响,伍著基本未见研究者使用,直到最近才被重新"发现"。参见罗志田:《二十世纪的中国思想与学术掠影》,广东教育出版社,2001年,375—385页。
[3] 胡适此时对整理国故取一种至少中立的态度,倒是顾颉刚确实认为"我们要破坏旧社会,不可不先知旧社会的状况。但这种状况没有专载的书,要去参考研究都无从做起"。所以他建议在《新潮》中添一栏目,"凡是各处、各事、各业、各阶级的人情风俗,都征集起来",且"只要直写,不必发议论"(顾颉刚致傅斯年,1919年8月11日,《学术集林》第1卷,上海远东出版社,1994年,256页)。不过这一观念当时并未公开陈述,且顾氏后来也曾正面为"国学"辩护(详后)。

与"打鬼"联系起来，导致30年代初这些研究者也以一种"新眼光"来认识此事；但两人的解释也可能反映了后五四时期学生一辈人自己对于整理国故的认知。或者即因为整理国故在北伐后已有这样与原意有相当出入的认知，更主要是因为缺乏第一手的研究，学术界后来对整理国故的陈述和诠释一方面相当多样化，同时又往往多是点到为止的空论。或不如回到原典，看看当时的当事人究竟怎样认识这一问题。

新文化运动时期最早比较系统地讨论研究国故的一篇文章是北大学生毛子水在1919年写的《国故和科学的精神》，他的一些论点成为后来争论中的焦点，而另一些观点则为后来支持整理国故者所重申（然态度比毛更具同情）。毛的文章很快引起另一北大学生张煊的反击，在《国故》第三期发表了《驳新潮国故和科学的精神篇》的专文。据毛子水的看法，张的目的就是"要把'国'和'故'争一个地位"[1]。此虽未必完全是张的本意，但大致提示出这次论争的确继承了《国粹学报》时期那一代清季士人的关怀。此时"国粹"已成为一个有争议的词语，所以被一个价值更为中立的名词"国故"所取代，但争论的双方特别关注的仍是前已引起争议的国故与欧化的关系。

不少学者已注意及毛、张二人的辩论，惟细致探讨双方观念异同者似尚少见。仔细阅读争辩双方的文字会发现，他们的关怀和忧虑在很大程度上相当一致，即关注"国"的地位。在"西方"大约等同于"世界"并确实掌握着所谓"话语权势"的时代，"国"的地位在很大程度上不是中国学人自己可以通过讨论解决的问题，所以他们的分歧所在，也就是其真正侧重的具体问题，更多还是怎样对待和处理"故"这一方面。

认为"现代"与"古代"根本不相容是五四新派普遍持有的学术观念，毛子水就强调："我们是我们——是现在时候的人，古人是古人——是古代的人。"[2]与前些年有的学人欲将传统"创造转化"非常不同，五四人像清季的无政府主义者一样，要将传统送进博物院，不

---

[1] 毛子水：《〈驳新潮国故和科学的精神篇〉订误》，《新潮》2卷1号（1919年10月），37页。
[2] 毛子水：《国故和科学的精神》，735页。

许其在新时代里延续。顾颉刚晚年论其古史研究的意义说:"我们现在的革命工作,对外要打倒帝国主义,对内要打倒封建主义,而我的《古史辨》工作则是对于封建主义的彻底破坏。我要使古书仅为古书而不为现代的知识,要使古史仅为古史而不为现代的政治与伦理,要使古人仅为古人而不为现代思想的权威者。换句话说,我要把宗教性的封建经典——'经'整理好了,送进封建博物院,剥除它的尊严,然后旧思想不能再在新时代里延续下去。"[1]此文写在"文革"结束后不久,虽有点特意从"革命工作"的角度诠释古史辨的时代特征,但基本观念大致符合他的一贯思想。

在《新潮》主将傅斯年眼中,顾颉刚的作用正在于此。傅在1927年说:"稚晖先生每提到洋八股,常常牵骂到斯年身上,久思抗议而无机会。"其实他自己对洋八股向主铲除,而"杀洋八股之釜底抽薪法,在把凡可为八股之材料,送入博物馆去"。所以他才欢迎"顾颉刚一类贤者"到其主持的中山大学文科来。[2]"八股"在这里是一个含义非常宽泛的象征,大致就是后来所说的"传统"之负面称谓。将中国固有的"可为八股之材料送入博物馆"当然比吴稚晖主张的将国故"丢在毛厕里三十年"要温和得多,但两者的思路是相同的,且前者恐怕更易为一般人所接受,的确是"杀洋八股之釜底抽薪法"。

非常值得注意的是吴稚晖、傅斯年等那时要反对或打击的已不是纯八股而是"洋八股",前者已基本退出时代的思想言说中心。这一思想领域的权势转移大致是新文化人的共识,毛子水也认为,时人对国故最大的两种误解之一就是"国故有神秘不可思议的技能:欧洲的学术,国故里面没有不备的,而国故里面有许多东西欧洲是没有的"。这"或是因为爱国心胜过诚实所致,或是因为'夜郎人自大'的脾气所致,或是'没有读书'的结果"。不过他觉得"这个错处容易明白,我们亦就不

---

[1] 顾颉刚:《我是怎样编写〈古史辨〉的?》,《古史辨》(1),上海古籍出版社1981年重印本,28页。
[2]《朱家骅、傅斯年致李石曾、吴稚晖书》,《傅斯年全集》(7),台北联经出版公司,1980年,101页。

多说了"[1]。这就是说，咸同时一些晚清人主张的中学胜于西学这样一种"纯八股"观念已不能在民初的思想言说中立足而参与思想竞争，主张完全回向传统的取向即使存在，也已没有多少反对或打击的必要了。

但中学虽未必胜过西学，两者是否可以正面竞争或实际是否处于正面竞争之中呢？清季出现的"学战"观念显然认为这样一种文化竞争是存在的。[2] 由于失败的"中学"先后改换为"国粹"或"国故"的表现形式重新进入中国思想言说的中心，一些新文化人以为此时"八股"又因"洋"的包装和支持隐而复显，两者的结合对中国的发展构成新的甚至可能是更严重的"威胁"。吴稚晖便认为"洋八股自是一种当行出色的新国粹"，他最担心的是，"若真真把线装书同外国文学配合成了洋八股，当此洋功名盛到顶点时代，那就葬送了中国，可以万劫不复"[3]。在西学掌握"话语权势"的时代，中国传统若有西学为之正名，就难以破除打倒了，这才是吴所惧怕的。

"欧化"本是新文化人追求的目标，"洋八股"中"洋"的部分自然毋须打击。毛子水明确提出学术研究的"正当"与"合法"问题说："要达到究竟的真理，须照着正当的轨道；但是中国过去的学者，就全体讲起来，还没有走入这个正当的轨道。"他以为，"我们在现在的时候要研究学术，应当研究合法的学术。因为研究学术的最正当的方法就是科学的方法，所以科学——广义的科学——就是合法的学术。因此，我们现在要研究学术，便应当从研究现代的科学入手"。中国的国故则"不是研究学术的最正当的法门"，因其不是用科学的方法所得的结果，所以"不能算得合法的学术——只可以算得未成形的科学"。国故当然也可以整理，然不过借此"得着一种研究现代科学的参考品"而已。[4]

---

[1] 毛子水：《国故和科学的精神》，732—733页。
[2] "学战"这一观念本身就是西方影响的产物，中国士人在竞争中还不时采用西方传入的方式为武器。参见罗志田：《民族主义与近代中国思想》，119—147页。
[3] 《吴稚晖先生来信》，《晨报副刊》，1923年10月15日，2版。
[4] 毛子水：《〈驳新潮国故和科学的精神篇〉订误》，46、54页。

且学术的正当性恰落实在"近世科学的形式和方法"之上:"《孙子》的兵法、《内经》《伤寒论》的医术、《本草》的药物、《齐民要术》的农艺,都并不是没有经验的说话,但是哪一种是有近世科学的形式和方法的呢?"这里所谓"近世科学"的西方特性是非常明显的,毛子水以"中国古代大多数读书人心力所会萃的"政治方面的学术成就为例说,"我们能够在中国古书里面寻出一种像现在欧洲学者讨论政治的书籍的么?《群书治要》《资治通鉴》等,何等的庞然大物,但是就条例而言,还要比《小戴记》里面的《大学》低几等。不过《大学》亦只是一种古代国王教育的课程单,并不能算得有系统的政治学。至于周秦诸子,大多数只讲一种政治的手段,也不能算得有系统的学术"[1]。

政治已是中国古代学术的最强项,而其地位不过如此。毛子水所主张的,实际上是一种以西例中的评判方式。以"现在欧洲学者讨论政治"的"形式和方法"为评估标准,中国的传统政治典籍自然算不上"有系统的政治学"。他进而以医学为例论证研究学术的正当与合法说:"根据解剖学、组织学、生理学、病理学、细菌学及分析化学等而谈治病的,就是医学的正轨。虽然现今欧洲的医术不能说得已经达到究竟,但是设使医术果有一个究竟的地方,必定是从这个正轨走去的。倘若一定要迷信五藏属五行的原理,靠着寸、关、尺脉息的分别,恐怕一万年也达不到医术的究竟。"[2]中医是否科学甚至是否有存在的必要是近代中国思想史上一个反复辩论的题目,如果必须以毛所举出的细菌学等西式学科为判断依据,"寸、关、尺脉息"的确是一万年也绝不可能成为"科学"的。

近代西方的学科分类及其"形式和方法"成为是否"科学"的评估标准后(注意这一标准是既存于西方且具有强烈排他性的,因而科学本身的创新性和开放性实已大打折扣),中国所有的既存学术实际上都面

---

[1] 毛子水:《〈驳新潮国故和科学的精神篇〉订误》,53 页。今日仍有认为中国古代政治只是"低级"政治的类似看法,如林毓生先生便作此说(参其《当前文化发展的困境及其解决之道》,《联合报·联合副刊》,1994 年 3 月 24 日,4 版)。
[2] 毛子水:《〈驳新潮国故和科学的精神篇〉订误》,46 页。

临着一个取得科学"资格"的问题。与毛子水思路相同而取向相异的,是后来不少"整理国故"者努力依据西学的"形式和方法"来"证明"中国传统学术也可以算"科学"。[1]以此新标准衡量,"中国的学术史,就重要的方面讲起来,不要说比不上欧洲近世的学术史,还比不上希腊罗马。讲数学名学等历史的人,必定首先讲到希腊诸学者;讲民法的人,亦必研究罗马法。这样的例,在我们的学术史里面,实在寻不出来"[2]。这里最可见"话语权势"的转移,"民法"当然只能溯源到罗马法,"数学"(今日数学已成通称,但那时"数学"还是个取代"算学"的新名词)也自然联系到希腊;只要大家讲的是西学,自不会往中国学术史里找渊源。

这样,"因为我们中国民族从前没有什么重要的事业,对于世界文明没有重大的贡献,所以我们的历史,亦就不见得有什么重要。有这些缘故,所以国故在今日世界学术上,占不了什么重要的位置"。正是基于他所认知的学术的正当性与合法性,毛子水不能同意"国故和'欧化'(欧洲现代的学术思想)为对等的名词",甚至不承认二者是"世界上学术界里争霸争王的两个东西"。他认为这是时人对国故另一种最大的误解,而且是必须正面打击的误解。毛断言,从"学术思想"的角度看,"国故是过去已死的东西,欧化是正在生长的东西;国故是杂乱无章的零碎知识,欧化是有系统的学术。这两个东西万万没有对等的道理"[3]。这样一种见解凸显了对待"国故"的态度及因此而起的论争其实正与近代中西文化竞争即学战相关。

毛子水注意到"国故这个名词,没有很清楚很一定的意义",他主张"国故就是中国古代的学术思想和中国民族过去的历史"。基于现代和古代的区分,毛进而提出"国新"的概念,所谓"有国故必有'国新','国新'就是现在我们中国人的学术思想",也就是"国故学"。中

---

[1] 参见罗志田:《走向国学与史学的"赛先生"——五四前后中国人心目中的"科学"一例》,《近代史研究》2000年3期。
[2] 毛子水:《国故和科学的精神》,734页。
[3] 毛子水:《国故和科学的精神》,732—733页。

国过去的所谓考据之学、义理之学、辞章之学,"在现在的时候"都只是"过去历史的一肢一体"。也就是说"古人的学术思想是国故;我们现在研究古人的学术思想,这个学问亦就是我们的'国新'了。这个学问,应该叫做'国故学':他自己并不是国故,他的材料是国故"[1]。

他明确指出:"倘若现在我们中国人的学术思想的程度,还是同数百年或数千年前的一样,这个'国新'就同国故不分——就是我们中国人的学术思想没有进步"。如果"现在我们中国人的学术思想的程度同欧洲人的一样,这个'国新'就和欧化一样。这个和欧化一样的'国新',无论是我们自己创造的,或从欧化里面吸收来的,都是正当的"。因为"学术思想并不是欧洲人专有的,所以'国新'不妨和欧化雷同"。不过毛子水这么说只是为了"表明学术是天下古今的公器。正当讲起来,在学术上有什么国不国,'国新'这个名词,实在是不妥当的"[2]。

最后一点颇有深意,毛子水虽然先存"欧化"才"正当"的观念,却又秉持"学术是天下古今的公器"这样一种超人超国的观念。他一方面认为"就科学二字的广义讲起来,'国故学'可以算作——而且必须算作——现在科学的一种"。不过这主要是从科学的"精神"方面看问题[3],他似乎又认为"材料"本身也有"科学"与"不科学"的区分,由于国故学的材料包括"学术史",而"中国古代的学者,多没有科学的精神,所以国故里面虽然有各种科学的零碎材料,实在没有一种学术有现代科学的形式"。不过他同时又说"国故的一部分,是已死的过去的学术思想。古人的学术思想,不能一定的是,亦不能一定的非"。所以"研究国故能够'发扬国光',亦能够'发扬国丑'"[4]。材料本身既然无"是非",似也不应有科学与否的区分,毛氏对此的见解尚

---

[1] 毛子水:《国故和科学的精神》,731—732、735—736 页。
[2] 毛子水:《国故和科学的精神》,732—733 页。
[3] 毛子水对"科学精神"的解释是:"这个名词,包括许多意义,大旨就是从前人所说的'求是'。凡立一说,须有证据;证据完备,才可以下判断。对于一种事实,有一个精确的、公平的解析,不盲从他人的说话,不固守自己的意思,择善而从,这都是'科学的精神'。"这里的潜台词即清儒的考据在"精神"上是"科学"的。
[4] 毛子水:《国故和科学的精神》,737—738 页。

不十分明确。[1]

但他基本还是认为中国的国故在"世界的学术"里没有地位,所以研究国故"比较起现在世人所应当研究的科学起来,直是'九牛一毛'。宇宙没有限际,真理日见幽远,几段过去的历史,算得了什么东西。现在我们中国人最要紧的事情,就是吸收欧洲现代确有价值的学术,一来医治我们学术思想上的痼疾,二来造成一个能够和欧化'并驾齐驱'的'国新'"。稍后毛子水进一步提出"就世界所有的学术看起来,比国故更有用的有许多,比国故更要紧的亦有许多"。所以他主张"青年学者自然应以拚命研究现代的科学为最要紧的事情"[2]。这是毛氏及一些同时代人的关键看法:中国"现在"最要紧的是欧化,"过去的历史"其实也不无可取之处,但比起"现在"的需要就算不得什么,暂时丢入毛厕或送进博物院似皆无妨。

毛子水观念的一个核心是现代与古代的不相容以及在此基础上的国故与国故学(即国新)的区分,张煊则认为:"国故,东洋文明之代表也;欧化,西洋文明之代表也。今日东西洋之文明,当然处于对等地位。"[3]文明对等,则作为东方文明(实即今日一般所谓中国文化)代表的"国故"自然也与"欧化"对等。毛子水注意到"张君的胸中,横着一个他自己的'大国故主义',所以不肯细细寻思别人的说话就妄行辩驳"[4]。其实张煊恐怕根本不承认毛所谓国故和国故学的区别,而尚非不

---

[1] 许多新文化人都秉持学术超越的观念,但他们的具体认知也还有所不同,顾颉刚后来便认为国学是"科学"的一部分,而"科学是纯粹客观性的,研究的人所期望的只在了解事物的真相,并不是要救世安民,所以是超国界的"。顾颉刚:《一九二六年始刊词》,《北京大学研究所国学门周刊》2卷13期(1926年1月6日),5页。这主要是因为国学研究的各种"东西"已成为科学研究的"材料",故本身超越的"科学"使它们平等。关于"科学"赋予国故学的超越性,参见罗志田:《走向国学与史学的"赛先生"——五四前后中国人心目中的"科学"一例》,《近代史研究》2000年3期。

[2] 毛子水:《国故和科学的精神》,736页;《〈驳新潮国故和科学的精神篇〉订误》,48、55页。值得注意的是,胡适一开始正面反对毛子水这一观念,约十年后又大致接受并向青年提倡之。参见罗志田:《民族主义与近代中国思想》,235—237页。

[3] 张煊:《驳〈新潮·国故和科学的精神〉篇》,《国故》第3期(1919年5月),2页(文页,下同)。

[4] 毛子水:《〈驳新潮国故和科学的精神篇〉订误》,42、44—45页。

肯寻思毛的观点。两人的概念实有根本的不同，而他们的许多歧义正产生在对国故的不同界定之上。

有意思的是毛子水一度疏忽而接受了张的概念来展开辩论，他指责张煊关于东西洋文明对等的说法太"武断"。因为"东洋文明和西洋文明，无论在程度上面或在分量上面，都不是立于对等地位的。……现在西洋文明和东洋文明的比，何止十五和一的比呢！"[1]。傅斯年在比例上大大发展了毛的说法，认为"研究国故好像和输入新知立于对待的地位，其实两件事的范围、分量、需要，是一和百的比例"[2]。傅显然觉察到毛已从自己的立场上移位，故婉转地将比较的对象回缩到"研究国故"和"输入新知"之上。

在张煊的眼中，"今之论学者，莫不分东西洋文明为二；且谓将来世界之文明，必为二者配合而产生者"。毛子水反驳道："将来世界的文明，不能骤然完全除去东洋文明的痕迹，是可以瞎猜的。若说中国古代的文明能够有什么大影响在将来世界的文明上面，我实在不敢妄忖。一个民族的文明，必定要适应那个民族的生活方式，方能存在。中国古代的学术思想里面，有什么东西是适应现在中国民族的生活的？有什么东西能够适应将来世界人类的生活的？"[3]这基本与清季人所问的"中国有何种学问适用于目前，而能救我四万万同胞急切之大祸"相类的问题[4]，但"中国古代文明"已不能适应中华民族"现在"的生活，其地位似比清季时又更低一层了。

基本上，张煊"争"的方式相当温和稳健，大体取守势而不进攻。他主张："所谓求学者，非保守也，进取也；非抄袭旧有即已足也，将以求吾所未知也。今日之所谓欧化者与所谓国故者，在学者视之，不过供吾人参考、备吾人改造之材，二者皆未有当于绝对之真理。譬诸造纸，将来之新文明为新纸，国故犹败布，欧化犹破纸。为造新纸故，破

---

[1] 毛子水：《〈驳新潮国故和科学的精神篇〉订误》，44—45页。
[2] 傅斯年：《毛子水〈国故和科学的精神〉附识》，《新潮》1卷5号，745页。
[3] 毛子水：《〈驳新潮国故和科学的精神篇〉订误》，45页。
[4] 参见罗志田：《权势转移：近代中国的思想、社会与学术》，51—53页。

纸固不可弃，败布亦所当宝。败布与破纸，其能改造为新纸则一也。"那些"执国故以排欧化、持欧化而蔑视国故者，病正同"，皆只承认其中之一为造纸材料。"吾敢正告今日之学者曰：凡学无论其属于国故、抑属于欧化，皆有研究之价值，皆当尽力发挥；收拾国故与输入欧化，皆为拾败布破纸之事业，虽俱有功于造纸，而其非即造纸则一。二者正宜相助而不宜相斥。"[1]这大致继承了许守微的国粹不阻欧化论，但其隐义仍是中西平等，所以毛子水不能同意。

张的观念本身还比较趋新，他不过主张温故知新、求新不必弃旧而已。他说："学者之所孜孜以求者，未知者也，新也；其所根据以求未知与新者，已知者也，故也。今日固有得矣，不当即以今日之所得为已足，且将根据之以求明日之新。故以进化言，新者，未来之称号；故者，求新之根据。新之初得，固谓之新；及其既得，即合于故。吾人固不当轻视故而弃置之，以为彼实无足重轻也。"他特别强调自己"非反对输入欧化也。输入欧洲物质文明，实亦今日当务之急，要不可谓即此已足耳。抑吾又有进者，欧洲之物质文明，实东亚所最缺乏者。楚材晋用，分所当然。至于精神学术，各国类有历史地理上之关系"。欧美各国"非不研究他国之学说，特因历史上有特别关系，终不去己说之根株，不过借外说以补己说之不足耳。主尽弃其旧而拾人之余者，直可谓之无历史上之眼光"[2]。

正是"历史之眼光"凸显了毛、张二人的另一个重大概念分歧，即对于"科学"的认知，而分歧的关键则在现代与古代和中国与世界的时空关系之上。新文化运动时一个非常流行的重要学术观念就是胡适提倡

---

[1] 张煊：《驳〈新潮·国故和科学的精神〉篇》，2—3页。有意思的是，反对保存国粹的吴稚晖在清季已使用过造纸的比喻，他在解释西人习华文者日多的现象时指出，"彼特习之欲得参考料耳，其料即视为可提炼之废料耳，与购取破布败絮用以造纸，其事曾无少异"。参见吴稚晖：《书神州日报〈东学西渐篇〉后》，《辛亥革命前十年间时论选集》卷三，463页。从史学的角度看，张的观念也是民初史料扩充这一路向的自然发展，即从六经皆史料发展到中外皆史料，参见罗志田：《史料的尽量扩充与不看二十四史——民国新史学的一个诡论现象》，《历史研究》2000年4期。

[2] 张煊：《驳〈新潮·国故和科学的精神〉篇》，1—3页。

最力的"历史之眼光"或其所谓"祖孙的方法",他甚至曾主张研究任何题目都应"从历史方面着手"。这是19世纪后期西方兴起的一个重要观念,既然所有的人事现象都是依时间发展的结果,了解人与事就必须了解其历史。[1]张煊便非常强调学术的持续性,他以为,"科学者,世界各国古代学术思想所演化之物也"。故"科学之非创于今日今时而为古代学者递次所发明,实不可掩之事实"[2]。从这个角度看,张更具有"历史之眼光",而主张区分现代与古代的毛反缺乏之。

其实张煊的话里还有一个重要的空间界定即"各国",其潜存的意思当然也包括中国。这同样与学术的持续性相关:若人与事皆自有其发展的历史,便会因此产生某种独特性,保持学术的延续性实际也就维护了其独特性。提倡"世界性"的毛子水对此显然不同意,他与张煊辩论古今的含义时说,依张之意,"我们现在所有的科学都可以说得古代的学术思想,那么我们简直可以把科学叫做'世界故'或'欧美故'"[3]。这里无意中透露出两层非常重要的隐义,一是"世界"约等于"欧美"而未必包括"中国",充分提示了新派人物心中"世界"的含义;二是世界或欧美才有科学,而中国无科学(这与清季出现的"中国无史"论思路相近,详另文),结论当然只能是西向求学。

毛子水承认"一国的学术,有时固然和这个国度的地理政俗有关系;但是这样的情形到了现在的时候,也渐渐泯灭了。现在各国学问高深的人,都有'为真理而寻求真理'的态度,还能够受着什么历史地理的拘束么?",而且,欧美各国不去己说,"是不应该去呢?是不能够去呢?还是不必去呢?"。他更要"问问读者:我们中国现在的学者如果'终不去己说之根株',是不应该去呢?是不能够去呢?还是不必去呢?"[4]。其答案虽未说出,意思却是明确的:欧美至少是"不必",而中国则是应去而

---

[1] 参见罗志田:《走向国学与史学的"赛先生"——五四前后中国人心目中的"科学"一例》,《近代史研究》2000年3期。
[2] 张煊:《驳〈新潮·国故和科学的精神〉篇》,1页。
[3] 毛子水:《〈驳新潮国故和科学的精神篇〉订误》,39页。
[4] 毛子水:《〈驳新潮国故和科学的精神篇〉订误》,49页。

"不能"。值得注意的是毛数次强调了"现在"所造成的改变,特别是建立在其基础上的超时空性,即"到了现在"便可不受历史地理的拘束了。

毛子水进而申论其治学的"正当"观念说,"今日欧洲科学的程度去究竟的真理还是很远,是大家所公认的。但是欧洲现代的学术思想和中国古代的学术思想对于这个究竟的真理,地位完全不能相同。凡世界古今的学者要寻求这个真理,好像一群人要走到一个地方一般。但是欧洲近代的学者,是已经动身的;那个地方虽然辽远,行行不止,总有一天走得到;中国古代的学者,是还靡有动身的,兀自在梦乡里,梦梦不已,万辈子还不能到那个地方。简单说起来,就是要达到究竟的真理,须照着正当的轨道;但是中国过去的学者,就全体讲起来,还没有走入这个正当的轨道"。他以医学为例,说明欧洲医术已入正轨,而中国则否。"从医术的例以推到别的学术思想上面,我们可以知道国故和欧化差别的地方。所以国故和欧化对于究竟的真理,有阶级的区别。将来的文明,应以这个究竟的真理——或离开这个真理最近的'真理'——为根据。"[1]

毛提出,"我们现在要研究欧洲的科学,有二种意味:一是救荒",因为"我们在黑暗里面多年了,欧洲的科学就是光明;我们倘若要用我们的视觉,自然不能不要他"。二是"经济",学习欧洲人已有的,可以节省时间和脑力以向前发展。但正是基于学术的持续性,张煊指责"抄拾欧化之人"反没有"世界眼光"。他说:"今之但知抄写欧化者,恒谓研究国故者无世界眼光。夫以国故为至高之学,谓即此已足、无事外求者,信乎其无世界眼光矣。然但知欧化而蔑视国故者,其无世界眼光正与之等。在世界学术方面观之,与其得一抄拾欧化之人,毋宁得一整理国故之人。抄拾欧化,欧化之本身不加长也;整理国故以贡诸世界学术界,世界反多有所得。吾故曰:蔑视国故者无世界眼光。"[2]

---

[1] 毛子水:《〈驳新潮国故和科学的精神篇〉订误》,46 页。
[2] 毛子水:《〈驳新潮国故和科学的精神篇〉订误》,48 页;张煊:《驳〈新潮·国故和科学的精神〉篇》,3 页。其实中国对世界学术的贡献主要在研究中国自身的文化这一点是五四前后多数新派学者的共识,胡适后来推动清华成立国学研究院时正如此说,在这方面他与张煊的观念颇接近(详后)。

在"世界眼光"的竞争上,毛子水似乎不甚得力,他辩解说,"蔑视国故的人,我们应当说他没有'方隅的眼光',不应当说他没有世界的眼光"。不过他也承认"我们要评论一种学术的价值,要具世界的眼光,亦要具方隅的眼光"。在毛看来,"倘若我们把国故整理起来,世界的学术界亦许得着一点好处,不过一定是没有多大的"。要"怎样的人、用什么方法才可以整理国故呢?我现在敢说,不是曾经抄拾过欧化的人,不是用科学的方法,一定不能整理国故"。他举例说,"学过印度的因明和欧洲的逻辑的人,再去读《墨子》里面《经》上下和《经说》上下,自然能够见得墨家也曾有过一种很完备的论理学",反之则读不出什么结果来。"墨家的学说是这样,别家的学说也是这样。"傅斯年同意这个看法,他也认为"研究国故必须用科学的主义和方法,决不是'抱残守缺'的人所能办到的。"[1]

其实张煊已有力地表明了自己不但不是什么抱残守缺之辈,且似乎更知西学。他祭出撒手锏说:"哲姆斯(今多译詹姆斯)之言曰:实验主义者,旧思想之以新形色表出之者也。旧学术思想之更易形色而为更新之学术思想者,岂惟实验主义为然哉?各著名哲学学说,类同然也。故可弃乎?"说到西来的实验主义,毛子水就不那么理直气壮:"我于实验主义及各著名哲学学说,都没有什么研究,不敢妄议张君的说话。"他接着引一大段"胡适之先生的《实验主义》",证明"似乎实验主义并不是奖励人家'尊故'的"。[2]

然而,哲姆斯的《实验主义》是"著",胡适的《实验主义》只是"述",两者本不可同日而语;更重要的是,在"欧化"几乎等于"世界"的时代,华人胡适无论如何不具备与西人争胜的资格。于是实验主义在中国的代表胡适只能自己站出来,说张煊所引是哲姆斯的一部书的全名《实验主义——思想的几种老法子的新名字》(*Pragmatism: A New*

---

[1] 毛子水:《〈驳新潮国故和科学的精神篇〉订误》,48、53页;傅斯年:《毛子水〈国故和科学的精神〉附识》,745页。
[2] 张煊:《驳〈新潮·国故和科学的精神〉篇》,2页;毛子水:《〈驳新潮国故和科学的精神篇〉订误》,43—44页。

Name for Some Old Ways of Thinking），并下结论说，"他引错了"。[1] 张的翻译是不如胡适的准确，特别是他将定性的名词译为进行的动词确应算"错"（其实毛那时的著述常常引述英文论著，这样简单的英文毛应能知张译有些不妥，他当时未能指出，足证他真不知此书）；但哲姆斯书名原义中的确含有张所提倡而毛反对的"温故知新"之意，这也是他们争论的要点所在，胡适的结论实在有点"声东击西"。

由此看来，在《新潮》派的学生大举出国留学前，北大学生中的尊西派与中西调和派的区别主要在对待西学的态度上，说到对西学的掌握，彼此似乎都半斤八两，相差不多。张煊在"历史眼光"和"世界眼光"两方面的挑战提示着《国故》一边的学生在西学上完全能与《新潮》派竞争且不落下风，过去的研究对此似乎注意得不够。

在张煊看来，科学既是处于持续发展的过程之中，而国故又是东方文明的代表，当然不能将其视为"已死"。他反驳"国故已死"的观点说："若谓科学为今日人类所使用，故谓之生。则我国古代学术思想所演化之国故，现方支配我国多数人之心理，于四万万人之心中依然生存，未尝死也。"这个反驳其实是无力的，传统虽仍在支配多数人的心理，那主要是在所谓意识的深层结构层面，其已基本不复存在于当时思想言说的主流之中却是不可否认的。

不过张也指出："国故之生死，将视治之者之何如。使国人皆弃置之勿复顾，或即治之而但为陈死人之陈列，不求进步，不肯推故演新，则信乎其且死矣。使国人治之者尚众，肯推已知而求未知，为之补苴罅漏、张皇幽眇，使之日新月异，以应时势之需，则国故亦方生未艾也。"实际上，"今之治国故者，尚大有人在。以抱残守缺为已足者固偶有之，而肯精益求精、不甘自封故步者，亦未尝无其人。谓之已死，可乎？"[2]。他在这里不但体现出与新文化人相近的面向未来的倾向，而且明确将自己与"抱残守缺"者区别开来。

---

[1] 胡适致毛子水，1919 年 8 月 16 日，《新潮》2 卷 1 号，55—56 页（此信后以《论国故学》为题收入《胡适文存》）。
[2] 张煊：《驳〈新潮·国故和科学的精神〉篇》，1 页。

张煊这里所说"未死"的国故当然是指他所谓"东方文明",毛子水则基于自己的界定认为张所描述的还在生长者是他所说的国故学而非国故,他重申,"我说中国古代学术思想是已死的东西,一来因为他生长终止,二来因为他日就腐败"。前者意谓"古代的学术思想,只有古人能够使他生长;古人已往,他的生长就终止"了。他以父母和子女的关系作比喻说,"有时我们的学术思想虽然也从古人那边得来的,但是我们不能因此就说'古代的'学术思想还没有死"。关于后者,"时势的变迁,学术的进步,都是一天快似一天的,所以我们中国古代的学术思想,对于我们的生活一天比一天不适用,对于我们研究学术的参考亦一天比一天没有价值。有这些缘故,所以中国古代的学术思想是已死的东西"[1]。

许多年之后,曾经支持毛子水的傅斯年自己也认为:"传统是不死的。在生活方式未改变前,尤其不死。尽管外国人来征服,也是无用的。但若生产方式改了,则生活方式必然改;生活方式既改,传统也要大受折磨。中国的生产方式是非改不可的,无论你愿意不愿意;时代需要如此,不然的话便无以自存。所以我们一方面必须承认传统的有效性,同时也并不能不预为传统受影响而预作适应之计。"[2]这里提到的生活方式,大致与张煊所说的传统对多数人心理的支配相通。

实际上,傅斯年并非是很多年后才有与张煊观念相近的认识,傅、张二人当时对学术的观念就有不少近似相通之处。也许由于新文化运动传承了既存于北大那较强的派别观念,也许因为当时双方的自信心都不足(自信不足是民初整个读书人群体的共相)因而不能轻易表述赞同对立方面的言论,也许还有别的诸多因素的影响,胡适和傅斯年都感到有必要公开表示对毛子水的支持,但他们在不少甚至相当根本的观念上其实更接近张煊的思想。本来《国故》杂志就是受到蔡元培"兼容并包"并与《新潮》一样由学校给予金融补贴的(傅斯年本人更是由黄侃弟

---

[1] 毛子水:《〈驳新潮国故和科学的精神篇〉订误》,40—41页。
[2] 傅斯年:《中国学校制度之批评》,《傅斯年全集》(6),124—125页。

子一边转入胡适麾下），与被排斥到北大之外的"谬种"桐城派不一样，不是新文化人主要的斗争对象；[1]更重要的是，"调和中西"根本就是从蔡元培到胡适等新文化人或提倡或可以接受的观念。若将毛、张之争放入当时的思想言说之中细致考察分析，便可清晰地看出那时不少社会区分上对立的派别和人物其实常常分享着共同的思想。

三 国故之争折射出的新旧观念异同

傅斯年认为，"群众对于学术无爱好心，其结果不特学术销沉而已，堕落民德为尤巨"。后来顾颉刚也提出人们的历史观决定是否"有历史"的观念，他"看着现在人对于历史的观念，真使人害怕。一国之大，没有一部'年鉴'出版，翻是外国人来同我们编集"。历史资料无人搜集，则国家民族的教训转眼即忘，"这种的民众心理，真要使得中国成为没有历史的国家"。所以傅斯年主张"今日出版界之职务，莫先于唤起国人对于本国学术之自觉心"[2]。前引张煊所说的治学者的态度决定学问的"生死"一点与新文化人认为民众是否重视学术即决定一国有无学术的观点有相通处，不过一说的是学者，一说的是民众，而认为治学者的态度影响到学术的发展存亡这一根本关怀是接近的。

《国故》的另一作者薛祥绥也主张"讲学之利弊，而国之兴亡系焉"。他同样观察到因此而产生的"道德毁堕"的现象，同样认为"颓波横流，未始非讲学之不善有以致之"。不过他看到的问题所在却相当不同："晚近讲学者，徒志乎富强之说，竞求技术；以艺为本，以道为末。是以道德毁堕，廉耻道丧，人体兽行，无所忌惮；举国人而陷之，举国土而鬻之。且欣欣然以自豪也。此则讲学之蔽，固不能为之曲讳者

---

[1] 当年《公言报》在论述北大新旧之争时，说到以刘师培为首的旧派与桐城派比较接近，刘师培立即致函《公言报》，指出该文章所述，"多与事实不合"，专门与桐城派划清界限（《北京大学日刊》，1919年3月24日）。参见罗志田：《权势转移：近代中国的思想、社会与学术》，279页。

[2] 傅斯年：《〈新潮〉发刊旨趣书》，《新潮》1卷1号（1919年1月），1—3页；顾颉刚：《中学校本国史教科书编纂法的商榷》，《教育杂志》14卷4号（1922年4月），19672页。

也。"他认为这是因为"功利倡而廉耻丧,科学尊而礼义亡。以放荡为自由,以攘夺为责任;斥道德为虚伪,诋圣贤为国愿"[1]。毛子水看到同样的现象,其诠释却完全相反:"我们中国就坏在没有功利的学说,所以人尚虚伪、廉耻丧尽。倘若要增高国民的道德,除却极力振兴科学的教育外,实在没有别的法子。'科学尊而礼义亡'那种说话,非特是学术的蟊贼,实在是国民道德的蟊贼!"[2]

当时辩论双方都比较激动且不时表述得较极端,但他们观察到的现象相同,也同样认为是因为学术不倡所造成,双方的分歧只是"讲学之不善"何在而已。薛祥绥提出的解决之道再次体现了《国故》一方的防守态势,他主张"今日之讲学者,宜力矫偏重之弊,道艺兼修,以拯此浇漓之俗。所谓致用之学,允当钩沉往籍,发挥光大之。旁通世界所务,撷其菁英,不仅模仿,而求发明焉。致远勿泥,日新不已,以求精益焉"[3]。他们也希望中国"日新不已",也同意"旁通世界所务,撷其菁英",不过反对"竞求技术,以艺为本"那种"徒志富强"的取向而已。值得注意的是他认为"世界菁英"不在"技术",所以他其实和多数新文化人一样注重西方文化或科学的"精神"。所谓"科学尊而礼义亡"正是因为"竞求技术"而忽视了更根本的"道";如果中国要从西方撷取的是"道"而不是"器",这不是隐隐指向全盘西化的方向吗?后者正是当时一些"保守主义"者的主张(详后)。

也许正因为这些或隐或显的相似之处,傅斯年虽然在基本态度上支持毛子水,却暗中修正了毛的许多观点。实际上,毛子水一直说的是"研究国故",是傅斯年先使用了"整理国故"四字,后来经胡适提倡而成为一个流行的词语。至少在傅斯年看来,研究与整理是有所区别的,他在为毛的《国故和科学的精神》所写的《附识》中说:"研究国故有两种手段,一、整理国故;二、追摹国故。"可知整理国故不过是研究国故的一种"手段"。傅明确表态"前一说是我所最佩服的",若"追摹

---

[1] 薛祥绥:《讲学救时议》,《国故》第3期(1919年5月),1页(文页)。
[2] 毛子水:《〈驳新潮国故和科学的精神篇〉订误》,51页。
[3] 薛祥绥:《讲学救时议》,《国故》第3期,1页(文页)。

国故，忘了理性，忘了自己，真所谓'其愚不可及'了"。[1]

他以为，"把我中国已往的学术、政治、社会等等做材料，研究出些有系统的事物来，不特有益于中国学问界，或者有补于'世界的'科学"。这与毛和张的观念都相近，但他接着说"中国是个很长的历史文化的民族，所以中华国故在'世界的'人类学、考古学、社会学、言语学等等的材料上，占个重要的部分"。当毛子水也将国故定义为"材料"时，曾明确说"国故在今日世界学术上，占不了什么重要的位置"[2]。两相比较，傅与毛的看法实相当不同。傅斯年显然了解他的这一观念可能或直接或间接支持反对派一边，所以接着又补充说"我不是说中华国故里面有若干完全的系统，为近代欧洲所不及的；我是说中华国故里面或者有几项可以提醒我们（Suggestions）"。这一补充仍比毛子水对国故的评价要高，重要的是他感觉到有做此补充的必要，提示出他已清楚地认识到自己与毛的观念差别。

尽管如此，傅斯年基本上主张当时中国更重要的是输入新知；前已述及，他认为研究国故和输入新知两者的"范围、分量、需要，是一和百的比例"。他主要还是提倡面向未来，因为"国粹不成一个名词（请问国而且粹的有几？），实在不如国故妥协。至于保存国粹，尤其可笑。凡是一件事物，讲到了保存两字，就把往博物院去的命运和盘托出了。我们若真要做古人的肖子，也当创造国粹（就是我们自己发明点新事物），不当保存国粹。天地间事，不进就退，没有可以保存得住的"。

这段表述充分体现了这一次关于国故的论争与十多年前关于国粹的思想论争的继承性，同时也凸显了前后两次论争的一大区别，即新文化人对面向未来的进一步强调，希望能通过"创造国粹"来代替消极的保存。正因为面向未来，他们可以将已面临"保存"命运的"过去"送进博物院而不觉惋惜。当年提倡"保教"最力的康有为曾说"各国皆以保教而教强国强"，康的弟子梁启超在1902年已不同意，主

---

[1] 本段与下两段皆见傅斯年《毛子水〈国故和科学的精神〉附识》，744—745页。
[2] 毛子水：《国故和科学的精神》，734页。

张"教与国不同……国必恃人力以保之,教则不然。教者也,保人而非保于人者也"[1]。梁的这一争辩十分有力,如果教需人保,则其价值何在?康有为提出保教,实已暗示他要保的教已无竞争力,正是文化失败的表征。梁启超当年的结论是应致力于保国,新文化人则进而提出"创造国粹"的主张。

最能从周围人的议论中得启发的胡适显然读出了傅斯年那不长的一段"附识"的丰富含义,他很快接过"整理国故"的口号[2],将其作为"新思潮"的重要组成部分。在那一年的11月,胡适写出了他有名的《新思潮的意义》一文,一开始便将全文的四大纲要标举出来,即"研究问题、输入学理、整理国故、再造文明"。胡适自称是要解释陈独秀提出而未能清楚解答的问题:"何以要拥护德先生和赛先生便不能不反对国粹和旧文学?"他认为"新思潮的根本意义只是一种新态度,这种新态度可叫做'评判的态度'",即尼采所说的"重新估定一切价值"。而以"研究问题与输入学理"为手段的"新思潮的惟一目的",则是"再造文明"。[3]

虽然胡适早就主张为中国"再造文明"并几乎终生提倡之[4],这一次被列为"新思潮的惟一目的"的"再造文明"与傅斯年的"创造国粹"却有着明显的观念传承关系,正是在"保存"还是"创造"国粹这一区分的意义上,整理国故与再造文明的内在关联清楚地凸显出来。因

---

[1] 康有为语引在梁启超:《与夫子大人书》,1902年,收在丁文江、赵丰田编:《梁启超年谱长编》,上海人民出版社,1983年,277页;梁启超:《保教非所以尊孔论》,《辛亥革命前十年间时论选集》卷一上,164页。吴稚晖到1923年引张小浦(张鹤龄?)的话说:"倘真正是国粹,何必急急去保?二千年以来,定孔孟为一尊,斥老墨为异端,排除无所不至,然而老墨之书至今光景长新。"(吴稚晖:《箴洋八股化之理学》,《科学与人生观》,310—311页)立论角度又不同,然认为国粹不必保也保不住则同。
[2] 按胡适在1917年7月5日读日本人桑原骘藏的《中国学研究者之任务》(《新青年》3卷3号)时,已注意到桑原氏提出中国旧籍需先"整理"而后可用,并云"'整理'即英文之systematize也"(胡适:《藏晖室札记》卷17,1166页)。但除非胡适曾以此意告诉傅斯年而由傅表出之,否则这次仍是胡适受傅影响的可能性更大。
[3] 本段与下四段均见胡适:《新思潮的意义》,《胡适文存》卷四,亚东图书馆,1920年,151—164页。
[4] 说详罗志田:《再造文明之梦——胡适传》,四川人民出版社,1995年。

此，再造文明虽然主要是面向未来，却必须先回答"新思潮的运动对于中国旧有的学术思想持什么态度"这一问题。[1]

胡适的答案是，在消极一面"反对盲从，反对调和"，积极一面则是"用科学的方法来做整理的功夫"，这就是"整理国故"。其直接针对的是"保存国粹"的观念，盖"若要知道什么是国粹，什么是国渣，先须要用评判的态度、科学的精神，去做一番整理国故的功夫"。所以，他实际上承认真正的"国粹"还是应该保存的，不过应经过一个"整理"的阶段。胡适具体解释说，"整理就是从乱七八糟里面寻出一个条例脉络来；从无头无脑里面寻出一个前因后果来；从胡说谬解里面寻出一个真意义来；从武断迷信里面寻出一个真价值来"。他虽然用了许多负面的评价性语汇来陈述"国故"，但最终还是想要寻出国故的"真意义"和"真价值"。

与毛子水不拟讨论何以要反对"纯国粹"派一样，胡适也认为新思潮要反对盲从是"自然"而"不消说的"。但他特别解释了何以要反对调和，因为"评判的态度只认得一个是与不是，一个好与不好，一个适与不适——不认得什么古今中外的调和。调和是社会的一种天然趋势。人类社会有一种守旧的惰性，少数人只管趋向极端的革新，大多数人至多只能跟你走半程路。这就是调和。调和是人类懒病的天然趋势，用不着我们来提倡。我们走了一百里路，大多数人也许勉强走三四十里。我们若先讲调和，只走五十里，他们就一步都不走了。所以革新家的责任只是认定'是'的一个方向走去，不要回头讲调和。社会上自然有无数懒人懦夫出来调和"。

可见胡适与当时许多新文化人一样知道走极端的实际结果是调和，因此故意提倡走极端。[2] 他后来自述其之所以"主张全盘西化"，也是因为"文化自有一种'惰性'。全盘西化的结果自然会有一种折中的倾向"。中国人只有去"努力全盘接受这个新世界的新文明"；而"旧文化

---

[1] 李孝悌注意到，在胡适表述出的关于"新思潮"四要素的界定中，"整理国故"的安顿有些问题，其他三者或为目的或为手段，界定都非常清晰，独"整理国故"仿佛是硬插进来的飞来物，显得勉强。参见《胡适与整理国故》，73—75页。
[2] 参见罗志田：《权势转移：近代中国的思想、社会与学术》，282—283页。

的'惰性',自然会使他成为一个折中调和的中国本位新文化。……古人说,'取法乎上,仅得其中;取法乎中,风斯下矣'。这是最可玩味的真理。我们不妨拼命走极端,文化的惰性自然会把我们拖向折中调和上去"。[1]对比他前后的两段自我解释,可知他是自居推动社会前进的"少数人",而且非常清楚"多数人"会有什么样的反应及其结果。

"折中调和的中国本位新文化"在某种程度上也可视为"再造文明"的一种诠释,"为中国造新文明"是胡适长期思考的问题,他在少年时起就不仅主张"人人晓得保存祖国名誉",更敦促"人人要想加添祖国名誉";在1914年又认为,"吾国之旧文明,非不可宝贵也,不适时耳,不适于今日之世界耳"。但为中国造新文明,却不能"尽去其旧而惟新是谋",而必须"先周知我之精神与他人之精神果何在,又须知人与我相异之处果何在,然后可以取他人所长,补我所不足;折中新旧,贯通东西,以成一新中国之新文明"。[2]这样的态度说明,胡适虽越来越提倡反传统,不过仍是针对人类、社会及文化之"惰性"的一个特殊表现形式,其目的还是得一个折中调和的结果。[3]

实际上,胡适在1917年曾将他博士论文的一些核心观念缩略发表(始刊《科学》,后又修改而刊于《留美学生季报》),题为《先秦诸子之进化论》。这是胡适那时一篇很看重的文章(故一年内两次刊发),但也是他不久后即希望不被人注意的一篇文章(所以并不收入《胡适文存》)。这篇文章中胡适讨论"孔子的进化论"一部分特别引起了顾颉刚的注意,胡适在其中提出"孔子既知进化之迹由简易变为繁赜,所以他把全部历史当作一条古今不断的进化,由草昧蛮野时代,渐进而成高等繁

---

[1] 胡适:《编辑后记》,《独立评论》142号(1935年3月17日),24页。
[2] 这是胡适写的《爱国》(1908年)和《非留学篇》(1914年)的内容,说详罗志田:《民族主义与近代中国思想》,226页。
[3] 当然,从中西文化的层面看,胡适所谓"重新估定一切价值"的评判态度是有很大区别的。对西方文化,只要"介绍西洋的新思想,新学术,新文学,新信仰"就已算是"评判的态度"了。也就是说,西方文化的价值已经"估定",只需输入即可。但新思潮首先是"表示对于旧有学术思想的一种不满意",他明确指出,那"凡事要重新分别一个好不好"这一点,是只针对中国文化的。这样的"重新分别"虽然也还有分别出"好"的可能性,却无疑是侧重于破坏和反传统一线的。说详罗志田:《再造文明之梦——胡适传》,203—206页。

赜的文化",所以他"决不致主张'复古'",但他"却极'好古'。他的好古主义,全从他的进化论生出来。他把历史当作一条由简而繁不断的进化;所以非懂得古事,就不能真懂今世的事"。孔子主张"温故而知新",《易经》又说"彰往而察来","今人说的'历史的方法'(Historical Method),其所根据,全在于此。孔子因为知道温故可以知新,彰往可以察来,所以他注意中国史学",并"替中国开历史一门学问"。[1]

关键在于,顾颉刚读这段文字的感觉正是"胡先生说'孔子好古'的一段,与前天所记章行严先生说调和义相发明"。他记录的章士钊关于调和的言论说:"时代相续,每一新时代起,断非起于孤特,与前时代绝不相谋。"故"今日之社会乃由前代之社会嬗蜕而来;前代之社会,乃由前代之前代嬗蜕而来;由古及今,乃一整然之活动,其中并无定畛可以划分前后"。说得通俗点,"旧者将谢而未谢,新者方来而未来,其中不得不有共同之一域,相与融化,以为除旧开新之地;此共同之域,即世俗所谓调和。不有此共同之域,世界决无由运行,人类决无有进化"。顾颉刚自认章氏此语"若在吾心中发出",甚感知音,而他看到的章、胡主张的共同之处也的确非常明显。[2]

章士钊关于新旧调和的言论在1919年9月再次以演说发表后,曾引起较大的争议,许多新派学人都著文反对之。[3]而顾颉刚此时却感到章之"说调和之理,若在吾心中发出"。顾所特别注意的是时间轨道上新与旧的继承与发展,用时人爱说的语汇,即新旧之间的因果关系。有此关系,新旧之间在除旧开新之时便有共同之域,这就是他所说的调和。"因果"是民初思想表述中的一个关键词,它直接承接天演、进化

[1] 胡适此文的修改稿今收在欧阳哲生编《胡适文集》(9),北京大学出版社,1998年(引文在756—757页)。但顾颉刚所抄的此段文字有些不同,他所用的恐怕是第一稿。参见顾颉刚日记,1919年1月17日,录在王煦华《〈中国近来学术思想界的变迁观〉后记》,《中国哲学》第11辑,人民出版社,1984年,328—329页。
[2] 顾颉刚日记,1919年1月17日、1月13日,录在王煦华《〈中国近来学术思想界的变迁观〉后记》,328—329页。
[3] 参见陈崧编:《"五四"前后东西文化问题论战文选》,中国社会科学出版社,1989年增订本,173—280页。丁伟志先生的《重评"文化调和论"》(收入《五四运动与中国文化建设》上册,304—330页)是迄今为止对这一争论最为深入的研究,值得认真参考。

观念而来,同时也继承了进化论所象征的"科学"性。梁启超曾自供其欲在历史事物中寻找因果关系以为史学取得"科学资格"的努力[1],顾颉刚却直接读出了进化、因果和历史三者之间的共性,并因此而实际接受调和的观念。

而且这还不是顾一人的看法,他的朋友王伯祥并未读此二文,也从叶圣陶谈刻印方法想到"近代学术之盛,亦未始非集往古之大成。笃守故墟,犹死摹古印也,其失甚明;而弁髦视之,则犹不看印谱,亦不见经济。近人每谓创新非尽灭往古不可,至云往史旧籍俱当摧烧者。吾谓不然。夫人生观念随时地而不同,改进之机,全在不足现境,希望幸福。故对于现境而加以批评,固吾人当具之同情。然所谓改进,必就现境出发,必非摆脱现境,另求一界,以再谋良善也。然则以前种种,必有足供改进之参考之助力者在。若一切吐弃,然后创新,是犹反玉辂于椎轮,然后谋车;毁宫室以安穴居,然后求大建筑也。焉所得哉?现在'所谓新旧'盲动冲突,故吾辈易有调和之觉悟"。顾颉刚认为此语"与上记章、胡二先生言历史进化相印合",对王"信中所说时间经济一层,我极端同意。大概我们处于这盲新盲旧的冲突期内,容易感悟到调和的境界。我们总得勉力去推敲这个调和问题"。王煦华先生认为,"当时的学术思想界有不少人也具有相类似的看法,是一种在社会上很有影响的思潮",信然。[2]

如果说胡适公开发表的言论只是能接受新旧调和的结果,北大校长蔡元培根本视此为努力的目标。他在1918年底为《北京大学月刊》写的《发刊词》中指出:大学是"共同研究学术之机关。研究也者,非徒输入欧化,而必于欧化之中为更进之发明;非徒保存国粹,而必以科学

---

[1] 顾颉刚即因读胡适的《先秦诸子之进化论》而顿悟"我年来研究儒先言命的东西,就是中国的进化学说"(顾颉刚日记,1919年1月17日,录在王煦华《〈中国近来学术思想界的变迁观〉后记》,329页),进化论与科学的关联及科学为中国学术正名的作用在这里非常明显,参见罗志田:《走向国学与史学的"赛先生"——五四前后中国人心目中的"科学"一例》,《近代史研究》2000年3期。
[2] 顾颉刚日记,1919年1月20日;顾颉刚致王伯祥,1919年1月21日,均录在王煦华《〈中国近来学术思想界的变迁观〉后记》,329—330页,王煦华语在330页。

方法,揭国粹之真相"。这清楚表明蔡此时还基本维持清季保存国粹与输入欧化并进的观念。到1921年底,他在北大开学典礼中又说:"我们一方面注意西方文明的输入,一方面也应该注意将我国固有文明输出。"在次年北大成立25周年纪念会上,蔡元培总结他任校长以来北大的宗旨说:在"课程一方面,也是谋贯通中西,如西洋发明的科学,固然用西洋方法来试验;中国的材料,就是中国固有的学问,也要用科学的方法来整理他"[1]。如果将毛子水和张煊的观点与蔡元培的比较,恐怕张与蔡还更接近。《国故》之所以能被"兼容",亦良有以也。

从根本上言,"创造国粹"也好,"再造文明"也好,与张煊所说的为国故"补苴罅漏、张皇幽渺,使之日新月异,以应时势之需"的观念确无多大的实质性冲突。胡适便承认"补苴罅漏、张皇幽渺"还"可以说得过去",而"应时势之需"便是"大错,便是完全不懂'国故学'的性质";后者"是人类求知的天性所要求的,若说是'应时势之需',便是古人'通经而致治平'的梦想了"。[2] 李孝悌先生已指出,胡适关于国故学"性质"的这一看法与他自己表述的实验主义强调知识和学术的现实意义直接矛盾,也与他自己提出的"整理国故"与"再造文明"的逻辑关联相冲突,不过是一种自解而已。[3] 从前引傅斯年、顾颉刚强调学术与民德关系的言论看,整理国故的确有"应时势之需"的含义在。

傅斯年看似反驳张煊的一段话提示了他真正的关注点及其与毛子水的差别:"国故的研究是学术上的事,不是文学上的事;国故是材料,不是主义。若是本着'大国故主义'行下去——一切以古义为断——在社会上有非常的危险。"[4] 这清楚地表明,傅所针对是"一切以古义为

---

[1] 蔡元培:《〈北京大学月刊〉发刊词》,《蔡元培全集》(3),210页;《北大1921年开学式演说词》《北大成立廿五周年纪念会开会词》,《蔡元培全集》(4),94—95、296页。

[2] 胡适致毛子水,1919年8月16日,《新潮》2卷1号,55页。

[3] 李孝悌:《胡适与整理国故》,65—66页。实际上,如果没有这一判定张煊"大错"的一段,则除了前引关于哲姆斯书名那声东击西的一句外,胡适此信剩下的便全是反驳毛子水的内容了,所以我怀疑胡适不过随意找出两点张煊的"错误"来支持毛,他可能根本没想那么高远的问题。

[4] 傅斯年:《毛子水〈国故和科学的精神〉附识》,744页。

断"的那一派"大国故主义";而毛子水则明说他所针对的是那些主张"国故和科学并存"的学者,即张煊等人的"大国故主义"。两者实不相同,后者更多属于胡适所说的主张"调和"的一派或罗家伦所说的"古今中外派"。

这是了解当时思想论争的一个重要因素,完全守旧的"纯国粹"派在涉及学术的思想言说中已无多少竞争力,新派更多是在所有"旧"事物皆是"一家眷属"的意义上对他们进行打击,但基本不承认他们的学术地位(甚至不承认他们的社会资格)。[1]而不少新文化人虽然可以接受"折中调和"的最终结果,却因担心"我们若先讲调和,只走五十里,他们就一步都不走了"(按胡适的"算学"不好,应该是"他们"只走二三十里),所以故意比实际主张更激进一些;并进而感到不仅不能提倡调和,还有反对调和的必要。他们更忧虑的是,调和论会影响"欧化"的推行。罗家伦即指出:"无论西洋什么的学说到中国来,总要加上一重彩色,弄得不清不楚。这都是被一班'古今中外派'弄坏了!"[2]

中国需要的是纯粹的西学,西洋学说被调和得"中国化"以后,便可能失去"输入新知"的意义,这是当时不少人的共识。通常被认为是"东方文化派"代表的梁漱溟便相当强调文化的整体性,他认为晚清改革想将西方的"制造"一类东西搬到中国,却"全然没有留意西洋这些东西并非凭空来的,却有它们的来源",其来源即"西方的根本文化"。从西方文化产生出的"这些东西对于东方从来的文化是不相容的",也是搬不过来的,所以他主张对于西方文化要"全盘承受",因为西方文化已成为世界的文化,"无论世界上哪一地方人皆不能自外"。[3]

同样,一般并不认为特别激进的熊十力在这一点上不仅与新文化

---

[1] 最明显的例子是新文化人对林纾的态度,参见罗志田:《权势转移:近代中国的思想、社会与学术》,263—289页。
[2] 罗家伦:《致熊子真函》,1920年5月28日,《新潮》2卷4号(1920年5月),837页。
[3] 梁漱溟:《东西文化及其哲学》,《梁漱溟全集》第1卷,山东人民出版社,1989年,333、528、338页。

人观念相同，而且表现得更极端。他说，"今日稍有知识者，皆知吾国之痼疾，非输入欧化不足以医之。然诚欲输入欧化也，则必取法隋唐古德"。所谓隋唐古德，就是像玄奘那样"绝口不谈旧学，一意输入印度化"。只有输入纯粹的外来学说，中国学者才能借鉴而改进自身的学术。隋唐僧人"拼命发挥佛道，不肯稍涉沟通，其结果使佛学成为中国之佛学，而后宋明儒者亦得所观摩，因即《大学》《中庸》寻出孔门唯心说之系统。而吾旧有之学术，遂大放光明"。他认为近代"吾国治西学者，从未有独任之精神。严又陵所译诸书，每以中西强相比附"。今人虽"渐反对融通之说"，但像玄奘那样态度鲜明的"殆未见其人"。[1]

有意思的是，熊十力根本认为新文化人趋新不够彻底，故反对其从事整理国故之业。他指责说："《新青年》《新潮》诸杂志，号为极端的新派，然犹不舍其整理旧学之事业。夫旧学诚宜整理，特非主张欧化者所宜从事耳。诸君何不上追隋唐古德之风乎？"新文化"诸君日日空谈'新'、空谈解放与改造，不务涵养深沉厚重之风，专心西学而广事译书（昔奘师归自印度，总理译场，凡译经论一千三百三十余卷），则欧化未得入而固有之文化已失，欲无绝命可得哉？"。按熊十力虽然攻击严复以中学"强附"西学，这里其实暗含严复晚年欲将中西学分而治之的意思；[2] 他们主要的关怀皆与前述吴稚晖等人关于"洋八股"的忧虑相近，都担心因调和而使中学西学两皆落空。

罗家伦立即呼应熊十力，自称对其"关乎欧化的大见，我是十二分佩服的。而辟除强附一层，尤为痛快"。其实"强附之事，自中国历来就有的；而在近代，'学贯中西'之风，允推严氏为其始祖。最可笑的，莫过于前年浙江想修一个王阳明祠，修祠的缘起上大致说：阳明先生的学说一到东洋，自然东洋已经强盛起来；但是一到西

---

[1] 本段与下段均见《熊子真（十力）致蔡元培》，1920年春，《新潮》2卷4号，828—829页。
[2] 严复在1912年说他"欲将大学经、文两科合并为一，以为完全讲治旧学之区，用以保持吾国四五千载圣圣相传之纲纪彝伦道德文章于不坠。且又悟向所谓合一炉而治之者，徒虚言耳，为之不已，其终且至于两亡。故今立斯科，窃欲尽从吾旧，而勿杂以新。"参见严复：《与熊纯如书》，《严复集》（3），605页。

洋,就变成柏格森的哲学"[1]。有意思的是,反对"学贯中西之风"的熊、罗二人此时对西学的了解似尚肤浅,三年后刚获得博士回国的留学生林玉堂(林语堂)却说,"柏格森学读得好的人必定回来看王阳明……读柏格森而不读王阳明的只是疯人说疯话",因为西学读得好的人"自然而然会想法子去探考中国古书中所有关于该学的材料"[2]。我们且不论林玉堂与罗家伦完全相反的看法何者更"正确",但那时一意尊西反对调和者未必知西,而了解西学较多者反有"调和"的主张这一特征却甚明显。

更有意思的是,在更加主张"调和"中西学说的吴宓看来,林玉堂又完全与表面反对调和的胡适等是一派。吴宓观察到那时读书人对胡适、陈独秀提倡的"新文学"有几种态度:"凡读得几本中国书者,皆不赞成。西文有深造者,亦不赞成。兼通中西学者,最不赞成。惟中西文之书皆未多读,不明世界实情,不顾国之兴亡,而只喜自己放纵邀名者,则趋附'新文学'焉。"所以他认为林玉堂虽然人甚聪明,却"中文本极不通,其英文亦不佳"[3]。以一般标准言,林氏的中英文水准恐怕不在吴宓之下,吴的评价显然有门户意气成分。但他所说"最反对"和"趋附"新文学的都是中西学兼涉猎者(虽然程度大不同),却不无所见。这是民初新旧中西纠缠错位的鲜明体现,当时新文化人之所以要针对"古今中外派"进行论争,很可能也因双方的取向有些相近,因而在吸引追随者的竞争中比纯粹旧派更具威胁吧。

而熊十力在新文化人"肤浅"一点上又与吴宓有同感,他说:"今日优秀之才,多从事于杂志;以东鳞西爪之学说鼓舞青年,对于精深之

---

[1] 罗家伦:《致熊子真函》,837页。按罗家伦这里所说的"前年"若非"年前"的误排,则"柏格森的哲学"在中国思想言说中于1918年已相当有影响力。在1923年曾被"科学"派作为主要攻击对象的柏格森学说在1920年时尚被陈独秀确认为"科学",几年间柏格森的学说本身似无大变化,其在这样短的时期内在中国思想界的急剧沉浮颇具深意,还可作进一步分析。
[2] 林玉堂:《科学与经书》,《晨报五周年纪念增刊》(附在影印本《晨报副刊》第5册),1923年12月1日,22页。
[3] 《吴宓日记》(2),1919年12月30日,1920年3月18日,114—115、144页。

学术，不能澄思渺虑，为有系统之研究。默观今日各校学生，每日除照例上课外，人人读杂志，人人做杂志（此举大数言，不能说无例外）。长此不改，将永远有绝学之忧"。所以他对国内的学者失去希望，认为"欲革此风，必赖国外留学诸君，有刻苦自励，不求近效，专研究西洋学术，而斟酌社会之需要以从事翻译"。[1]

罗家伦显然看出了熊十力鼓励他们专意趋新的言外之意即他们在旧学方面学力不足，他虽承认当时的新杂志品质不高，故不应致力于"数的增多"，而当注重"质的改善"。但对熊"以为我们宜屏弃一切整理旧学的事业而不问，则殊有不敢强同之处"。更以胡适对《诗经》的解读为例（以今日的后见之明看，罗所举多为偏于"大胆假设"一面的新知）证明说，"一般老先生以为我们谈新的人就不读中国书，是错误的。不知我们换了一付眼光、换了一套方法来读中国书，反而可以比他们多找出一点新东西来"[2]。这最后的一点并非为争面子而自吹，当时新文化人普遍对他们的源自"欧化"的"新眼光"充满自信，故多认为即使"整理旧学"也要他们才行（可参见前引毛子水、傅斯年的类似表述）。

另一个明显不属新文化人群体但大致也可归入"古今中外派"的王国维早在清季论及京师大学堂文科大学的教习时已说："授外国哲学外国文学者，固聘诸他国而有余。至欲求经学、国史、国文学之教师，则遗老尽矣；其存者或笃老或病废，故致之不易；就使能致，或学问虽博而无一贯之系统、或迂疏自是而不屑受后进之指挥，不过如商彝周鼎，饰观瞻而已。故今后之文科大学，苟经学、国文学等，无合格之教授，则宁虚其讲座，以俟生徒自己之研究，而专授以外国哲学、文学之大旨。既通外国之哲学文学，则其研究本国之学术，必有愈于当日之耆宿矣。故真正之经学、国史、国文学之专门家，不能不望诸此辈之生徒，而非今日之所能得也。"[3]

---

[1]《熊子真致蔡元培》，828页。
[2] 罗家伦：《致熊子真函》，836—837页。
[3] 王国维：《教育小言十则之十》，《静安文集续编》（《王国维遗书》第5册），53页。

非常值得注意的是,他视当时遗老的中国旧学"如商彝周鼎,饰观瞻而已",这与傅斯年看出国粹那"往博物院去的命运"如出一辙,与张煊说"抱残守缺"者虽治国故"而但为陈死人之陈列"更是一致。王国维、张煊、傅斯年三人的身世及其政治和文化主张有相当大的差异,而他们竟有如此接近的看法,提示着这是清季民初不少人的共识(详另文)。王国维虽然不像傅斯年、顾颉刚那样欲将传统送入博物院,但既然将这些传统的精英载体看得如此"无用",则是否进入博物院恐怕区别也不大。王氏在清季民初的政治倾向十分守旧,但在办学和治学取向上显然相当趋新;他本人治学之路正是"既通外国之哲学文学"再来"研究本国之学术",的确多能"愈于当日之耆宿"。北大新派学生此时不过在重复王国维在清季已提出的观念(虽然两者不一定有直接的传承关系),大致体现出旧学也要用新方法研治的见解同样很早就已出现,且已逐渐成为相当一部分学人的共识。

1916年就读于清华学堂的闻一多也有类似的关注,他对"新学浸盛而古学浸衰、古学浸衰而国势浸危"的情形甚感焦虑,但认为当时"胜朝遗逸,友麋鹿以终岁、骨鲠耆儒,似中风而狂走者,已无能为矣。而惟新学是骛者,既已习于新务、目不识丁,则振兴国学,尤非若辈之责。惟吾清华以预备游美之校,似不遑注重国学者,乃能不忘其旧,刻自濯磨。故晨鸡始唱、踞埠高吟,其惟吾辈之责乎!"[1]。纯粹的新旧两派皆不足恃,振兴国学竟然要靠预备游美的清华学生,很能体现那时什么都要与西方有关系才行的世风。闻氏这一观念与前引吴宓的见解非常相近,吴宓此时也就读于清华,这样一种开后来《学衡》先路的思想恐怕与当时清华的校风有所关联。

以庚款兴办的清华学堂"似不遑注重国学者,乃能不忘其旧"的特点很可能是后来兴办国学研究院的一个学术渊源,"既通外国之哲学文学"再来"研究本国之学术"的王国维能任教于清华,部分或即因此潜缘吧。清华这一特点同时说明帝国主义的"文化侵略"不仅不甚成功,

---

[1] 闻一多:《论振兴国学》,《闻一多全集》(2),283页。

有时因为西方势力的存在太明显反可能激起思想上的反动，直接导致师生"不忘其旧"的努力；反之，在暗具古代国学（指机构）身份的北大，新文化运动时的主流（指影响而非人数）校风却是一意趋新而激烈反传统，部分即因不少师生对"帝国主义"的感受不那么直接，却深感传统的压力（虽然这一压力其实颇具想象意味）。两相对比，近代中西文化竞争的错综曲折尤可见一斑。[1]

不过，由于新文化人所说的"科学"和"新眼光"与"欧化"的直接关联，如果它们成为研治旧学或整理国故的必需，则北大学生在这方面的竞争力或不如清华学生（尽管清华学堂在层次上只是"预科"）。所以，五四运动那一代北大趋新学生纷纷出国游学[2]，而整理国故的旗帜乃由已留学归国的老师胡适举起，主要的具体执行者却是中学远胜西学的顾颉刚[3]，他对国学或国故学的观念在相当一段时间里与毛子水的观念很不相同（详另文）。实际上，1920年10月拟定的《国立北京大学研究所整理国学计划书》便说："欧美各国新发明之学术，率由其相传之学术阐扬而来，则吾国固有之学术以期所有发明，正本校应负之责任也。"[4] 这里非常明确地指出了欧美学术发展的持续性，显然更接近前述张煊的观点；欧美如此，中国亦然，整理国故的"正当性"也就不言而喻了。

那时正是胡适影响如日中天之时，不仅整理国故迅速流行，且"整

---

[1] 说详罗志田：《权势转移：近代中国的思想、社会与学术》，4—6、18—62页。

[2] 1920年10月拟定的《国立北京大学研究所整理国学计划书》关于"整理学术"的具体计划便是"选派深于国学之教授赴海外留学"。但由于"本校深于国学之教授不能尽离职务而他往，而任整理之人才则所需甚多，故必须兼派国学优长之学生赴海外留学，归而使助教授或任教授，同谋整理"。《北京大学日刊》，1920年10月19日，3页。

[3] 顾颉刚1919年时正慨叹"只恨我不能直观外国书"，他对傅斯年能以官费出国留学"十分羡慕"，想到"你归来时，我一定掉在泥潭中越陷越深了，那时我见了你不知要怎样的惭愧！万一你没有归来时我也到英国同你相见，这时候的快活又不知怎样？"。顾颉刚致傅斯年，1919年2月21日，《新潮》1卷4号（1919年4月1日），708页；1919年8月11日，《学术集林》第1卷，254—255页。但他后来因《古史辨》的出版而声名显著，倒一度让傅斯年有些"惭愧"。不过，顾颉刚这里对出国留学和留在国内的虚拟设想应可大体反映当时许多人的心态。

[4] 《北京大学日刊》，1920年10月19日，2页。

理"一词竟也连带着流行起来。胡适在1921年致青木正儿的信中说到想叫学生们"整理崔述的《东壁遗书》"时特别指出，整理"是我们新流行的一个字，例如'整理国故'"。[1]此后不过一两年间，整理国故似更形成压倒一切的趋势，梁启超在1923年初说："近来国人对于知识方面，很是注意。整理国故的名词，我们也听得纯熟。诚然整理国故我们是认为急务，不过若是谓除整理国故外遂别无学问，那却不然。"梁氏以为中国文化遗产"最特出之点"不在文献宝藏，而是胜过西方的"人生哲学"[2]，这且不论。但他观察到的时人以为"除整理国故外遂别无学问"的现象，很能说明这一学术活动席卷天下的势头。[3]这样的强势很快引起新派内部的争论，后来发展出整理国故是为了"打鬼"的变化，其中一个重要原因就是这次《新潮》与《国故》的论争即使在新派之中也没有形成什么共识。

四 余论：古今与中外

1919年这次论争中，新派的不一致主要体现在毛子水对待传统的态度比其他一些新文化人更激进[4]，他非常鲜明地反对温故知新的取向，特别提倡面向未来，所以对国故在世界学术上的地位看得甚低。对此他曾解释说："这不是我们自己短气的说话，我们要空泛泛说几句夸言是很容易的事情，不过在事实上没有什么益处。我们要是从今以后，奋力

---

[1] 胡适致青木正儿，1921年2月4日，耿云志等编《胡适书信集》（上），北京大学出版社，1996年，272页。
[2] 梁启超：《治国学的两条大路》，《饮冰室合集·文集之三十九》，114页。
[3] 整理国故迅速流行的一个原因是"科学化"，参见罗志田：《走向国学与史学的"赛先生"——五四前后中国人心目中的"科学"一例》，《近代史研究》2000年3期；陈以爱：《中国现代学术研究机构的兴起》，87—92页。
[4] 毛子水的一些基本观念大致本陈独秀在《新青年》4卷4号（1918年4月15日）上"随感录"栏目中的一篇短文（341—343页，后收入《独秀文存》时定名为《学术与国粹》），但态度更趋激烈。有意思的是，在具体治学层面，毛子水受章太炎的影响较大，对一些扩充史料的"新眼光"却不能接受，应该说还比较"守旧"。参见罗志田：《〈山海经〉与近代中国史学》，《中国社会科学》2001年1期。

精进，将来世界的文明，亦未尝不可完全由我们手中造出。倘若只知道向国故里面找寻什么将来世界文明的材料，恐怕孟二爷要笑我们'缘木求鱼'呢！"[1]

从前面的论述可知，胡适、傅斯年在支持毛子水的同时都不同程度地或正面或婉转地修正了他的一些主张，没有参与这次争论的顾颉刚与毛的观念还更不同。毛子水的激进是以他认知中学术研究的"正当性"与"合法性"为基础的，正因为研究学术的正当方法是科学的方法，而国故既"不是研究学术的最正当的法门"，又"不能算得合法的学术"，自然没有多少研究的必要。但这个观点显然在新文化人内部也不能普遍接受，胡适当时就强调考据与发现恒星都是科学并且"平等"；积极参与整理国故的顾颉刚在几年后更正面批驳了"因为国学腐败故不应当研究国学"的观点，强调"国学是科学中的一部分（如其是用了科学方法而作研究），而不是可与科学对立的东西。倘使科学不是腐败的，国学也决不会腐败"。[2]

在胡适提倡最力的"历史的观念"方面，傅斯年和顾颉刚的观点看来也反与张煊更接近。傅斯年在出国前给顾颉刚的信中提出"学问要从历史上做起"，顾表示他"一向也这样想，而且深愿照此做去"。顾颉刚那时正立志做一部《世界文明史》，希望能"使后来的人深明历史进化的途径，不至退向后走；更能确知中国情境与他处的异同，不至盲从或是无谓的立异。况且世界文化以后必归一致，我们正可在历史上加功，教他一致的快些。这虽然翻老古董，实于创造新文化上有极大的效力。我对于钱玄同辈的有新无旧一派有极好的譬喻：他们仿佛以为人类是可以由上帝劈空造出来的，不必由微小的生机而虫而鱼而禽而兽的进化来的。劈空造出来果然是很新鲜，不带着一些旧的色彩，没奈何只成一个

---

[1] 毛子水：《〈驳新潮国故和科学的精神篇〉订误》，45页。
[2] 顾颉刚：《一九二六年始刊词》，《北京大学研究所国学门周刊》，2:13（1926年1月6日），3页。但就在顾颉刚说这番话时，在欧洲的傅斯年已改变他对整理国故的态度，不久胡适和顾本人也都在不同程度上转变了态度而在批判传统方面接近甚至超过了毛子水此时的态度，充分体现了那一时代世风的激进。

弹指楼台的幻境罢了"[1]。

学问从历史做起意味着强调学术的延续性,而学术或文化的延续性至少潜在地支持了作为人类文化一部分的区域文化或学术的独特性,这与毛子水在现代与古代的区分基础上强调国故与国故学(即国新)的根本相异、后者却可以认同于"欧化"的观念是有很大差距的。顾颉刚显然看出了"钱玄同辈的有新无旧一派"的实质:他们正是面向未来,希望能割断历史联系而"劈空造出"一个新世界来。顾氏同时也揭示了这派人的一大潜存问题:他们的观念与近代中国风靡最广的进化论是矛盾的(对当时许多人来说与进化论冲突意味着可能是"不科学"的)。

前引顾颉刚和王伯祥关于新旧"调和"的见解都注重学术的延续性,顾颉刚那时还有一长文专论中国学术思想"承前之统系",而其核心观念,正基于进化论。他特别指出:"吾从前以为近三十年的中国学术思想界是由易旧为新的时期,是用欧变华的时期。但现在看来,实不尽然。"实际上,"古今学术思想的进化,只是一整然的活动。无论如何见得突兀,既然你思想里能够容纳,这容纳的根源,就是已在意识界伏着。这伏着的东西,便是旧的;容纳的东西,便是新的。新的呈现,定然为旧的汲引而出,断不会凭空无因而至。所以说'由旧趋新'则可,说'易旧为新'则不可"[2]。

---

[1] 顾颉刚致傅斯年,1919 年 8 月 11 日;顾颉刚致王伯祥,1919 年 8 月 14 日,《学术集林》第 1 卷,254、257—258 页。专门研究五四学生一辈的舒衡哲在其著作中引顾颉刚在几年后写的《我们对于国故应取的态度》(《小说月报》14 卷 1 号,1923 年 1 月)一文中的一段话,称其"概述了他那一代人的观点"(Vera Schwarcz, *The Chinese Enlightenment: Intellectuals and the Legacy of the May Fourth Movement of 1919*, Berkeley:University of California Press, 1986, p.125)。实际上,不仅顾颉刚和毛子水此时的个人观点有相当的差异,作为群体的新文化人在 1919 年和 1923 年对于国故的观点也有较大的不同。顾颉刚后出的观点完全不能代表他那"一代人"在 1919 年的见解。

[2] 顾颉刚:《中国近来学术思想界的变迁观》,《中国哲学》第 11 辑,302 页。按"由易旧为新"似不甚通,或为"由旧易为新",或"由"字衍,盖其下笔心中或有"由旧趋新"一念在也。这篇写于 1919 年的文章是了解顾颉刚本人以及与他相关的一些人当时思想和学术观念的重要资料,但文章于 1984 年发表后似乎影响不大,即使研究顾先生的学者也未曾充分使用,拟专文探讨。

这就牵涉到晚清以来士人的一个主要关怀(虽然是有重大分歧的关怀):要改善中国在世界上的地位,究竟是"温故知新"、走"古学复兴"之路还是"面向未来、推陈出新",再造一个新的中国文明?两种路向虽异,其关怀却同。非常值得注意的是张煊关于"国故犹败布,欧化犹破纸",因而皆是制造"将来之新文明"这一"新纸"之材料的观点。他的目的或者是想争国故与欧化的平等地位,无意中却透露出他同样具有相当强烈的"面向未来"的倾向,只不过他眼中的"世界"是包含中西的,故"新"与"西"尚有距离;而毛子水认知中的"世界"却常常与"欧化"或"西方"相等,故"新"与"西"不是一致也是走向一致的。

中西新旧之间的时空关系的确是使当时许多人感到困惑的问题,毛子水自有其特定的解决方法,即常常在古今与中西之间换位。最明显的表现就是毛子水虽然先存"欧化"才"正当"的观念,却又秉持"学术是天下古今的公器"这样一种超人超国的观念。其实他所谓"公器"基本只是针对"天下"而言,"古今"不过是顺口说说,在这里几乎没有什么实际意义:"古"与"今"并不处于平等竞争的地位,"古"是"已死的东西"(或是在中西学战中已被"证明"失败的东西,因而"腐败",至少"无用"),而"今"则是尚存希望的"正在生长"的东西,所以"国新"可以"和欧化一样",却决不能"同国故不分"。换言之,"公器"实际只具空间意义而无时间意义,但毛子水脱口而出的表述又提示着空间意义在这里与时间意义颇有关联。

当时已有人指出,"新旧"之分有时间意义和空间意义两方面,前者以"现在"为基准,"过去"为旧而"未来"为新;后者则以本地所未前有之外来者为新。"前者系连续的进行,旧者方逝而新者已至;既不能留滞于一时,亦不能并存于一处,故鲜冲突的机会。后者为延扩的移动,新旧二者往往同现于一时一地;其接触既骤,故其冲突亦烈。"虽然有人认为"今日吾国之新旧问题,乃超出于时间的与空间的关系之外",这位作者却主张"吾国今日新旧之争,实犹是欧化派与国粹派之争",基本属于空间意义的新旧。他认为,当时新旧两派皆有"谬误",

新派"蔑视历史的关系",旧派则"蔑视环境的关系"。[1]

类似的时空问题也为北大《新潮》派学生所关注,罗家伦的《近代中国文学思想的变迁》一篇大文便专从时间空间的角度立论,主张对两者"相提并重,一方面对于空间则注重环境的情形,一方面对于时间则注重演化的程叙"。不过他在具体的叙述中又特别强调实验主义的"此时此地"(Here and Now),则"演化的程叙"仍有被"现在"取代的倾向。[2] 正是立足于"现在"之上,新派才能"蔑视历史的关系"。当张煊说"古者,过去之通称;十口相传,即成为古"时,毛子水即指责张的意思是"时间没有现在只有过去和未来"的诡辩。他驳斥说,"倘若照这样说去,'过去'算得'古','现在'算得'今':没有'现在',所以我们现在所有的文化都是'古'的"[3]。这段文字比较费解,可能有误排(第一个"现在"也许应是"未来"),但有一点是明确的,即毛特别强调"现在",而认为张有否定"现在"的倾向。

在空间方面,"天下"是旧词,时人说得更顺口的是"世界"。新文化人通过引入一个新的空间范畴"世界"(他们对"世界"的定位与今日不甚相同,后来流行的"世界观"一词,其义并非关于世界的全局观念,实际更多是时人所说的"人生观"的同义词或至少是近义词,这最足表现"世界"并非地理意义或全人类意义的)而赋予传统与现代的时间区分以新的含义:世界常常代表"新"的未来,而中国则更多象征着"旧"的过去;当时空间上的"世界"虽约等于"欧美"而未必包括"中国",但只要时间上"现在"的中国割断与"已死的"历史的联系而认同于"正在生长"的"世界",便可以成为想象中的"未来世界"之一部分。在这新"世界"里,不再有空间的中西之分,大家都"正在生长"因而是可能平等或正走向平等的成员(其实中国人内心仍不认为中西平等,故中国还要全面向西方学习)。

这样一种充满想象意味的特殊时空互动在某种程度上给了新文化人

---

[1] 管豹:《新旧之冲突与调和》,《东方杂志》17卷1号(1920年1月10日),89—90页。
[2] 罗家伦:《近代中国文学思想的变迁》,《新潮》2卷5号(1920年9月),863—864页。
[3] 毛子水:《〈驳新潮国故和科学的精神篇〉订误》,39页。

一种相对超越的地位,或者说他们常常通过时空换位给自己营造一个超越古今、中外二元对立的地位:时间上的"现在"使它们轻易超越空间上的中西对立,而空间上的"世界"又使他们随时可跳出(中国)"古代"的笼罩。这样,近年说得热闹的人我之别理论对新文化人的诠释能力便相对有限,因为他们可以而且实际上也确实通过时空移位而不时转换身份认同。虽然这样的时空换位基本是在"精神"而非"物质"领域里进行(以欧美为中心的"世界"往往无意接纳甚至不那么平等对待以"世界民"自居的中国人),但仍给新文化人以超乎寻常的自我批判能力,使他们可以激烈反传统且公然认同于西方而没有多少内心不安,因为他们正在为中国再造文明,面向的是一个光明的未来。[1]

但如果回到眼前的现实之中,许多具体的问题却并非虚悬的想象所能解决的。毛子水说张煊的目的是"要把'国'和'故'争一个地位",所谓"国"的地位,大致也就是中国在世界上究竟处于一个什么地位及时人对此的希望(即中国应该处于什么样的地位);而"故"的地位则多半意味着传统(时人更多用"古代"一词)在"现代"里应否占一个地位及占一个什么样的地位;两者在当时又是紧密关联和相辅相成的。由于中国在近代"物质"层面的竞争已明显败落,且新文化运动时新旧士人关注的重心本来也多在"文明"或"文化"层面,如果中国的"故"没有什么地位,则中国在"世界"上实际等于无足轻重,这大约是张煊认为"故"的地位必须"争"的主要思虑。

在这一点上,胡适又与张煊的观念更接近。从留学时起就认为中国没有像样的大学是"国耻"的胡适在此次论争时进一步认识到,中国的大

---

[1] 参见罗志田在《权势转移:近代中国的思想、社会与学术》和《民族主义与近代中国思想》二书中的相关论述。陈独秀显然注意到这样营造出来的超越地位并不实在,他稍后论新旧教育的分别时说:"新旧教育底区别,只是采取的主义和方法不同,并不是空间(国界)或时间(时代)底不同。杜威先生曾说,中国底教育比日本更有希望,因为中国底教育方才着手,可以采用最新的方法,不像日本底教育制度已凝固,不易改用新法。"(陈独秀:《新教育是什么》,《新青年》8卷6号,1921年4月1日,6—7页[文页])。这里的"主义和方法"明显更具超越性,既然时空关系皆无所谓,则全然一无所有者反而赶超更快。毛泽东后来提出一张白纸更利于画最新最美图画的观念,或者也受中共创始人陈独秀的影响。

学"在世界学术上,尚无何等位置。要想能够有一种学术能与世界上学术上比较一下,惟有国学";大约同时他在推动清华成立国学研究院时又说,"中国办大学,国学是最主要的";[1] 前者正是后者最好的注解。以民初人对"学术"的重视,特别是前引诸位对于学术与社会及"民德"的关联,其他"科学"因太少积累几乎没有竞争力,中国要争取在世界学术上的地位也只有"国学"尚可依靠,整理国故的流行的确是大势所趋。

五四前后的新文化人非常强调他们与旧学者的一大不同在于旧学者讲究"家派"而他们则注重学理,其实这最多是一个努力的目标和方向。遇到思想论争时,他们的群体身份认同相当明确,常常是首先站在新旧(或其他)社会区分中自己"家派"一边出战,而将观念的异同置于第二位。顾颉刚当时即认为民初社会已没有传统的"清议"而只有"党议",这是因为"清议是要由学理来的",但那时"蕴藏学理的学问"和"讲习学问的学校"境界都不佳,"学校里的人早已把学理打消了,除掉了私心的党论,再不能发生公平的清议了"。[2] 民初不少思想论争往往既是学理之争,也不脱当时社会的"党争"风气。新文化人在这方面的表现也不例外,胡适与傅斯年明显不甚同意毛子水的观念并且与张煊的观念有不少共同之处,但他们都感到义不容辞地有义务或有必要公开站出来支持毛,正是典型的(也许未必是自觉的)"家派"意识的体现。

在1919年的争论后不久,梁漱溟与胡适之间曾有一次关于东西文化的论争,其主要的关怀与毛、张之争基本一致。非常有趣的是,在那次论争中梁漱溟在很大程度上几乎是在重新陈述毛子水的观念,而胡适则更多站在张煊的立场上立论。梁漱溟论"东方文化的翻身"问题说,"所谓翻身,不仅说中国人仍旧使用东方化而已;大约假使东方化可以翻身,亦是同西方化一样,成一种世界的文化——现在西方化所谓科学(science)和德谟克拉西之二物,是无论世界上哪一地方人皆不能自外

---

[1] 胡适:《再谈谈整理国故》,收入许啸天辑:《国故学讨论集》第1集,上海书店影印群学社1927年版,22页;华华:《与胡适之先生谈话记》,转引自清华大学校史编写组:《清华大学校史稿》,中华书局,1981年,50页。
[2] 顾颉刚:《中国近来学术思想界的变迁观》,319页。

的。所以，此刻问题直截了当的，就是东方化可否翻身成为一种世界文化？如果不能成为世界文化则根本不能存在；若仍可以存在，当然不能仅只使用于中国，而须成为世界文化"[1]。

"翻身成为一种世界文化"与毛子水等欲"劈空造出"一个新世界的心态和取向都相当接近，而胡适的反驳则非常像是张煊在说话，他说："东西方文化的问题是一个很复杂的问题，决不是'连根拔去'和'翻身变成世界文化'两条路所能完全包括。"因为"世界是一个很大的东西，文化是一种很复杂的东西"，世界上的文化"不能没有时间上和空间上的个性的区别"。关键在于，"若明白了民族生活的时间和空间的区别，那么，一种文化不必须成为世界文化，而自有他存在的余地。米饭不必成为世界化，而我们正不妨吃米饭；筷子不必成为世界化，而我们正不妨用筷子；中国话不必成为世界语，而我们正不妨说中国话"。这样，"'此刻'的问题，更只有研究双方文化的具体特点的问题，和用历史的精神与方法寻求双方文化接触的时代如何选择去取的问题，而不是东方化能否翻身为世界文化的问题"[2]。

其实梁漱溟也相当注意文化的个性，前引他关于西方文化产生出来的外部结果不能割断后搬到中国，而必须"全盘承受"西方文化的主张即建立在文化个性的基础上。但正是这一具体主张引起了后来也曾支持"全盘西化"的胡适的警惕，他指出，梁漱溟"自己推算这个世界走的'一条线'上，现在是西洋化的时代，下去便是中国化复兴成为世界文化的时代，再下去便是印度化复兴成为世界文化的时代"；尤其梁氏"忽然很大度的把那条一切有情都是如此的生活本路让西洋人去独霸！"。对于强调"此时此地"主张研究具体问题的实验主义者胡适来说，梁漱溟观念的实质即"现在是西洋化的时代"这一点，而且这一"现在"（也就是梁漱溟随意说出而被胡适重点突出的"此刻"）恐怕是相当长的。

---

〔1〕 梁漱溟：《东西文化及其哲学》，338页。
〔2〕 本段以及以下四段，均见胡适：《读梁漱溟先生的东西文化及其哲学》，《胡适文存二集》卷二，61—84页。

关注文化个性的胡适更反过来从人类文化的共性上找到中国文化复兴的希望,他认为文化即"民族生活的样法"是"根本大同小异的",并举吃、住、家庭、政治等为例(其实他说的这些正犯他攻击梁漱溟的"笼统"之忌);但他关注的核心是:"凡是有久长历史的民族,在那久长的历史上,往往因时代的变迁、环境的不同,而采用不同的解决样式。"中国、印度、欧洲三大民族的政治史即如此,"所不同者,只是某种制度(例如多头政治)在甲民族的采用在古代,而在乙民族则上古与近代都曾采用"。他更指出,在"思想史上,这三大系的民族都曾有他们的光明时代与黑暗时代"。这里胡适强调"有久长历史的民族"一语是非常值得注意的,前引傅斯年语也侧重"中国是个很长的历史文化的民族"一点;"适者生存"是多数民初读书人信奉的天演论的基本观念,历史的长久在这里的隐喻已呼之欲出了。

具体言之,中国不仅"战国时代呈现一个灿烂的哲学科学的时期",特别到宋代又出现"中兴",程朱的格物致知方法"十分明显的表示一种'严刻的理智态度,走科学的路'。这个风气一开,中间虽有陆王的反科学的有利运动,终不能阻止这个科学的路重复现而大盛于最近的三百年"。从顾炎武到章太炎的中国学术,"我们决不能不说是'严刻的理智态度,走科学的路'"。而梁漱溟竟然"对于朱学与清朝考据学完全闭眼不见,所以他能说'科学方法在中国简直没有'"。中国的考据与"科学"相通是胡适甚感自豪的"发现",他直到晚年还在强调:中国古代的考据学与现代科学法则相通,"我是第一个说这句话的人"。[1] 而梁漱溟竟然否定这一点,胡适当然要纠正他。

而且胡适的整个观念是以"科学"的生物学为依据的:正因为人脑的构造差异不大,"我们可以说甲种民族在某个时代的知识方法比乙种民族在某个时代的知识方法精密的多",但"这都不过是时间上、空间上的一种程度的差异"。梁漱溟"把这种历史上程度的差异,认作民族生活根本不同方向的特征",实是"大错"。而所有这一切恰建立在"历

---

[1] 唐德刚译注:《胡适口述自传》,华东师范大学出版社,1993年,97页。

史"的基础上:正是"历史"告诉我们"现在科学化(实在还是很浅薄的科学化)的欧洲民族也曾经过一千年的黑暗";而中国这一长期存在的民族之希望也因"历史"而证明:"向来有伟大历史的民族,只要有急起直追的决心,终还有生存自立的机会。"自然本身的力量甚大,"后天的变态大部分不致遗传下去。一千年的缠足,一旦放了,仍然可以恢复天足!这是使我们对于前途最可乐观的"[1]。

梁漱溟当然也关注中国文化的复兴,不过将其置于世界文化发展的下一阶段,为了"翻身",此刻中国需要的是全盘西化;而正在提倡整理国故的胡适很有点像张煊一样,要为"国"与"故"争一个地位。在一般的认知中,若将梁、胡及毛、张共观,梁与张显然更接近;他们在相差不过两三年的时间里这样明显的换位,提示着当时各类读书人关注的问题非常接近,而在怎样解决问题方面又充满歧异,即使在同一"派别"中也是如此。在时人和后来研究者的认知中无疑属于"旧派"的《国故》派,以及梁漱溟、熊十力这样很多人眼中的"保守主义者",其观念中实蕴含了不少"新"的因素,所以有时表现得比一些"新派"还更激进。

与清季关于国粹的论争相近的是,1919年这次论争已不是纯粹中西之间的学战,"一切以古义为断"的"大国故主义"已基本退隐,参与思想竞争的已是大致继承了清季保存国粹论者的中西调和取向而主张"国故和科学并存"的另一种"大国故主义"了。此后即使像《国故》这样的旧派也逐渐淡出,1923—1924年间关于国学的再争论已基本不在新旧两派中进行,毋宁是一场新派内部试图统一观念的努力,这些问题将在下面的章节中探讨。

---

[1] 一千年在生物进化史上也许不算长,但不遗传的"大部分"与遗传的"小部分"是什么样的关系呢?是什么因素造成或"决定"哪些遗传哪些不遗传?胡适理解的进化论(或进化论本身)显然还值得进一步推敲。

第6章

机关枪与线装书：关于"国学书目"的论争

以"反传统"著称的新文化运动在向"孔家店"发起激烈攻击后不久又转向对传统持相对肯定态度的整理国故，对此新派内部缺乏充分的共识，并于1923—1924年间就整理国故问题开始了一场整合观念的论争，其导火线是胡适和梁启超为清华学生开具的"国学书目"。这次争论和"科学与人生观之争"同时进行，互为表里。由于"科学"在民初的中国往往落实在"国学"之上，不论支持还是反对整理国故之人都经常援引"科学"以为助；像吴稚晖、康有为这样政治、文化立场都相当不同的老辈此时均特别强调中国急需的是"科学"的物质层面，而几位对"国学"认知不甚相同的年轻留学生却更注重"科学"的整体性，并进而提出了"科学的国学"的口号。本章无意全面论述这次论争中各种观念的碰撞与互动，仅就国学书目引发的整理国故与"科学"相关联的层面稍作探索。

一 "国学书目"的争论及其弦外之音

关于"国学书目"的争论始于1923年初,大约与"科学与人生观之争"同时[1],而且与后者一样是因清华学生而起。不知是由于即将出国的清华学生特别想从当时思想界领袖人物那里寻求出国前的最后指点,还是这些思想领袖受五四学生运动影响都不约而同地关注起清华的学生,或者两方面的因素都存在,总之清华学生在这段时间里连续扮演了两次思想论争导火索的角色。

1923年3月,胡适应几位将赴美国留学的清华学生的请求,开出了一份后来引起争议的"最低限度的国学书目"。他自己解释说,提出要求的清华学生是"将要往外国留学的少年,很想在短时期中得着国故学的常识。所以我拟这个书目的时候,并不为国学很有根柢的人设想,只为普通青年人想得一点系统的国学知识的人设想"[2]。实际上,胡适开出的书目虽然主要仅涉及思想史和文学史两个领域,程度却并不低,数量也非常大,既不能说是"最低限度",也绝不可能"在短时期中"读完。

梁启超当时就指责胡适开的书目"文不对题",不符合清华学生的特定要求。他认为胡适不过将自己正在做中国哲学史和文学史的参考资料写出来(按梁这个推测大致可成立),"殊不知一般青年,并不是人人都要做哲学史家、文学史家。不是做哲学史家、文学史家,这里头的书十有七八可以不读。真要做哲学史家、文学史家,这些书却又不够了"。实际上,许多书更是"做白话文学史"的人才需要读的,不能"因为自

---

[1] 关于1923年这次论争,下一章的第一节还要讨论,并参见罗志田:《二十世纪的中国思想与学术掠影》,160—189页;《走向国学与史学的"赛先生"——五四前后中国人心目中的"科学"一例》,《近代史研究》2000年3期。
[2] 胡适:《一个最低限度的国学书目》,《胡适文存二集》卷一,165页。

己爱做文学史便强一般青年跟着你走"[1]。

他感到"最诧异的,胡君为什么把史部书一概屏绝!一张书目名字叫做'国学最低限度',里头有什么《三侠五义》《九命奇冤》,却没有《史记》《汉书》《资治通鉴》,岂非笑话?"。早年甚为推崇小说的梁氏自己坦承并未读过这两部小说,但若因此"说我连国学最低限度都没有,我却不服"。他"认定史部书为国学最主要部分。除先秦几部经书几部子书之外,最要紧的便是读正史、《通鉴》、宋元明《纪事本末》和《九通》中之一部分,以及关系史学之笔记文集等,算是国学常识,凡属中国读书人都要读的"[2]。

后来裘匡庐也攻击胡适说,"修习国学,必以诵读古书为本"。但胡适的国学书目,"标曰'最低限度',而所列之书,广博无限[垠?]。……论其数量,则已逾万卷;论其类别,则昔人所谓专门之学者,亦已逾十门"。裘氏亦留学生,但他对中国学术的分类仍依旧义,显然不像梁、胡那样接受西来的"哲学史"和"文学史"分类。就传统的学术分类看,"自汉唐以来,未闻有一人而兼经学、小学、性理、考据、佛典、词章、词曲之长者"。实际上,"古来宏博之士,能深通其一门者,已为翘然杰出之材;若能兼通数门,则一代数百年中,不过数人;若谓综上所列门而悉通之者,则自周孔以来,尚未见其人"。这样一些"古今鸿儒硕士所万不能兼通者,某先生乃欲令中学学生兼习之,又复标其名曰'最低限度';吾不解某先生所谓高等者,其课程复将奚若?"[3]

---

[1] 本段与下段,梁启超:《评胡适之的〈一个最低限度的国学书目〉》,《胡适文存二集》卷一,231—234页。按梁实秋时任《清华周刊》编辑,他后来在回忆录中说,梁启超开国学书目在先,胡适"不以为然,公开的批评了一番。于是我径去访问胡先生,请他也开一个书目。胡先生……很高兴的应了我们的请求。后来我们就把他开的书目发表在《清华周刊》上了"(梁实秋:《清华八年》,台北重光文艺出版社,1962年,57页)。这个回忆可能有误,因胡适的书目早在那年三月初已发表,而梁的书目则是在四月间才撰成,然可备一说。

[2] 关于后一点专治文学的鲁迅和梁启超观念接近,他也认为"无论是学文学的、学科学的,他应该先看一部关于历史的简明而可靠的书"[鲁迅:《且介亭杂文·随便翻翻》,《鲁迅全集》(6),138—139页]。按鲁迅此时已明显左倾,他所建议的"简明而可靠"的史书是苏联出版的世界史和中国史。

[3] 本段与下段皆见裘匡庐:《思辩广录·青年修习国学方法》,转引自钱基博《十年来之国学商兑》,刘梦溪主编《中国现代学术经典·钱基博卷》,河北教育出版社,1996年,886—888页。

所以他的结论是:"凡自谓于学无所不通,此仅可欺浅学无识之辈,若通儒则决无此论"。而"今日学术界之大患,几于无事不虚伪、无语不妄;且愈敢于妄语者,则享名亦愈盛"。像这样"欺人之甚,而言者悍然不惭,闻者茫然莫辨",说明当时"世人既多妄人,复多愚人;非妄人无以益愚人之愚,非愚人无以长妄人之妄"。这种"夸而不实、高而不切"的做法是今昔文人的通病,体现出其"欺世之意多而利人之心少、自炫之意多而作育之心少"。

按胡适所开书目确不能说没有一点"自炫"之心,鲁迅约十年后说到他自己因多翻书而看似博雅时,也婉转讽刺说,"我也曾用过正经工夫,如什么'国学'之类,请过先生指教,留心过学者所开的参考书目。结果都不满意。有些书目开得太多,要十来年才能看完,我还疑心他自己就没有看"[1]。胡适开书目那段时间与周氏兄弟学术过从较密,时常相互借书,所以鲁迅对胡适读书的范围大致是了解的。从胡适早年读书的相关资料看,书目中有些书的确可能是他认为应该读而自己尚未读的,至少是他留学之前没有读过的。[2]但其一生注重方法,以为掌握了"科学方法"后便可一通百通(实际是否如此当别论),也是实情。所以对胡适来说,具体读书量的多少恐怕是次要的,关键在于读者是否能掌握正确的"方法"(其实他要在读书数量上"自炫"正因其对旧文献的自信尚不十分足,他若真敢于"欺世",其所恃也正在"方法"之上)。

裘匡庐认识到,对追随书目而读书的青年重要的是,若其对上述欺人之言"不察而深信之,始则扞格不入,继则望洋生叹,终亦必至甘于自暴自弃而已"。这一后果当然非开书目者之所欲观,而胡适的书目也确实不能免除这方面的指责。虽然他在书目中不列基本的史书,却又开出了崔适的《史记探原》、崔述的《考信录》和康有为的《新学伪经考》(这很可能是受钱玄同影响)。梁启超就此提出了疑问:在"学生没有最普通的国学常识时",怎么能读这些书呢?"试问连《史记》没有

---

[1] 鲁迅:《且介亭杂文·随便翻翻》,《鲁迅全集》(6),136—137页。
[2] 参见罗志田:《再造文明之梦——胡适传》,37—111、208—224页。

读过的人,读崔适《史记探原》懂他说的什么?连《尚书》《史记》《礼记》《国语》没有读过的人,读崔述《考信录》懂他说的什么?连《史记·儒林传》《汉书·艺文志》没有读过的人,读康有为《新学伪经考》,懂他说的什么?"[1]。

《清华周刊》的"记者"也因此写信给胡适,一方面指责他违背了自己在《国学季刊发刊宣言》里所说的"中国文化史的研究便是国学研究"的广泛定义,将"国学"的范围缩小为"只指中国思想史及文学史"。就思想史和文学史而言,胡适又"谈得太深了,不合于'最低限度'四字",也不符合预备留美的清华学生的实际情况。该刊希望胡适另拟"一个实在最低的国学书目",一个文理工各科学生"都应该念、都应该知道"的书目,使其读了这些书后"对于中国文化能粗知大略"。胡适复信婉转承认《清华周刊》的记者所论不误,并开出一份仅约40种书的"真是不可少的"书目。[2]

大约同时,梁启超也应《清华周刊》记者的请求开出一份"国学入门书要目",其数量也不少。不过他同时又开具一份"真正之最低限度"的书目,仅收书约25种。梁氏以为这些书是工科学生也必须读的,"若并此未读,真不能认为中国学人矣"。在他看来,"做一个民族的分子,总须对于本民族的好文学十分领略。能熟读成诵,才在我们的'下意识'里头,得着根柢,不知不觉会'发酵'。有益身心的圣哲格言,一部分久已在我们全社会上形成共同意识。我既做这社会的分子,总要彻底了解他,才不至和共同意识隔阂"[3]。后者尤其是见道之解,梁氏以不断转换观念"与昔日之我战"而著称于世,而与社会"共同意识"保持"一致"很可能即是他的考虑之一。梁启超自己当年曾是主张"开民智"者,这大约也是在生活经验中悟得的教训。那些仍在主张"启蒙"的新人却尚

---

[1] 梁启超:《评胡适之的〈一个最低限度的国学书目〉》,《胡适文存二集》卷一,235页。
[2] 《〈清华周刊〉记者来书》;胡适:《答〈清华周刊〉记者书》,《胡适文存二集》卷一,186—187、188—190页。
[3] 梁启超:《国学入门书要目及其读法》《治国学杂话》,《胡适文存二集》卷一,191—223、230页。

未能了解这一点,所以他们在走近大众的同时往往又疏离于大众。[1]

时在清华学校任职的张彭春看了胡适的"国学书目"后,感觉"从这个书目里看不出什么求国学的法门",倒是"可以看出胡先生所谓国学的是从这些书中得来的"。他认为,"把这些书按胡先生的次序从头到尾读一遍"即是胡适提倡的"历史的国学研究法",不过这还是一种可试行于大学国学科专心研究思想史同文学史的少数人的"死工夫"。至于"为大多数教育的问题",即"那些不能专心研究文科的人,应当如何可以得一点国学的知识"这方面,胡适并未提供答案。张彭春与其他人一样看到了书目的问题,有意思的是他自己读了这一书目后立刻也想尝试一下国学研究,充分体现了这一书目的影响。[2]的确,当时甚享时誉的梁、胡二人皆开具"国学书目"本身就是一个象征性的举动,虽然二人的出发点和立意不同,读者对书目的接收和反应也各异,这个象征性举动的影响仍迅速扩充到全国。

在东北的金毓黻到1923年7月才注意到梁启超和胡适所开的国学书目,金氏虽觉二人所开书目皆有不足,却特别肯定"二氏皆新学巨子,胡氏复究心西籍,于举世唾弃之国学,宜不屑言;乃不吝开示,委曲详尽,至于如此,虽老师宿儒,有不能道其仿佛者"。从"举世唾弃之国学"一语看,整理国故的风潮此时基本未波及东北。时人或更多的后之研究者多已视这时的梁启超为落伍,但金毓黻却把握到了问题的实质:就"国学"而言,梁其实与胡适一样是"新学巨子"。由"新学巨子"来开示国学书目的影响非常大,约三个月后,金氏读到其北大同学陈钟凡(斠玄)之国学书目时,已说"近来治国学者铜洛相应,风起云涌,虽其所言或出于稗贩、或缘饰新说,然所获亦不少"。短短几个月间,国学的社会反响已完全不可同日而语,渐有席卷天下之势了。再到

---

[1] 参见罗志田:《权势转移:近代中国的思想、社会与学术》,223—227页。
[2] 张彭春:《日程草案》(即日记),1923年3月10日。原件藏美国哈佛燕京图书馆,我所用的是台北"中研院"近代史所的微缩胶卷。张氏知道自己古书的底子不厚,所以拟"不拿全体所谓国学的来研究,[而]用问题做线索,做一部分的搜集",如"先秦教育的调查"即是他打算做的题目。

次年6月,他又见《东方杂志》载李笠辑《国学用书撰要》,深感"近顷国内名流,喜以研治国学途径开示后学,诚前此所罕见也"[1]。

到1925年2月,沈雁冰注意到一本新出的《中国文学源流》,发现其中百分之九十是古今诗文选,颇觉"这部书竟是我们从前看见过的胡适之、梁任公诸位先生所发表过的'国学书目'的'广注'。可怜中国太穷,中学生或有中学同等程度的中国文学愿研究者,却终于没有钱按图索骥去买那些国学书",于是有此书之作,"倒不如用了个'胡梁国学书目广注'的名目"。[2]沈氏陈述的态度虽然是负面的,仍从一个侧面揭示出"国学书目"在当时的影响。陈源稍后也注意到,自从胡、梁开出国学书目,"国立大学拿'整理国故'做入学试题;副刊杂志看国故文章为最时髦的题目。结果是线装书的价钱十年以来涨了二三倍"[3]。

再稍后,曾经试图为"整理国故"正名但已转而持反对态度的郑振铎指出,"自从某先生开列了他的无所不包的国学书目以后,便大众都来开书目,且竟有人以补正'国学书目'之故而荣膺大学教授之职的"。结果是所谓"国学"在"经过了好几次的似若'沦亡'的危境"后"又抬头起来了:所谓国学要籍的宝库,如《四部丛刊》《四部备要》之类,每个中上等的家庭里,几乎都各有一部;而《古今图书集成》也有了资格和《英国百科全书》一同陈列于某一种'学贯中西'的先生们的书架上。几种关于'国学'的小丛书,其流传之盛,更百倍于所谓'科学小丛书'"。不仅"每一个大学开了门,总有一个所谓'国学系'";就是"每一位国学大师也总有他的许多信徒与群众。自《国学书目》开列出来以后,总算是'旗开得胜,马到成功'了"。[4]

郑振铎这样的年轻人是隔了五六年才看出"新学巨子"开示国学

---

[1] 金毓黻:《静晤室日记》(2),1923年7月28日、12月22日,1924年6月28日,辽沈书社,1993年,842—843、994—995、1142页。
[2] 沈雁冰:《杂感》(1925年2月),《茅盾全集》(18),人民文学出版社,1989年,460—461页。
[3] 陈源为胡适的《整理国故与"打鬼"》写的《西滢跋语》,《胡适文存三集》卷二,亚东图书馆,1930年,215页。
[4] 郑振铎为何炳松《论所谓"国学"》写的按语;郑振铎:《且慢谈所谓"国学"》,《小说月报》20卷1号(1929年1月),1、8页。

书目这一象征性举动的广泛影响，在他眼里"国学书目"此时已转为造成复旧的负面象征。老谋深算的吴稚晖当时即看到了问题的严重性，并提出了激烈的批判。但他正式的表述却基本只针对梁启超而略过胡适（实际当然同样针对胡适），梁实秋曾对此提出置疑，吴稚晖明确指出，他正有国学书目"止许胡适之做，不许梁卓如做"的意思。因为"梁启超一动笔，其福利人与灾祸人，皆非寻常"。因其影响太大，故非反对不可（这其实也是胡适等人那时要反对梁关于"科学"观点的一个重要原因）。梁实秋或"以为是个党派问题"，吴则承认"我在政治问题上，党派之见很重。我在学问上，还不配我来讲什么党派"。[1]

吴氏反对"新学巨子"来提倡整理国故有着较一般人更深的忧虑，即形成他所谓中西结合的"洋八股"；在西学掌握"话语权势"的时代，若中国传统有西学为之正名，就无法破除打倒了。1923年10月，《北京晚报》载范源濂的谈话说："欧美各国所研究之文学，均着重于本国方面，他国之文学鲜有研究者。今观吾国则不然，所讨论之文学，大都属于欧西，而以前之旧文学，研究者绝少，故罕有得文学上之重大价值者。"[2]

吴稚晖借机攻击梁启超开国学书目说，"我国近来却极留意自己文学，但恐旧国粹气太重，所以载了许多线装书出洋，与别国文字配合起来，如是乃化合为洋八股"，其实也是"一种当行出色的新国粹"。梁启超或者以为"破坏时期已过，现在正应建设"，所以开国学书目。吴自己"三年前也以为正应建设，不料瞪开了眼睛看了三年，方觉悟圣经贤传的祸国殃民比未开海禁以前还要利害。若真真把线装书同外国文学配合成了洋八股，当此洋功名盛到顶点时代，那就葬送了中国，可以万劫不复。惟梁卓如先生来用力鼓吹，可望成此伟大结果"[3]。

---

[1]《吴稚晖先生来信》，《晨报副刊》1923年10月15日，1—2版。
[2] 静庵:《范源濂氏的谈话》，《晨报副刊》1923年10月14日，4版。
[3] 本段与下两段，《吴稚晖先生来信》，《晨报副刊》1923年10月15日，1—2版；吴稚晖：《箴洋八股化之理学》，《科学与人生观》，308页。

他认为，梁启超本是"推倒旧八股的魁首"，其在戊戌前后所著的《西学书目表》"虽鄙陋得可以，然在精神上批评，要算光焰万丈"。故梁"在二十年前，对了张之洞的书目，虽不曾做有刚刚反对的文章，却有着不言而喻反对的精神。……当时自命新人物者，个个把那精神呼之欲出；自命旧国粹派者，个个把那精神衔之刺骨"。但他近来"受了胡适之《中国哲学史大纲》的影响，忽发整理国故的兴会，先做什么《清代学术概论》，什么《中国历史研究法》，都还要得；后来许多学术讲演，大半是妖言惑众，什么《先秦政治思想》等，正与西学古微等一鼻孔出气"。既然梁启超已变成新的张之洞，吴不得不"袭他的隔年历本，来唱老调"，所以其批评专为"贡献梁卓如先生"，而不针对后辈。

梁启超在1922年前后治学取向确有明显的转变[1]，被眼光老辣的吴稚晖一眼看出。在他看来，当时已"降尊在学校里去讲历史"的梁启超若"客观的整理了事实，作一有系统的讲授，非但青年要晓得一些'中国史之大概'，可不必泛求于许多祸国殃民的老国故，而且也没有第二个人可以担当"。所以吴氏肯定梁的《中国历史研究法》"是一部要得的书"。但他在紧随其后的《先秦政治思想史》等论著中提出的"那种主观的政治思想，换言之所谓'中国人的人生观'，及那种灰色的陈腐书目，终竟要不得"。

梁实秋对吴稚晖斥梁启超所开"国学书目"为"灰色"大为不满，他认为吴"似乎不知道梁先生拟的书目的动机和内容，以致所下的断语只是糊涂、误解、孟浪！"。反倒是吴自己的文章才有点"灰色"，因为看了不知所云，而"文法错误欠妥的地方，不可计数"。吴氏有两大误解，一是梁启超本无意"造就一大批整理国故的人才，只是指示青年以研究国学的初步方法"；二是梁书目中给留学生带出国的只有十几种，

---

[1] 这一转变与时人对"科学"的歧异认知有所关联，梁启超自己即说他在写完《中国历史研究法》后不久便改变了对史学的基本看法，参见梁启超：《研究文化史的几个重要问题》，《饮冰室合集·文集之四十》，中华书局1989年影印版，2页。

并非全部。[1] 其实吴稚晖并不十分在乎梁启超书目的具体内容,他根本反对在这个时候让青年来读中国旧书(详后)。

梁实秋本人即是清华毕业的留学生(他1923年8月离上海,9月初抵美国,此文约作于抵美前后),他在这里涉及一个久存于国人心中的问题:中国出洋的留学生究竟应该学什么?主持过留法勤工俭学的吴稚晖大概认为他对留学应有充分的发言权,故激烈批判梁启超和胡适为即将出洋的清华学生开具"国学书目",反对留学生带线装书出洋。他自称"近来思之思之,留学局面,亦可惨伤。即使卑之无甚高论,文凭即算终身大事,然按部就班,扎硬寨、打死仗,得步进步,亦未为失计。吾以为无论上了日本欧美之岸,第一先将外国话说得熟溜,第二再将外国文写得畅达……无此程度而入学,皆挂招牌骗自己耳"。若外文学好,即使辍学回国,"作一外国文教师,亦良教师矣";较之混一文凭回来"作一世欺人勾当者,似乎远胜";更比那些"憧憧扰扰,一年迁移数处,群聚而为哄争,思吃天鹅之肉,闹得鸡犬不宁者,自尤远有益也"。[2]

吴的言论引起几位正式读学位的留学新派人物的反弹(这里或者隐存谁对"留学"更有发言权的竞争,但这些人无疑都比吴更了解包括"科学"在内的西学)。胡适的学生罗家伦大致赞同吴稚晖的意见,而林玉堂则和梁实秋一样几乎完全不同意。

先是《清华周刊》的"记者"在给胡适的信中提出,对于预备留美的清华学生而言,"国学书目"实际反映了"教育家对于一般留学生要求一个什么样的国学程度",他们认为中国社会对留学生的国学知识要求不必也不会太高。[3] 其实当时社会对参与文教事业的留学生的确有较高的国学要求,留学归国的张彭春在清华任教务主任,即发现因其国学程度差而常为同事所看不起,故非常羡慕也是留学归国而任职清华的吴

---

[1] 梁实秋:《灰色的书目》,《晨报副刊》1923年10月15日,1版。
[2] 吴稚晖:《复蔡子民先生书》,《晨报副刊》1923年7月23日,1版。
[3] 《〈清华周刊〉记者来书》,收入《胡适文存二集》卷一,187页。

宓在旧学方面的修养。[1]

胡适针对清华学生的观点反驳说,"正因为当代教育家不非难留学生的国学程度,所以留学生也太自菲薄,不肯多读点国学书,所以他们在国外既不能代表中国,回国后也没有多大影响"[2]。这是胡适长期持有的观念,他对许多中国留学生不通国学甚至不通中文的情形深感耻辱,而自己留学时就一直在"预备"回国后作"国人导师"。[3]

同样考虑到留学生归国后在中国的影响,梁启超也认为清华学生应该对"国学的修养比旁的学校学生格外加功"。因为他们"受社会恩惠,是比别人独优的"。他说,"诸君将来在全社会上一定占势力,是眼看得见的。诸君回国之后对于中国文化有无贡献,便是诸君功罪的标准"。而要在中国社会有影响,就必须具有一定程度的国学修养,否则,"饶你学成一位天字第一号形神毕肖的美国学者,只怕于中国文化没有多少影响。若这样便有影响,我们把美国蓝眼睛的大博士抬一百几十位来便够了,又何必诸君呢?"[4]。

不过梁启超说的国学修养是针对留学生的整体治学而言,具体到留学的那一段时间,则他与胡适的看法还很不同。当清华学生问到在美国游学期间应否读中国书时,梁以为在美期间"可以不必读中国书,还是专心做功课好。然而我很劝你们带几部文学的书去,如《楚辞》《文选》等等,在课暇可以拿中国东西来做你的娱乐"[5]。反倒是梁实秋并不认为

---

[1] 这样的感觉贯穿了那两年(也是现在可以看到的全部)张彭春《日程草案》的全过程,故不一一列举。非常有意思的是,张的公开表述则不仅不承认其弱点,还影射吴宓学养不足。《吴宓日记》记载,他在 1925 年 10 月为学生演讲"文学研究法",因其主持研究院而读书时间少,自觉"空疏虚泛,毫无预备,殊自愧惭"。张彭春当时作"结束之词,颇含讥讪之意",使吴"深自悲苦"。最有趣的是吴宓自己也自信不足,他承认"近兼理事务,大妨读书作文;学问日荒,实为大忧"。督促自己"勉之勉之,勿忘此日之苦痛也!"。[吴学昭整理:《吴宓日记》(3),生活·读书·新知三联书店,1998 年,84 页]可知当日学人间竞争甚烈,表面虽或取攻势,暗里多自省弱点而思补救,尚不失学人本色。
[2] 胡适:《答〈清华周刊〉记者》,《胡适文存二集》卷一,188—189 页。
[3] 参见罗志田:《再造文明之梦——胡适传》,120—125 页。
[4] 梁启超:《治国学杂话》,《胡适文存二集》卷一,230 页。
[5] 冠:《与梁任公先生谈话记》(1923 年 2 月),清华大学校史研究室:《清华大学史料选编》第 1 卷,清华大学出版社,1991 年,398 页。

这些书仅供娱乐之需，而是"一切要学习中国韵文散文者所必备的根基书，没有充分读过这种'臭东西'的，不要说四六电报打不出，即是白话文也写不明白"[1]。

时在美国的前北大学生罗家伦则表示"根本赞成"吴稚晖反对留学生带线装书出洋的观点，他以为，"留学生在国外，是有限的几年，也是'天赋的'最好机会。大家总当利用这个很短的几年，以最经济的方法，学只有在国外能学的东西。还不算学问，只是打个基础，回国后有继续研究的希望。把这个打基础的机会失去了，真是可惜。至于学国文的机会，回国以后有的正多。"罗氏指出，"胡、梁二先生的错误，是仿佛的认定留学生的'专门'都是一样的，他们以他们自己的兴趣去教人家从他们。胡先生恐怕忘了他在国外是在写《先秦名学史》、《中国哲学史》上册的初稿。梁先生恐怕忘了他自己以前国学的根底和他自己在国外是研究中国学问的情形"[2]。

罗家伦这么说有其自身的经历为依据。也许是受老师胡适的影响，他自己"三年前出国的时候，也带了三五百本的'线装书'"，从《十三经》到章太炎的著作都有。"并不是经人指定，而且有些还是我平常喜欢看的书。但是到美以后，除少数几种为特别目的被参考而外，其余大多数都放箱子底下不曾翻过。过些时候又要'完璧归赵'了"。故留学生"苟非到外国来'保存国粹'，又何必作这种傻子呢？"[3]。

实际上，"如果要在国外做一个好好的大学生，或大学院生，老实说，看与自己研究课目有关系的书，是来不及的。而且语言文字，无论在国内学得如何，到国外来若是想正式研究学问，总是不够的。国立学校的学生或者有些曾经用过蛮力多读过几本外国书，教会学校或'准'教会学校的学生或者会多说几句洋泾浜的外国话，但是其不够则一。所

---

[1] 梁实秋:《灰色的书目》，《晨报副刊》1923年10月15日，1版。
[2] 本段与下数段皆见《罗志希先生来信》，《晨报副刊》1923年10月19日，1—2版。
[3] 有意思的是站出来为梁启超说话的梁实秋稍后也有类似经历，他曾遵父命带了石印大字本的前四史到美国，因为梁父始终担心其"国文根柢太差"，要他在"课余之暇随便翻翻"。这些书共十四函，"足足占我大铁箱的一半空间"，不过他带去又带回，"差不多是原封未动缴还家父"(《清华八年》，61—62页)。

以初来的一年半载,还要在文字上费许多工夫。……把这个难关打开,要治一点学问了。于是教授指定、或自己发现所当看的书籍,真是如'急雨淋头',一天到晚来不及的。何况自己对于教授所呈的报告和研究集会时所读的论文呢?"。此外还有第二、第三外国语的书要读,故实无暇来读线装书。

此时距胡适留学美国已过了约十年,而罗家伦所见的在美中国留学生的情形与前无大改变,多数"留学生平均读中文书的程度",一般是"看外国文十叶的时间,看中国文不能到一叶"。这些人大概的困难有三,即掌握的"生字成语太少"、"于文法的构造不明了"也"不曾习惯"。这分明是外国人学中文的感受,可知当时教会学校毕业的学生中文的确太差。

不过,罗氏的观念其实同梁启超差不多,他并不反对出国者少带一点中国书:"不问他中文有根底或没有根底,老实不客气的劝他只带以下三部书:《十三经白文》(除《诗经》《论语》《孟子》数种可读而外,其余亦不过备查)、曾国藩《经史百家杂钞》、曾国藩《十八家诗钞》。若查考生字,则再带一部《康熙字典》。若是再要学做国语文,则添带《红楼梦》一部、《水浒》一部"。

也许罗家伦已尽量降低标准,但如果他描绘的留学生中文情形不错,恐怕他所推荐的三部书这些人也没有办法看,可知他的微小书目同样不切实际。这里同时还涉及留学生的自我定位和社会对留学生的期望。胡适是要预备作国人导师的,所以他的确没有花太多时间去应付功课;若真要到外国求具体的学问,又欲应付学位方面的要求,则实如罗家伦所说是没有多少读闲书的时间。另一方面,如果留学生回国仅在洋行一类机构工作,则其中文是否通顺当无大问题。假如要在中国机构工作甚至还要承担起士人对社会的责任,则胡适和梁启超所考虑的问题是不能回避的。

罗氏曾举例说,有位留学生从他那里借了梁启超的《中国历史研究法》,两个星期还未能看完。"他若是以看这本书的时间去看Bernheim、Shotwell等关于历史方法的书,岂不是比看梁先生的书所得多了多"?

从吸收西学的角度言，此语确不错；但此人若回国教书治学，虽西学精通而不能出其学以飨国人，则于中国何补？如果这样的话，正如梁启超所说，派遣留学还不如"进口"外国学者。

不过罗家伦所论还有弦外之音，他认为梁启超的《中国历史研究法》"所好的不过是论中国史料的二章，因为这是中国独有的"。至于论历史性质、范围等理论和方法，则"比他国史家著作差得远了"。留学之后对西学已有较深入认识的罗家伦感到"梁先生看外国书的范围和了解程度，实在使我怀疑。我的怀疑或者错误，但是近来看他的几种著作——如《历史研究法》——实使我增加这种印象。其实梁先生在中国学问方面，自有他的地位，不必有时带出博览西洋群籍的空气。并且有许多地方，若是他公认不曾看过西籍，我们只是佩服它的天才；若是说他看过此类的西籍，则我们不但以另一种眼光批评，而且许多遗误不合，或在西方早已更进一步之处，梁先生至今还以'瑰宝'视之，则我们反而不免笑梁先生西洋学问之浅薄"。

罗家伦显然希望西学浅薄的梁启超在中国学术方面努力，梁自己那时也一面继续主张学习西方，一面有意识地想为中国文化正名，故被许多人视为"东方文化派"。问题在于，梁启超在中国正以"新学"闻名于世，若论"中国独有的"学术，且不说许多纯粹旧派的遗老尚在，便是新旧兼具的章太炎也远在梁氏之上。

吴稚晖就充分承认梁启超在使中国人走向趋新一面的努力，而且认为继续朝此方向前进才是梁的历史地位所赋予他的责任。吴氏指出，"倘胡适之先生提倡白话文，没有梁卓如先生积极的赞助，或梁卓如先生也如章行严先生的忽加非议，简直白话文至今焦头烂额，亦未可定。梁先生于中国有大功二：一是唤醒国人来维新，一是确助白话文成功"。如果他要整理国故，"若由于不能自己藉以消遣，原是无所为而为的为学极规"；然"倘有兼在后世儒林、文苑传中分一席之意，则是有所为而为，未有不谬"。盖"梁先生已是历史上一大人物"，其对于"中国的工作，尚多未竟之志愿。似乎使中国人手里有机关枪，比较能使中国人能做洋八股为要"。[1]

最后一句话反映了吴稚晖及一部分人当时的观念，他们认为中国人在"文化"路向上已走得太远，应该回归到"物质"的层面；为了这一目的，这些人感到有必要重新诠释"西洋文明"并付诸实践。在学习西方仍是中国的发展目标而因"西方的分裂"使国人对"西方"的认知已渐呈多元化之时[2]，重新为"西方文明"定位成为中国思想界的一个努力方向（"科学与人生观之争"即是这一努力的一个体现）。不过这一重新界定"西方"的努力又基本是"中国"的，不仅因为其关怀是中国的，更因不少参与这一努力之人的西学知识（像罗家伦眼中的梁启超一样）并不深入。正是在这样的思想语境下，整理国故成为与西方物质文明关联紧密而又对立的象征，因而也就成为那些重新诠释西洋文明者攻击的对象。

二　机关枪对打？科学的精神与物质

1923—1924 年间所有对于整理国故的批评中，吴稚晖的态度最为坚决，言辞也最激烈，他的批评反映出他根本对新文化运动在当时的走向非常不满（却不是通常说的对于从思想运动向政治运动发展的不满），其中多少也有自我忏悔的意味。吴氏在 1923 年说："我二十年前同陈颂平先生相约不看中国书。直到五四运动之后，我遇见康白情、傅斯年诸位先生，我才悟他们都是饱看书史、力以不空疏为尚；他们不是闹什么新文化，简直是复古。我想时机到了，古学有整理之必要，所以要请章太炎去里昂讲经。去年将国内国外的空气细细一检验，[才发现]我的思想上了大当；觉得妖雾腾空，竟缩回到《时务报》出世以前。影响在政界，把什么最热烈的革命党，都化为最腐臭的官僚。简单归罪，可以说是四六电报打出来的。"这就是他所谓"洋八股化之理学"。[3]

---

[1]《吴稚晖先生来信》，《晨报副刊》1923 年 10 月 15 日，2 版。
[2] 参见罗志田：《二十世纪的中国思想与学术掠影》，134—159 页。
[3] 本段与下段，吴稚晖：《箴洋八股化之理学》，《科学与人生观》，309—310 页。

从清季的不看中国书，到五四之后主张整理古学，再到1922年开始发现"上当"，从而主张将中国的国故"丢在毛厕里三十年，现今鼓吹成一个干燥无味的物质文明；人家用机关枪打来，我也用机关枪对打。把中国站住，再整理什么国故，毫不嫌迟"。吴稚晖的态度转变反映出从清季到民初中国趋新思想界中两个颇具歧异的关键问题，一是"温故"能否"知新"，亦即手段与目的、形式与内容是不分还是可分；二是新文化运动本已主要侧重文化层面的变革，但在第一次世界大战后又出现从"文化"回归物质层面的"富强"之路的趋向。

传统的中国治学取向不但认为"温故"可以"知新"，很多时候根本是主张治学就应走温故知新之路。前已引述，蒙文通认为"近三百年来的学术，可以说全是复古运动，愈讲愈精，也愈复愈古，恰似拾级而登的样子"[1]。这里主要说的是学者关注的典籍对象，然而"复古"可以"前进"，正有"温故"可以"知新"的意思在。

对于同样的现象，梁启超早在1902年就总结说，清代二百余年"总可名为古学复兴时代"，后来更明言清学是"以复古为解放"。[2]与此相类，"古学复兴"也是清季《国粹学报》同人仿效欧洲文艺复兴提出的口号。梁启超主要是描述历史现象，国粹学派则是提出当下的努力方向，双方关于"古学复兴"的具体认知未必一致，但在这些人看来，复古是手段，寻求改变以出新才是目的，这是当年许多人的共识。从表面看，复古和出新是对立的，但以前者为手段却可以达到后者之目的。这样一种看似矛盾而带有"辩证"意味的取向能为时人所采纳，是与"欧洲"这一已经成功的榜样曾有此一段实际的经历分不开的。[3]

同样以欧洲为榜样，吴稚晖等无政府主义者当时则认为中国"古学"缺乏可开发的思想资源，明确表示不赞同"古学复兴"，而主张直接走"欧化"之路。吴氏后来因发现傅斯年等激烈趋新者竟然是"饱

---

[1] 蒙文通：《经学导言》，《经史抉原》，10页。
[2] 梁启超：《论中国学术思想变迁之大势》，《饮冰室合集·文集之七》，103页；《清代学术概论》，《梁启超论清学史二种》，6页。
[3] 关于"古学复兴"，参见本书第3章。

看书史"之人而改变了看法,似乎感觉到中国"古学"中仍有可开发的思想资源,故一度认同了新文化人整理国故的观念;到"洋八股化之理学"盛行后又发现自己"上当",结果是回到清季时的"欧化"取向,但有一个明显的改变,即内容已缩小为仅侧重于"物质文明"的发展了。可以看出,吴稚晖的态度转变与中国士人心目中"西方的分裂"有明显的关联;吴氏的过人之处在观察到并强调"西方"对中国守旧势力的支持,因而发现全面的"欧化"甚至可能会阻碍中国人学习西方的物质文明。

有意思的是,约在"西方"分裂的同时,"中国"却呈日益整体化的趋势。梁启超在1922年说,中国过去五十年的进化可分为三期,第一期是甲午以前,从器物上感觉中国不足而思补救;第二期是从甲午到1917—1918年间,主要从制度上感觉中国不足而努力将西方的组织形式搬进中国,废除了科举制,建立了共和制的民国,但"革命成功将近十年,所希望的件件都落空,渐渐有点废然思返,觉得社会文化是整套的,要拿旧心理运用新制度,决计不可能,渐渐要求全人格的觉悟",故第三期进行的是"全部解放的运动"。[1]这里"整套的社会文化",当然基本是指中国,因为梁启超自己在这段时期就强调学"西方"要有所选择。

陈独秀稍早也曾以分期的方式讨论中西文化接触后中国人的阶段性"觉悟",他认为中国人最初是觉悟到学术上"相形见绌",其次则觉悟到政治必须变革,最后又觉悟到西方式共和立宪制度的实行必须建立在"多数国民之思想人格"的转变,也就是他所说的"最后之最后"的"伦理的觉悟"。陈独秀认为,与伦理相比,则"政治学术,皆枝叶问题";如果"伦理问题不解决",即使"一时舍旧谋新",也会"不旋踵而仍复旧观"。所以他数次强调"不塞不流、不止不行",盖"旧文学、旧政治、旧伦理本是一家眷属",要反就要一齐反,"固不得去此而取彼"。[2]既然

---

[1] 梁启超:《五十年中国进化概论》,《饮冰室合集·文集之三十九》,44—45页。
[2] 陈独秀:《吾人最后之觉悟》《宪法与孔教》《答易宗夔》(在《新青年》刊发时原署名胡适、陈独秀),任健树等编《陈独秀著作选》第1卷,上海人民出版社,1993年,175—179、224—229、408页。

所有旧事物皆是"一家眷属",同荣同损,则至少中国的旧事物是从形式到内容都不可分。

郑振铎在1924年引《路加福音》说,"新酒必须装在新皮袋里",若是装入旧皮袋,"新酒必将皮袋裂开,酒便漏出来,皮袋也就坏了"。这样,区分文学的新旧本不是"用为评估文艺本身的价值",也并无要"焚弃一切的古代大作家的作品"之意,但陈旧形式无疑已"不合于现代的人装进新酒之用"。他明确反对近来有人提出"新的思想不妨装在旧的形式里"的主张,认为"旧的形式既已衰敝而使人厌倦,即使有天才极高的人、有意境极高的想象,而一放在旧的形式中,亦觉的拘束掣肘,蒙上了一层枯腐的灰色尘,把好意境好天才都毁坏无遗"。[1]

依照这样的思路发展下去,采用旧形式只会影响趋新之路,不仅不能出新,而且还会导致复旧。一些人注意到,本应使"国学"衰落的新文化运动,经胡适和梁启超等人从不同侧面出发提倡整理国故,反使"国学"抬头。从清季以来,中国趋新人物的一个共识即中国传统文化无力"救国",或其中没有多少能使中国"富强"的思想资源,应该束之高阁。新文化运动时更进一步的观念是中国传统不仅不能救国,而且还阻碍中国的富强,所以应予推倒。但五四学生运动后大兴的整理国故显然影响到新文化人此前批判传统的效果,这是吴稚晖等人相当关注而后之研究者相对忽视的问题。[2]

吴稚晖回顾梁启超所谓中国进化第二期的发展说,"二十年前张之洞、王先谦、李文田之徒,重张顾王戴段的妖焰(此一时,彼一时,其词若有憾,其实尚可相对许之),暗把曾国藩的制造局主义夭折了,产

---

[1] 郑振铎:《新与旧》,《文学(周报)》136期(1924年8月5日),1页。在听众决定立说者地位的时代,郑氏所论是非常实际的。如果旧形式实际影响着追随者的多寡甚至有无,则立说者的天才和好意境的确可能因不能引人注目而消逝于无形之中。

[2] 本来新文化人关于整理国故的讨论稍早于五四运动,但胡适将其作为一个正面口号纳入"新思潮"运动之中是五四学生运动之后几个月的事了。主要涉及文化和学术层面的整理国故何以能在以政治为基本关怀的五四运动后兴起,直接牵涉到新文化运动的当事人对于文化运动(或文学革命)与五四学生运动的关系问题的歧异认知,参见罗志田:《乱世潜流:民族主义与民国政治》,109—118页;《历史创造者对历史的再创造:修改"五四"历史记忆的一次尝试》,《四川大学学报》2000年5期。

出遮丑的西化国粹，如王仁俊一班妖怪的西学古微等。幸亏有康祖诒要长过素王，才生出一点革命精神。他的徒弟梁启超《时务报》出现，真像哥白尼的太阳中天，方才百妖皆息"。但"自从有什么新文化运动，中国人谈宇宙观人生观的日多（文学家的，照例可以信口开河，不能与之计较者除外）。接着有什么东方文明、西方文明、物质文明，于是谈着宇宙观人生观的更多。虽然学问是愈闹愈进步，可是头脑却愈闹愈昏盹"[1]。吴氏前面提到的诸人，与他所攻击的"理学"其实关系不大，不如说是考据学的复兴，但他后面所说的专谈什么宇宙观人生观，则大致接近"理学"了。

丁文江说得更直接，他认为宋明理学"被前清的科学经师费了九牛二虎之力，还不曾完全打倒；不幸到了今日，欧洲玄学的余毒传染到中国来，宋元明言心言性的余烬又有死灰复燃的样子了！"[2]。与吴稚晖的观察相类，丁氏眼中宋明理学正因西学的支持而"死灰复燃"。具有诡论意味的是，当时及稍后许多倾向于"义理"的非主流学人则强烈抨击前清的乾嘉考据进入民国后反借"科学"而复兴，结果导致民国学术破碎支离。这样一种对当时学术截然相反的观察显然脉承了清代"汉宋之争"的思路，尤其双方互相看见对方凭借（不同的）西方势力而"复兴"，可知已分裂的"西方"在当时中国学界思想界的影响力依然如故。[3]

如果说丁文江等人还带有"汉宋之争"的遗绪，吴稚晖反对"理学"却别有含义，即认为这样的"西化国粹"造成了"曾国藩的制造局主义夭折"，使中国走上空谈之路。这样的看法也非无因，戊戌维新前后湖南的王先谦和叶德辉便都认为光绪年间的改革是"空谈"压倒了实

---

[1] 吴稚晖：《箴洋八股化之理学》《一个新信仰的宇宙观及人生观》，均收入《科学与人生观》，308、346页。
[2] 丁文江：《玄学与科学》，收入《科学与人生观》，58页。
[3] 关于民国的"汉宋之争"拟另文专论，一些初步的论述可参见罗志田：《史料的尽量扩充与不看二十四史——民国新史学的一个诡论现象》，《历史研究》2000年4期；《走向国学与史学的"赛先生"——五四前后中国人心目中的"科学"一例》，《近代史研究》2000年3期。

际的"制造"。[1]吴氏此时明确主张应回归以前的富强取向,当然是有所指而发,其针对的便是梁启超等人因第一次世界大战的残酷而模仿那时部分西人的观念对人类运用"科学"的能力提出质疑。其实梁启超一派并不反对科学,张君劢就告诉吴稚晖,"梁先生却主张偏重科学,你不要弄错了"。但吴氏显然分享着陈独秀关于所有旧事物皆是"一家眷属"的观念,认为像梁启超这样有巨大社会影响"已是历史上一大人物"者只能偏向一面:"似乎使中国人手里有机关枪,比较能使中国人能做洋八股为要。"[2]

从晚清人所论较多的力与理的关系看,若梁启超关于近代中国由制造转向政制再转向文化的三阶段说大致成立,则后两者又具有相对的共性,即都是从力的层面转移到理的层面。这样,民初那次由政治制度向文化的再转折,看远一点不过是前一次从物质层面的富强转移出来那次转折的继续。本来中国传统学术的确不长于物质层面,闻一多在1916年也不能不承认,"赋一诗不能退虏,撰一文不能送穷;恒年格式矻矻、心瘁肌瘦,而所谓诵《诗》三百,使于四方,不能专对者,遍于天下";但他仍主张"国于天地,必有与立,文字是也"。[3]退虏、送穷皆直接以"物质"为基础,外交也间接依靠物质方面的实力,以"文字"为凭借的中国学术在这些致用方面看起来的确有所不足。

然而民初中国思想界到底倾向于重力还是重理,各人的观察并不相同。顾颉刚在1915年自定撰写《周秦篇籍考》、《清代著述考》和《书目答问解题》三书的计划时便说:"今天下竞为物质之学,此等书甚讥陈腐。然使国家不亡,史籍诸子必不一举而燔之。则吾之所为,岂必虚蹈空掷乎?"[4]顾、闻二人的言论相差仅一年,大致反映出当时思想界的不同侧面,很可能正是不少人感觉到中国学术在退虏、送穷等致用方面的不足,才导致了"天下竞为物质之学"的情形。但由于中国有长期

---

[1] 参见罗志田:《权势转移:近代中国的思想、社会与学术》,122—135页。
[2] 《吴稚晖先生来信》,《晨报副刊》1923年10月15日,2版。
[3] 闻一多:《论振兴国学》,《闻一多全集》(2),282页。
[4] 顾颉刚致叶圣陶,1915年5月,顾潮编:《顾颉刚年谱》,38—39页。

重"学"轻"术"的传统,复因西人关于其船坚炮利实源于其学术和文化的引导,再加上民初中国试行共和制似乎不甚成功,这些因素的合力又导致不少中国读书人往"全部解放"的社会文化方向努力。

正当梁启超质疑人类运用"科学"的能力之时,梁昔日的老师康有为将其写于1905年的《物质救国论》在1919年正式刊印出版,强调应回归昔年的富强之路。第一次世界大战曾使许多过去的趋新派对西方的"物质文明"失望,梁启超便因此而更注重与之对应的东方"精神文明"。康有为那时所见却相反,他特别在1919年的《后序》中说:当年成书后即"欲布发此书,时吾门人梁启超以为自由、革命、立宪足以为国,深不然之;阁置久不印刻"。而"欧战大战之效"恰证明他"凡百进化,皆以物质"的观点不误,遂刊印此书以为医国之药方。[1]

《物质救国论》是康有为自戊戌出亡后游历亚欧美八年带总结性的反思,非常值得关注(可与康当时所著的《列国游记》参看)。如果可以通过"关键词"来看康的主张,则他是以"物质"(物质学、新物质学)为手段以达"救国"之目的;强调近代已是重物质竞争的"新世",时代既变,内在的"道德"遂让位于外观之"文明",而且评判标准也已落实在战场之上,即"兵"的胜负成为"文明之标志"。既然"各国强弱视物质之盛衰为比例",则"欧洲中国之强弱不在道德、哲学",战败的中国便不能不从"文明"降为"野蛮"。这样,仓廪实而知礼节的管子学说(近于法家)便有了新的时代意义,贯穿全书的是一种物质富而后可文明的观念:"以农立国"的"中国古教"虽"教化"可美,但"不开新物质则无由比欧美文物";当时要救国、要"富强"甚至要文明,都不能不致力于物质学。

康反复"校量中西之得失,以为救国至急之方",惟在物质。"方今竞新之世,有物质学者生,无物质学者死"。而物质又需落实在"工艺汽电炮舰与兵"的军事竞争之上。整个世界"已变为大列国之势",在"霸义大出竞争最烈之时",双方交战"苟械有不敌,胜负立决,无可为

---

[1] 本段及下三段皆见康有为:《物质救国论》。并参见本书第1章的相关论述。

言"。故"能自立而自保者，兵也；号称为文明，使人敬之重之者，兵也"。实际上，"欧人于百年来所以横绝大地者，虽其政律学论之有助，而实皆借工艺兵炮以致之也"。所谓工艺兵炮，皆物质学之体现，"势由力生，故欧美之能以小为大、以弱为强者，能以物质学日增其力也。力增则势增，故吾国之见弱于欧美、吾民之见贱辱于欧美，力之多寡为之"也。一言以蔽之，中国不如西方者，"但在物质而已"。

康有为所说的物质学大致近于五四人所说的"科学"，但更接近今人所说的"科技"，他将其落实在军事竞争之上的观念与吴稚晖以"机关枪对打"的主张如出一辙；且康此时与吴一样轻视"精神文明"，有了实际游欧的经历，他显然不相信来华西人所说的西方强大是靠其"政律学论"。康的推理很简单，当强敌要挟之时，"虽数十万士卒皆卢骚、福禄特尔、孟的斯鸠及一切全欧哲学之士，曾何以救败？"。这里的"哲学"与吴稚晖口中的"理学"至为接近，不啻无用之"空谈"的同义词。若对比柏拉图的"哲学王"和曾静以为皇帝合该儒生做的中西观念，曾有心做"教主"的康有为在"物质救国"的路上走得可谓远矣。

以重"学"轻"术"、重"文"轻"武"的中国古代传统看，被许多人认为此时已"守旧"的康有为其实仍在激烈反传统，而以激进反传统著称的新文化人却是在远承古代的传统（虽然可能是无意识的）；然而，若就晚清以来重力轻学的新传统而言，新文化人特别强调科学那相对"文质"的一面，真是名副其实的"文化"运动。这样，新文化人不仅在意识层面要打远古的孔家店，对晚清以来重力轻学的大潮流，同样是明显地逆流而行，充分体现了其反传统的全面性。民初新旧之间的诡论性多重互渗，于此又见一斑。

更具诡论意味的是，那时追随梁启超的蒋百里根本以为正是康有为等今文家当年的努力才导致"纯正科学"在中国被"政律学论"一类言说所压倒。蒋氏指出，中国近世"震于船坚炮利，乃设制造局，译西书，送学生，振振乎有发达之势矣"。但"今文学之运动，距制造局之创设，后二十余年"，当时"通西文者，无一人能参加此运动；而变法、维新、立宪、革命之说起则天下翕然从之，夺格致化学之席，而纯正科学卒不扬"。[1]

按蒋百里或有代梁启超反驳其老师之意：康有为前引的《后序》暗示当年是梁启超在提倡"自由、革命、立宪"，而他自己则已从变法转向提倡物质；蒋百里明言康氏本人直接推动了"变法、维新、立宪、革命之说"的兴起，盖"变法、维新"与"立宪、革命"同属"政律学论"一类，与格致、化学等"纯正科学"同有对立之处。在这一点上，蒋百里和吴稚晖对"科学"的认知虽有距离（吴氏明显更专意于技术层面的"制造"），两人的关怀仍相类，即皆看到"科学"在中国的失落，且都更侧重今日所谓自然科学，与特别看重"科学"那精神和方法层面的新文化人相当不同。

其实当年康、梁师徒的西学知识本来有限，对自然科学一面的西学更未必足以言"懂"；这也是那时中国读书人的共相。在这种立言者与听众上下一致的语境下，格致化学等"纯正科学"被"政律学论"所压倒或应是比较自然的发展，未必是今文家的责任。[2]但这里正透露出蒋、吴两人观念的对立：吴稚晖主张曾国藩的"制造局主义"先天折而产出"西化国粹"，复因康、梁师徒的"革命精神"才"百妖皆息"；而蒋百里则认为正是今文学运动那不够物质的一面导致与制造相关的"科学"不立。

从物质与文质的视角看，"变法、维新、立宪、革命之说"与"宇宙观人生观"皆偏于文质一面，新文化运动或不过继承了康氏的"革命精神"而已；而吴稚晖却暗指新文化人继承的是张之洞等"重张"的乾嘉汉学"妖焰"。表面看来，"宇宙观人生观"等更接近吴氏正反击的新式"理学"，应与"汉学"有先天的疏离，但整理国故与清代汉学的继承性关联又是当时显著的现象，且成为后来不少相对守旧者攻击的口实。这牵涉到怎样看待晚清思想（以及学术）的走向及其与新文化运动的关系这一重大问题，已逾越出本文的范围，此处不能详论。可以说，新文化运动与清代思想、学术之间那有意无意的传承一面，恐怕还超过

---

[1] 蒋方震：《梁启超著〈清代学术概论〉序》，《蒋百里全集》(1)，420页。
[2] 倒是蒋百里所观察到的与制造局相关的通西文者皆未参与今文家的维新运动（实际是连支持制造局的李鸿章等趋新大员也在运动之外）这一现象，非常值得反思。

我们既定的认知。

至少康有为的思想本兼有物质与文质两面，且在新文化运动后期与吴稚晖更接近。故吴氏强调，民初士人关注的重心从物质向精神的转变至少部分受新文化运动所推动，蔡元培"开口美术、闭口美术，我现在也觉悟他说得太早。年来的洋八股，几乎便是他一手所造成"[1]。这是有所见的，蔡元培曾负责起草民初《大学令》，后又主持北大，他最强调大学教育应有"学"与"术"的区分，以为"治学者可谓之'大学'，治术者可谓之'高等专门学校'，两者有性质之别"[2]。所以他主张大学应侧重"学"，只需发展文、理两科，而让法、商、农、医各科独立发展为侧重"术"的专科大学。蔡元培那时推动的教育改革当然是以西方为蓝本的，这些主张和政策客观上的确鼓励了重理轻文的倾向，使其在西方势力（包括观念的权势）支持下"复兴"，亦即吴氏所谓"洋八股化的理学"。

那时不少新旧读书人有着与吴稚晖相类的观念，张禄（马叙伦？）也表示，"我所不满意的，就是这新文化运动未免偏于人文的一方面。何以见得呢？试看所出的书报，莫不是以传播新思想为主。换句话说，就是只向人的方面研究，而将那根本实用的物质撇开了。再换一句话说，就是新文化所产出的二百多种书报，没有一种是鼓吹物质科学——理科——的"。这固然因为"新文化起点是从北京大学，而原动的人多系文学家，并不是理科专门家"；同时也因为"理科是实验的科学，不是空洞洞凭笔墨口舌可了事的。就是提倡也不像文科容易，并且不深研究的人更不能提倡"。更长远地看，"中国数千年来，重文学而轻物质；甚至诬科学为邪说，视机器为鬼怪。圣人之徒，且说'奇技淫巧圣王所禁'；把科学当作'形下'之学，毫不足道。直到近世，欧美的物质文明如怒涛而来，自己着着失败，才晓得科学要紧。于是兴学校、重科学。可是开办学校几十年，理科到底有什么进步？"，结果是"虽然兴学几十年，不说传播这宗思想的出版物如'麟角凤毛'，就是热心研究

---

[1] 《吴稚晖先生来信》，《晨报副刊》1923年10月15日，2版。
[2] 蔡元培：《读周春岳君〈大学改制之商榷〉》，《蔡元培全集》（3），149—150页；并参其《大学改制之事实及理由》，《蔡元培全集》（3），130—133页。

的人也数不出几个"。[1]

非常值得注意的是张禄将"理科"定义为"物质科学"而非时人已在使用的"自然科学",前者当然更多落实在"奇技淫巧"之上,即更接近今人所说的"科技"。他明确提出"理科救国"的主张,以为"就目下情形看来,要救中国,非极力提倡理科不可"。首先因为"理科切实人生,为富国强民的无上利器","理科昌明,实业才能够发达。实业发达了,国还有不富强的吗?试看外国何以强、我们何以弱?就是在重理科与不重理科的缘故呵!"。这大致与康有为的观念相同,不过张禄也像胡适、丁文江等新文化人那样强调"理科是改革思想及创造思想的好东西。《大学》说得好:'致知在格物,物格而后知至。'格致就是理科的目的,所以有人称理科为'格致'的。理科之所以能够改造思想,就是因为他是实在的、精密的、变化的、进步的。我们研究他,可以破除迷信,可以免掉妄想。……试看那保守'国糠''国糟'的,多半不是研究理科;又看他们欧美日本人,倒很喜欢研究理科"。

张禄大概知道他这番话在当时意味着什么,所以特别指出,"我主张根本的救国要注重理科,并不是反对近日的新文化运动。不过理科也是文化的一部,物质文明就是中国最缺乏而最紧要的东西"。但他接着就以不同的语句表述了与康有为同样的观念:"我很希望有志青年不要专鼓吹时髦的空虚的新思想,而把根本有用的理科放弃一边!"很明显,"时髦的空虚的新思想"在这里是与"根本有用的理科"相对立的。他虽不反对新文化运动,但对运动"由实入虚"的走向有着相当的保留和不满却已表露无遗。

后来蔡元培送其子柏龄到比利时读工学,吴稚晖特地将其诠释为蔡自己"改正错误"的表现,他说:"吾国人民,群以为思想及道德不弱于人,弟亦可相对赞同。然科学、工艺太后于人,我等不能为人类亦尽备物致用日进无疆之义务,于人道终觉有亏。如此,对于二者为积极之

---

[1] 本段及下两段皆见张禄(马叙伦?):《理科救国》,《东方杂志》17卷6号(1920年3月25日),90—92页。

提倡，乃吾民之天责。科学在二者中为尤要，但工艺则向与我国数千年士夫之气息不合。故仅仅提倡科学，尚恐依着旧习惯而为坐而论道，科学家亦陷入玄谈。倘经最高等之名流，出其子弟，多趋工艺一方面，于是旧式之稍矜门第者，亦观感而不以习科学为鄙。"[1]

吴稚晖那时的文字表述常故意以游戏方式出之，此次对蔡元培这样的同辈老人说话则比较实在而不那么轻率。这里明确提出科学不落实在工艺上便会"陷入玄谈"，并进而申论说，"若锐意革新之一部分人，尚止有勇气习宽袍大袖之科学，而门第自矜之徒，仍必以文哲为可尚"。所谓修习"宽袍大袖之科学"不免走向"文哲"，实暗指那时相当吹捧吴氏的胡适，但也揭示出时人讲科学往"精神"而非"技术"一面提倡的倾向。

不过，即使支持吴稚晖关于国学书目观念的罗家伦也指出，吴氏的"错处在于认西洋文明只是工业文明——至少他也使读者起这种误解。他眼中的科学，也不过是一部分'应用科学'；把科学的本体和精神，可以说是一笔抹杀——至少他那种畸形的注重，也可以使人起一笔抹杀的感想"[2]。对吴稚晖更严厉的批评来自另一位清华毕业的留学生林玉堂，他认为"急求实用的学问未必是最有帮助社会的学问，不肯做许多迂腐学问苦工的人不能于学术界有大发明，为学问而学问的精神比为实用而学问的精神到底于学问有益"。林氏指责吴稚晖是被"机关枪鬼"或"摩托精"迷住或"上身"，结果是"通人都会说不通话"。由于"今日的中国人大多数不但是思想浅陋，并且还是浅陋思想的崇拜者"，所以那种"以浅陋为矜奇"者才可以装摩托精吓人。[3]

林氏所论与前引裘匡庐认为当时"世人既多妄人，复多愚人；非妄

---

[1] 本段与下段，吴稚晖：《复蔡子民先生书》，《晨报副刊》1923年7月23日，1版。这仍是继承和发挥康有为的主张，康氏在提倡通过游学而"大振物质工学以为富民强兵立国之道"时特别强调，英国的牛津、剑桥和法国的巴黎大学等名校都太偏重人文，"故学物质学者，宜往苏格兰"以学机器；而学电学、汽机则"莫如美"，"职工学宜往德"（康有为：《物质救国论》，66—68、76、81—82页）。

[2]《罗志希先生来信》，《晨报副刊》1923年10月19日，1版。

[3] 本段与下段，林玉堂：《科学与经书》，《晨报五周年纪念增刊》1923年12月1日，21—23页。

人无以益愚人之愚,非愚人无以长妄人之妄"的观点相当接近,他根本认为"大凡号称西学专门家而不看诗书子史的人,三个毛病之中必有一个:第一是西洋学问读的不好,第二是不会读中国书或者是不曾看过中国书,第三是简直'不会读书'。这第三种的毛病最多,第二种固然是有,而第一种的毛病正复不少,就是西学'读的不好'"。

本来吴稚晖及其同调认为当时中国学界思想界存在由实入虚的倾向,所以提倡回归物质文明;而林玉堂的言外之意,似乎做考据或研究国学才是实在的,看起来是倾向"实用"的"装摩托精吓人"反可能导致不读书而走向空虚。更重要的是,林氏在这里祭出了他最有力的武器:"装摩托精吓人"者自己的西洋学问没有读好。只搞过勤工俭学的吴稚晖在这方面自无法与获得博士学位的林玉堂竞争。

同时,这仍然涉及留学生怎样因应中国社会的要求这一问题。梁实秋反驳吴稚晖说:"如其吴先生以为留学生的任务只是去到外国学习'用机关枪对打'的'工艺',那我也就没有话说;若是吴先生还知道除了'用机关枪对打'以外,留学生还有事可做、有事应做,那么'出洋学生带了许多线装书出去'倒未必'成一个废物而归'!"[1]林玉堂进而指出,若"全无汉文根底"的人去学"机关枪对打",回来后便可能成为用洋话骂人用拐棍打洋车夫的假洋人,这对中国科学的将来恐未必有利;而带了线装书出洋者(因仍是"中国人")学习了西方的科学技术反而对中国的发展更有利。[2]

这正是前引梁启超观念的一个重要因素:留学生应该是通西学的"中国人",而非黄皮肤黑头发的假洋人。预定将留学的清华学生即常有这方面的考虑,闻一多于1922年出国前在《清华周刊》上发表了一篇《美国化的清华》,认为美国文化不过就是"物质主义",明确表述厌弃"物质文明"而召唤"东方文明"。梁实秋以周刊编者的身份声援此文说,这是他"许久想作而没有作的一个题目。美国的教化是铸造天字

---

[1] 梁实秋:《灰色的书目》,《晨报副刊》1923年10月15日,1版。
[2] 林玉堂:《科学与经书》,《晨报五周年纪念增刊》,21页。

第一号的机器！"。他希望留美的清华学生"最好仍是打定主意做一个'东方的人'，别做一架'美国机器'！"（两人所说的"东方"都与"中国"是同义词）[1]。那时不少清华学生都有较强的民族主义情绪，梁、闻等一些清华同学不久更在美国成立了信奉"国家主义"的大江会。这样的倾向性也反映在对"国学书目"的态度上，当他弟弟闻家驷问及"读旧书从何下手"时，闻一多即告知《清华周刊》中有梁任公先生一文论此甚详，参看可也"[2]。

如果提高到理论层次，则双方的分歧仍在于对"科学"的认知，也就是罗家伦所说的"应用科学"与"科学的本体"的区别。用中国术语来说，吴稚晖眼中的科学是"形下之学"，而其他许多五四新文化人则认为科学应兼包形上与形下两面，而且实际是侧重其形上的一面。这一科学概念的歧异直接与"国学"相关，双方大致都接受中国急需的是"科学"，但如果"科学"只是"形下之学"，则对"富强"无助甚而有碍的国学当然不在其中；如果科学兼包形上与形下两面，则发扬科学精神和运用科学方法整理国故不仅不与"科学"相冲突，它根本就是"科学"的一个组成部分并使其落到实处。[3]

根据前一种观点，把国故扔入毛厕三十年可能更适合当时中国之所需；根据后一种观点，作为科学之一部分的中国学问自然应当研究，而且是中国学人义不容辞的责任。正是基于这样的分歧，对"国学书目"的态度实即是否视整理国故为"正当"以及是否为当时之所需，这也是双方争论的一个焦点。

三 科学的国学

在吴稚晖看来，"国学"并未受到欧洲中世纪那样的"黑暗"遭遇，

---

[1] 参见闻黎明、侯菊坤编：《闻一多年谱长编》，湖北人民出版社，1994年，167—169页。
[2] 闻一多致闻家驷，1923年6月14日，《闻一多全集》（12），179页。
[3] 参见罗志田：《走向国学与史学的"赛先生"——五四前后中国人心目中的"科学"一例》，《近代史研究》2000年3期。

所以根本用不着复兴。清初"顾黄辈远接汉唐，推倒宋元之空疏黑暗，乃为复兴"。从戴钱到段阮，从俞樾、张之洞等到刘师培、章太炎等，考据学一脉相承，"竟跑进民国，或尚生存。何时黑暗，而当复兴？"，文学亦然。只有"戊戌以后十余年之一短时，给梁启超的《西学书目表》打倒了张之洞的《书目答问》；又经陈颂平与吴稚晖，私把线装书投入毛厕"，也还不能算太"黑暗"。因为"其时恰又制造了中国裴根、狄卡儿、斯密亚丹等，如丁文江、张嘉森、章士钊等一群怪物出来，乃是文艺复兴后的新气象，何能算黑暗？文艺不曾黑暗，复兴二字，真算无的放矢"[1]。

但"人老便成精，或未老先成精"，时代的变化使一些当年的趋新人物转而守旧，"二十年前梁（启超）章（士钊）诸先生骂尽朝中老顽固，不知［如今］他们也不过成精以后的人物"，成为"遗老遗少"，与当年的张之洞差不多。[2] 吴氏这个看法也非完全无据，梁启超1902年曾说，"近顷悲观者流，见新学小生吐弃国学，惧国学之从此而消灭。吾不此之惧也。但使外学之输入者果昌，则其间接之影响，必使吾国学别添活气，吾敢断言也。但今日欲使外学之真精神普及于祖国，则当转输之任者，必遂于国学，然后能收其效"，严复即可为例。[3] 然而吴稚晖注意到梁此时要办文化学院，即"隐隐说他若死了，国故便没有人整理"；不过二十年，梁自己也已变成"惧国学之从此而消灭"的人了。[4]

---

[1] 吴稚晖：《一个新信仰的宇宙观及人生观》，《科学与人生观》，415—416页。这一看法非吴氏所独有，后来郑振铎也认为，"当着国学爱护者在高唤着'国学沦亡'时，其实'国学'并没有真的'沦亡'，不过一时被忙碌者所忽视，有若冬虫之暂蛰而已。到了春雷一震，'制礼作乐'的时代一来到，百虫万兽，当然的一切皆要苏生了"。郑振铎：《且慢谈所谓"国学"》，《小说月报》20卷1号（1929年1月），8页。
[2]《吴稚晖先生来信》，《晨报副刊》1923年10月15日，2版。
[3] 梁启超：《论中国学术思想变迁之大势》，《饮冰室合集·文集之七》，104页。
[4] 吴稚晖：《箴洋八股化之理学》，《科学与人生观》，308页。梁启超确有类似表述，参见其《为创办文化学院事求助于国中同志》一文（丁文江、赵丰田编：《梁启超年谱长编》，984页）。他的顾虑也是相当实际的，"高等学者"须由青年中产生，如果现在不培养青年中一些人这方面的能力（当时梁所谓文化学院并未主张大规模培养国学家），真到了三十年后中国在物质文明方面已站住（历史证明吴还太乐观）而产生整理国故的需要时，又从哪里去找有能力整理国故的"高等学者"呢？

其实吴稚晖也认为,梁启超和梁漱溟两人拟办的"文化学院、曲阜大学,在理都是可有,而且应有"。如果"过了三十年,如是的做法,我固乐观其盛",此时严肃正经地提倡,"那就太早了",且"恰恰好像帮助万恶的旧习惯战胜新生命"。他把中国的国故看成"世界一种古董",古董是应该保全的,不过"各国最高学院应该抽几个古董高等学者出来作不断的整理,这如何还可以化青年脑力"呢?所以他主张"在三十年内姑且尽着梁先生等几个少数学者抱残守缺,已经足够,不必立什么文化学院,贻害多数青年"。[1]

鲁迅当时也有类似的观感,他在1924年1月说,"自从新思潮来到中国以后,其实何尝有力,而一群老头子,还有少年,却已丧魂失魄的来讲国故了。他们说,'中国自有许多好东西,都不整理保存,倒去求新,正如放弃祖宗遗产一样不肖。'"其实,"就现状而言,做事本来还随各人的自便。老先生要整理国故,当然不妨去埋在南窗下读死书;至于青年,却自有他们的活学问和新艺术。各干各事,也还没有大妨害的。但若拿了这面旗子来号召,那就是要中国永远与世界隔绝了。倘以为大家非此不可,那更是荒谬绝伦!我们和古董商人谈天,他自然总称赞他的古董如何好,然而他决不痛骂画家、农夫、工匠等类,说是忘记了祖宗:他实在比许多国学家聪明得远"[2]。

文学研究会的严既澄在1922—1923年之际曾经勉强支持过整理国故,但后来也感觉不能不站出来反对,他同样认为"中国的文化,是过去的文化,到今日已成了古董,只可陈列在有钱人的家中,而不能拿出来给大家享用了"。经史子集多数的内容都是可供专家研读而不必让一般人看的东西,其中"只有很小的一部分,可算得是寻常的学者所应读的书。而寻常的学者所以要去读他们的缘故,也不过因为想明了我们自己的过去的文化而已,并不是他们对于我们今日的生活还有什么直接的价值"。关键在于,"国故是过去的时代的人生的产

---

[1] 吴稚晖:《一个新信仰的宇宙观及人生观》《箴洋八股化之理学》,《科学与人生观》,334、310—311页;《吴稚晖先生来信》,《晨报副刊》1923年10月15日,2版。
[2] 鲁迅:《坟·未有天才之前》,《鲁迅全集》(1),167页。

品,和今日的人生没有多大的关系,实不应再捧出来占据少年人的有限的脑力和精神"。因为"现代的学者所必需具备的现代的知识,已经够费尽他的毕生的精力与时光而有余",没有什么充足的理由让"现代的人抛弃了现代的必要的智识而回过头去希求千百年前的不适用的智识"。[1]

国学既成古董,保存便非急务,可暂时不管,要管也只能让少数专家来管;而少数人不妨做的事不应引导多数青年去做,或至少不应在还不能"用机关枪对打"之时提倡青年去做。当时新派中较通行的观念即整理国故即使可行,也非中国的急务,还不到提倡的时候,若提倡则可能损害趋新事业。如沈雁冰便"知道'整理旧的'也是新文学运动题内应有之事,但是当白话文尚未在全社会内成为一类信仰的时候,我们必须十分顽固,发誓不看古书;我们要狂妄的说,古书对于我们无用"。由于"这三五年来,多数新文学的朋友们忘记了他们的历史的使命,竟要把后一代人的事业夺到自己手里来完成,结果弄成了事实上的'进一步退两步',促成这一年来旧势力反攻的局面"[2]。

钱玄同则主张,"照中国目前学术界底状况看来,一般人不妨暂时将国故'束之高阁';我从别一方面着想,并且觉得目前应该将国故'束之高阁'。你看,遗老还没有死尽,遗少又层出不穷了:有许多思想昏乱的青年,或服膺孔二爷纲常名分之教,或拜倒李老爹虚无玄妙之谈;还有一群新式名士(他们现在改名为'天才'了)镇日家伤春悲秋、怨天尤人,发挥二千年来只享权利不尽义务的高等文丐们底传统思想。这是什么现象!"所以他极表赞同于吴稚晖在《晨报副刊》"痛斥国故为崇于现在的思想界的文章",认为不仅不偏激,而且对那些"思想昏乱的青年"是"必不可少的"。不过"从事实上观察,要叫大家都将国故'束之高阁',究竟是不可能的事";所以还"不如请有科学的头脑、有历史的眼光的学

---

[1] 严既澄:《国故与人生》,《文学(周报)》119期(1924年4月28日),1页。关于严既澄对整理国故态度的转变,参见本书第7章。
[2] 沈雁冰:《进一步退两步》,《茅盾全集》(18),445页。

者如胡适之先生、顾颉刚先生诸人来做整理国故的事业"。[1]

他进一步申论说，中国"旧书之中，'牛溲、马勃、败鼓之皮'到处皆是"，说得好听点也不过是"一大堆杂乱无章的国故底材料。这种材料，只能供给'国故学者'（如现在的胡适之、梁任公、顾颉刚诸位先生等）拿去做'整理国故'的取资，决不是要想得到国故底知识的一般人适用的工具"。一般人若想从旧书中得到国故底知识，"必致'劳而无功'，而且'非徒无益而又害之'"。

可以看出，钱玄同虽然对专家来整理国故大致肯定，但其意义也基本是从负面着眼。对一般人而言，"因为国故是过去的已经僵死腐烂的中国旧文化，所以它与现在中国人底生活实在没有什么关系。现在的中国人应该赶紧研究不容再缓的学问便是科学，研究科学才能得到思想精密、眼光扩大、知识正确、生活改善、道德增进种种好处。这些好处，国故里面是找不出来的"。中国文化"现在尤其应该努力向着革新的路上走去！若再迷恋旧文化底尸骸，真是'害于而家，凶于而国'，一定要闹到亡国灭种的地步！"。在钱玄同眼中，"研究科学"几乎已是万能的。所以他强调："我确信现在一般人所谓'西方文化'，所谓'西洋学问'的便是现代全世界人类的文化、的学问；这文化、这学问，和我们活人的生活极有关系。因此，我以为现在的中国人（尤其是青年学子）应该研究的学问便是现代世界的科学、哲学、文学（科学尤为重要）。"[2]

成仿吾也认为，"国学，我们当然不能说它没有研究之价值"，但现在谈研究则"不免为时过早"。因为"凡研究一件东西，我们能常持

---

[1] 本段与下两段，钱玄同：《汉字革命与国故》，《晨报五周年纪念增刊》1923年12月1日，30—31页。
[2] 钱玄同：《林玉堂〈国语罗马字拼音与科学方法〉附记》，《晨报副刊》1923年9月12日，3版。按，钱玄同的态度后来稍趋缓和，他正式表示虽然吴稚晖等人的见解"大致是对的"，但自己更同意于另一派的意见，即认为人类的思想是不断演进而非"凭空发生"的，古书所记载的都是中国历史的材料，"所以我们一切思想决不能不受旧文化的影响，决不能和我们的历史完全脱离关系。因为如此，所以不论我们的历史是光荣的或是耻辱的，我们都应该知道它"，故应该读古书。总之，"为知道历史"而读古书和"为除旧布新"而读古书，都是"用研究历史的态度来读古书，都是很正常的"[钱玄同：《青年与古书》(1925年)，《钱玄同文集》(2)，142—145页]。

批评的态度,才能得到真确的结果;若不能保持批评的态度,则必为所惑。古来多少国学家所以把他们绝大的努力空费了,便是因为他们欠少批评的精神,终于为对象所迷乱而不知所择的缘故。然而欲保持批评的态度和精神,须有十分的素养"。故对有志于国学者来说,"现在是修养的时期,还谈不到研究上去"。这里的"素养"意思不甚明确,大致与西学或"科学"相关。成氏强调,近年"所谓国学运动,充其量不过能造出一些考据死去的文字,充其量不过能增加一些更烦琐的考据学者。近代的精神是就事物去考究,不闻是就死字去考究。我愿从事这种运动的人能够反省,我尤切愿他们不再勾诱青年学子去狂舐这数千年的枯骨,好让他们暂且把根基打稳"[1]。

前引诸人大都同意整理国故非多数人尤其年轻人所宜从事的急务,在他们的论述中"国故"越来越与"科学"处于对立地位(背后当然还隐伏着中西的对立)。对此成仿吾的创造社同人郭沫若不甚同意,他说,"吴稚晖的态度我觉得最难使人心服,仿吾亦失之偏激"。郭氏对整理国故的评价并不算高,他主张"国学究竟有没有研究的价值?这是要待研究之后才能解决的问题。我们要解决它,我们便不能不研究它。研究的方法要合乎科学的精神,研究有了心得之后才能说到整理。而且这种整理事业的评价我们尤不可估之过高。整理的事业,充其量只是一种报告,是一种旧价值的重新估评,并不是一种新价值的重新创造"。说到底,国学研究或考据考证"只是既成价值的估评,并不是新生价值的创造",所以"在一个时代的文化的进展上,所效的贡献殊属微末"。[2]

很明显,郭沫若的基本态度有些类似钱玄同,主要是面向未来重在创造的,但他大致还能维持一种"以不齐为齐"的开放观念,以为各人

---

[1] 成仿吾:《国学运动的我见》,《创造周报》28号(1923年11月18日),2—3页。
[2] 本段与下段皆见郭沫若:《整理国故的评价》,《创造周报》36号(1924年1月13日),2—3页。按,郭沫若认为吴稚晖和成仿吾对整理国故的态度是同中有异,吴"所注眼的是功利问题,他以为科学切用于现在的中国,国学不切用,所以应该去此取彼"。而成氏则注意的是方法问题,"以为要有科学的精神才能研究国学"(《创造周报》36号,1—2页)。这恐怕是在批评自己"家派"中人时出语婉转而已,成仿吾既视国故为"枯骨"、视整理国故为在"死灰中寻出火烬",则即使有"科学方法"也难以化腐朽为神奇吧。

不妨按其所好去做。盖"分功易事,本来是社会成立的原则,也是人类进化的原则",故"凡事只能各行所是,不必强人于同。只要先求人有自我的觉醒,同是在良心的命令之下作为,则百川殊途而同归于海,于不同之中正可以见出大同;不必兢兢焉强人以同,亦兢兢焉斥人以异"。其实"人生的行路本自多殊,不必强天下人于一途。一人要研究国学必使群天下的人研究国学,一人要造机关枪必使群天下的人去造机关枪",这既办不到,办到也无用。国学家自己可以尽力研究国学,但如果"向着中学生也要讲演整理国故,向着留洋学生也要宣传研究国学",就是"超越了自己的本分,侵犯了他人的良心了";同理也适用于像吴稚晖那样厌弃国学主张研究科学、制造机关枪的人。

但当时流行的恰是"强天下人于一途"的风气。一位青年观察到,那时许多人"抱惟我独尊的态度,说我的是真正的圣道。一班新文化运动[者]很有这种毛病,[《学衡》]他们亦是一丘之貉"[1]。在这样的世风之下,郭沫若(他个人及其隶属的创造社在那段时期一般认为是偏于激进的)虽然明确不赞成胡适和梁启超为清华学生开国学书目,尚能保持这样一种温和开放的观念,非常不容易。

反之,通常表现得更"绅士"的梁实秋则以吴稚晖之道还治其人之身说,"以为'什么都是我国古代有的'这种思想当然是值得被吴先生斥为'狗屁';而以为国学便是古董遂'相约不看中国书'的思想,却也与狗屁相差不多!外国的学问不必勉强附会,认为我国古代早有;而我国古代确是早有的学问,也正不必秘而不宣。自夸与自卑的思想都是该至少'丢在毛厕里三十年'的!"[2]梁启超开书目时梁实秋是《清华周刊》的编辑,很可能他便是书目的约稿人,所以小梁此时或觉有必要站出来为老梁辩护。不过如前所述,当时不少清华学生的文化民族主义情绪偏强,梁实秋的言论当非因个人原因而发,恐怕还有相当的代表性。

对吴稚晖进行系统驳斥的是另一个清华毕业生林玉堂,他说,"有

---

[1] 于鹤年致胡适,1922年10月16日,《胡适来往书信选》中册,中华书局,1979年,168页。
[2] 梁实秋:《灰色的书目》,《晨报副刊》1923年10月15日,1版。

人以为这种事业是一国中一两人做得的,余下的可以补齿喂牛养鸡,学机关枪对打;整理国故一时代只消一两个梁任公、胡适之去干",这是"根本误谬的"。因为"今日的科学非古日的非科学的学问可比",要在一个"爱精神科学的空气中"才能有所成就,且"科学相关连的问题极多,而一人的精力有限,整理国故的事决不是一二人所能单独肩任的"。他认为,"假使科学救国的论可以成立,我们在中国所以治科学的精神应当如何、如何可以使科学在中国得一根固枝荣的生命",这才是应该关注的问题。[1]

因其有留学生的身份认同,林玉堂反而更敢于肯定中国的传统学术。他解释其所撰文章的题目《科学与经书》说:"今日国中的人有一种普通的误会,以为今日知识界的天下是为科学家所霸有的,是不容经书家混吃饭的",故很可能"看这题目的人要怀疑作者是做一件不正当的事情,是很可怜的要牵强附会"。其实"若所谓科学二字的是今日大家东拉西扯以惊动人心'吓杀人'的自然科学,我们的经书实很不必胁肩谄笑以求寄存于科学门下,并且科学门下本也没地方使他可以寄存的;若就科学的广义说,指近世一切有系统以求真理的学术,就此科学与经书的关系正是今日知识界的一大问题,最应当商量研究的"。如果两者不合作,"不但于我们将来的经学国学前途有大不利,并且恐怕连将来在中国的科学生活且将变为缺少生趣、贩卖洋货的一种事业了"。

林氏观察到当时一个"很稀奇的"现象:"我国人现在心理,凡中国古代的东西,不问是非,便加以迂腐名称,西洋学问中最迂腐的也不敢加以迂腐的罪名。"[2]他以为,"无论中西学问,凡要深入、凡要'成学',必定不免带上多少迂腐性质"。实际上,用西洋方法研究中国具体

---

[1] 本段及以下数段,皆自林玉堂:《科学与经书》,《晨报五周年纪念增刊》,21—23页。
[2] 其实那时对中国古代学术而言,"迂腐"已是相当温和的称谓(可参考成仿吾的用语);但对西洋学问的盲目尊崇也已有所变化,自"西方分裂"之后,便"西洋也有臭虫"了。当然,"西洋有臭虫"的观点在那时之所以能引起惊诧,正因为前此想象的"西洋"中本没有也不能有任何负面的事物(此仅大概言之)。

材料其实比许多留学生擅长的"搬运西洋教科书"更难,前者是"专门家的学问"和"一生的学问",后者不过是"饭碗的学问"而已(不过在那时的社会里,后者显然更具"吓杀人"的功能)。从根本上言,"考证的精神是科学生命所寄托,若中国科学界不能自为考证发明,而永远要靠着搬运西洋'最新''最近'的发明为能事,中国将来的学术界一定是糟。所以我们如是要科学救国",就要努力"养成国中科学考证的精神及预备考证的机会"。

林玉堂进而正式提出"我们此去治经学将受科学何等的影响及科学对于中国的经书将有何等的贡献"这一问题。他认为科学分"自然科学"和"精神科学"二种,前者与经书关系较小,但也有些关系。若将科学分为思想和手术(今译技术)两端,则从思想看,乾嘉经学虽然"不能出于经解二字以外",目的不够高明、规模不够详备,但"还不失其为科学,因为自其目的内的范围而观察他,彼既以经学为目的,自有其经学的系统,还是有条不紊的分科的学(Classified knowledge)。若是以科学的手术论,我们对于前人的成绩,有许多未极满意的",如地图的画法和音韵的表述等均不如西人;但也有些现代学术的"萌芽现象",如江藩的《国学师承记》里强调的"家法"之所指,"治学的手术实居一大部分";又如清儒主张引证须用原文、引例必指出处等,都近似西洋大学研究科的Seminar中"引学者入科学考证的正途而教以此考证之手术与方法,讨论去取决择及搜集材料发表结果等"。

从清季以来,趋新派对传统学术的一项主要指责即无"系统",即使像胡适等主张清儒治学方法是科学方法的人也都强调旧学的不系统。而林氏直接肯定经学"自有其系统,还是有条不紊的分科的学",这在当时新派中是极其少见的。不过林玉堂认为新式的国学要有自身的独立学科认同,故"国学须脱离经学而独立"。他认为"今日的人治经须与古人不同,就不必使六经为我们的注脚,却须以六经为国学的注脚。清代学虽有离经说子别成一家的人,但他独立的动作还是有限的,敢暗谋而不敢明叛"。今日就须"拿国学研究我国各种文化现象"为目的。

中国的国学当然也还需要西方科学的帮助,"国学的规模可因科学的眼光而改造"。具体地说,"科学的方法(即治学的手术)能帮助我们拿定国学新的目的、搜集新的材料、拟定新的问题、立定新的标准、整理新的系统"。这也不是林氏独有的观念,清季的国粹学派已明确提出研治国学要借助西学,因为当时"思想日新,民智日瀹,凡国学微言奥义,均可藉皙种之学,参互考验,以观其会通,则施教易而收效远"[1]。严复晚年也说,他"究观哲理,以为耐久无弊,尚是孔子之书。四子五经,故〔固?〕是最富矿藏,惟须改用新式机器发掘淘炼而已"[2]。

一旦"改用新式机器",国学的面貌便大为改观。林玉堂指出,以前的经学家提不出什么问题,而胡适在《国学季刊发刊宣言》中所列的各种"文化史"子目便"都是前人所梦想不到的,而由研究西洋政治思想宗教文艺的人看他,都是急待考查的"。西学带来的"新眼光"对国学的突破和推动于此可见一斑。

在林氏看来,梁启超的《中国历史研究法》即是受了科学影响的国学产物,其他学人"还可以做中国社会史研究法、民族史研究法、政治史研究法、文学史研究法、语言史研究法、宗教史研究法等等;处处指明如何可以用西洋学术的眼光、见识、方法、手段,及应凭的西洋书籍来重新整理我们的国学材料"。这些"分门历史无一不可受过西人经验上已演出的方法及材料上已考定的知识的贡献,无一不可借着科学的精神与科学的手术换新了他的面目、增加了他的生趣"。

这再次体现出西来的"科学"对"国学"起到的正名作用,林氏理直气壮地宣布:"科学的影响不但不使我们要抛弃经书于毛厕里三十年,并且将使此三十年来为中国国学重见昌明的时代。我们可以毅然无疑说'科学的国学'是我们此去治学的目标,是我们此去努力的趋向。因为科学的知识与方法都能帮助我们把旧有的学问整理起来做有系统的研究。"

---

[1]《拟设国粹学堂启》,《国粹学报》第3年(约1907)1期。
[2] "与熊纯如书",1917年4月26日,《严复集》(3),668页。

四　余　论

那时恐怕也只有像林玉堂这样的留学生能够如此振振有词地为"科学的国学"呐喊，虽然整理国故确实一度风行，林氏这样的观点却未能在中国学界获得广泛的认可。又几年之后，在北大国学门里具体从事"整理国故"的顾颉刚仍然在试图证明国学的科学性（亦即整理国故的正当性），他发现"说国学就是科学，已经要引起一般人的怀疑；说科学的目的不在应用，更当激起许多人的骇怪。他们一定要想：'外国的国富兵强不是全靠科学吗？中国的贫弱不振也不是全因没有科学吗？为什么要故意的这样说？'他们不知道机械、枪炮、火药原不是科学，乃是研究科学所得的结果的应用。"这些人注重的是不过"以有用为用"，实等于把科学"形下化"了（"形下"非顾先生原用语）。[1]

其实科学更多恐怕是"形上"的，其本身未必直接"有用"，却又具备"无用之用"：正因为科学家致力于超应用的学理，"处处发见真事实，因此有人要应用时也就有了事实的基础而容易成功。所以科学的应用是间接的，不是直接的。……也因为它的本身没有用，不为现实的社会所拘束，所以它的范围可以愈放愈大，发见的真理也愈积愈多，要去寻应用的材料也日益便利。这就是无用之用"。

中国的学术社会恰"因为没有求真理的知识欲而单有实际应用的政治欲，所以只知道宣传救世的方法"。上焉者"在古代只知道实现个人的理想国，在后世只知道实现古人的理想国，却是忘记了社会国家的实况，想不到做任何种实地调查及研究的事业"；下焉者则"只知道保守几部古书，把几部古书看作整个的学问"。结果是自然科学和社会科学都不成立，"至于近日，思想学问一切空虚，社会国家一例衰败，可以说都是受了这种徒知'以有用为用'的谬见的影响"。

顾氏所论专重直接的"应用"反而导致"思想学问一切空虚"的见

---

[1] 本段与下两段，顾颉刚：《一九二六年始刊词》，《北京大学研究所国学门周刊》，2:13（1926年1月6日），7—8页。

解与林玉堂关于"装摩托精吓人"反可能导致不读书而走向空虚的看法非常类似，他们都认为科学的精神比其应用更为重要。这是近代中国思想界一个长期持续的分歧（其余波今日仍未散），它远承中国传统中重"学"轻"术"的倾向，近则呼应西潮冲击后产生的"富强"目标。因此，这不仅仅是个学理的问题，它后面隐伏着一个大家共同关怀的"实际"问题：中国急需改变在世界上地位甚低这一现状，何者更适合于中国的现状或能更快解决中国的问题，这才是分歧的实质性关键所在。

许多新文化人希望在"伦理""国民性"甚至"整套的社会文化"方面做"全部解放的运动"，以为这样才是"治本"，可以获得一种根本的解决。这大致也是几代中国人在西人引导下从中外竞争不断的失败中获取的"教训"，但由于这种主张的兴盛与"西方的分裂"同时，就导致所谓"东方文化派"的出现，认为中国传统在"道德"（那时与陈独秀所说的"伦理"是近义词）方面还有可继承之处。

据前引吴稚晖给蔡元培的信看，他其实也"相对赞同"国人"群以为思想及道德不弱于人"的观念，但认为此时这样主张便等于回复到张之洞的中体西用观念。从晚清起，认为中国传统学术的"无用"主要表现在退虏、送穷等"富强"方面的观念持续存在于中国士人心中（程度容有不同），吴稚晖强调"以机关枪对打"的"工艺"，也就是要从张之洞时代回归到咸同时人努力的"制造"，与戊戌前后王先谦以及1905年时康有为的主张极为接近，这一看似新颖的主张其实不无"复旧"的成分（新文化运动中一些主要人物在不同程度上也觉得要落实到"物质"才能真正起作用，不过他们不像吴氏这样态度激烈，而是力图把"物质"提高到"文明"层次）。[1]

实际上，林玉堂自己也是刚留学回国时才更倾向于以"科学的国学"来落实"科学救国"，或不免带有一点西方人主张保存中国传统文

---

[1] 这个贯穿了几十年的持续看法却因表述方式的不一致而有不同的社会反应。由于新旧之争早已从思想到社会，许多时候恐怕已形成社会分野的"旧派"说出的观点在思想分野方面必然"不新"的时代认知，故像康有为这样"守旧"者提出"新观念"通常都不能引起时人的注意，必须要吴稚晖这样保持趋新的人说话才能造成反响。

化的意味；在中国居住的时间稍长，他也逐渐同化于国内的趋新思想界。1925年初，在法国留学五年的刘半农见到周作人在《语丝》中说"我们已经打破了大同的迷信，应该觉悟只有自己可靠，……所可惜者中国国民内太多外国人耳"，以为这是使他"最惬意的一句话"。盖"我在国外鬼混了五年，所得到的也只是这句话"。林玉堂（此时名语堂）深有感触地说，刘半农的话"只可当他是谬论"，不过是因为留学外国太久，不谙国内情形所致。"若是仅留学一年半载"，或回国多看新闻，感觉便会相反。他自己现在就赞成钱玄同提出的建立"欧化的中国"论，认为是"惟一的救国方法"；这便是他"一年来思想之变迁"，亦即"回国后天天看日报之结果"。[1]

到1929年，林氏发表《机器与精神》的演讲，处处针对"国粹家"立说，不仅论证了机器文明与精神文明不相冲突，而且强调"有了科学，然后有机器"，故"机器就是精神的表现"（这是近代西方传教士长期试图证明的）。今日中国"必有物质文明，然后才能讲到精神文明，然后才有余闲及财力来保存国粹"；国粹家"若再不闭门思过、痛改前非、发愤自强，去学一点能演化出物质文明来的西人精神，将来的世界恐怕还是掌在机器文明的洋鬼子手中"。与几年前提倡"科学的国学"时相比，林氏的态度可谓根本转变，所以那时正在鼓吹"西洋近代文明"兼包物质与精神两面的胡适特地将此文收入其《文存》作为附录，或者便是取其能"改过自新"这一点（当时正面支持胡适的文字尚多，胡皆不录）。[2]

郑振铎在反对北伐后兴起的"盲目的国产思想与出品的提倡"时也说："这种狂热的盲目的'爱国运动'实为饮鸩止渴，绝无补于我们的中华民族的生存与发展"！他明确提出，"我们要的是机关枪、飞机，不是百千万的'国士''勇士'；我们要的是千百个科学家、专门研究者，不是几万万个的'国学大家'；我们要的是能拯救国民的贫乏与愚

---

[1] 刘半农致周作人（启明），1925年1月28日；林语堂致钱玄同，1925年4月7日，均收入《钱玄同文集》（2），134—135、158—159页。刘半农大致也是在留学时读线装书者，以林语堂思想变迁后的观感看，似乎留学生是否读线装书还在其次，根本是不必留学太久。
[2] 林语堂：《机器与精神》，收入《胡适文存三集》卷一，23—37页。

呆的人，不是狂热的盲目的爱国者；总之我们要的是科学，是步武西方，以建设新的中国，却不是什么'国学''国医''国技'。我们要的是发展，却不是仅仅的所谓'保存'。"[1]中国要"发展"，就必须"步武西方"，致力于落实在机关枪和飞机之上的"科学"，这样的观念在自身专业与这类"科学"无关的学人中得到越来越多的认可。[2]

强调"科学"的物质层面或实用层面的倾向后来日益增强（详另文），然时人主要关注的仍是"科学"的精神和方法而非应用，且较长时间内还落实到国学与史学之上。张君劢在科玄之争十年后回顾说："学说固然应该提出新颖的学说，但是我们祖宗传下来的遗产，也应该有相当安顿的地方。因为思想是离不了各国的民族性的，我们无论如何要想发挥新思潮，终久总要回想到历史上的旧思想是怎样并且应该怎样。"故"对于外来思想之输入与其旧思想如何消化、如何整理，也应该同时并重"[3]。这里对旧思想使用"整理"一词，仍可见整理国故的影响。不过当年"面向世界"的多数新文化人最希望消除的恐怕就是"思想不离各国的民族性"这一点，如钱玄同就强调"中国现在的新文化，就是'现代的世界文化'"。[4]

钱氏并以主张废中国汉字著称于世，而鲁迅也曾有类似的看法，以为"汉文终当废去，盖人存则文必废，文存则人当亡。在此时代，已无幸存之道"。中国"文字"已影响到"中国人"之存废，的确是当时一些人主张废汉文的实际思想。其实文字在这里只是一个象征，他们根本仍是认为中国"文化"已在阻碍作为"国家"或"民族"的中国向着变成"现代的世界文化"这一发展方向前进。所以鲁迅主张青年"但以养成适应时代之思想为第一谊"，只要"思想自由，则将来无论大潮如何，必能与为沉瀣矣"。然而实际的情形是，"我辈及孺子生当此时，须以若

---

[1] 郑振铎为何炳松《论所谓"国学"》写的按语，《小说月报》20卷1号（1929年1月），1页。
[2] 与此相对立的看法是，生理学家卢于道却认为"我民族欲求生存，岂仅尽在沙场之上？凡整个国家之文化，皆为国力之所系"。参见卢于道：《为树立科学文化告国人书》，《国风》（南京）8卷7期（1936年7月），284—285页。
[3] 张君劢：《人生观论战之回顾》，《东方杂志》31卷13期（1934年7月1日），10页。
[4] 钱玄同：《汉字革命与国故》，《晨报五周年纪念增刊》，30页。

干精力牺牲于此［按指汉文］"。鲁迅非常著名的主张是青年最好少读或不读中国书，那还不仅是因为"中国古书，叶叶害人"，同时也因当时"新出诸书亦多妄人所为，毫无是处"。[1] 换言之，他对当时新派的著述同样不欣赏，所以才主张读外国书。

而当时读者一面的情形或如前引林玉堂所说，许多人首先是"不会读书"，其次才是未读或不读中国书。故梁启超特别主张学生应在学校时代养成读书习惯，他也承认"中国书没有整理过，十分难读"，不像"外国名著，组织得好，容易引起趣味；他的研究方法，整整齐齐摆出来，可以做我们的模范"。但后者是"吃现成饭"，前者却"可以逼着读者披荆斩棘，寻路来走"，可以得到"苦尽甘来的趣味"。关键在于，"中国人对于中国书，最少也该和外国书作平等待遇，你这样待遇他，他给回你的愉快报酬，最少也和读外国书所得的有同等分量"[2]。这即是所谓求仁得仁，如果本无意从中国书中获得思想资源，即使读了恐怕也难有收获。

从"国学书目"的需求及其在此后数年的宽广影响看，当时社会上已出现"读中国书"的需求。而中国书"难读"大致也是时人的共识，所以钱玄同希望整理国故的结果能"做成许多有条理有系统的叙述国故的书，以供一般人对于国故底知识之需求"。吴稚晖也赞同梁启超"客观的整理了事实"到大学作"有系统的讲授"，使青年"晓得一些'中国史之大概'，可不必泛求于许多祸国殃民的老国故"。他们都承认并注意到社会对"国故"的需求，但又都觉得整理国故非当前之急务。这样一种矛盾心情和态度是多数新派人物共同分享的，结果是不少新人物都一度参与为国学正名的努力，但其中多数人最终在各种旧事物皆是"一家眷属"的认知下得出整理国故是为了"打鬼"的结论，这方面的发展在下章中考察。

---

[1] 鲁迅致许寿裳，1919年1月16日，《鲁迅全集》（11），357页。其实鲁迅认为国学书目"只开几部的较好，可是这须看这位开书目的先生了，如果他是一位糊涂虫，那么，开出来的几部一定也是极顶糊涂book，不看还好，一看就糊涂"。他私下也为许寿裳的儿子许世瑛开了一纸旧书目录，计12种。参见鲁迅：《且介亭杂文·随便翻翻》，《鲁迅全集》（6），137页；《开给许世瑛的书单》，《鲁迅全集》（8），441页。
[2] 梁启超：《国学入门书要目及其读法》，《胡适文存二集》卷一，224—225、229页。

第7章

从正名到打鬼：
新派学者对于整理国故的态度转变

既存研究对整理国故诠释各异既因新派内部未形成充分的共识，也因新派学者后来对整理国故的认知已有较大变化：他们最初基本不存"打倒旧文化"之意，但到北伐前后几年间却转变了态度，将整理国故与破坏性的"打鬼"联系起来。最具象征意义的是与整理国故有一定距离的文学研究会在1923年和1929年的《小说月报》上分别刊发两组相关文章，前者力图为整理国故正名，后者却激烈反对国学。在整理国故运动内部，一开始就有一种思路，即从病理学的意义来看待整理国故，认为通过整理可防治中国固有的疾病。沿此理路走向"打鬼"甚而主张基本放弃整理国故也是比较自然的发展。但新派学者这一态度逆转主要还是受当时世风影响，许多人正是基于整体性的新旧不两立的认知，为划清与"旧派"的界限而走上反对自己前期主张之路。

一 引言：杂志的兴起

五四后的中国，一个非常引人注目的现象是杂志的兴起。熊十力观察到，"今日优秀之才，多从事于杂志；以东鳞西爪之学说鼓舞青年，对于精深之学术，不能澄思渺虑，为有系统之研究。默观今日各校学生，每日除照例上课外，人人读杂志，人人做杂志（此举大数言，不能说无例外）。长此不改，将永远有绝学之忧"[1]。这也是前有渊源的，邓实在1903年论述《政艺通报》发行之趣意时提出，以学术思想养成国人之政治思想是"今日之急务"，其途径则"养之于新闻杂志"。[2] 既然"杂志"的功用和目的都落实在"政治思想"之上，则不论其怎样借助于"学术思想"，终与学术本身有相当的距离。王国维便指出："庚辛以还，各种杂志接踵而起。其执笔者，非喜事之学生则亡命之逋臣也。此等之杂志，本不知学问为何物，而但有政治上之目的。虽时有学术上之议论，不但[？]剽窃灭裂而已。"[3]

且当时办杂志和读杂志者渐有形成一个社群的趋势，而不甚注意杂志之外的读物。抗父（樊少泉）注意到，20世纪前20年的"中国义理之学，与书画诸技术，即群众普通旧学之程度，在今日诚为衰颓。然昔人所谓考证之学，则于最近二十年中，为从古未有之进步。特专门之事、少数个人之业，世人鲜有知者，而阅杂志之少壮诸君则知之尤鲜"。抗父所谓的中国旧学的进步，主要体现在古器物古书籍的发现及与此相关的以罗振玉、王国维"为中心"的新式研究，同时也包括"由固有之学派发生"的孙诒让的《周礼正义》、柯劭忞的《新元史》、王先谦的《汉书补注》以及杨守敬的《水经注疏》等前此二十年中未见的"大著述"。他的结论是"今日专门旧学之进步，实与群众普通旧学之退

---

[1] 熊子真致蔡元培，1920年春，《新潮》2卷4号，828页。
[2] 邓实：《论政治思想（〈政艺通报〉发行之趣意）》，《癸卯政艺丛书·政学文编卷一》，94页。
[3] 王国维：《论近年之学术界》，《静庵文集》(《王国维遗书》第5册)，94页。按最后的"不但"二字与上文不洽，或当为"不过"，或"不"字衍而应仅留"但"字。

步为正比例"[1]。

则当时一方面是人人读杂志,另一方面是中国旧学与"社会"的疏离,那些"由固有之学派发生"的专门著述尤其不为"阅杂志之少壮诸君"所注意,整个社会似乎呈现一种分解疏离的状态。这里"专门"与"普通"的对应关系最可见时代的变迁,抗父所举的多数新旧学者,在政教密切关联的传统社会,应该都是可以获得广泛承认的人物;但在四民社会解体之后[2],其著述便成为"专门旧学",逐渐疏离于"群众",因而也难得社会的"公认"。

身处国学范围之外的张彭春(时任清华学堂教务主任)那时便发现,"中国所谓'学'的都偏于史,所谓'好古敏以求之者也'。现在公认的学问家如同梁、胡,也是对于古书专作整理的工夫"[3]。这是一个很重要的观察,梁启超和胡适取代抗父所提到的诸位成为当时"公认的学问家",本身就是时代变迁的表征;他们的主要读者听众恐怕即是"阅杂志之少壮诸君",且有可能正是这些人的拥戴造成了梁、胡的被"公认",而其被"公认"也提示着"学术"及学术的社会评估正由个人长期积累的著述方式转向相对频繁快捷的"杂志"文字的发表。[4]

同时,被"公认"的梁、胡等既然"对于古书专作整理的工夫",许多人自然会追随模仿。在这样的情势下,中国的"专门旧学"虽然疏离于

---

[1] 抗父(樊少泉):《最近二十年间中国旧学之进步》,《东方杂志》19卷3号(1922年2月10日),33、38页。
[2] 关于四民社会的解体及其影响,参见罗志田:《权势转移:近代中国的思想、社会与学术》,161—190页。
[3] 张彭春:《日程草案》(即日记),1923年8月12日。
[4] 梁启超与胡适1921年春的通信可为此一转变的注脚,梁去信说:"学问之道,愈研究则愈感不足;必欲为蹰踌满志之著乃以问世,必终其身不能成一书而已。有所见则贡诸社会,自能引起讨论;不论所见当否,而于己皆有益。故吾亦盼公之《(墨辩)新诂》,作速写定;不必以名山之业太自矜慎,致同好者翘望也。"胡答复说:我的稿本"先生劝我早日整理出版,这话极是。我常说,我们著书作事,但求'空前',不妄想'绝后'。但近年颇中清代学者的毒,每得一题,不敢轻易下笔。将来当力改之,要以不十分对不住读者的期望为标准"。梁启超致胡适,1921年4月3日;胡适致梁启超,1921年5月3日,《胡适文存二集》卷一,252、253页。胡适提到的清代学者与时人的区别正体现了治学取向的时代转变。

"群众",由当时"做杂志"的胡适等人提倡的"整理国故"却能不胫而走,很快风靡全国。学者研治的对象基本未变,而其社会反应适成对比,充分体现了"话语权势"的转移。而整理国故的迅速流行,部分也因为只有国故才是中国新旧学者相对得心应手的治学对象,其间国学的科学化(这样便不再是"旧学"甚至不那么"中国")更是起到了重要的作用。[1]

梁启超虽是胡适的先辈,但在整理国故方面却不能不追随那时更受"阅杂志之少壮诸君"拥戴的胡适,他于1923年初在东南大学说,"近来国人对于知识方面,很是注意。整理国故的名词,我们也听得纯熟。诚然整理国故我们是认为急务,不过若是谓除整理国故外遂别无学问,那却不然"。与胡适不同的是,梁启超明确指出"我们中国文化比世界各国并无逊色。那一般沉醉西方,说中国一无所有的人,自属浅薄可笑"。梁并赞扬东南大学的同学"从不对于国学轻下批评,这是很好的现象。自然,我也闻听有许多人讽刺南京学生守旧,但是只要旧的是好,守旧又何足诟病?"[2]。

当胡适几年前在《新思潮的意义》里提出整理国故时,大致还是偏于批判的一面,但随着整理国故的风行,胡适对整理国故的态度也渐趋积极。1924年1月他在东南大学就此发表演讲时明确指出,"两年前来宁的时候,曾在贵校讲演'研究国学方法'。那时有许多朋友都说是偏于破坏方面,提倡坏古;于建设方面,多未谈及。故今天仍继续从前的谈谈"。这就是说,他对于国学的态度已从破坏转向建设,且公开说明"个人现在的研究所得,比前年那时候的意见,稍为不同,故很高兴乘此机会谈谈"[3]。

实际上,胡适对整理国故的迅速风行或无充分的思想准备,但在其已经流行之后又曾一度受世风影响而拟放弃教书,以此为专门事业。张彭春在1923年2月为我们记下了胡适的这一转变:"昨晚饭在B〔按似

---

[1] 参见罗志田:《走向国学与史学的"赛先生"——五四前后中国人心目中的"科学"一例》,《近代史研究》2000年3期。
[2] 梁启超:《治国学的两条大路》,《饮冰室合集·文集之三十九》,114、119页。
[3] 胡适:《再谈谈整理国故》,《国故学讨论集》第1集,21页。

为张伯苓］家。适之说将来不再教书，专作著作事业。整理国故渐渐的变为他的专职。国故自然是应当整理的，而适之又有这门研究的特长，所以他一点一点的觉悟出来他一身的大业。"[1]现存胡适日记恰不包括1923年初那几个月，他自己怎样记录这次谈话尚属未知；当时北京的政治大环境及胡适个人在北大的小环境都有些不顺，所以他放弃教书的打算或受别的因素影响。[2]但胡适的转变应该也还有本身的主动性，那正是他开始主编《国学季刊》和为清华留美预备生开大规模的"最低限度国学书目"之时，他恐怕真有干一番新事业的计划。

由于梁、胡这样被"公认"的学者从不同的角度提倡研究国学或整理国故，国学的吸引力大增。胡适在1923年说，"这四五年来，我不知收到多少青年朋友询问'治国学有何门径'的信"[3]。此语如果属实，很能表明当时青年中欲治国学者甚众。张彭春读了胡适的《一个最低限度的国学书目》，便也想尝试一下国学研究。他知道自己古书的底子不厚，所以拟"不拿全体所谓国学的来研究，［而］用问题做线索，做一部分的搜集。先秦的名学，适之做过一度的整理。谁来做先秦教育的调查？这种事或者可以得任公的帮助。可惜我古书的底子太浅了！不过可以给将来的学生做一个试验，看看一个没读过古书的人能否作国学的研究"[4]。今日的专家或者会认为让没读过古书的人来做国学的研究不免想象力太丰富一点，但这恰提示了国学在那时的吸引力，亦即时人对研究国学之必要性或正当性的认可（不研究全体而用问题做线索，又是所谓现代学术与传统学术的区别所在，也是时代转折的一个表征）。

但梁启超和胡适对国故或中国文化的根本态度毕竟不同，而梁、胡

---

[1] 张彭春：《日程草案》，1923年2月20日。
[2] 到1923年10月，胡适曾和丁文江讨论他自己的去留问题，丁提出三策："移居南方，专事著作，为上策。北回后，住西山，专事著书，为中策。北回后，回北大，加入旋涡，为下策。"胡以为，"上策势有所不能，而下策心有所不欲，大概中策能实行已算很侥幸的了"。《胡适的日记（手稿本）》第4册，台北远流出版公司，1989—1990年，1923年10月19日（原无页）。这说明胡适放弃北大已到实际考虑的程度，而专事著述确为其第一选择，大致可以印证张彭春的记载。
[3] 胡适：《一个最低限度的国学书目》，《胡适文存二集》卷一，165页。
[4] 张彭春：《日程草案》，1923年3月10日。

演讲的东南大学恰于1922年办出了一份以"昌明国粹,融化新知"为宗旨的杂志《学衡》[1],这份似旧还新的杂志的出现以及1925年章士钊创办新的《甲寅周刊》,在很大程度上影响了整理国故活动的走向,甚至可能是导致其衰落的重要因素。两份杂志的主事者都具备不比一般新文化人差的西学素养,而其对国故的态度颇接近上引梁启超的主张,这就给新文化人以有力的挑战:眼看其倡导的整理国故事业如日中天,自难放弃,但继续推动整理国故则有与这两份杂志"同流合污"的嫌疑。

新派内部对整理国故本缺乏充分的共识,面临这样的挑战更导致其不同观念的重新碰撞与竞争;从1923年起,新派内部就整理国故问题展开了一场整合观念的论争,有意思的是本来与整理国故相对疏远的文学界新人物也对此发生了较强的兴趣,参与到这一论争之中;尤其是文学研究会所掌握的《小说月报》专门刊发了一组论证整理国故与新文学运动关系的文章,旨在为整理国故正名。

如果放弃传统的"文苑"与"儒林"之分,而依照前引熊十力和抗父的分类,这些文学界人其实也都属于"做杂志"或"阅杂志"的人这一大类;不仅他们,从新派人物所欲与之区别的《学衡》和《甲寅》到后来也参与论争的创造社同人以及在当时各报副刊上立说诸人,大致都可列入与"杂志"相关的新兴群体;[2]思想上对立或歧异的新旧群体在社会分野上却大体接近,这是一个溢出本书范围却非常值得探讨的现象,此不赘。下文先讨论文学研究会为整理国故正名的努力以及会内会外一些保留和反对的意见。

二 正名的努力:整理国故与新文学运动

在经学已走向边缘的民国初年,整理国故实际上更多偏重于史学,然其对文学界也产生了较大影响。1921年《小说月报》改由文学研究

---

[1] 参见沈松侨:《学衡派与五四时期的反新文化运动》。
[2] 陈以爱先已注意到报纸杂志与整理国故得到普及的关系,参见其《"整理国故"运动的普及化》,"五四运动八十周年学术研讨会"论文,台北政治大学,1999年4月24—25日。

会的沈雁冰编辑，新设"研究"栏，专以"介绍西洋文学变迁之过程"和"整理中国文学变迁之过程"为要归；同时该刊发表的《文学研究会章程》也宣布"以研究介绍世界文学、整理中国旧文学、创造新文学为宗旨"；郑振铎在其《文艺丛谈》中复明确提出，"现在中国的文学家有两重的重大的责任：一是整理中国的文学；二是介绍世界的文学"[1]。三者皆以整理中国文学为新文学的主要目标之一，大致反映了整理国故风潮鼓荡下文学研究会同人当时的愿望。

但后来《小说月报》实际仍以介绍外国文学为主，整理中国文学却基本未见实行。读者陈德徵于1922年5月来信，重提整理中国文学的要求。陈以为，"中国夹以伟大的国民性，在几千年历史当中，可说充塞了文学的天才或天才底作品，彼底质既厚而量又富，难道不值得研究？就使中国民族是被损害的民族，也应有彼特有的长处，难道不值得研究？"，总之，"中国文学，有彼自己底位置，我们除非有意蔑视，终当引为急宜研究的一件事"。但他也特别"郑重声明"说："我并不是希望专研究外国文学者转向以复古"，尤其不赞成"和《学衡》派一样"复辟式的复古。"我以为应拿现在的眼光思想去窥测批评中国文学，我以为应拿现在的运动和文字去反证和表述中国文学。"[2]

沈雁冰复信表示原则赞成，指出"研究中国文学当然是极重要的一件事，我们亦极想做，可是这件事不能逼出来的。我的偏见，以为现在这种时局，是出产悲壮慷慨或是颓丧失望的创作的适宜时候，有热血的并且受生活压迫的人，谁又耐烦坐下来翻旧书呵。我是一个迷信'文学者，社会之反影'的人，我爱听现代人的呼痛声、诉冤声，不大爱听古代人的假笑伴啼、无病呻吟、烟视媚行的不自然动作。不幸中国旧文学里充满了这些声音。我的自私心很强，一想到皱着眉头去到那充满行尸走肉的旧籍里觅求'人'的声音，便觉得是太苦了"。值得注意的是沈

---

[1]《改革宣言》；郑振铎：《文艺丛谈（一）》《文学研究会章程》，《小说月报》12卷1号（1921年1月），2、4页，附录栏1页。
[2] 陈德徵来信，1922年5月6日，《小说月报》13卷6号（1922年6月），通信栏1—2页。

雁冰说他"去年底曾也有一时想读读旧书，现在竟全然不想了"[1]。可知当他筹备改革《小说月报》时还受到整理国故风气的影响，确曾试图回头整理中国旧书。但他何以短短几个月就改变初衷呢？一个重要原因恐怕正是陈德徵自己也想划清界限的《学衡》派提出了类似主张。

另一读者也来信指出文学研究会的章程上有"整理中国固有文学一项，迄未见有何表现"，沈雁冰答复说："文学研究会章程上之'整理中国固有文学'，自然是同志日夜在念的；一年来尚无意见发表的缘故，别人我不知道，就我自己说，确是未曾下过怎样的研究工夫，不敢乱说，免得把非'粹'的反认为'粹'。今年提倡国粹的声浪从南京发出，颇震动了死寂的空气；我拜读了好几篇，觉得他们的整理国故有些和孙诒让等前辈同一鼻孔出气——是表彰国故，说西洋现今的政法和思想都是我国固有的。这其间，难免牵强附会，往往有在'中籍'里断章取义以比附西说等等毛病。就算都不牵强附会，究竟'述祖德'的大文章和世界文化之进步有什么关系，那我可真不明白了。我觉得现在该不是'民族自夸'的时代，'民族自夸'的思想也该不要再装进青年人的头脑里去罢？我对于这样的'整理国故'真不胜其怀疑了！"[2]很明显，正是南京"提倡国粹的声浪"导致了沈雁冰对整理国故的怀疑。

不过，沈雁冰也表示，"照现在'假古董'盛行的情势而论，我反极盼望懂得真古董的朋友们出来登个'谨防假冒'的广告呢！"。这一点他在为其所编的《小说月报》写的《最后一页》中再次提出："现在'保存国粹'之声又很热闹，但其中恐怕难免有许多被误认的'粹'；我们觉得若以'非粹'的东西误认为'粹'，其罪更甚于'不保存'。这一点我们要请大家注意，特于七号起加辟'故书新评'一栏，发表同人的管见，并俟佳篇；兼以为小规模的'整理国故'的工夫。"[3]这是一种

---

[1] 沈雁冰复陈德徵，《小说月报》13卷6号，通信栏2—3页。
[2] 万良濬来信，1922年5月24日；沈雁冰复万良濬，《小说月报》13卷7号（1922年7月），通信栏2—3页。
[3] 沈雁冰复陈德徵，《小说月报》13卷6号，通信栏3页；沈雁冰：《最后一页》，《小说月报》13卷6号。

试图暗中修改"整理国故"运动方向的努力,即侧重于指明国故中"非粹"的成分。后来这一专栏实际只刊出两期,均俞平伯评《红楼梦》的文字;到次年《小说月报》改由郑振铎编辑,则以"读书杂志"栏目刊登"朴社"(详后)之人的更小规模的整理国故小文,但基本不以甄别"非粹"为导向了。

到1922年10月,郑振铎在《文学旬刊》上发表《整理中国文学的提议》,文章的题目明显可见"整理国故"的影响。他提出,"我们要明白中国文学的真价,要把中国人的传说的旧文学观改正过,非大大的先下一番整理的功夫,把金玉从沙石中分析出来不可"。不过郑氏的基本精神仍是站在"现代"立场上破旧立新,他认为"研究中国文学,非赤手空拳从平地上做起不可。以前的一切评论、一切文学上的旧观念都应一律打破。无论研究一种作品,或是研究一时代的文学,都应另打基础。就是有许多很好的议论,我们对他极表同情的,也是要费一番洗刷的功夫,把它从沙石堆中取出,而加之以新的证明、新的基础"[1]。

1922年底,《小说月报》的读者润生来信,再次强调"整理我国文学尤为今日切要急需之图",其理由有二:一是中国"立国数千年,书籍简册,汗牛充栋;思想学说,繁杂混乱。其中自有精华,未能一笔抹杀;惜乎沙金混淆,且遭前儒迂谬的注解,使真相湮没。致学者无从,教者无力,以讹传讹,反使先进的中国没有明晰的文学思想,这是很可悲的!挽救这种流弊,必须赶紧将我国杂乱的文学,用科学的方法、实验的态度、现在的思想、平等的眼光,整理研究一番,各给他个真价值,以后研究的学者得许多利益"。二是世界文学思潮变迁不已,"我国随时只管盲从的吸收,自家的精神在什么地方?病症是什么?也认不清楚"。人云亦云,只知追随,"是大不好的。应当先整理洞悉了自家的产业,再取他人之长,补己之短;再发挥光大,与世界思潮互相补助、互相竞争,做到圆满的地步。总之要想吸收欧洲文学,治愈我国的病症,

---

[1] 郑振铎:《整理中国文学的提议》,《文学旬刊》51期(1922年10月1日),1—2页。

非先整理我国文学不可。因为这两个理由，整理国故实不容缓了"[1]。

该刊的新编辑郑振铎答复说："尊见极赞成！我们在前年的时候，就已有刊行《中国文学研究号》的计划，因为此事比较的不容易办，所以就此搁延下去，现在正积极进行，大约在今年明年之间，此特刊必可出版。"[2]实际这一特刊到1927年始以第17卷号外方式出版，但《小说月报》在1923年1月号先刊发了一组"整理国故与新文学运动"的专题讨论，郑氏的按语说，"这个讨论的发端，是由几个朋友引起的。他们对于现在提倡国故的举动，很抱杞忧，他们以为这是加于新文学的一种反动。在这种谈话里，我们便常常发生辩论。究竟整理国故对于新文学运动有什么影响呢？到底是反动不是呢？抱这种同样怀疑，想必不少。所以我们便在此地把我们的辩论写在纸上公开了。所可惜的，就是那几位持反对论调的——便是主张整理国故是对于新文学的一种反动的——人，都未曾把他们的意见写下来。所以此地所发表的大概都是偏于主张国故的整理对于新文学运动很有利益一方面的论调。我们很希望读者们能够把他们的意见也告诉给我们知道。尤其欢迎的是反对的意见"[3]。

这里最值得注意的就是怀疑或反对整理国故的人是在新文学运动阵营内部，他们认为整理国故对新文学运动的影响是负面的，是一种"反动"；而郑振铎等显然认为有必要予以澄清，应正面支持整理国故的努力。从双方的关怀中可以见到1919年那次关于国故论争的持续性，即整理国故是否是"正当"的学术活动这一问题仍未解决，所以这一次讨论也可视为新派为整理国故"正名"的持续努力。而且，正因为有《学衡》派类似主张的出现，新派中这些支持整理国故的人更加感觉到为自己的活动正名的必要。

讨论的发言人大致为参与文学研究会活动的商务印书馆人士，本来整理国故的具体活动明显更偏向史学，这些人却多数以文学为主要

---

[1] 润生来信，1922年12月21日，《小说月报》14卷2号（1923年2月），通信栏1页。
[2] 郑振铎复润生，《小说月报》14卷2号，通信栏1页。
[3] 《小说月报》14卷1号（1923年1月），1页。

兴趣，他们忽然对整理国故有了这样的兴趣，主动出面为之正名，很可能受到北大国学门主力顾颉刚的影响；顾氏那时因家事请长假暂居南方为商务印书馆编教材，颇参与文学研究会的活动，并与其中一些人组成"朴社"，后者的名称提示着其学术旨趣远超出文学的范围而更接近时人所说的国学（后来实际更多落实在史学）。[1]钱玄同1923年2月致顾颉刚的一封信中说，从胡适处得知"先生们将藉商务来发表些'整理国故'的成绩，这是我想希望先生们干的事"[2]。可知文学研究会诸君的确是有意识地参与整理国故的活动。

实际上，顾颉刚也是讨论者中唯一具体参与了胡适倡导的整理国故活动的人，所以他的言论或较多反映了以北大为中心的整理国故运动的"内部"观念，而其余人则更多属于"外部"的支持者。顾氏以为，前人与今人对于国故有一个"实行"和"研究"的区别。"从前人对于国故，只有一个态度，就是'择其善者而从之，其不善者而弃之'。他们认定了一个自己愿入的家派，就去说那一个家派的话。一个家派中最早的人的说话，就是一个家派的学问基础"。所以这些人治学和整理国故都有门户之见，"还是宗教的态度"。但"我们是立在家派之外，用平等的眼光去整理各家派或向来不入家派的思想学术。我们也有一个态度，就是'看出它们原有的地位，还给它们原有的价值'。我们没有'善'与'不善'的分别，也没有'从'与'弃'的需要。我们现在应该走的路，自有现时代指示我们，无须向国故中讨教诲。所以整理国故之故，完全是为了要满足历史上的兴趣，或是研究学问的人要把它当作一种职业"[3]。

这一见解大致是胡适几年前给毛子水信中提出的观念的发挥和完善，但顾氏提出的区别在那时仍是少数人持有的观念，一般"没有学问兴味的中国人"却不明白这一区别，"他们以为新与旧的人截然两派，

---

[1] 参见顾潮：《顾颉刚年谱》，71—89页。按文学研究会在整体上与整理国故的象征胡适等人的文学观有相当的差异，此次的公开支持整理国故尤可见朴社的作用。
[2] 钱玄同致顾颉刚，1923年2月9日，《小说月报》14卷5号（1923年5月），通信栏，按此信后收入《古史辨》第一册时删去了这一段。
[3] 本段与下两段，顾颉刚：《我们对于国故应取的态度》，《小说月报》14卷1号，3—4页（栏页，下同）。

所用的材料也截然两种：研究了国故就不应再有新文学运动的气息；做新文学运动的也不应再去整理国故。所以加入新文学运动的人多了，大家就叹息痛恨于'国粹沦丧'了。他们不知道新文学与国故并不是冤仇对垒的两处军队，乃是一种学问上的两个阶段。生在现在的人，要说现在的话，所以要有新文学运动。生在现在的人，要知道过去的生活状况，与现在各种境界的由来，所以要有整理国故的要求"。

与1919年《新潮》同人特别是毛子水对国故的认知相比，这样一种对待国故的态度明显要温和得多。顾颉刚进一步解释说："国故的范围很大，内容也很杂，所以要整理到科学的境域，使得我们明白了解古人的生活状况，对于他们尽心力造成的成绩有确当的领会与处置。国故里的文学一部分整理了出来，可以使得研究文学的人明了从前人的文学价值的程度更增进，知道现在人所以应该做新文学的缘故更清楚；此外没有别的效用。"这里顾似乎是在针对害怕"国粹沦丧"者立言，而他的老朋友王伯祥据同理则更多针对怀疑整理国故的新派。

王伯祥观察到同样的现象："现在研究文学的人，往往把'整理国故'和'新文学运动'看作两件绝不相涉的事情，并且甚至于看作不能并立的仇敌。其实这是绝大的冤屈！因为他们俩在实际上还是各有各的位置，各有各的真价，尽有相互取证、相互助益的地方。"他认为两者"在学术研究上的地位，实在同样的重要"。前者是"历史的观念"，后者是"现代的精神"，今日都"不可偏废"。盖"无论什么事物，必有他历史上的过程，我们在历史上寻究他的来源，观察他的流变，当然也是分所应为的事，决不致一做这些工夫，生活便会倒向退步，仍旧回到从前的老路"。所以，"历史观念非但不会损害现代精神，而且可以明了现代精神所由来，确定他在今日的价值"[1]。

王伯祥本来就主张"新旧调和"，而"历史观念"在这里也支持了文学的区域性和民族性。[2] 故他认为，"介绍外国文学作家的生平，固

---

[1] 王伯祥：《国故的地位》，《小说月报》14卷1号，5—6页。
[2] 参见本书第5章。

然是切要而且有益的事业",但"中国的文学作家为什么就不应介绍呢?"。"各国自有各国的精神,也可说各国自有各国的国故。譬如研究法国俄国文学的人,要想察出一个现在的法国俄国来,便不能不略究法国俄国的国故。那么要在中国民族头上建设一种新的文学,怎么可以仇视自己的国故呢!"中国文学"假使还有一线可传的价值,那就不能不先求真相的了解。但中国历来的文学精神,都散附在所谓'国故'之中,我们若要切实地了解他,便不容不下一番整理的工夫"。那些"宣传新文学的人一见到人家谈到'国故',便痛斥'关门自绝于世',便指笑以为'献媚旧社会,没有奋斗的精神'",这其实也是在治学上自设樊篱的表现。[1]很明显,王伯祥和几年前《国故》派的张煊一样,正是要为中国的"国"与"故"争地位。

另一位讨论参与者余祥森提出,"旧文学底实质,和新文学底实际是一样的;因为他们同是文学,同是普遍的真理表现;所以凡是真正的文学作品,都有永久的价值。不过他们的范围广狭不同罢了;旧文学的范围是局于小部分的人民小部分的土地;新文学的范围是及于全人类、全世界。所以旧文学中思想有不适用于现时代;这并非旧文学自身错误,实因为范围太少[小?]的缘故。这种的关系不单国故是这样,就是外国旧文学也是这样的。所以新文学的基础,[不]当单建在外国旧文学上面,也不当单建在国故上面,须当建在外国旧文学和国故的混合物上面。这种的新文学,才算是真正的新文学"。因此,"整理国故就是新文学运动当中一种任务,他的地位正和介绍外国文学相等"[2]。

本来文学研究会的宗旨即是在介绍世界文学和整理中国文学的基础上创造"新文学",当时人普遍认为新文学应该是"世界的"而非一国的,但这里要介绍的是"世界"的而非"外国"或"西洋"的文学,再次体现了许多人心目中"世界"与"西洋"的共同性;复由于新文化人那强烈的面向未来的倾向,"西"本是"新"的代名词,很多人似乎

---

[1] 王伯祥:《国故的地位》,《小说月报》14卷1号,6页。
[2] 余祥森:《整理国故与新文学运动》,《小说月报》14卷1号,7—9页。

不知道或以为不必考虑西方也有"故";结果,在常规"世界"范围里"外国旧文学"与中国"国故"的相似性被忽视了。外国也有"旧文学"与当时思想界流行的"西方也有臭虫"的思路其实是类似的,都是"西方分裂"的表征;几年前《国故》杂志已论及此,这一次《小说月报》的讨论者感到有必要就此再次提醒读者,提示着过去"旧派"的主张现在已变成新派中一部分人的观念。[1]

余祥森以为,任务可以有分工,但"立在新文学运动旗帜之下的人们,无论他选择何种任务,大家须要互相敬重、互相补助,方才能够收运动的效果"。正如王伯祥所说,研究学问"只有一个公开的态度。我认为相类的,固应采取;即我认为反对的,也应一究他们的真相"。这样才"可以寻出为什么必须采取,为什么应当反对的道理来,一切问题才有了解决。决不应掺杂丝毫宗教的精神,只顾壁垒森严地自己说话,绝不容纳他人的意见"。余氏注意到,当时"许多的青年们感于吾国千年以来思想之桎梏、进步之迟钝,由是对于国故的信任心变为薄弱,甚且有的因怀疑而至断定他没有文学的价值",其原因就在于他们"只有笼统的感情作用而没有精确的理性观察"。[2]"笼统"本是新文化人攻击中国传统的口头禅,以"宗教精神"说"家派"的话也是当时受到攻击的中国旧相,而"理性"则是时人所谓"现代"的重要成分(今日亦然);如此看来,那些反传统的"青年们"的思想方式不仅不够"现代",根本就仍是"传统"的,这真是绝妙的讽刺。

不过,"青年们"对传统(国故)的不信任也非无因,郑振铎即发现"近来日报及杂志"上"许多讨论国故的文字"有三项"通病",一是"没有新的见解",二是"太空疏而无切实的研究态度",三是"喜引欧美的言论以相附会"。他提倡以"切实的研究"来补救,即"以诚挚求真的态度去发现没有人开发过的文学的旧园地"并"采用已公认的文

---

[1] 参见本书第5章;罗志田:《二十世纪的中国思想与学术掠影》,134—159页。
[2] 余祥森:《整理国故与新文学运动》;王伯祥:《国故的地位》,《小说月报》14卷1号,7—9、5页。

学原理与关于文学批评的有力言论,来研究中国文学的源流与发展"。[1]所谓"已公认的文学原理",当然是外来的,郑氏反对的主要是对欧美言论的"附会"而主张实际的"采用"。

郑振铎明确提出,"我主张在新文学运动的热潮里,应有整理国故的一种举动"。而其"整理国故的新精神",即"'无征不信',以科学的方法来研究前人未开发的文学园地"。他认为新文学运动不仅要创作翻译,而且"更要指出旧的文学的真面目与弊病之所在,把他们所崇信的传统的信条,都一个个的打翻了"。他强调:"我们怀疑,我们超出一切传统的观念——汉宋儒乃至孔子及其同时人——但我们的言论,必须立在极稳固的根据地上";同时也要"重新估定或发现中国文学的价值,把金石从瓦砾堆中搜找出来,把传统的灰尘从光润的镜子上拂拭下去",而将"正统派文人所不齿的"文学作品发掘出来。郑氏对中国文学的态度虽然是破坏与开发并存,但原来儒家"正统派"所珍视的"传统"是明确不被认可的。他的主张大致与胡适的观念相近,不过他所攻击的对象也包括把"贾宝玉的说话也都当做白话诗看"这种"旧的文艺观念",又体现了他与胡适在具体文学见解上的歧异。

此次讨论虽因对整理国故的怀疑所发,刊物的编者显然充分利用了其对言论表述的"控制"力量,并未发表任何反对的言论;郑振铎虽然在按语中说欢迎读者的意见,尤其是反对的意见,实际上此后该刊基本未曾发表任何反对或赞成的意见。[2]这提示着此次讨论根本就是要为将整理国故扩大到文学领域而"正名",未能发表进一步支持的言论可能意味着新派中对整理国故持明确赞同态度的人恐怕不多,或其表述并未能超出此次讨论的内容。实际上,这次发表的言论中有些并不特别支持整理国故,说明一开始这一正名的努力就未必特别成功。部分或因为文学研究会在整体上与整理国故的象征胡适等人的文学观有相当的差异,所以支持而稍带勉强便成了部分讨论者的特征。

---

[1] 本段与下段,郑振铎:《新文学之建设与国故之新研究》,《小说月报》14卷1号,1—3页。
[2] 直到1929年《小说月报》再次讨论"国学问题",那时郑本人的态度有了根本的转变,转而大力反对"国学",详后。

严既澄就发表了一篇抽象支持整理国故而实际反对胡适等人的具体整理方式的批评文字，直接针对胡适关于白话诗的观点。他知道"我这些意见，自许多人的眼光看来，是很陈腐无聊的"；但他表示，"我觉得振铎既然在《小说月报》上辟出这一栏讨论来，我着实有说几句话的必要，以表示我对于振铎此举的同情和欣悦"。可知他有不得不说话的勉强感，显然是支持郑振铎个人胜于支持整理国故。由于胡适和整理国故的明显关联，支持整理国故而不支持胡适所从事的"整理"是比较困难的。严氏以界定"整理"为开端，提出"所谓整理，就是从浩如烟海、漫无端绪的载籍中，理出一条道路来，使诵习的和学作的人得一条便利的可以遵循的正路"。但他此后的论述则力图表明胡适以白话来理解和诠释"韵文及诗歌"，并以"现在的标准"来"评判古人所作的东西"，实在就是一条"歧路"。[1]

沈雁冰的言论其实并未正面支持整理国故，但也没有反对，只针对新文学引起的"反动"说了一些模棱两可的话，最多可以算作很勉强的支持。他认为中国社会上一般人往往用物极必反的循环论来观察事理，比如新文学运动本是"一件对于学术思想史上极有关系的革新运动，却被他们看作喜新厌旧的心理的表现"，视为文言文太盛的反动；其实"四五年前突兴的新文学运动，显然含有深湛的社会的意义，说他仅仅是旧有的文艺思想的反动，尚嫌失之肤浅"。同理，他们先就预料新文学运动不久也会有旧的反动，而"最近一二年来的整理国故声浪，就被他们硬认作自己的先见的实证了"[2]。

循环论的"最大的作用，就是使得一般人不以严肃态度去对待任何重大的事情。凡一种新运动初发生，不怕顽强的反抗论，却怕这种既不反抗又不研究而惟以游戏态度相对待的阿谀曲解者。反抗必争辩，争辩的结果就会有真理出来，而第三者——尤其是青年——便能从中抉择出是非来。所以反对论是间接有益于新运动的"。而阿谀曲解"对于创造

---

[1] 严既澄：《韵文及诗歌之整理》，《小说月报》14卷1号，9—12页。
[2] 本段与下段，玄珠（沈雁冰）：《心理上的障碍》，《小说月报》14卷1号，12—13页。

新文学与整理国故的本身，原无十分损害，但对于第三者——尤其是青年——却有绝大的恶影响"。所以他"希望努力创造新文学和整理国故的人们除低头用功外，还要多用些消毒工夫，先打破一般人心理上的障碍——误谬的循环论"。

沈雁冰的暧昧态度除了前引他自己在1922—1923年间观念的转变外，更多可能与当时重新受到重视的文言与白话之争相关。他在1923年4月注意到，"自从三月以来，《民国日报》的《觉悟》登载了十几篇关于'文言白话之争'的文章。这是春季国内文坛上一件极可喜的事，这也是宣传'白话'的一个好机会"。把文言白话之争的复兴看作可喜的事情与他当时对新文学的整体乐观看法相关，因为"一年多前，国内文学定期刊物还只有《小说月报》一种，那时的《小说月报》孤独地在那里攻击中国旧有的'文以载道'思想，提倡创作。……那时候，文艺界真不胜寂寞之感"。但"半年来国内文坛最可喜的现象是自动的文艺刊物之增多。据我们所知，新文学的定期刊物凡有十七八种，其中有十五种是自动的刊物。……半年的短时期内竟增加了十几种的文艺定期刊物，实在是新文学日益发展的证据"[1]。

在这样的乐观心态下，他在1923年底还针对"近来对于整理国故的一种异议"发表了反对意见。沈雁冰指出，"近年来整理国故运动的方法对不对，成绩好不好，原是极该批评讨论的；即使是过分严格的批评，也是社会所乐闻。但是现在有的批评整理国故，却不肯据理讨论，而徒凭主观，说整理国故的人们，不是老秀才乘势出风头，便是不通西文的人以此为藏拙之道、自炫之方；那种武断的态度、谩骂的口吻，几使读者疑是歇斯底里的患者。"[2]

但他对形势的观察很快逆转，不久即感到"这一年来，中国处于反动政治的劫制之下，社会上各方面都献出反动的色彩来。在文学界中，这种反动运动酝酿已久，前年下半年已露朕兆，不过直到今年方始收了

---

[1] 茅盾：《杂感》（1923年4月、1923年7月），《茅盾全集》（18），351、371—373页。
[2] 茅盾：《杂感》（1923年12月），《茅盾全集》（18），405页。

相当的效果，有了相当的声势。和其他反动运动一样，文学上的反动运动的主要口号是'复古'。不论他们是反对白话、主张文言的，或是主张到故纸堆寻求文学的意义的，他们的根本观念是复古。他们自然不肯明明白白说自己是复古的，他们一定否认自己是反动的"，所以要予以揭发。特别是第二种反动，"要到中国古书——尤其是'经'里面去找求文学的意义。他们的标语仍旧是'六经以外无文'。他们以为'经'是文之极则，子史已不足观。……这一等反动家，头脑陈腐，思想固陋，实在不值一驳；他们本不敢如此猖獗的，却因一则主张文言的一支反动派呶呶不休，引起了他们攘臂加入的热心，二则近年来'整理国故'的声浪大盛，'古书原来也有用处'，引得这班糊涂虫因风起波，居然高唱复古了"。这"两种反动运动，现在已经到了最高潮"，故"我们应该立起一道联合战线，反抗这方来的反动恶潮"。[1]

两种"反动运动"的互相支援似乎印证了陈独秀关于所有旧事物皆是相互关联的"一家眷属"的名论，沈氏观察到，"在白话文尚未在广遍的社会里取得深切的信仰，建立不拔的根基时，忽然多数做白话文的朋友跟了几个专家的脚跟，埋头在故纸堆中，作他们的所谓'整理国故'，结果是上比专家则不足，国故并未能因多数人趋时的'整理'而得了头绪，社会上却引起了'乱翻古书'的流行病"，导致了复古运动。换言之，正是整理国故使他原感乐观的文言白话之争发生了攻守势易的转变，虽然他"知道'整理旧的'也是新文学运动题内应有之事，但是当白话文尚未在全社会内成为一类信仰的时候，我们必须十分顽固，发誓不看古书；我们要狂妄的说，古书对于我们无用"[2]。

当新旧之间实际存在着"话语权势"的争夺时，新派的旗帜鲜明是非常必要的。针对有的白话作家"自己先怀疑白话文是否能独力担负发表意见抒写情绪的重任，甚至于怀疑白话文要'做通'，是否先要文言文有根基"这样的观念，沈雁冰强调："当白话还没有夺取文言的

---

[1] 茅盾：《文学界的反动运动》（1924年5月），《茅盾全集》（18），436—438页。
[2] 本段与下两段，茅盾：《进一步退两步》（1924年），《茅盾全集》（18），444—445页。

'政权',还没有在社会中树立深厚的根柢的时候,我们应该目不旁瞬地专做白话运动"。我们"必须相信白话是万能的,无论表现什么思想什么情绪,白话决不至于技穷,决不要文言来帮助"。他其实"知道新文学运动不是单纯的白话运动",但为了避免引起"复古运动",此时却不能退步。

不过,当时新派眼中所谓"目前的颇占优势的反动运动"恐怕有相当程度的虚拟意味,沈氏在1924年看到一年来"反动派却令小学生读文言做文言了",这与胡适看到的北洋政府教育部下令在中小学使用国语的政令(1920年命令小学三年内全用白话教材,1923年中学国文课本也都采用国语)适相矛盾。对新文学不甚满意的曹慕管就正式指控胡适利用政府的力量推广白话文,他说,清季已有人提倡白话文,但当时士大夫不过偶为之"以便通俗普及云尔。自适之新文学之一名词出,天下乃大响应。近更联络巨子,改革学制,凭藉部令,益肆推广";新文学所以能"不胫而走天下",正靠胡适以"政治手腕助之长也"。[1]

与几年前林纾与蔡元培论争时相类,新旧两造都认为(或实际看到)对方利用了超出文学或学术的势力,这是一个非常值得思考的现象。[2]或许胡适此时大力提倡整理国故正与他看到的乐观现象有关,则沈雁冰等看到的"反动派"或更多是"民间"力量的反映(沈氏在1924年春已云"一年来",应与主张读经的章士钊当年入阁长司法部无关,而章氏长教育部更在次年五卅以后)?何以一些民间的言论比政府的命令更使新派学人忧虑?是近代越来越强的"忧患意识"使然?还是"道统"的余威仍在?胡适在北伐后也转向自己主张的对立面,强调治学的材料与方法同样重要,希望青年不要走整理国故的"死路"(详后),这又是因为民间"反动派"的影响被看得越来越严重,还是新当政的国民政府在文言白话方面态度比北洋政府更守旧?这些问题已溢出

---

[1] 曹慕管:《论胡适与新文学》,《时事新报·学灯(副刊)》1924年3月25日,2版。
[2] 参见罗志田:《权势转移:近代中国的思想、社会与学术》,284—285页。

本书的范围，但显然还值得仔细思索求证。

当时的情形也确有令新派不乐观之处，倾向于《学衡》一边的张彭春在1925年就认为"文言白话的争一时不能分胜负。两个最大分别：一个是写出给人看，一个是说出给人听。写出人看的，说出人未必懂。只要人看了可以懂就够了。所以字句尽管往古洁处锻炼。……说出人听的，自然要人一听就懂。近来写白话的，有时所写的，人听了不能懂，那末，白话的活气脉他没寻得着，同时文言的简炼他已经丢开，这类白话文是现在最常见的。《学衡》《甲寅》不满意的白话十之八九都是这样的。所谓白话的活气脉是白话文能不能常久的主要关键"[1]。

按张氏的思想资源正从《学衡》和《甲寅》而来，说明这两个刊物对新派的挑战或比过去认知的更加有力。但他关于"文言"的认识其实并不传统，很可能即是新文化人"创造"出来的。因为真正的文言恰要上口能诵，所以决不仅仅是"写出给人看"；当时的白话文反更多是在"写出给人看"的方向上努力，在"说出给人听"方面其实相当欠缺——最注重民歌的顾颉刚在抗战前夕带领一批读书人写通俗的大鼓词，就发现与"民众的口语不一致"，只好请一个原业鼓书的艺人来校正。[2]

不过张彭春所谓缺乏"白话的活气脉"的确是当时白话文的重要弊病，因为许多白话作者根本就在追求国语的"欧化"；对多数识字者而言，欧化的"白话文"可能比文言更难懂。[3] 这样的白话后来竟然战胜了文言，真是典型的"功夫在诗外"，而其战胜的原因，自然也当往其他方面去寻找。

不知是因为整理国故的流风太盛还是社会转型时期许多既存的界

---

[1] 张彭春：《日程草案》，1925年7月23日。
[2] 《顾颉刚自传》（一），《中外杂志》（台北）47卷1期（1990年1月），21页。
[3] 这与新文化人的"启蒙"心态有关，他们并不特别去顺应民众的语言，而是想要改变民众的思想。五四后的两三年，许多人表示看不懂新小说，所以曾出现语体文是否应该欧化的讨论。沈雁冰承认许多人觉得"新式白话文"的小说"干燥无味"，但他明确指出："民众文学的意思，并不以民众能懂为惟一条件；如果说民众能懂的就是民众艺术，那么讴歌帝王将相残民功德、鼓吹金钱神圣的小说，民众何尝看不懂呢？所以我觉得现在一般人看不懂'新文学'，不完全是不懂'新式白话文'，实在是不懂'新思想'。"沈雁冰：《答梁绳袆》，《小说月报》13卷1号（1922年1月），通信栏2—3页。

限渐失制约效力,"文苑"之人关注"儒林"之事似乎成为当时的共相。[1]同样以文学为主要兴趣,但又以攻击文学研究会著称,并特别强调其与北大为中心的新文化派全无渊源关系的创造社同人也对整理国故发生了较大的兴趣,《创造周报》在1923—1924年间连续刊出好几篇评论整理国故的文章。与《小说月报》的讨论一样,这些文章的观念和主张并不一致,有的对整理国故基本持否定态度,但主要是有保留地容忍。

创造社同人都注意到整理国故的风行,郭沫若观察到,"整理国故的流风,近来也几乎成为了一个时代的共同色彩了。国内人士上而名人教授,下而中小学生,大都以整理相号召,甚至有连字句也不能圈断的人,也公然在堂堂皇皇地发表著作。这种现象,决不是可庆的消息,所以反对的声浪也渐渐激起。"[2]郑伯奇也说,"新思想与白话文学发生不一两年,国学运动就隐隐地抬起头来了。到现在,国学运动的声浪一天高似一天。随声附和的固然很多,而持强烈的反对意见的亦颇不少。我以为我们于此当持一种批评的态度。"[3]

成仿吾则视此为学术退步的一个新阶段,他说:"我们的学术界自从所谓新文化运动以来,真不知经过多少变迁了。变迁本是进步的一个条件,可惜我们所经过的变迁,不幸而是向退步一方向去的。最初,我们有所谓国语运动,这与我们这不三不四的革命一样,总算成功了。其次,我们有所谓学术运动;许多关于社会经济与哲学的书籍,真如雨后的春笋露了出来,不幸投机的商人虽多,好货完全没有……最后我们现在有所谓国学运动,这种运动怎样奇怪,与参加这种运动的人怎样无聊,我觉得没有适当的语言可以表出。"[4]

---

[1] 傅斯年的一句话大致代表了"儒林"一方的看法,他明言"国故的研究是学术上的事,不是文学上的事"(傅斯年:《毛子水〈国故和科学的精神〉附识》,《新潮》1卷5号,744页)。他所说的"文学"虽未必即与几年后《小说月报》这些人所说的"文学"概念完全相同,但大体是接近的。
[2] 郭沫若:《整理国故的评价》,《创造周报》36号(1924年1月13日),1页。
[3] 郑伯奇:《国民文学论(下)》,《创造周报》35号(1924年1月6日),6页。
[4] 成仿吾:《国学运动的我见》,《创造周报》28号(1923年11月18日),1页。

郑伯奇对此有同感（实际上创造社同人的一个共同点即是对以文学革命享誉全国的北京新文化人不满），他说，"我们自有文学革新运动以来，已有四五年了。其初，也颇有些新鲜气象，到了四五年以后的近日，早已暮气深沉，日趋衰运"。但他认为"文学界的衰运，不一定全是从学文学的人们所招致的。第一呢，提倡新文学的，对于文学的使命，不大了解，其提倡的态度，颇有些不很好的。再呢，新文学的兴衰，实在与新思想是相关连的，而现在思想界是销沉极了。但是我们不能始终受新文学提倡者的支配，我们也不能使新文学作思想界的应声虫。我们应该认定新文学的使命，自己决定新文学应走的方向。劈头第一最切要的，我们不得不提唱国民文学"[1]。这里最明显的意思是后辈不承认前辈高明，且明言要冲破"新文学提唱者的支配"。

有意思的是，郑伯奇要提倡的"国民文学"其实早已被当年的"新文学提唱者"所提出。陈独秀在1917年的《文学革命论》中已提及与"贵族文学"相对立的"国民文学"，不过那时他所说的"国民"注重的是"民"或民国之民（以区别于帝国之民）；而郑伯奇此时所说的"国民文学"显然更注重"国"，这里的"国民"已是民族主义（国家主义）或时人常说的"国民性"方面的含义了。名词未变，意思却已大变，与五四学生运动后群体倾向的国家意识上升的世风是相适应的。

尽管郑伯奇的国民文学更注重"国"，他还是传承了新文化运动时的"世界民"意识，故特别要说明"国民文学绝对不是利用艺术来鼓吹什么国家主义或新国家主义的。主义的信从是各人绝对的自由。……国民文学与国家主义毫无必然的关系，而提倡国民文学，更不一定要赞成国家主义"。不过他认知中两者的不相关联是基于艺术与政治的区别，双方在观念上的相近却是不容否认的，所以他也必须申明国民文学不致与世界文学冲突："我们是世界市民，我们是 Cosmopolitans，这是我们的理想；我们是中国人，是汉人，这是现实。"既然"是个中国人，他便要观照中国人的生活，感触中国人的性情，关心中国人的运命，这才是

---

[1] 郑伯奇：《国民文学论（上）》，《创造周报》33号（1923年12月23日），1—2页。

真正的艺术家、文学家"[1]。

由于"我们是中国人"这一不可逃避的"现实",国民文学与国学运动便有了不可分的关联:"国民觉醒了以后,必对于它自己先下一番研究工夫。或由历史回顾既往,或用理智解剖现在;其目的都是一样的;……我愿——我并且假定——这国学运动也和国民文学同样是中国国民自觉后的一种反省、研究,或自己解剖的运动。"因此"国民文学不是国学运动的分体,但是它有待于后者的地方。……一国民也如一个人一般是个生命的持续体,生命之流是前波注入后波的。我们先民的传说、神话,都是先人所遗精神上很丰富很宝贵的遗产,是国民文学家许多感动的源泉;但这些传说和神话都须待国学家的整理……埋没在时间的暗窟中的,全待国学家把它显放出来。历史上的伟大人物是一国民精神的支配者。国民文学家在这已死了的人物中发现国民灵魂,而把它们再现出来。但这人物的真正评价却有待国学家的研究。历史上的大事件亦复如此"。同时,国学家对先人遗传语言中优美瑰奇的语汇的整理和地方方言的搜集与研究,以及地方风俗的研究等,都是"国学家可以补益国民文学"之处。因此,郑氏表明,"国学家若不仅以抱残守缺为职志,则他们与国民文学家可以合作的事业正自不少。所以,我不仅不反对国学运动,我反很希望国学运动在正当的路径为很圆满的发达"[2]。

正是在这一点上成仿吾与郑伯奇尖锐对立,他激烈地指出:"国学运动!这是怎样好听的一个名词!不但国粹派听了要油然心喜,即一般的人听了,少不了也要点头称是。然而他们这种运动的神髓可惜只不过是要在死灰中寻出火烬来满足他们那'美好的昔日'的情绪,他们是想利用盲目的爱国的心理实行他们倒行逆施的狂妄。所以假使国粹派称新文化运动为清谈,我们当称这种国学运动为清谈中之清谈,遗害更加百倍的清谈。"成仿吾显然具有更加彻底的"世界主义"观念,他根本不

---

[1] 郑伯奇:《国民文学论(上)》,《创造周报》33号,3、5页。
[2] 郑伯奇:《国民文学论(下)》,《创造周报》35号,7页。

允许"中国"有"美好的昔日"存在，若有人去寻找便是倒行逆施。换言之，民族主义使"一般的人"支持国学运动，却恰恰导致成氏的反对。所以他呼吁"从事这种运动的人能够反省，我尤切愿他们不再勾诱青年学子去狂舐这数千年的枯骨"。[1]

成仿吾指出的考据学者勾诱青年学子去舐枯骨这一点的确是当时不少人的担忧，将此观点表述得最彻底的是吴稚晖，他那将国故"丢在毛厕里三十年"的名论相当流行。[2] 他们的支持者还相当不少，并自有其持论的理由。这些人立场更坚定、态度更鲜明，且经常援引"科学"以为助。当时一个较通行的观念是整理国故即使可行，也非中国的急务，还不到提倡的时候。即使少数专家现在就要整理国故，也不应诱导青年参与此事。沈雁冰即认为，"这三五年来，多数新文学的朋友们忘记了他们的历史的使命，竟要把后一代人的事业夺到自己手里来完成，结果弄成了事实上的'进一步退两步'，促成这一年来旧势力反攻的局面"[3]。

当初勉强支持郑振铎提倡整理国故的严既澄在"已经隐忍了许久"之后，终于在1924年4月"忍无可忍"地发言了，而且他的观念实代表文学研究会参与为整理国故正名的努力那些人中相当一部分人的意见。严氏说，他们在闲话时，"（叶）圣陶、（王）伯祥、（沈）雁冰诸君都说现在的学界里似乎又鼓动了'国故研究'的潮头，恐怕再过不久的时候，国故的风头也要出个十足，也要蓬蓬勃勃地像五四后的新文学一般，这真是骇人闻听的恶消息啊！细细想来，也觉得近日真有这样的一种趋势"。若此趋势"果真应了圣陶等人的话，胡适之和梁任公两位先生当然不能辞其咎"。他自己决定站出来挥洒"老少年"吴稚晖的余唾，以"拯救那些已经失足或快要失足而沉溺于'国故的孽海'

---

[1] 成仿吾：《国学运动的我见》，《创造周报》28号，1—3页。
[2] 参见本书第6章。
[3] 茅盾：《进一步退两步》，《茅盾全集》(18)，445页。

里的有用的少年"。[1]

严既澄同意吴稚晖关于国故的"界说",他强调,"必要是在现代的或将来的人生上有价值的"学问,才值得研求。故"我们的最切要的、最根本的学问,则第一要数那些足以帮助我们走上'合理的人生'或'丰富美备的人生'的途路上的学科。而我们目前能够看得出的最富于这种助力的学问,也便是我们最要研求、最要推广使普及于一切的人的学问。至于那些我们明明知道它是没有这种助力的、或现时尚未能证明它具有这种助力的学问,便不当让它们来霸占着我们的脑力,至少也不当让它们受着提倡鼓舞,使它们的势力得普及于最有希望的青年的身上"。而"所谓国故的无益于人生"这一点,当时的名儒(指胡适和梁启超)却未能看到。

他表示,国故中"有许多可以占一席地于我们的文化史上的东西,那是我们也愿意承认他们不是没有相当的价值的;但是我们所不能承认的是:一切用我们的方体字写成的书本都是能够在文化史上占有相当的位置的东西"。比如古今文人的专集,"即在四库所收的一部分里,也已经有十分之七八是没有多大价值的废材,就拿来付之一炬,也没有什么大不了的"。此外,"经史子三部以内的和中国文化史没有特殊关系的东西",也都是可供专家研读而不必让一般人看的。他因此"断定,所谓国故的载籍,只有很小的一部分,可算得是寻常的学者所应读的书"。

严氏进而认为,"等到中国有了很详细的、很完备的文化史以后,这些国故的载籍对于普通的学者便连他们在今日所占有的地位也要从兹失却。过去的时代所产生的文化,也跟着时代过去了;只要有人去把他综合起来,扼要地保存于详略得宜的文化史上",普通学者便可以读了。总之,"我们的国故,是过去的时代的人生的产品,和今日的人生没有

---

[1] 本段与下三段,严既澄:《国故与人生》,《文学(周报)》118期(1924年4月21日),2页;119期(1924年4月28日),1页。按文学研究会这些人(特别是王伯祥)的转变如果属实,也许和顾颉刚在1923年12月离沪返京有关。顾氏为整理国故的健将,又是王、叶的老友,他在1923年曾深入参与文学研究会刊物《文学》的编辑撰稿工作;如前所述,这些同人对整理国故的支持很可能受他影响,那时要公开表述对此的忧虑恐怕会有所"忍让"。

多大的关系,实不应再捧出来占据少年人的有限的脑力和精神"。严氏坦承,他"现时对于所谓国故的见解"是"比两三年前的见解已经进步了许多的"。

最后一语非常明确地表述出文学研究会那些曾经为整理国故正名的人在1923年前后态度有一个明显的转变,他们本来不过希望将国故中有价值的成分从沙石中"整理"出来,结果发现由于前有当世"名儒"的提倡,后有他们这些文学新秀的呼应,整理国故获得了始料未及的广泛影响,竟然有可能"蓬蓬勃勃地像五四后的新文学一般"形成风潮,这却是他们不希望看见的。他们更不愿意见到的是,这样的风潮如果形成,客观上很可能会支持被认为是"新文学"对立面的《学衡》等派别。

且当时整理国故的风行并不仅仅见于公开的提倡和支持这类形式的表态,由于多数中国学人耳熟能详的治学对象只有国故,整理国故实际已成为"科学"在中国的主要落脚地[1],许多并未表态支持甚至公开反对过整理国故的学者暗中也都曾有整理国故的个人计划,鲁迅即是其中的一个。表面主张青年人不读中国书的鲁迅其实视郑樵、顾亭林等人的学术甚高,他私下曾说:"渔仲、亭林诸公,我以为今人无从企及。此时代不同,环境所致,亦无可奈何。中国学问,待从新整理者甚多。即如历史,就该另编一部。古人告诉我们唐如何盛、明如何佳,其实唐室大有胡气,明则无赖儿郎。此种物件,都须褫其华衮,示人本相,庶青年不再乌烟瘴气、莫名其妙。其他如社会史、艺术史、赌博史、娼妓史、文祸史……都未有人着手。"他自己"数年前曾拟编中国字体变迁史及文学史稿各一部,先从作长编入手",终因许多具体困难而未能实行,"直到现在,还是空谈"。[2]

这是鲁迅1933年说的话,这里的"数年前"当约在北伐前后,至少不应早于1924年,可知他在许多人对整理国故的态度已转为消极后,暗中还在筹划"从新整理"中国学问,不仅有自己的计划,而且有较全

---

[1] 参见罗志田:《走向国学与史学的"赛先生"——五四前后中国人心目中的"科学"一例》,《近代史研究》2000年3期。
[2] 鲁迅致曹聚仁,1933年6月18日,《鲁迅全集》(12),184页。

面的思考。这样一个鲁迅与按照社会对其定位而发言的"鲁迅"是相当不同的,恐怕更加实在,也充分反映了整理国故那隐而不显的深入影响。与上述文学研究会中人一样,鲁迅希望经过"整理"的国故能使青年人更清楚地了解过去的"本相"。虽然不无"揭露阴暗面"的含义,到底也还有相当程度的建设意味。

郑振铎在1923年初曾提出,"我的整理国故的新精神便是'无征不信',以科学的方法来研究前人未开发的文学园地。我们怀疑,我们超出一切传统的观念——汉宋儒乃至孔子及其同时人——但我们的言论,必须立在极稳固的根据地上。"[1]这里虽然包括开发与破坏,但原来的"正统派"所珍视的"传统"是明确不被认可的。换言之,整理国故那"开发"的建设一面正建筑在重新诠释"传统"的基础之上。但是他后来却发现,无论怎样界定,不论取什么态度和方法,只要主张研究"国学"便等于是支持旧派(详后)。

前面说过,当文学研究会这样的新派在试图为整理国故正名之时,曾经包容或继承了1919年那次国故论争中"旧派"的一些观念,这似乎体现出新派中一部分人有从破坏走向建设的趋势。然而这一趋势未能持久,新旧之间强烈的互相不信任使得这一刚刚萌芽的建设性很快枯萎。文学研究会诸人在短短的两三年间对整理国故从基本支持到逐渐反对的态度转变,很大程度上恐怕受到陈独秀关于所有旧事物皆是"整体"的"一家眷属"、因而新旧之间从形式到内容皆不能共存这样一种观念的影响。[2]郑振铎自己到1924年8月便明确反对"新的思想不妨装在旧的形式里"的主张,认为"新酒必须装在新皮袋里",旧皮袋实"不合于现代的人装进新酒之用"。[3]

结果,前引顾颉刚观察到的从使用的材料或研究的对象来划分派别的看法越来越得到强化,新旧既然不两立,"新派"对任何"旧事物"都必须采取鲜明一致的态度。不仅因为"国故"本身带有明显的不合

---

[1] 郑振铎:《新文学之建设与国故之新研究》,《小说月报》14卷1号(1923年1月),3页。
[2] 参见本书第6章。
[3] 郑振铎:《新与旧》,《文学(周报)》136期(1924年8月5日),1页。

时宜的"旧"意味，同时也因为《学衡》《甲寅》等正提倡类似的主张。曹聚仁稍后观察到，"自《甲寅》周刊行世，'思想复辟'之声又盈乎耳。袒护之者，以为新思潮之末运已届，为时代中心者必将属之于摇首摇尾之冬烘先生；排击之者，则以为时代落伍之丑类，原不足扬已死之灰，第恐青年受其蛊惑，遂欲策群力以排去拦路之虎；甚焉者，以整理国故者'貌似阳虎'，亦以'思想复辟'目之。"[1] 不几年后，包括郑振铎在内的大部分新派都实际认同了从使用的材料或研究的对象来划分派别的观念，并在此基础上站在新派这一"家派"的立场来反对研究国故。

三 从治病到打鬼：整理国故运动的一条内在理路

在论及整理国故时，新派诸人基本皆同意中国旧书若不用"新眼光"予以"整理"是不能读的。所谓不能读有两方面的含义，一是国故无"系统"，不容易读；二是国故中"国渣"一类有害的成分太重，读者容易"受害"。胡适在1923年说："我们承认不曾整理的古书是不容易读的。我们没有这一番整理的工夫，就不能责备少年人不读古书。因此我们发起邀集一班朋友，要想把最有价值的古书整理出来，每一种成为可读的单本。"[2] 已被许多新人物视为"东方文化"派代表的梁启超也承认，"中国书没有整理过，十分难读"，不像"外国名著组织得好，容易引起趣味"。[3] 前引沈雁冰主张整理国故应侧重于指明国故中"非粹"成分的观念，则是第二种含义相当有代表性的表述。鲁迅所谓"褫其华衮，示人本相，庶青年不再乌烟瘴气、莫名其妙"，大约包括了两方面的含义。

实际上，在有关整理国故的讨论中从一开始就有一种思路，即从病理学的意义来看待整理国故，认为通过整理可防治中国固有的疾病。1919年毛子水在论证国故尚应研究时就指出，病人的死尸可以成为

---

[1] 曹聚仁：《春雷初动中之国故学》，《国故学讨论集》第1集，83页。
[2] 胡适：《拟整理国故计划（手稿）》，1923年10月28日，收入耿云志编《胡适遗稿及秘藏书信》(13)，黄山书社，1994年，380页。
[3] 梁启超：《国学入门书要目及其读法》，《胡适文存二集》卷一，224—225、229页。

"病理学上的好材料",而"中国的国故亦同这个死人一样"有其用处。因此,"研究国故,好像解剖尸体;科学的精神,就是解剖尸体最适用的工具"。他本来认为"古人的学术思想,不能一定的是,亦不能一定的非"。所以"研究国故能够'发扬国光',亦能够'发扬国丑'"。但其显然更多从后一角度看问题,故主张"吸收欧洲现代确有价值的学术",会有助于"医治我们学术思想上的痼疾";同样,"要研究国故,亦必须具有'科学的精神'的人,才能和上等医生解剖尸体一样得了病理学上的好材料。不然,非特没有益处,自己恐怕还要受着传染病而死"。[1]

这样一种观念为不少新文化人所分享,并持续存在于他们的言说之中。罗家伦论新派应当从事"整理旧学的事业"的一个理由,即是"种牛痘的医生,必须先用痘毒……对中国人说话,自然用中国材料容易了解、容易取信"。[2] 顾颉刚也认为,"我们要破坏旧社会,不可不先知旧社会的状况。但这种状况没有专载的书,要去参考研究都无从做起"。所以他主张征集"各处、各事、各业、各阶级的人情风俗",以利参考。[3] 换言之,研究旧社会的目的是破坏旧社会。不过这类言论在早期的讨论中尚不多见,沈雁冰在1922年所说"充满行尸走肉的旧籍"似仍未引起共鸣;到1923年下半年吴稚晖开始频繁使用负面词汇来陈述国故,其他人也跟进,如前引成仿吾希望"不再勾诱青年学子去狂舐这数千年的枯骨",便是一例。[4]

钱玄同那时也一再说,中国文化"现在尤其应该努力向着革新的路上走去!若再迷恋旧文化底尸骸,真是'害于而家,凶于而国',一定要闹到亡国灭种的地步!"。他以为凡寄于汉字的书籍之中的中国文化,"当然是指过去的已经僵死腐烂的中国旧文化",其中"'牛溲、马勃、败鼓之皮'到处皆是"。用进化论的正确眼光去看历史的益处即在于,

---

[1] 毛子水:《国故和科学的精神》,《新潮》1卷5号,734—737页;《〈驳新潮国故和科学的精神篇〉订误》,《新潮》2卷1号,47页。
[2] 罗家伦:《致熊子真函》,1920年5月28日,《新潮》2卷4号,837—838页。
[3] 顾颉刚致傅斯年,1919年8月11日,《学术集林》第1卷,256页。
[4] 就吴稚晖个人来说,这当然不是新的认知和表述,早在十几年前他在巴黎办《新世纪》时,就大量使用类似的负面词汇来描述中国的"国粹",说详本书第5章。

"我们看了祖先那种野蛮幼稚不学上进的样子，可以激起我们'干蛊'的精神"。所以他希望"有科学的头脑、有历史的眼光"的胡适和顾颉刚"最初做尝百草的神农，最后做配西药的药剂师"，从这样的取向去整理国故。若"有条理有系统的叙述国故的新书一部一部地多起来，不但可以满足一般人需求国故底知识之希望，而且还可以渐渐地改正他们对于国故的谬误的传统思想"[1]。

一年多后，钱氏承认自己十年前还"确是崇拜中国学术"，但十年来受了吴稚晖、胡适等许多益友的教训，"才大悟前非，知道研究中国的学术等于解剖尸体。就解剖而言，目的在求知该尸体的生理和病理"，故无论躯体的哪一部位"都是研究的好资料，应该一律重视。若就尸体而言，它本是一个腐烂了的废物，万万没有把它放在活人堆里与他酬酢的道理。所以研究中国学术和'发扬民族魂'是相反的；我赞同'整理国故'而反对'宣扬国光'"。钱玄同私下的态度要温和些，他主张胡适"不至于如吴[稚晖]老先生那样激烈，以为'整理国故'便不应该"；但仍鼓动胡适出来作"思想界底医生"，针对章太炎派的《华国》和《学衡》"打些思想界底防毒针和消毒针"。基本仍是从"治病"一途来看待整理国故。[2]

这些人的基本思虑当然还是"国故"不适合甚至妨碍中国应该走的"现代"道路。在钱玄同看来，"国故是过去的已经僵死腐烂的中国旧文化，所以它与现在中国人底生活实在没有什么关系"。更年轻的孙伏园对"现代"与"传统"的关系也更加态度鲜明，他认为："玄学[西来的而非魏晋的]、哲学、科学、人生观，都是活着的名词"，而"汉学、宋学、程朱陆王，都是死了的名词"；前者是"今日切要的问题"，后者不过是"中国学术史上的材料，现在中国社会上几乎一点留传的分子也没有，与现代学术上的名词如玄学、科学、哲学、人生观等等更是风马

---

[1] 钱玄同:《汉字革命与国故》,《晨报五周年纪念增刊》, 30—31页。
[2] 钱玄同:《敬答穆木天先生》(1925年),《钱玄同文集》第2卷, 中国人民大学出版社, 1999年, 188页; 钱玄同致胡适, 1925年5月10日, 耿云志编《胡适遗稿及秘藏书信》(40), 353—354页。

牛不相及……我们回头看看历史上这种争论，已觉得多属无谓，难道还要自告奋勇跳入死尸队中去参战吗？"[1]"传统"的中断在孙的言说中既是非常明显的现象，也是应该发生的事情；既然国故皆成"死尸"，实在不必怎样整理。

即使对整理国故大致取赞同态度的吴文祺在论证其"贡献"时也说，"我们退一百步讲，把中国的国故看作死尸吧，然而研究得奇病而死的死尸的结果，或者可以发明新医理；当它是细菌吧，然而研究细菌的结果，可以发明杀菌的药剂"。这都是吴氏眼中"国故研究之在学术上的根据"，虽然"退一百步讲"一语表明他的态度应更积极，其论证却未用一条稍微正面的比喻。与吴氏态度相近的曹聚仁更"为国故学下一评价语曰：'中华民族思想衰老之过程，由国故学可得其年轮；中华民族精神上之病态，由国故学可明其表里。故国故学非国糟，亦非国粹，一东亚病夫之诊断书，以备用药时之参证也'"[2]。

重要的是，不仅是一般所谓的新派有此看法，就是一些被视作"旧派"或接近旧派的学人也不能不同意中国"有病"。钱穆后来著《国史大纲》，开篇即曰："今人率言革新，然革新固当知旧。不识病象，何施刀药？"其"引论"凡15节，其中第12—14节即专论中国"病态"的渊源及复兴之道。他认为，"一民族一国家历史之演进，有其生力焉，亦有其病态焉"，惟"究生力必穷之最先，诊病况必详之最后"。钱穆承认，"今日之中国，显为有病，病且殆矣，万不容讳"，然此病象"推之最远，至于中唐安史之乱"；而中国"文化潜力之悠久渊深，则远在四五千年以上"。基于此，他反对一般新文化人论史"一切好归罪古人"的态度，相信中国"生机之轧塞郁勃，终必有其发皇畅遂之一日"。[3]钱氏对中国文化的态度与上述整理国故的提倡、支持或反对者有较大的

---

[1] 钱玄同：《汉字革命与国故》，《晨报五周年纪念增刊》，30页；孙伏园：《玄学科学论战杂话》，收入《科学与人生观》，134页。
[2] 吴文祺：《重新估定国故学之价值》；曹聚仁：《国故学之意义与价值》，均收入《国故学讨论集》第1集，37—38、82页。
[3] 钱穆：《国史大纲》上册，台北商务印书馆，1954年，2、22—28页。

区别，但他也认为中国自中唐以来便"有病"且愈病愈重，可知这一观念在那时相当普及。

从治史取向言，钱穆比较接近"新宋学"一流[1]，并不赞同他所谓的"科学派"或（"考证派"），以为该派本"承以科学方法整理国故之潮流而起"，虽"震于科学方法之美名"，却"往往割裂史实为局部窄狭之追究"；其学术渊源可上溯到因"怵于焚坑之酷"而"为训诂考据，自藏于故纸堆中以避祸"的清儒。[2]对清代汉学家这样的认知，或不免带有"汉宋之争"的遗绪；[3]惟钱氏本主张治国史要秉持"温情与敬意"态度，然无意中仍未能逃离其对立面"科学派"或整体世风的影响，他用"故纸堆"这一明显带有贬义的时代流行语来指谓古籍实有悖于"温情与敬意"的态度，关键在于这根本就是"科学派"中越来越通行的语汇。[4]

"故纸堆"当然是个旧词，但其在民初的逐渐流行正始于整理国故之后，并且经历了一个从"国学书"到"线装书"再到"故纸堆"的演变过程。1923年初，梁启超和胡适都开出了大量的"国学书目"。或者是因为其特别注重"物质"，或者是基于其认为中国工艺发展不足的观念，"国学书"到吴稚晖那里已被表述成为"线装书"。[5]再后来，时人对"国故"更多以"故纸堆"来代称。如前引沈雁冰说"多数做白话文

---

[1] 关于民国史学的"新宋学"取向，参见罗志田：《权势转移：近代中国的思想、社会与学术》，342—375页。
[2] 钱穆：《国史大纲》上册，3、18页。
[3] 比如，对于同样的现象，钱穆诠释为清儒"自藏于故纸堆中以避祸"，顾颉刚则认为是一大优点："清代的学风和以前各时代不同的地方，就是：以前必要把学问归结于政治的应用，而清代学者则敢于脱离应用的束缚。"顾颉刚：《古史辨第一册自序》，《古史辨》（一），77页。这个问题牵涉甚广，拟另文专论。
[4] 可资对比的是，在梁启超眼中，"科学派"的用语还要温和些，他在20世纪20年代完成的《中国近三百年学术史》中说："今日之揭科学旗帜以吓人者，加减乘除之未娴，普通生理心理之未学，惟开口骂'线装书'，闭口笑'玄学鬼'，猖狂于通衢以自鸣得意。"（《梁启超论清学史二种》，511—512页）钱穆于30年代末无意中的用语之负面意谓已超过十余年前的"科学派"，本身就说明对旧籍的称谓越来越差，同时也提示着这一负面称谓的越来越普及。
[5] 参见本书第6章。

的朋友跟了几个专家的脚跟,埋头在故纸堆中,作他们的所谓'整理国故'",结果是"社会上却引起了'乱翻古书'的流行病",便是一例。

与"故纸堆"这一旧词比较,"线装书"是个与"洋装书"对应的新词;其实际的存在虽然久远,但在"非线装书"尚未出现时,却并无这一称谓,就像久已存在的"中学"作为名词也是因有冲击的"西学"才出现一样。"线装书"与"洋装书"主要还是新旧(以及中西)的对比,其价值判断的负面意味是伴随着隐含的"旧"而来。这在当时也至为要紧,燕京大学神学和史学教授王克私(Philipe de Vargas)在论证新文化运动之"新"时特别强调,所有的新杂志和新书籍都不用传统的线装书那种纸张,而是用两面印刷的新式纸张,并"按西洋方式装订"。[1]作为时代的流行语,旧词"故纸堆"虽然在新词"线装书"之后,而其所表现的"旧"却比"线装书"更强,盖"故纸堆"所指称的"旧"已浮现在词汇的表面,价值判断的倾向性更加明显。

总体地看,从"国学书"到"线装书"再到"故纸堆"似乎都与"船坚炮利"为表征的"科技"有相当的距离,多少带有不够"物质文明"的虚悬意味,且这方面的含义呈越来越凸显的趋势。然而其中还有一个重大区别,即"线装书"与"故纸堆"的共性是都不像"国学书"那么注重书的内容而关注其形式,虽然其附带的价值判断之基础恰在于内容,表述中所重视的却已是书的形式,显然意味着原本更带"形上"意味的传统知识或学术已被"形下化"。

在这样一种内容被形式取代的"形下化"之后,对传统的继承和批判都更多反映在"态度"之上,而毋须实际的了解。也就是说,不甚知道"国学"的实际内容者既可以表态支持国学,也可以表态反对国学。故吴文祺发现,当时许多"老先生们以骈文、古文、诗词、歌

---

[1] Philipe de Vargas, "Some Elements in the Chinese Renaissance," *The New China Review*, IV:2—3 (Feb. & June, 1922), p.244. 实际上,洋装书这一装订方式在中国更多是所谓"东洋"的,盖西方传教士的宣传品长期都使用中国传统的单面印刷之线装方式,是大量中国学生到日本留学后才开始学习已流行于日本的"西洋方式"并逐渐在中国国内采用之。说详实藤惠秀:《中国人留学日本史》,249—280页。

赋、对联等为国学，听见人家谈整理国故，他们便得意扬扬地大唱其国学（？）复活的凯旋歌；而一般把学术看作时髦的装饰品的新先生们，也在'和老先生们同一的国学观念'之下，大声疾呼地来反对国学"。吴氏自己是主张区分"国故学"与"国学"的，所以他认为这"许多人都误会了"。[1]

其实这一"误会"的产生正源于传统学术本身被"形下化"，导致大家都去关注形式，而忽视了内容。结果，不仅"国学"变成一个虚悬而模糊的宽泛象征，"国故"也难逃此命运。曹聚仁注意到，"吾人一提及'国故'，则庞杂纷沓之观念交集于前。若就各观念一一考订之，则一切观念皆浮泛空虚，枵然无所有焉。此烨然于外而羌无其物之'国故'，即今日国内一般守旧学者所以支撑门面之工具，亦即偏激者流所等之于'抽鸦片裹小脚'者也"[2]。

胡适当时曾说，"我们的真正敌人不是对方；我们的真正敌人是'成见'、是'不思想'"。[3]许多国学或国故的拥护与反对者正是在"不思想"的"成见"驱动下相互冲突，而未曾感觉到他们在思想方式和态度上有异曲同工之妙。如吴文祺和曹聚仁所观察，那时其实已是"新先生"和"老先生"共振、"守旧者"和"偏激者"同流，这样一种诡论性的"对立统一"既反映了整理国故的广泛冲击力，也揭示了"国故"本身有疏离出学术论域而（作为一种象征）更多活跃在思想言说之中的倾向。

那时思想与学术两个领域的"激进"与"保守"是相当不同的，这一领域"激进"的人在另一领域可能相当"保守"。思想激进的成仿吾在学术观念上即相当保守（也许正是激进的态度导致了他在学术观念上不能有开放的胸怀），他认为近年"所谓国学运动，充其量不过能造出一些考据死去的文字，充其量不过能增加一些更烦琐的考据学者。近代的精神是就事物去考究，不闻是就死字去考究"[4]。这里的"死字"与

---

[1] 吴文祺：《重新估定国故学之价值》，《国故学讨论集》第1集，41页。
[2] 曹聚仁：《国故学之意义与价值》，《国故学讨论集》第1集，50—51页。
[3] 《胡适序》，《科学与人生观》，23页。
[4] 成仿吾：《国学运动的我见》，《创造周报》28号，3页。

"美好的昔日"适成鲜明对比,而其被排除在可以考究的"事物"之外更体现了当时新派中一部分人特有的偏激。这些人对传统的一味排斥,与那些认为凡"国"皆"粹"者在态度上其实完全一致。其实昔日的"字"是否"死"正看研究者的态度和方法如何,善为史者便能使"死去的文字"复活,向研究者揭示大量历史线索;这正是从章太炎、刘师培到沈兼士、陈寅恪都主张并且赞赏的"近代"治学方式,后来学习了苏联版"社会发展史"的杨树达也有体会。[1]成仿吾或因其研究范围基本不出"文苑",所以全不能领会20世纪国学与史学这一新意。

用"故纸堆"来替代"国故"这样的称谓本身就提示着反对整理国故者在学术观念上还比较守旧。如顾颉刚所说,"不注重事实,单注重书本"乃是"从前的学者"的特征。顾氏所在的北京大学国学门(整理国故的主要实行机构)一向特别强调现代学术或新学术是脱离书本而重"实物"的学问,国故不仅包括非文字的实物,且其值得继承的一面恐怕更多存在于非文字的实物和大众传说之中。[2]沈兼士后来回顾北大国学研究的风气变化说,初入民国时,仍"承清季余习,崇尚古文辞;三四年之后,则倡朴学;十年之际,渐渍于科学,骎骎乎进而用实证方法矣。以为向来文士尽信书之弊,当有以矫之。故研究所国学门于古代研究,则提倡考古学,注意古器物之采集;于近代研究,则侧重公家档案及民间风俗"[3]。换言之,当"故纸堆"的称谓逐渐流行之时,整理国故诸公正在强调书籍以外的"实证",他们关注的已远不止既存的文献典籍这些"故纸"材料。

---

[1] 详另文,一些初步的探讨可参见罗志田:《权势转移:近代中国的思想、社会与学术》,362—364页。
[2] 顾颉刚:《一九二六年始刊词》,《北京大学研究所国学门周刊》2卷13期(1926年1月6日),2页。不过,在实际操作上,以顾颉刚为代表的"古史辨派"除了较多运用民俗材料外,主要仍在书本上下功夫。真正注意书本以外的实物(特别是非文字的实物),大约是傅斯年领导的"中研院"史语所。但主张超越书本、注重"事实"的研究取向,则是顾颉刚等人很早就提倡的。参见罗志田:《史料的尽量扩充与不看二十四史——民国新史学的一个诡论现象》,《历史研究》2000年4期。
[3] 沈兼士:《方编清内阁库贮旧档辑刊序》,《沈兼士学术论文集》,中华书局,1986年,343页。

在"科学与人生观之争"中基本站在人生观一面、因而在一般的区分中相对偏向"保守"的张东荪也套用"故纸堆"这一流行语来非议"考据",而他对"近代学术"的理解似也未必比成仿吾深入多少;张氏在论证"汉学家的考据方法不能即算就是科学方法"时强调,"科学注重在实验,考据不过在故纸堆中寻生活"而已。[1]如果"实验"是专指实验室中的操作,说不进行"实验"的学科便不是"科学",那时大多数学者当然不会同意。[2]若将"实验"的界说稍放宽,当时整理国故重"实物"的学术取向便或可纳入。张氏对整理国故这一"考据"新取向视而不见,倒未必是故意抹杀事实,很可能是根本未能领会到注重实物这种"新眼光"对传统学术的突破之所在。

顾颉刚稍后指出,"若说科学家仅仅能研究自然、研究工艺,而不能研究社会、研究历史,那么科学的领域未免太小了"。他强调,"所谓科学,并不在它的本质,而在它的方法。它的本质乃是科学的材料。科学的材料是无所不包的"。只要是研究科学,"在故纸堆中找材料和在自然界中找材料是没有什么高下的分别的。为什么?因为高下的分别原是由应用上来的,材料的本身上是没有这种分别的"。所谓国学,"就是用了科学方法去研究中国历史的材料,所以国学是科学中的一部分"。虽然老学究们"在故纸堆中作生活,我们也在故纸堆中作生活",看起来"是相近的";但正如拜火的野蛮人与研究火的物理学家在"方法"上有差别,"就是我们完全投身于故纸堆中,也与他们截然异趣";何况"我们的研究在故纸之外尚有实物的考查",即使在材料方面也有重大区别。[3]

只要是运用"科学"新方法,即使研究故纸也是科学,这本是整理国故的始作俑者胡适的观点。他在1919年曾纠正毛子水关于"世界上的学术,比国故更有用的有许多,比国故更要紧的亦有许多"的主张,强调"学问是平等的,发明一个字的古义,与发现一颗恒星,都是一

---

[1] 张东荪:《劳而无功——评丁在君先生口中的科学》,收入《科学与人生观》,238页。
[2] 参见罗志田:《二十世纪的中国思想与学术掠影》,176—189页。
[3] 顾颉刚:《一九二六年始刊词》,《北京大学研究所国学门周刊》2卷13期,3—4页。

大功绩"。胡适早年提倡"整理国故"时虽然用了许多负面的评价性语汇来陈述"国故",但最终还是想要整理出国故的"真意义"和"真价值"。他那时显然想要突破"科学"的物质倾向或"形下"倾向,认为"现在整理国故的必要,实在很多。我们应该尽力指导'国故家'用科学的研究法去做国故的研究,不当先存一个'有用无用'的成见,致生出许多无谓的意见"[1]。

惟胡适又是最能追随世风之变化的,他的许多朋友对整理国故的抨击显然对他有较大的影响。曾经也接受整理国故的陈独秀在1923年转变态度后说胡适提倡整理国故是"要在粪秽里寻找香水",徒然"自寻烦恼"。[2]此语对胡适显然有所触动,他在1925年辩解说:"'挤香水'的话是仲甫的误解。我们说整理国故,并不存挤香水之念;挤香水即是保存国粹了。我们整理国故,只是要还他一个本来面目,只是直叙事实而已;粪土与香土[水?]皆是事实,皆在被整理之列……如斯而已,更不想求得什么国粹来夸炫于世界也。"但胡适此时的态度已有所转变,他接着说明整理国故主要还是在负面意义着力,提出"补泻兼用"之法:"补者何?尽量输入科学的知识、方法、思想。泻者何?整理国故,使人明了古文化不过如此。'七年之病求三年之艾',虽似迂远,实为要图。"[3]这是一个非常值得注意的转变,整理国故本身似已无多少"必要",而其"有用"之处正在于可以"治病",胡适实际上已转到他当初不甚赞同的毛子水的立场上来了。

到1926年6月,胡适在北大国学门恳亲会上表述了"深深忏悔关于研究国故"的意思,因为他对整理国故这件事"大约总得负一点点责任,所以不得不忏悔"。他先重申"我们所提倡的'整理国故',重在'整理'[两]个字。'国故'是过去的'文物',是历史,是文化史;'整理'是用无成见的态度,精密的科学方法,去寻求那已往的文化变迁沿革的条例、线索,去组成局部的或全部的中国文化史。不论国粹、

[1] 胡适致毛子水,1919年8月16日,《新潮》2卷1号,56页。
[2] 陈独秀:《国学》,《陈独秀著作选》第2卷,517页。
[3] 胡适致钱玄同,1925年4(5?)月12日,耿云志等编:《胡适书信集》(上),360—361页。

国渣，都是'国故'。我们不存什么'卫道'的态度，也不想从国故里求得什么天经地义来供我们安身立命。北大研究所的态度可以代表这副精神，决不会是误解成'保存国粹'、'发扬国光'"[1]。

但胡适不能不承认实际的社会效果却与其初衷不一样，"看看现在，流风所被，实在闹出多少弊病来了！多少青年，他也研究国学，你也研究国学，国学变成了出风头的捷径，随便拿起一本书来就是几万字的介绍。有许多人，方法上没有训练，思想上没有充分的参考材料，头脑子没有弄清楚，就钻进故纸堆里去，实在走进了死路！"。他强调："我们应该了解两点：第一，国学是条死路，治国故只是整理往史陈迹，且莫以为这中间有无限瑰宝！第二，这种死路，要从生路走起；那不能在生路上走的人决不能来走，也不配来走！"具体地说，"国学所包的是所谓经学、文学、哲学，都是死路"。治国故的人只有"认清这是一条死路，方才可以减少那些不相干的'卫道'、'觅宝'的态度"。

他继续论证其"这条死路要从生路走起"的观点说，"生路就是一切科学，尤其是科学的方法。没有方法，无从下手，那是这研究所的同人都知道的。可是有了方法，没有参考比较的资料，也是没有结果。一切科学，都是我们的参考资料；资料越多，暗示越多；暗示越多，了解也就越容易。王荆公劝人'致其知而后读'，正是此理。我们也应该先致其知然后来整理国故，方才可以有'居高临下'的优势，方才可以有'左右逢源'的乐趣。……从科学与科学方法下手才是一条生路，我们顶好趁这年富力强的时候，下一番工夫在基础学问上，尤其要精通得一两种外国文字"。

这一论述与胡适几年前的主张有相当大甚至是根本的区别，最重要的是"科学"已从注重精神与方法的单数抽象普遍概念下降到复数的具体的"一切科学"，且如此下降后的"一切科学"居然变成了治国学的"参考资料"；而"科学方法"原来具有的点石成金的功能（即凡用科学

---

[1] 本次恳亲会各人的发言，见《北京大学研究所国学门月刊》1卷1号（1926年10月），143—147页，以下几段均同。

方法研究的学问便是科学)似乎已不存在,反转变成治国学的"基础学问",甚至"一两种外国文字"。胡适的朋友陈源便认为,"用'科学方法'做工具去整理国故,与用'外国文知识'做工具去翻译西方的各种学识一样的可笑"[1]。他可能没注意到胡适恰将此两者结合在一起讨论,但已看出"科学方法"的"工具"性了。的确,经过胡适这样诠释,"科学与科学方法"不仅不那么神圣,简直成为整理国故的辅助工具了。

很明显,这是胡适"看到许多青年来到研究所[国学门],一面觉得可喜,一面却非常担忧"这样一种心情下的仓促发言,他内心或者还希望有青年来参与整理国故,但已感到不宜作公开的提倡,反而明确表示"希望青年能更去走生路去,尽量离开这条死路的好"。从其发言看,胡适的思路还不甚清晰,尤其是关于"科学与科学方法"的界说及其功用相当混淆;但一个明显的倾向却已可见,即更加重视与"方法"相对的"资料"(对终生以"方法"自诩的胡适来说,这是一个了不得的转变)。他在恳亲会上表示"很想把这个意见写出来,今天不妨先略说一说"。此后胡适即出国到欧美居住了相当一段时间,到1928年他才以书面形式比较系统地表述出这次谈话的意思(即《治学的方法与材料》一文,详后)。

但胡适此时对整理国故态度那接近180度的大转变却为一些国学门的同人所不赞同,马幼渔接着说:"胡先生忧虑现在一般青年相率醉心于国学,此诚为亡国现象。虽胡先生以为曾经提倡整理国故,对于现在青年乌烟瘴气之现象,自己应负责忏悔;其实此种复古思想之回光返照,不过一时盲目的反动而已,与胡先生前此之主张整理国故并无因果关系。"他虽然表示应"引导一般青年向活路上走去",但还是主张"本所同人仍应努力工作,不得因噎废食"。叶瀚(浩吾)也申明"借这个机会忏悔,愿诸公莫再要学我";却又明言自己"行年将六十有五,从事考古,欲走生路,时已不及,适之先生希望犹大。我但愿在死路上多做点收集工夫,而让后人好开生路,将材料供给参考"。他自谓"因现

---

[1] 陈源为胡适的《整理国故与"打鬼"》写的《西滢跋语》,《胡适文存三集》卷二,217页。

在死路上材料供给过少，所以在北大授课，讲义毫无精彩，惭愧之至"；实则弦外有音，恐怕是借"自我批评"而讥刺新派诸人常常无据立说。

其实马幼渔固是新派中人，而叶瀚也曾是清季提倡白话的老新派，不过进入民国后渐被视为"旧派"了。两人虽然皆不满意胡适的转变，却又不得不在"生路"和"死路"之间做出明确表态，提示出反对整理国故的世风已相当有力。而具有留学西洋资格（因此具有抵抗"守旧落伍"指责的免疫力）的徐炳昶却可以公然论证整理国故是"理论科学"的一部分，是一条"活路"。他指出："国故是什么？就是我们中国历史的材料。历史是什么？就是一切社会科学的基础。想研究社会科学，就不能不研究历史；想研究历史，而中国的历史又为人类历史的一部分，就不能不整理国故。不过这样的整理国故，并不是要在国故里面找什么宝藏，找什么伦理教科书和什么文学的资料，不过是要知道我们这几千年里面所有底物质环境、精神努力，的的确确是什么样子。像这样的整理国故，也就是理论科学中一部分的工作，也就是一条活路，并不是死路了。"

作为人类理论科学之一部的整理国故也即"是人类精神努力的一部分"，而"人类的精神努力，差不多总是要平均发展的"，盖其"各部分中间全有互为因果的关系，别部分不发达，却希望一部分特别的发达，是万万不可能的"。只是从这一角度考虑，"无论国学如何重要，而青年麇集于一途，总是一件不好的现象"。所以徐炳昶表示"对于胡先生所说，早就具有同感。青年人不争着研究科学，却麇集于国故之一途，实在是一件很不幸的事情"。

他进而分析道，"近来我国青年大家麇集于国故的缘故，第一，因为这条路比较科学容易；第二，更重要，就是因为他们迷信那里面有什么宝藏，想在那里面找出伦理教科书和文学材料的缘故"。这反映了"我国学术界最大的毛病，就在于太急着致用。因为大家太急着致用，直接的结果就是理论科学和致用科学的不分"。结果是承担整理国故主要任务的历史学"一方面和伦理的教科书、另一方面和文学全分不开"。徐氏主张"伦理教科书也应该去问科学，文学却应该去问大自然界，想在故纸堆中讨生活一定跑到胡先生所说底死路上去"。换言之，整理国故走上"死路"是因其未能遵循"理论科学"的正路而走上了"致用科学"的歧途。

可以看出，胡适此时的转向在北大国学门中尚未得到认可（前引顾颉刚为《国学门周刊》所写的《一九二六年始刊词》大致接近徐炳昶的观点），却与吴稚晖、钱玄同等人所反映的世风相呼应。到1927年初，胡适写出《整理国故与"打鬼"》一文，正式将"打鬼"诠释为"整理国故"的目的，而且是比输入新知识与新思想"更是要紧"的任务。他说："清醒白醒的胡适之却为什么要钻到烂纸堆里去'白费劲儿'？"这是因为"我十分相信'烂纸堆'里有无数无数的老鬼，能吃人、能迷人"，且自信"颇能'捉妖''打鬼'"。后者正是"整理国故的目的与功用"。其实胡适早年一直想昌明国学，在其1916年的文学革命"誓诗"中，原来是要通过文学革命"收他臭腐，还我神奇"的；此时论及整理国故却一变为截然相反的"化神奇为臭腐"，其转变不可谓不彻底。[1]

但是陈源立刻看出了胡适表述中的一个问题，新文化人中即使支持整理国故者通常也是将"输入新知"列在"整理国故"之前的，胡适却说后者更"要紧"；对此陈源明确表示不同意，他认为前者才是"更加重要的工作"，而胡适的"地位应当在那里"。关键在于，不管胡适自己是否在捉妖、打鬼（其实至少不全是），一般人却不明白这一点，他们"只道连胡先生都回去了，他们更不可不回去了，于是一个个都钻到烂纸堆里去"[2]。既然"输入新知"与"整理国故"实际已成对立，作为学界思想界趋新象征的胡适必须旗帜鲜明地站在"输入新知"一边，而不是两样都提倡。以陈源和胡适的关系，这样的主张必然给胡适以影响，推促他做出更明确的表态。

胡适最后将他态度转变的观念系统表述出来，是其1926—1927年间在美国对"摩托车文明"强烈感触之后了。那时他比前远更有力地

---

[1] 胡适：《整理国故与"打鬼"》，《胡适文存三集》卷二，207—212页。并参见罗志田：《民族主义与近代中国思想》，233页。
[2] 陈源为胡适的《整理国故与"打鬼"》写的《西滢跋语》，《胡适文存三集》卷二，213—218页。

鼓吹兼包物质与精神两面的西洋文明，主张"今日的第一要务是造一种新的心理：要肯认错，要大澈大悟地承认我们自己百不如人"，故必须"死心塌地的去学人家"。这种"新的心理"恐怕也是胡适改变其对整理国故的观念之重要背景因素，或者说，他在整理国故方面的观念改变是这整体的"新的心理"的一个组成部分。离开美国约十年后再去，当地汽车的普及使胡适震惊，这很可能促使他反思究竟什么样的"科学"才是最重要的。发明一个字的古义与发明一颗恒星在学理上或是"平等"的，但如果落实在"致用"层面呢？中国当时既然更急需"物质文明"，提倡整理国故是否会影响这一实际需要呢？〔1〕

在1928年初的《几个反理学的思想家》一文中，胡适已承认吴稚晖所说的把国故丢在毛厕里三十年，先鼓吹造成一个干燥无味的物质文明这一主张是中国必需的"思想改造的彻底方法，惟一方法"，他也同意中国思想的根本改造"不是所谓'整理国故'的工作所能收效的"。〔2〕约半年后他终于写出《治学的方法与材料》，开篇即针对顾颉刚所说科学的材料可以包括星辰和屎溺的见解指出："现在有许多人说：治学问全靠有方法；方法最重要，材料却不很重要。有了精密的方法，什么材料都可以有好成绩，粪同溺可以作科学的分析，《西游记》同《封神榜》可以作科学的分析。"但这一说法只是"片面的真理，同样的材料方法不同成绩也就不同，但同样的方法用在不同的材料上成绩也就有绝大的不同"〔3〕。

胡适特别强调，"现在想做学问的青年人似乎不大了解这个极平常而又十分要紧的道理"，他觉得"这个问题有郑重讨论的必要"。从清儒到顾颉刚的中国学术，"方法虽是科学的，材料却始终是文字的。科学的方法居然能使故纸堆里大放光明，然而故纸的材料终久限死了科学的

---

〔1〕 体现胡适"新的心理"这一思想转变的文字基本收入《胡适文存三集》卷一，引文在48页。关于其思想转变在政治方面的体现，参见罗志田：《乱世潜流：民族主义与民国政治》，230—274页。
〔2〕 胡适：《几个反理学的思想家》，《胡适文存三集》卷二，157—158页。
〔3〕 本段与下三段，皆出自胡适：《治学的方法与材料》，《胡适文存三集》卷二，187—205页。

方法,故这三百年的学术也只不过文字的学术,三百年的光明也只不过故纸堆的火焰而已!"。这与西方自然科学以"实物"为材料的取向迥异,而成绩更不能比。

这一见解当然不是胡适的发明,傅斯年早在1919年3月就提出,"清代的学问很有点科学的意味,用的都是科学的方法;不过西洋人曾经用在窥探自然界上,我们的先辈曾经用在整理古事物上;彼此的研究不同,虽然方法近似,也就不能得近似的效果了"[1]。从胡适1919年8月给毛子水信中论及整理国故的主张看,他当年未必赞成傅斯年这一看法。如今胡适的思想显然已转变,他特别指出,"文字的材料有限,钻来钻去,总不出这故纸堆的范围";而"实物的材料无穷,故用望远镜观天象,而至今还有无穷的天体不曾窥见"。这一表述非常值得注意,除了一再针对顾颉刚的观念和成就外,胡适这里又直接针对到他自己原来主张的发现恒星与发明字义平等的观点,这的确是他所谓的"忏悔"了。

正是在忏悔的心态之下,几个月前才攻击过"理学"的胡适说出了最具理学意味的话:由于材料的限制,中国的考证学"始终不曾走上实验的大路上去,所以我们的三百年最高的成绩终不过几部古书的整理,于人生有何益处?于国家的治乱安危有何裨补?虽然做学问的人不应该用太狭义的实利主义来评判学术的价值,然而学问若完全抛弃了功用的标准,便会走上很荒谬的路上去,变成枉费精力的废物"。其实正是胡适自己在1919年提出治学"不当先存一个'有用无用'的成见",他在那时明确反对张煊关于学问当"应时势之需"的主张,认为"'国故学'的性质不外乎要懂得国故,这是人类求知的天性所要求的。若说是'应时势之需',便是古人'通经而致治平'的梦想",也"便是大错"[2]。如果再回顾一下前引张东荪关于"科学注重在实验,考据不过在故纸堆中寻生活"的主张,胡适不但学梁启超与昔日之我战,他根本转到其对

---

[1] 傅斯年:《清代学问的门径书几种》(1919年3月2日),《新潮》1卷4号(1919年4月),701页。
[2] 胡适致毛子水,1919年8月16日,《新潮》2卷1号,56页。

立面的立场上去了。[1]

当初丁文江说"科学的万能、科学的普遍、科学的贯通,不在他的材料,在他的方法"(因而"近三百年经学大师治学的方法"便是科学)时[2],胡适本是同意的(这也正是胡适自己的观点)。这样的"科学"本来更具有"形上"性而疏离于"形下"的物质倾向,但此时的胡适受世风影响,又转说材料同样重要(其实是比方法更重要)。有此态度的逆转,胡适不得不说"现在一班少年人跟着我们向故纸堆去乱钻,这是最可悲的现状"。他向青年指出,学自然科学和技术是"活路",钻故纸堆是"死路";甚至进而要青年学生先在科学实验室里做出成绩,再来"一拳打倒顾亭林"。如是则整理国故不但不在提倡之列,更已进入"打倒"的范围之中了。[3]

这或许并不全是胡适的真意,他自己晚年就支持唐德刚先生不要改行学理工科,而坚持学出路不甚好的历史;所以他此时劝青年离开故纸堆至少部分是在"超我"的压力下以"传教士"的心态作了社会要求的那个"胡适",不得不说社会认知中那个"胡适"应该说的话。[4]但这主要还是涉及对待国故的外在"态度",在具体的治学层面,究竟是方法还是材料决定学术的发展仍意味着对学术相当不同的认知。

---

[1] 夏承焘当时读《治学的方法与材料》即注意到,胡适"初谓少年以科学方法治旧学,近又悔之,昌言自然科学矣"。夏承焘:《天风阁学词日记》,1929年7月7日,《夏承焘集》(5),浙江古籍、浙江教育出版社,1997年,104页。

[2] 丁文江:《玄学与科学》,《科学与人生观》,53页。

[3] 实际上,胡适本来似可不必在治学之"方法"和"材料"的侧重上来这样一个大逆转。顾颉刚先已指出过,同样是"在故纸堆中作生活",由于老学究们和新派的"我们"在"方法"上的根本差别,"就是我们完全投身于故纸堆中,也与他们截然异趣"。闻一多在许多年后仍存此见,他告诉臧克家说,在"故纸堆内讨生活的人原不只一种,正如故纸堆中可讨的生活也不限于一种";其实"我比任何人还恨那故纸堆,正因恨它,更不能不弄个明白。你以为'我是一个蠹鱼,不晓得我是杀蠹的芸香。虽然二者都藏在书里,他们作用并不一样'[闻一多致臧克家,1943年11月25日,《闻一多全集》(12),380—381页]。换言之,"方法"的新旧区分本可以用来支持胡适所谓整理国故是为了"打鬼"的论证,但这样论证就可能与胡适关于清儒治学是科学方法的主张相冲突;此时胡适选择干脆连"材料"即治学对象一起否定的取向,很可能是想要表明其态度转变有多彻底。

[4] 说详罗志田:《民族主义与近代中国思想》,235—237页。

胡适在北伐后学术取向确有转变，他在 1929 年曾对顾颉刚说，"现在我的思想变了，我不疑古了，要信古了！"。顾氏"想不出他的思想为什么会突然改变的原因"，但认为其稍后所做的《说儒》便是新取向的代表。[1]胡适前此的考证多是偏向于"汉学"倾向的，《说儒》一文则可见明显的义理领先于史事（或材料）的"宋学"倾向，的确表现出一种与前不同的治学取向，却并不像其"忏悔"中所说的那样更重视"材料"；而其所说的"信古"态度也与其公开表述的"打鬼"主张有相当的距离。关于胡适在北伐后学术取向的转变拟另文专论，这里出现的表里不一似乎提示着他或因不得不作"传教士"而无意识中在具体治学方面做出"补偿"，以取得心态的平衡。

无论如何，胡适公开表述出的意见体现出非常明显的态度转变，尤其值得注意的是胡适此时频繁使用"故纸堆"这一术语，并公开号召那些曾经追随他整理国故的青年跳出"故纸堆"而进入"实验室"，后者正是更"物质"的"科学"的象征。这是否意味着"科学"此时在中国已有向"科技"转化的趋势还需要进一步的细致考证，然其已不像以前那样基本落实在国学或史学之上似乎是可以肯定的。

那时胡适的影响力虽已不如往昔，但仍然相当大，他的态度转变立刻引起反响。最有意思的是曾经正面支持整理国故的《小说月报》也在 1929 年 1 月刊发一组激烈反对整理国故或国学的文章，完全站到自己六年前立场的对立面上。本来文学研究会与胡适在许多方面的观念并不十分一致，但胡适两次关于国故截然对立的观念都得到该会主持的《小说月报》有力的支持，这或者不完全是巧合，恐怕在相当程度上反映了当时世风的走向，后一次很可能与北伐造成的政治权势转移带来的思想倾向转变相关。

北伐后的中国思想界可见民族主义情绪的明显上升，何炳松观察到，"我国近来'国'字的风靡一时，好像中国无论什么一种丑东西，只要加上了一个国字，就立刻一登龙门，声价十倍的样子"。郑振铎同

---

[1] 顾颉刚：《我是怎样编写〈古史辨〉的》，收入《古史辨》（一），13 页。

意这样的观察，他也发现"所谓'国'什么、'国'什么，近来似乎更为风行了。自从欲将线装书抛到厕所中去的吴老头子不开口了之后，'国学'便大抬起了头；自从梁任公先生误入协和医院被'洋人'草草率率的无端割去了一个腰子之后，'国医'的信徒便一天加多一天！自从某先生开列了他的无所不包的国学书目以后，便大众都来开书目……于是便有英雄豪杰，乘时而起，发扬国光于海外"，如太虚和尚与陈焕章便分别在欧洲讲中国佛教和大同理论。"猗欤盛哉！一切'国'产的思想与出品万岁！"[1]

何炳松认为这种倾向是自大精神的表现，"现在我国凡百物事，只要加上一个国字，就好像完美异常，我们可以不再加以改良了。我们中国近百年来所以没有进步，最大的原因本来就是自大。现在的国字，岂不就是自大精神的表现么？"[2]。本来中国士人自清季以来最缺乏的就是自信，沿西学为用的方向一步一步走上了中学不能为体的不归路；何氏此时却看到国人的自大，这与前引胡适所说"要大澈大悟地承认我们自己百不如人"的新心理所针对的现象非常接近。

或许是北伐时国民革命军能在"机关枪对打"的基础上收回部分租界对国人起到了鼓舞作用，也可能是新当权的国民党以弱胜强的成功具有某种启示意味（在许多激进士人心目中国民党战胜的正是"帝国主义的走狗"），且国民党的意识形态本附带有较强的民族主义倾向，在"西方分裂"之后一些中国人的尊西心态也有所下降，这些因素都可能增强了国人的自信，不过多数士人恐怕仍以不自信的一面为主。[3]无论如何，当时中国思想界不少人的确存在既缺乏自信而又"自大"的现象，许多反对"国学"的人其实也多少具有类似的心态，不过其"自大"的一面表现得不那么明显而已。

---

[1] 何炳松：《论所谓"国学"》、郑振铎为此文所写的编者按语，《小说月报》20卷1号（1929年1月），4、1页。
[2] 本段与下两段，何炳松：《论所谓"国学"》，《小说月报》20卷1号，2—4页。
[3] 参见罗志田：《权势转移：近代中国的思想、社会与学术》，48—68页；《二十世纪的中国思想与学术掠影》，134—159页。

实际上，何炳松充分承认"整理"和研究中国学术的必要性，他说，"学术是世界和人类的公器。我们中国在国际地位上，常常以毫无贡献受人家责备；我们正应该急起直追，取学术公开的态度，把自己的学术整理起来，估定他的价值，公诸世界。这是很正大光明的态度"。在他看来，近年"国人对于所谓'国学'的研究，非常热心，这不能不说是一种好现象。因为我国既然有了二千多年的学术，在世界的学术上应该占有相当的地位；那么我们自己就得负起这种研究的责任，不应该专让西洋学者来代我们做整理的工夫，更不应该自己闭了眼睛，专去跟了西洋学者来研究我们自己的学术。所以我以为我们热心研究国学，是一种正常的而且亦是应该做的工作"[1]。

但是他"觉得近来国人对于国学一个名词，或者误会他的意思，或者利用他的名义，来做许多腐化的事情"。关键在于，"国学的国字，显然表现出一种狭小的国家主义的精神。这不但违反我国先贤所主张的'大道之行也天下为公'这种大同精神，而且亦违反西洋学者所主张的'知识无国界'那种学术公开的精神"。若"高高标起国学两个字，一面表出我们据为私有的狭量，一面表出深闭固拒的态度"；如此下去，"不但我国学术有永远陆沉无法整理的危险，而且由国学两个字生出的流弊层出不穷，将来一定要使我国的文化永在混乱无望故步自封的境界里面"。本来应该研究的中国学术就因为用了"国学"这一名目，便会带来这么严重的后果，在学理上似乎不足以说服人，但这大概是当时反国学者的一个重要思虑。

那时胡适也警觉到民族主义情绪的上升，他明言其"不认中国学术与民族主义有密切的关系。若以民族主义或任何主义来研究学术，则必有夸大或忌讳的弊病。我们整理国故只是研究历史而已，只是为学术而作工夫，所谓实事求是也；从无发扬民族精神感情的作用。近时学者很少能了解此意的"。他在1929年进一步指出："中国的民族主义的运动所以含有夸大旧文化和反抗新文化的态度，其根本原因也是因为在外力

---

[1] 本段与下段，何炳松：《论所谓"国学"》，《小说月报》20卷1号（1929年1月），2—3页。

压迫之下，总有点不甘心承认这种外力背后之文化"。因为"凡是狭义的民族主义的运动，总含有一点保守性，往往倾向到颂扬固有文化、抵抗外来文化势力的一条路上去"。可知胡适主要担心的是外来新文化的输入问题，他到晚年仍说，"过分颂扬中国传统文化，可能替反动思想助威"[1]。这大约就是他一生反对颂扬中国传统文化、警惕"狭义的民族主义"的基本思虑。

如果输入外来文化是中国的时代需要，则过分提倡"国"字号事物反可能对中华民族的发展不利。郑振铎就认为，"我们如果站在民族主义的立场上，而去观察这些比'国货运动'还要狂热的'国'什么运动，我们便知道这种盲目的国产思想与出品的提倡，其害危于中国民族的前途，真是'言之不尽'！"。从"中华民族的生存与发展"角度看，"我们要的是机关枪、飞机，不是百千万的'国士'、'勇士'；我们要的是千百个科学家、专门研究者，不是几万万个的'国学大家'；我们要的是能拯救国民的贫乏与愚呆的人，不是狂热的盲目的爱国者；总之我们要的是科学，是步武西方，以建设新的中国，却不是什么'国学'、'国医'、'国技'。我们要的是发展，却不是仅仅的所谓'保存'"[2]。换言之，中国要发展，就必须"步武西方"侧重开发科学那"形下"的一面，而国学则与此冲突。

何炳松完全同意这一观点，他认为，"我们天天希望自己和民族能够有长足的进步，天天鼓吹西洋科学的精神和客观态度；而我们天天提倡什么国学，天天培养自夸自大的精神；这种南辕北辙的笑话，在二十世纪科学昌明的时代，恐怕只有我们中国人才闹得出！"。正是基于"西洋科学"与"国学"的对立，本来认为研究国学正当而且应该的何氏责问道："现在我国全国的青年差不多都变成移山的愚公了，很可宝贵的光阴都虚度在一大堆的故纸里面了，这不是国学两个字应该负的

---

[1] 胡适致胡朴安（稿），1928年11月，《胡适来往书信集》上册，497页；胡适：《新文化运动与国民党》，《人权论集》，上海新月书店，1930年，127—129页；胡颂平编：《胡适之先生晚年谈话录》，中国友谊出版公司，1993年，233页。
[2] 郑振铎为何炳松《论所谓"国学"》写的按语，《小说月报》20卷1号，1页。

责任么?"所以他正式提出"中国人一致起来推翻乌烟瘴气的国学"这一口号。[1]

"乌烟瘴气"一语在当时是有特定含义的,如郑振铎所说,"现代的中国还充满着中古世纪的迷信与习惯、生活与见解,即用全力去廓清他们还来不及,那里还该去提倡他们呢?一面去提倡'国故''国学',一面要廓清旧思想、旧习惯,真是'添薪以止沸','南辕而北辙',决无可能性的"[2]。其实正宗的国学恰不欣赏"怪力乱神",但新学家却总是将两者并联起来视为一体,这个倾向从新文化运动以来就持续存在(今日犹有隐约的遗风)。尽管晚清学术已呈较前更加多元之相,而稍后传统的崩散曾导致旧学统中原本对立的流派部分融合或至少不那么强调其差异,新旧知识精英对"怪力乱神"仍未见明显的容纳,故"国学"与"迷信"两者间的关联恐怕更多仍是在"中西对立"这一大的文化区分下产生的虚悬想象的存在而已。[3]

正是基于对"传统"影响力的悬想,郑振铎对当时国学的兴盛并不感到特别"意外"。因为有"二三千年来的根深柢固的传统的思想,又加之以人人所有的近乎天性的爱护乡产国物的狂热,当然的只要有人提倡便会蓬蓬勃勃的如硫磺棍的头上一触上小火星似的熊熊的大放光明了"。他所关心的是,"这样一种'国学'的苏生,究竟是不是一种的'文艺复兴',是不是今日中国所最需要的一种举动;究竟所谓'国学'的一种东西,是不是如今每个人所必要研究的学问;是不是每个要替中国办事的专门家所必要涉猎的门径书"。前面一问与清季《国粹学报》同人(以及梁启超)提出的"古学复兴"有直接的关联,表现出士人对此问题的持续关注,而最后一点则直接针对胡适和梁启超为青年开具国学书目的举措,答案当然都是否定的。国学的兴盛既然成为传统影响力和民族主义"狂热"结合的产物,其不值得提倡就不言而喻了。

郑氏虽曾为整理国故正名,现在却也同意提倡国学会害了青年,

---

[1] 何炳松:《论所谓"国学"》,《小说月报》20卷1号,3—4页。
[2] 本段与以下数段,皆见郑振铎:《且慢谈所谓"国学"》,《小说月报》20卷1号,8—13页。
[3] 参见罗志田:《二十世纪的中国思想与学术掠影》,170—172页。

"一般志趣不坚定的少年受了梅毒似的古书的诱害",而"沉醉于"这些"破旧古物,却忘记了他们自己是一位现代的人,有他们的现代的使命与工作,有他们的现代的需要与努力,有他们的现代的精神与思想"。等于"把他们拘禁于一所暗室之中,黑漆漆的不使之见到一点光明"。这些大致仍是吴稚晖观念的发挥,而郑用语尤刻薄(梅毒在这里隐喻着色情行业)。[1]

以今日的后见之明看,即使在青年人读古书能力仍较强的时代,"古书"或"国学"对青年的诱惑力是否真有那么强(今日大多数青年便不觉古书有多少吸引力,部分即因其已基本没有阅读古书的能力了),相当值得怀疑(如前所述,许多青年走向整理国故的事业恐怕更多是因为像胡适、梁启超这样被世所"公认"的学者提倡并从事于此)。实际上,几乎所有的反对派都同意国故不妨让少数专家去整理(因此他们并非根本反对治国学),但青年则无论如何应该走向"世界"和未来的"现代"之路。这其实仍是鲁迅当年提出的"救救孩子"的主张,不过以另一种形式再次表述出来而已。

在郑振铎看来,如果"我们失去了一部分有作为的青年,便是失去了社会上的一部分的工作能力"。要是青年们"人人都去整理、研究、保存所谓'国故''国学',则恐怕国将不国,'故'与'学'也将'皮之不存,毛将焉附'了"。这显然传承了清季士人关于国不能保则"教"即不能保的观念,是反对整理国故的言论中一个重要的新观点。约十年前《国故》杂志的张煊曾力图为"国"与"故"争地位,郑氏在这里则表述出北伐前后几年新派中越来越普及的一个观念,即中国如果不"现代",便可能不国不故。[2]

---

[1] 此时的郑振铎在许多方面分享着吴稚晖的观念,但常有进一步的发挥。比如他也认为"古书少了几个人谈谈,并不是什么损失。古书不于现在加以整理研究,也不算什么一会事。现在我们不去研究、不去整理,等到一百年一千年后再加以整理研究,也并没有什么关系"。对比吴氏不过拟将国故丢入毛厕三十年的主张,郑氏的"升级"的确惊人。

[2] 有意思的是,郑振铎担心的是中国可能不国不故,傅斯年在约略同时曾正式喊出"不国不故"的口号,并以此为他所领导的历史语言研究所的工作"旨趣";不过郑所指的是作为政治实体的"国",而傅指的是学术的认同(详另文)。

与那时多数人一样，郑氏所谓"现代"仍与"西方"或"欧化"是同义词。他指出，"人群社会的进化，其主因及诱因，都在于外来的思想事物的输入与采用。所以每逢一次战争，每有了几次的交通贸易之后，本国的文化便有了进展"。汉武帝开发西域和日本近年因欧化而有长足进步均是显例。"我们如果提倡'国学'、保存'国故'，其结果便会使我们的社会充满了复古的空气而拒却一切外来的影响。这种的阻拒，在文化与国家的生长上是极有妨害的"。郑振铎强调，"我们的生路是西方科学与文化的输入与追求，我们的工作是西方科学与文化的介绍与研究"，故应集中力量于"全盘输入、采用西方的事物名理，以建设新的中国、新的社会以及改造个人的生活"。

"国学"与"现代"的冲突和对立正是当时反对国学的新派士人态度转变的主要思虑所在，不论带有多强的虚悬想象意味，"传统"（作为一个整体）对同样是整体的"现代"事业之阻碍和压力是新文化人持续的认知。胡适和《小说月报》对整理国故的态度发生如此根本的转变很大程度上正基于这样一种整体性的新旧对立的认知。《小说月报》立场迥然不同的两次参与整理国故的讨论最具象征性地体现了新派人物态度的转折，但这毕竟是外在的，更具本质意义的是整理国故的主要提倡者胡适自己在此问题上的大逆转。"国学"既然与中国急需的"现代"相冲突，任何一个趋新人士都不能不暂时放弃个人的见解而在"大是大非"面前旗帜鲜明地表明态度。

当面临着国民党和北洋两种政治体系的权势争夺时，新文化人大体上是倾向于更"新"的国民党一边的；但与政治权势的更替所伴随的意识形态的转移却使他们中不少人又一次感到传统压力的卷土重来（当然也有相当一部分人转到新兴意识形态一边），因而一方面从"学统"的立场对"政统"展开批评，同时也因世风的转变而调整自身的立场，特意站在世风的对立一面。[1]尤其值得注意的是他们中许多人或公开表示对国故的个人爱好，或实际长期从事整理国故的事业（不过换了认同更

---

[1] 参见罗志田：《乱世潜流：民族主义与民国政治》，196—210、228—238页。

模糊、更超越或更现代的称谓，如史学、文学等），所以这些人的反对国故更多恐怕是在扮演他们认为应该的或社会需要他们做的批评者角色以"澄清天下"（更现代的表述是作"社会的良心"），这样一种"社会人"和"个人"之间的"公私"分立或主张与实践的不一致是民初学界思想界的普遍现象，尚存进一步探索的空间。

新旧对立与中西对立在那时常常是互通互换的概念，因而又与新文化运动以来便存在的"世界主义"和"民族主义（国家主义）"两种取向的冲突相关联。随着"九一八"后国难的一步步深重，越来越多的新文化人逐渐转向民族国家的立场，其余继续站在世界主义立场上反对"狭隘"民族主义之人则越来越感困难，虽然有人提出更进一步的"全盘西化"口号，实际是日益处于防守反击的态势。结果，在中西新旧之间的时空换位更加成为新派人物化解内心冲突的良方，使他们能在国家民族处于危机时仍向往"世界"而批判传统。[1]

1932年末，东方杂志社以"新年的梦想"为题向各方面的人物征询意见，这已是"九一八"之后，但许多应答者仍以"梦想"的未来性为基础而提倡"世界"而非"中国"的大同观念，该刊文艺栏编辑徐调孚更说出"我梦想中的未来中国没有国学、国医、国术……国耻、国难等名辞"[2]。这固然可以理解为对天下一家的世界主义的向往，然所有以"国"字开头的词汇都在负面意义上运用，仍可见对中国"传统"的强烈拒斥倾向。

到1940年7月，时任职于中国文化基金会的朱家骅致函傅斯年，就该会资助学科的范围拟增设"国学"一科之事征询意见。傅回信竭力反对，以为今日"有近代训练者，于'国术'、'国学'、'国医'诸问题，皆宜有不可摇动之立场"；而当时治"国学"者，虽"老幼不齐，要多反对近代化"。这与"年来复古运动，横流狂奔"的趋势有关，朱氏竟认为此举"必不可少，似亦颇受流俗之影响"。傅"所望于兄者，

---

[1] 参见本书第5章。
[2]《东方杂志》30卷1号（1933年1月1日），14页（栏页）。

在主持反对此等'废物复活'之运动,奈何贵会复徇流俗也"[1]。

傅斯年自己在"九一八"后治学颇从民族主义立场出发(如仓促赶出颇受苛责的《东北史纲》第一卷),然其到1940年仍特别强调国学与"近代"的对立,并观察到"复古运动横流狂奔"的现象而力图反对;一个民族主义立场甚强的学人却持有这样一种看似与民族主义冲突的主张,最能反映新文化人在新旧中西之间进行时空换位的取径,同时也提示着他们难以超越新旧中西之分的时空窘境。值得注意的是傅斯年这里提出的"国学"与"近代训练"的冲突,这正是当年困扰了许多学人的问题。

---

[1] 傅斯年致朱家骅(抄件),1940年7月8日,台北"中研院"史语所"傅斯年档案"。

第 8 章

"国学"的学科定位与认同危机

20世纪20年代后期,随着整理国故走向衰歇,"国学"的学科定位或学术认同受到广泛关注。西方学科分类在中国教育体系中确立后,民初学者多据西学分类以言中学,"国学"的正当性也须与西式学术分科衔接。有人试图用"国故学"来取代"国学",认为"国故"必须经过整理使之纳入哲学、文学、史学等新式分类。但新的问题是,这样整理之后还有"国学"或"国故学"的存在余地吗?如果有,则其已实际超越了被时人看作成为"科学"必要条件的西学分科。确有学者因此主张"国学"不是学,但这些"国学"的否定者又相当强调"国学的资格",力图将不具资格的各类读书人排除在"国学"领域之外,说明他们相当看重"国学"。这些充满歧异而使人困惑的问题和争议反映出当时学人更多是从思想而非学术的角度看待"国学"。

一　引言：国学与国故学

晚清中西学战的结果是中学已被认为"无用"，在一定程度上或可以说，国粹、国学、国故等词语的大量引入思想言说之中，恐怕就因为"中学"已经失去吸引力和竞争力，尤其"国学"明显是"中学"的近义词。当章太炎鼓吹"以国粹激动种姓"时，他（以及主张以历史激发爱国心的梁启超等）不过是有意无意间换一个标签而试图将在时人思想言说中已经边缘化的"中学"拉回到中心来；但正由于国粹与中学的接近，这一努力的成就有限，或可说基本是不成功的。认为中国没有国粹、只有"国渣"的观念在清季已出现，到民初更越来越得到强调。

对已经边缘化并被"证明"无用的中学来说，即使是一个中立的态度也已相当亲切。其实多数中国读书人的民族主义情绪一直动荡于胸中，"国粹"当初确曾较有吸引力，在 20 世纪最初几年一度风靡；惟不久即被其主要的倡导者弃用。这部分也因为他们本不认为中国传统一切皆"粹"，而提倡将传统区分对待，曾重建出别于"君学"的"国学"。且其在试图区别于日本"国粹主义"之时已隐约觉察到"国粹"这一新名词有些问题，也在探索可否以其他更恰当的方式来表述"国粹"。[1]

章太炎在 1908 年的《规新世纪》一文中已将国粹、国学和国故三词并用，那时基本是作为互换的同义词而避免文字的重复；但一年多后他将其重要著作命名为《国故论衡》时，则意味着在意识层面对"国粹"的正式弃用，且多少隐含着"反戈一击"之意："国故"当然比"国粹"更中性，而"论衡"则义本王充，明显有商榷批评之意。[2]换言之，即使这中性的"国故"也是可以而且应该商榷批评的。

不过，对"国故"这一略偏消极的隐含之义也不能太过强调，就在《国故论衡》出版的 1910 年，太炎又与其弟子钱玄同等人发行了面向大众的《教育今语杂志》，其宗旨便明确首列"保存国故"。[3]以"保存国故"

---

[1] 参见本书第 2 章。
[2] 钱穆已注意及此，参见其《现代中国学术论衡》，岳麓书社，1986 年，1 页。
[3] 钱玄同：《刊行〈教育今语杂志〉之缘起》，《钱玄同文集》第 2 卷，312 页。

取代稍早流行的"保存国粹",似提示着对"国故"之中性意义的强调虽已到意识层面,然基本仍在较随意地替换使用,尚未严格地界定和推敲;盖"保存国粹"要"粹"者乃保存,而"保存国故"则可以是未必"粹"者也要保存,实隐喻着凡国之故皆当保存,倒更像张之洞提倡的存古取向,对即使"不尽适用者,亦必存而传之,断不肯听其澌灭"[1]。

傅斯年在1928年即明言,"国故本来即是国粹,不过说来客气一点儿;而所谓国学院也恐怕是一个改良的存古学堂"[2]。他到1940年更总结说:"'国学'一词,本与国医同其不通。清季有所谓存古学堂,本是咕哗咿唔之化身,不待论矣。以后章太炎谈国故,似胜于前矣。然国故一词,本为习用,即国朝之掌故也。乃太炎尽改其旧义,大无谓也。清末民初,人以国学二字为不妥,遂用国故;自国学专修馆之势力膨胀,此名词更通行,然此馆者,私塾之放大也。"[3]

无论如何,相对中性的"国故"在民初得到采用,部分即因为"国粹"不能得到比较广泛的认可。傅斯年自己在1919年的态度便稍缓和,他那时以为"国粹不成一个名词(请问国而且粹的有几?),实在不如国故妥协。至于保存国粹,尤其可笑。凡是一件事物,讲到了保存两字,就把往博物院去的命运和盘托出了。我们若真要做古人的肖子,也当创造国粹(就是我们自己发明点新事物),不当保存国粹。天地间事,不进就退,没有可以保存得住的"[4]。问题在于,即使这更"妥协"的"国故",在很大程度上仍不过是一个涵盖宽泛的虚悬名号而已,使用这一名词的各类人等其实未必具有共识。

---

[1] 不过这也可能是章太炎和"宗旨"的实际撰写者钱玄同的观念差异,钱氏或真存此见,他在1908年9月30日的日记中说:"凡文字、言语、冠裳、衣服,皆一国之表旗,我国古来已尽臻美善,无以复加,今日宜奉行。"他当时正主张"存古",并确实将"存古"界定为保存那些因时势不同而"不适宜于今者",以使后人得以"追想其祖宗创造之丰功伟烈"。转引自杨天石:《振兴中国文化的曲折寻求——论辛亥前后至"五四"时期的钱玄同》,《五四运动与中国文化建设》,993—994页。
[2] 傅斯年:《历史语言研究所工作之旨趣》,收其《史料论略及其他》,辽宁教育出版社,1997年,46页。
[3] 傅斯年致朱家骅(抄件),1940年7月8日,台北"中研院"史语所"傅斯年档案"。
[4] 傅斯年:《毛子水〈国故和科学的精神〉附识》,《新潮》1卷5号(1919年5月1日),745页。

毛子水当时就置疑道,"什么是国故呢?我们倘若把这个问题问起那些讲国故的人,所得的回答恐怕没有相同的。有些必定说国故就是'三纲五常';有些必定说国故就是'四书五经';有些必定说'学海堂经解'是国故;更有些必把'骈体文钞''古文辞类纂''钟鼎款识'等东西当作国故。"可知"国故这个名词,没有很清楚很一定的意义"。他根据章太炎《国故论衡》的内容,以为"国故就是中国古代的学术思想";并增加章氏此书未专门论及的"历史",提出"国故就是中国古代的学术思想和中国民族过去的历史"。若"不把学术史从民族的历史里分出来,我们简直可以用'中国过去历史的材料'代替国故这个名词"[1]。

他特别解释"国故的大部分是中国民族过去的历史的材料"一点说:"国故的大部分,实在就是中国民族过去的历史。但是从前人所做的从前人的历史,我们现在不能用他;因为现在人的历史的眼光,十分之八九不应当和从前人的相同,所以我们现在的历史,大部分都应当从我们自己的历史的眼光新做出来,方能合用。因此,我们把国故的这一大部分,不看作中国民族过去的历史,看作中国民族过去的历史的材料。"这里所说的"历史",主要是"历史学"的意思;因前人眼光不同而做出的历史便可以"不看作历史",正是清季中国"无史"论的"现代表述"。惟"国故"既然是历史的材料,则治此材料的"国故学"自然便成为历史学了。

几年后,胡适整合并进一步系统阐发傅斯年和毛子水的观念说:"'国学'在我们的心眼里,只是'国故学'的缩写。中国的一切过去的文化历史,都是我们的'国故';研究这一切过去的历史文化的学问,就是'国故学',省称为'国学'。'国故'这个名词,最为妥当;因为他是一个中立的名词,不含褒贬的意义。'国故'包含'国粹';但他又包含'国渣'。我们若不了解'国渣',如何懂得'国粹'?"可知胡适对"国故"这一词语的选择正因为它不含褒贬的中立性。他进而明确提出"要扩充国学的领域,包括上下三四千年的过去文化,打破一切的门户成见:

---

[1] 本段与下段,毛子水:《国故和科学的精神》,《新潮》1卷5号,731、733—735、743页。

拿历史的眼光来整统一切"[1]。

胡适并对国故学这一"领域"做出了更具体的界定："国故学包括一切过去的文化历史。历史是多方面的：单记朝代兴亡，固不是历史；单有一宗一派，也不成历史。过去种种，上自思想学术之大，下至一个字、一支山歌之细，都是历史，都属于国学研究的范围。"而"国学的使命是要大家懂得中国的过去的文化史；国学的方法是要用历史的眼光来整理一切过去文化的历史；国学的目的是要做成中国文化史"。他具体列出"中国文化史"的系统则包括民族、语言文字、经济、政治、国际交通、思想学术、宗教、文艺、风俗、制度十种史。换言之，"国学"就是系统的中国文化史。

这一关于"国故学"界定虽明显可见毛子水的影响，其倾向性却相当不同：毛氏在讨论"材料"时带有明确的不屑意味，而胡适在强调"不含褒贬"的基础上又提出"国学的使命"，显然相当肯定其存在的价值。[2]这不久即引起青年读书人的置疑，郑伯奇以为："本来'国学'二字是很笼统的名辞，而国学运动云云更令人不易理解。是一种劝人研究古籍的运动呢？还是劝人研究一切中国的——不论古今新陈，只要是中国的——文化、思想、学术、文学历史、地理、政治、经济，乃至中国的国民性、各地方的风俗习惯的一种运动呢？"两者的范围广狭不一，尤其前者"顶好不过劝人用新眼光读古书罢了"。[3]郑氏的确看出了以"国学"代"国故学"的问题：有没有"故"的存在，可以有相当大的差异。

前引毛子水所言说明，五四运动前后时人对"国故"的概念原乏共识。这一现象到北伐前仍无大的变化，曹聚仁发现："吾人一提及'国

---

[1] 本段与下段，胡适：《〈国学季刊〉发刊宣言》，《胡适文存二集》卷一，11、14、20—21页。胡适在《宣言》中对国学所下的定义在一定程度上代表了北大研究所国学门同人的看法，参见逯耀东：《傅斯年与〈历史语言研究所集刊〉》，《台大历史学报》第20期（1996年11月），243—244页；陈以爱：《中国现代学术研究机构的兴起》，226—245页。
[2] 按此时胡适正大力提倡"整理国故"，并希望青年参与；但几年后他又改变了态度，转而主张青年应多从事自然科学，不必走整理国故这条"死路"，说详本书第8章。
[3] 郑伯奇：《国民文学论（下）》，《创造周报》35号（1924年1月6日），6页。

故',则庞杂纷沓之观念交集于前。若就各观念而一一考订之,则一切观念皆浮泛空虚,枵然无所有焉。此烨然于外而芜无其物之'国故',即今日国内一般守旧学者所以支撑门面之工具,亦即偏激者流所等之于'抽鸦片裹小脚'者也。"尽管"国故"已如此"臃肿不中绳墨",当时不少人援用国故之名,"从未计及其实;其意盖以为'国故'之名,尽人而喻之"。[1]

曹氏观察到:"'国故''国学''中学''古学''国粹''国故学'等歧异名词,在近顷学术界已成一异文互训之惯例;笔之于著作,见之于制度,习焉相望,莫知其非。"他以为,"'国粹'一名,当别为解释,与他名相去甚远。'国学''中国[学]''古学'三者,与'国故''国故学'各不相应。"盖"'国故'者,五千年间中华民族以文字表达之结晶思想也";而国故学与中国文化也不能等同,文化指全体,国故仅指以文字表现于纸片者。

与郑伯奇相类,曹聚仁也认为,胡适说国学是国故学的缩写,"斯言妄也。胡氏之说,殆迁就俗称而为之曲解耳。抑知'国故'二字之重心在'故';于'故',乃知所研究之对象为过去文化思想之僵石,乃知此研究之对象已考终于五四运动之际,乃知此研究之对象与化学室之标本同其状态"。如果"去'故'而留'国',则如呼'西瓜'之为'西'、'太阳'之为'太',闻者必茫然不知所云。故愚以为国故学必当称为'国故学',决无可省之理"。

当时一些人以国学为中国学术,遂"以国故学为中国学术史之别名",也不成立。盖"国故与中国学术史之内容与范围非完全相同",国故仅限于中华民族,"而中国学术史则凡在中国地域所曾有之学术,皆所必载";且"国故以五四运动为终点,后乎此皆无与于斯学;中国学术史则与时间以俱存,可延长至无限"。曹氏以为,"自有文字以至五四运动,可成为一大段落;五四运动以后,旧有结晶思想皆完全崩坏",中国已进

---

[1] 本段与下三段,曹聚仁:《国故学之意义与价值》、《春雷初动中之国故学》(1925年12月),《国故学讨论集》第1集,50—51、60—61、90—91、73—74页。

入新的阶段。国故学所研究的，只是五四运动以前这一大段落。

而清华学生梁实秋则可以接受"国学"这一名词，他论"国学的性质"说："国学便是一国独自形成的学问，国学便是所以别于舶来的学问的一个名词。"这样的"国学"，实际就是晚清人所说的"中学"。对此梁氏其实也有些保留，盖他以为"学问这个东西，是不分国界的"；他也承认"中国在未开海禁以前，所有经天纬地的圣经贤传、祸国殃民的邪说异端，大半是些本国的土产"。现在虽然"杜威罗素的影响也似乎不在孔孟以下，然而我们暂且撇开古今中外的学问的是非善恶的问题不论，为命名清晰起见，把本国土产的学问叫做国学，这却没有什么不可以"[1]。

不论"国学"是否"国故学"的缩写，当时许多人的确将其替换使用。东南大学的《史地学报》在介绍北大《国学季刊》时说，"国学之为名，本难确定其义。在世界地位言之，即中国学。分析为言，则中国原有学术，本可分隶各种学科，惟故籍浩博，多须为大规模之整理；而整理之业，尤以历史为重要；而研究之中，莫不须用历史的眼光"[2]。该刊关于国学的界定与梁实秋比较接近，并特别看出"整理国故"与史学的紧密关联；但更重要的是，《史地学报》提出了"中国原有学术"分隶"各种学科"这一直接关系到"国学"认同的关键问题。这里的"各种学科"当然指的是西学意义上的"学科"，而"中国原有学术"必须经过"大规模之整理"才有可能"分隶"其下。[3]

从清季兴办学堂开始，西方学科分类逐渐在中国教育体系中确立，但这也有一个过程。在民初新旧学科分类俱存的语境下，中国固有的主流学术，比如"经学"，怎样融入胡适所谓的"中国文化史"？有些学科如"中国文学"（虽然概念尚在界定之中）已大致取得依西洋分类的学科资格，从事此类研究者是否愿意承认他们是在研究"史学"的一

---

[1] 梁实秋：《灰色的书目》，《晨报副刊》1923年10月15日，1版。
[2] 《史地学报》2卷4号（1923年），139页。
[3] 按，后来不少学人正如此主张，但这样一来，经整理而"分隶各种学科"之后，不论国学还是国故学都不复有存在的必要，对此各学者却无共识，详后。

种？那些尚未容纳在胡适"中国文化史"范围内的"中国原有学术"又是不是"国学"呢？很明显，"国学"也好，"国故学"也好，均尚未能确立自身的学术典范，其在很大程度上仍不过是一个涵盖宽泛的虚悬名号，且与新旧中西的学科分类都有所冲突。[1]

二 西方学术分类与国学的学科定位

在蒙文通看来，既然传统中国学术的主流是经学，则国学几乎就是经学的同义词。他在1922年著《近二十年来汉学之平议》（后修改更名为《经学导言》）说："近二十年间汉学的派别很多，可说是清朝一代的缩影，就说他是中国几千年学术的缩影亦无不可。一部分是陈兰甫、桂文烁的余波，是主张汉宋兼治的；一部分是不辨别今古的，却还有乾嘉风流，这两派都是前时代的余韵，也不甚惹人注意。最风行一世的，前十年是今文派，后十年便是古文派。什么教科书、新闻纸，一说到国学，便出不得这两派的范围。两派的领袖，今文家便是广东的康先生，古文家便是浙江的章先生。二十年间，只是他们的两家新陈代谢，争辩不休，他们的争议便占了汉学的大部分了。"[2] 这里的"二十年来"指20世纪的前20年，则民初许多人所说的"国学"仍不过就是清代的"汉学"，其典范也还不出康有为和章太炎所代表的今、古文经学。

或许正是针对蒙文通观察到的现象，对林玉堂来说，"国学"乃是一个与传统"经学"对立的正面新词语。他认为"国学须脱离经学而独立"，以形成其所谓"科学的国学"。林氏提出，"今日的人治经须与古人不同，就不必使六经为我们的注脚，却须以六经为国学的注脚。清代学虽有离经说子、别成一家的人，但他独立的动作还是有限的，敢暗谋

---

[1] 刘龙心已详细探讨了当时国学、史学与学术分科的问题，参其《学科体制与近代中国史学的建立》，《20世纪的中国：学术与社会（史学卷）》，544—580页。我与她看法相近处不再申论，而不甚相同处，除本书外，也可参考拙文《走向国学与史学的"赛先生"——五四前后中国人心目中的"科学"一例》，《近代史研究》2000年3期。
[2] 蒙文通：《经学导言》，《经史抉原》（《蒙文通文集》第3卷），12页。

而不敢明版"。今日就须"拿国学研究我国各种文化现象"为目的，而"国学的规模可因科学的眼光而改造"。以前的经学家提不出什么问题，如胡适所列的各种"文化史"子目"都是前人所梦想不到的，而由研究西洋政治思想宗教文艺的人看他，都是急待考查的"[1]。

对刘复来说，这样的国学已是"新国学"。他在1925年说，"我们只须一看北京大学研究所国学门中所做的工夫，可以断定此后的中国国学界必定能另辟一新天地：即使是一时还不能希望得到多大的成绩，总至少能开出许许多多古人所梦想不到的好法门"。他界定说，"我们'新国学'的目的，乃是要依据了事实，就中国全民族各方面加以精详的观察与推断，而找出个五千年来文明进化的总端与分绪来"[2]。这一"新国学"的提法因日本人的认可而强化，留日的何思敬从东洋文库主任石田干之助那里听说"中国有新国学之发生"，遂到东洋文库去读《国学门周刊》，"从中发见了颉刚先生的一九二六年的《始刊词》及另外数篇，后来又见到他的《孟姜女研究》前篇，忽然我的心境好像来了一阵暴风，觉得中国学术界起了革命"[3]。

本来清季刘师培、邓实等人所重建出的"国学"不论在思想含义还是学术含义上都已是一种"新国学"；[4]故北大国学门所谓的"新国学"，实际可以说是一种"新新国学"了。不过这一未能确立自身学术典范的"新国学"虽然意在标新，仍与旧学有着割不断的联系。正如胡适注意到的，在以北大为中心的整理国故运动开始之前，已有类似的"运动"出现：古学界青黄不接造成的学术寂寞使许多人产生古学将要沦亡的悲观，结果"很自然的发出一种没气力的反动的运动来"，包括梦想孔教复兴者、试图通过保存古文古诗以达到古学保存者甚至静坐扶乩者。胡适宣布，"在我们看起来，这些反动都只是旧式学者破产的铁证"；相

---

[1] 林玉堂：《科学与经书》，《晨报五周年纪念增刊》1923年12月1日，23页。
[2] 刘复：《敦煌掇琐叙目》，《北京大学研究所国学门周刊》，1:3（1925年10月28日），6页。
[3] 何思敬：《读妙峰山进香专号》，《民俗》第4期（1928年4月11日），1页。
[4] 关于思想含义方面，参见本书第2章。

反,"国学的将来,定能远胜国学的过去"。[1]

很明显,胡适正试图用"国学"这一认同来区别于破产的"古学",并使整理国故运动区别于先已存在的挽救古学那"没气力的运动"。然前引蒙文通的观察已提示了当时一般人的认知仍是经学与国学不分,而胡适自己在其《〈国学季刊〉发刊宣言》中,不仅在综述清代"古学"时数次使用"经学"一词,在论及将来意义的"整治国故"时,也无意中说出"这还是专为经学、哲学说法;在文学的方面,也有同样的需要"这样的话。吴文祺立刻发现这里含有新旧学术分科的冲突,指出"旧时经史子集的分类,实在是很可笑的;但这篇宣言却于哲学文学……的名称之外,别有所谓'经学'的名称的存在"[2]。的确,若新"国学"里仍有"经学"一科,又怎样区分于旧式的"古学"呢?

故在吴文祺看来,胡适的《宣言》虽"可算是一篇国故学上的空前的伟论",却也有不足;且其"既不说明整理国故的必要与价值,更不说明国故的性质,而只定了许多整理国故的方法"。他进而说,"从来没有人替国故学下过定义,我且来替它下一个定义吧:用分析、综合、比较种种方法,去整理中国的国故的学问,叫做国故学"。吴氏主张,"中国过去的一切文化历史,便是中国的国故";而"整理国故这种学门,就叫做国故学;国故是材料,国故学是一种科学"。这其实基本不出胡适《宣言》所论,但其竟然可以说"从来没有人替国故学下过定义",当时少年新进那种目中无人、横扫一切的气概,于此可见一斑。[3]不过他看出胡适所言主要侧重"方法",确有眼力。

与郑伯奇、曹聚仁一样,吴氏也不同意国故学就是国学(吴文之撰写在郑后曹前)。他说:"老先生们以骈文、古文、诗词、歌赋、对联等为国学,听见人家谈整理国故,他们便得意扬扬地大唱其国学(?)复

---

[1] 胡适:《〈国学季刊〉发刊宣言》,《胡适文存二集》卷一,1—2页。
[2] 本段与下四段,吴文祺:《重新估定国故学之价值》(1924年2月),《国故学讨论集》第1集,33—35、38—39、41—44、49页。
[3] 按吴文祺比胡适小十岁,撰此文时不过二十出头。当时青年读书人大约也不太讲究今日所谓"学术规范",吴氏自己及本章多次引用的曹聚仁论"国故学"的见解,多半都是发挥或系统化毛子水先已提出的观念,然皆不提及借鉴了毛氏的主张。

活的凯旋歌；而一般把学术看作时髦的装饰品的新先生们，也在'和老先生们同一的国学观念'之下，大声疾呼地来反对国学。"其实，"现在有许多人以抱残守缺为保存国粹，或是诋整理国故为迷恋骸骨，完全是由于缺乏历史进化观念的缘故"；而历史进化观念的缺乏则因为"中国枉有数千年的文化，但是到现在还没有一部完全的历史"。研究国故则一方面可使人们知道历史上一切制度学说是在不断进化的，同时又是完成一部完整历史的"重要工作"。

吴文祺提出，"国故学是超乎文学、哲学……之外的一种科学，也是一种很重要的人人所必备的常识"。换言之，国故学是一个"总名"，包括考订学、文字学、校勘学和训诂学；"严格讲来，只有以上这几种学问，才是纯粹的国故学"。故"应用国故学所整理出来的材料，只可谓之国故学的结果，决不可认为国故学的本身。我们假使所整理的是哲学，那末当然归入哲学的范围；文学，文学的范围；政治学，政治学的范围；经济学，经济学的范围"。换言之，国故学不过是研究中国的文学、哲学、经济学、政治学等都要"借重"的一种特殊基础学科。这一观点与前引《史地学报》关于"中国原有学术须经大规模之整理始可分隶各种学科"的主张非常相近，惟"近人往往不明白国故学的性质，于是不管三七二十一，把中国的文学、哲学……都硬揿到国学这个名词里去"。

这是一个相当重要的见解，国故学虽是一个"总名"，其所包括的却都是经过新式划分的传统中国学问（将考订、文字、校勘和训诂视为独立的"学"，也是新眼光的产物）；所以，国故学虽与现代西方学术分类中的许多学科都有联系，却并非包含各种西式学门的"总名"。吴文祺与胡适的重要区别在于，胡适的整理国故用"文化史"的名目暗中将传统中国学术直接转换成现代西式学术，而吴氏则认为整理国故只是将传统中国学术转换成现代西式学术进程中一个必须"借重"的过渡环节，只是在此意义上才有所谓国故学，此后便是（世界通行的）文学、哲学、经济学和政治学这些类别了。如果据今日已具"世界性"的西式学术分类看，吴文祺的观念似乎相对更"合理"，因为许多"国故"的确不是"文化史"所能涵盖的。

然而这里也含有隐忧:吴氏已说"国故学是一种科学",这样一种无法纳入现代西方学术分类的"科学"又是怎样的"科学"呢?他自己的解释是:"国故学的性质,很像数学。数学一方面是训练思想的最好的方法,一方面又是各种科学的基础。国故学在一方面固然是研究中国的哲学、文学……的基本学问,在别一方面,研究国故学的人,也可以藉此成我国人所最缺乏的重征求是的科学精神。"这基本是转述毛子水的见解[1],但数学为"各种科学的基础"似并不限于西方,而国故学则只是研究中国"哲学、文学……"的基础,两者的可比性实有限;且国故学是否能具有数学在西方科学系统中的地位,恐怕还难以形成共识。进一步的问题是,国故经整理而纳入"各种科学"之后,这一"基础"还有存在的必要吗?

曹聚仁注意到吴氏的看法,他说,有人"以为国故学乃暂名:国故之资料,未完全整理以前,其名尚可存在;或以为国故学乃统摄名,多〔分?〕之则为文学、史学、哲学等等,合之即为一'国故学'。国故学之本身,无特殊之本质可言也"。如果这样,"国故一经整理,则分家之势即成。他日由整理国故而组成之哲学、教育学、人生哲学、政治学、文学、经济学、史学、自然科学……必自成一系统而与所谓国故者完全脱离"[2]。这并非假设,许啸天便正式提出,要使国故成为学问,就需要"后代的学者肯用一番苦功"从"一个囫囵的国故学"中一样一样地整理出"政治学、政治史、社会学、社会史、文学、文学史、哲学、哲学史以及一切工业、农业、数理、格物",并一一"归并在全世界的学术里,把这虚无飘渺学术界上大耻辱的国故学名词取销"。[3]

问题在于,"待各学完全独立以后,则所谓'国故'者,是否尚有存在之余地?所谓国故学者,何所凭藉而组成为'学'?"。曹聚仁以为国故学仍有其存在价值,其凭借即"国故学之独立性"。他说,由于"国故中所含蕴之中华民族精神,与他民族完全异其趋向",故"国故虽可整

---

[1] 毛子水:《国故和科学的精神》,《新潮》1卷5号,736页。
[2] 曹聚仁:《国故学之意义与价值》,《国故学讨论集》第1集,74页。
[3] 许啸天:《国故学讨论集·新序》第1集,7页。

理之以归纳于各学术系统之下,而与他文化系统下之学术相较,仍有其特点"。即使各学分立,将来"吾人欲知此大民族在此长期中所产生之特殊思想,必于此中窥其消息"。[1]这一见解与胡适当时强调的"历史的眼光"相通,只要注重人与事本身的发展历史,自然产生某种独特性,这大概也是后来"区域研究"在西方兴起(详后)的一个理论基础。

不过,这种"独立性"与五四人最欣赏也最提倡的"世界性"相当对立,且很可能降低其"科学性"。曹聚仁再次援用了胡适的思路,他论证国故学的"科学性"说:"国故学者,记载此思想之生灭,分析此思想之性质,罗列此思想之表形式,考察此思想之因果关系,以合理的、系统的、组织的方式述说之者也。简言之,国故学者,以'国故'为研究之对象,而以科学方法处理之,使成为一科学也。"所谓合理,即"客观性之存在";所谓组织,即"以归纳方法求一断案,以演绎方法合之群义";所谓系统,即"或以问题为中心,或以时代为先后,或以宗派相连续,于凌乱无序之资料中,为之理一纲领也"。简言之,"国故先经合理的叙述而芜杂去,继经组织的整理而合义显,乃入之于系统而学乃成"。这大致仍是胡适的取向,即某一"学"是否为"科学"主要视其运用什么方法怎样"成学",而不特别考虑其是否合于现代西方的学科分类。

胡适的朋友陈源却不能同意这一观点,他认为,"现在的国故学者十九还不配去整理国故。他们大家打的旗帜是运用'科学方法',可是什么是科学方法? 离开了科学本身,那所说的'科学方法'究竟是什么呢? 一个人不懂得什么是科学,他又怎样的能用科学方法呢?"。国故既然是"中国的一切过去的文化历史",则整理的工作"是不是一个仅能读几本线装书的人,挟了'科学方法'所能够胜任的?"。他主张应"让经济学者去治经济史,政治学者去治政治史,宗教学者去治宗教史"[2]。很明显,陈源并不承认有什么超越于西方现代学术分类的抽象"科学方法",实即根本不承认"国故学"为"科学"。

---

[1] 本段与下段,曹聚仁:《国故学之意义与价值》,《国故学讨论集》第1集,74—75、64、68—69、71—72页。
[2] 陈源为胡适的《整理国故与"打鬼"》写的《西滢跋语》,《胡适文存三集》卷二,217—218页。

究竟怎样才算"科学",或国学与已通行于中国高等教育体系的西方学术分科怎样衔接,的确是使当时学者困扰的问题。陈独秀在1923年就提出,"国学是什么,我们实在不太明白。当今所谓国学大家,胡适之所长是哲学史,章太炎所长是历史和文字音韵学,罗叔蕴所长是金石考古学,王静庵所长是文学。除这些学问外,我们实在不明白什么是国学?"他认为,"国学"这一名词,"就是再审订一百年也未必能得到明确的观念,因为'国学'本是含混糊涂不成一个名词"[1]。这里陈独秀大致已按西方学术分类来认识国学,但在他的认知中只有章太炎一人长于历史,王国维所长仍是文学;而鲁迅在1922年已经注意到王国维为《流沙坠简》写的长序,认为"要谈国学,他才可以算一个研究国学的人物"[2]。两人都认可王国维所治为"国学",然而其在西来的学术分类中究属何学,却缺乏共识。

1925年清华学校设立研究院,年初制定的《研究院章程》规定,"先设国学一科,其内容约为中国语言、历史、文学、哲学等"。具体的研究对象,则包括中国经籍、近世所出古代史料以及"其他人事方面,如历代生活之情状,言语之变迁,风俗之沿革,道德、政治、宗教、学艺之盛衰;自然方面,如川河之迁徙、动植物名实"等。[3]这抽象的分科和具体的研究对象显然是有差距的,如"自然方面"的内容便不太容易纳入前面列举的学科。同年9月,研究院主任吴宓又说,"兹所谓国学者,乃指中国学术文化之全体而言。而研究之道,尤注重正确精密之方法(即时人所谓科学方法)"[4]。前后定义也不甚同,前者是在"国学"之下按照西学分科,后者则对分科态度含糊。[5]

北大国学门的顾颉刚尝试解决这一问题说:"所谓科学,并不在它的

---

[1] 陈独秀:《国学》,《陈独秀著作选》第2卷,516—517页。
[2] 鲁迅:《不懂的音译》,《鲁迅全集》(1),398页。
[3] 《研究院章程·缘起》,清华大学校史研究室:《清华大学史料选编》第1卷,375—376页。
[4] 吴宓:《清华开办研究院之旨趣及经过》,《清华大学史料选编》第1卷,374页。
[5] 不过后者有可能是因应校长曹云祥在开学典礼上的讲话,曹氏当时指出,研究院要"研究中国高深之经史哲学;其研究之法,可以利用科学方法,并参加中国考据之法",以"寻出中国之国魂"[曹云祥:《开学词》(1925年),《清华大学史料选编》第1卷,263页]。

本质，而在它的方法。它的本质乃是科学的材料"。科学的材料无所不包，自然也包括"中国历史的材料。所以国学是科学中的一部分（如其是用了科学方法而作研究），而不是可与科学对立的东西"。由于科学的"纯粹客观性"，它既"是超国界的"，也是超时代的（即"不受制于时代的古今"）。这样，"在我们的眼光里，只见到各个的古物、史料、风俗物品和歌谣都是一件东西，这些东西都有它的来源，都有它的经历，都有它的生存的寿命；这些来源、经历和生存的寿命都是我们可以着手研究的"[1]。

各种"东西"都成为科学研究的"材料"后，"科学"便使它们平等，惟其在科学面前的"平等"实际也掩盖了各自的"来源、经历和生存的寿命"，后者乃是曹聚仁所说的"独立性"之基础。既然"科学"是超越的和普遍的，国学的存在价值就产生了问题，许多否定国学或反对研究国学的人恰以此为其立论的基础（详后）。

顾氏自己并不觉得这是个大问题，因为他本将国学定义为"中国的历史，是历史科学中的中国的一部分"。他进而说，北大国学门"并不是（也不能）要包办国学的。我们需求于别种科学的专门人才之处真是非常的多"。如果各种科学都发达，"中国方面的各科的材料都有人去研究，那么我们的范围就可缩小，我们就可纯粹研究狭义的历史，不必用这模糊不清的'国学'二字做我们的标名，就可以老实写做'中国历史学门'了（要放大一点，可以称'东方历史'，或单称'历史'，都无不可）"。这似乎是说，由于研究中国材料的别种科学尚不发达，故"历史科学中的中国部分"乃以"国学"为名暂时兼代其他有关中国的"科学"之职能，则"国学"仍是一个过渡性的名称。

无论如何，顾颉刚希望能"不必用这模糊不清的'国学'二字做我们的标名"这一点提示着"模糊不清"的确是当时国学的明显特征。主张"国故学"是"科学"的曹聚仁正据此以否定"国学"的正当性，他说，"科学之研究，最忌含糊与武断。而国学二字，即为含糊与武断之

---

[1] 本段与下段，顾颉刚：《一九二六年始刊词》，《北京大学研究所国学门周刊》，2：13（1926年1月6日），1—3、5、9—10页。

象征"。本来"各科学之命名，当合论理之规范。如天文学，吾知其研究之对象为天文；地质学，吾知其研究之对象为地质"。而"国学定名之初，非经长期之考虑，但见陈吾前者为隆然之遗产，漫名之曰'国学'而已（夸大狂白热时，则名之曰国粹，以傲四夷）"。惟既以国学为名，则"对象即为'中国'，其势必将取中国之疆域、山川、都邑、人口、物产为资料；然按之事实，夫人而知其不若斯也。由斯可知，国学之为名，不但不足代表其对象，且使人因名而生误会"。这样的国学"但有一名足矣，实之存否不计也"[1]。不过，曹氏个人固可从学理上区分"国故学"与"国学"，在多数时人认知中，两者基本是一回事。

蔡尚思稍后恰反曹氏之道而行之，他将国学界定为："国是一国，学是学术，国学便是一国的学术。其在中国，就叫做中国的学术。既然叫做中国的学术，那就无所不包了。既然无所不包，那就无所偏畸了。乃今之学者，或以国学为单指中华民族之结晶思想（曹聚仁），或以国学为中国语言文字学（吴文祺），还有以史学眼光去观察一切的（如章学诚、章太炎等），以及误认国学为单指国文（其人甚多不易枚举）与中国文学的（海上一般大学多以中国文学系为国学系）。"这些人"皆仅得其一体，而尚未得其大全。在吾却始终以为，中国的固有文化，都不能出此国学二字范围外"[2]。蔡氏所言不无随意处，如将章学诚也纳入"今之学者"，其对吴文祺的主张显系误读；然其意在强调国学之"大全"，的确与多数人的主张异趣。

而郑振铎又从这"大全"处看到了国学的问题，曾为整理国故正名的郑氏到北伐后已转变态度，以为"'国学'乃是包罗万有而其实一无所有的一种中国特有的'学问'，'国学家'乃是无所不知而其实一无所知——除了古书的训诂之外——的一种中国特有的专门学者"[3]。明明长

---

[1] 曹聚仁：《春雷初动中之国故学》，《国故学讨论集》第1集，90、93页。
[2] 蔡尚思：《中国学术大纲》，上海启智书局，1931年，5页，转引自钟少华：《试论近代中国之"国学"研究》，《学术研究》1999年8期，30页。
[3] 郑振铎：《且慢谈所谓"国学"》，《小说月报》20卷1号，10页。关于郑振铎曾经支持整理国故及其态度转变，参见本书第7章。

于"古书训诂"却被认为"一无所知",实际是将"古书训诂"排除在学术和"知识"之外。那时除了少数像胡适那样钻研过西方"考证学"的留学生外,很少有人知道"古书训诂"不仅是"中国特有",它也可以是西学的一部分;但其在通行的西学分类中的确较难定位,郑振铎或者便是据此得出国学"包罗万有而其实一无所有"的结论。

在整理国故尚未风行之时,樊抗父曾主张"中国固有之学术"可"因世俗之名以名之"为"旧学"。[1]但那时若真名为"旧学",恐怕就没有多少人愿意从事了;必以科学化的"国学"或"国故学"名之,方有吸引力。[2]整理国故的影响之一,便是各中学皆开设"国学"一课。时任中学教师的钱穆即因教学所需而于北伐前后编撰《国学概论》一书,他在《弁言》中指出:"国学一名,前既无承,将来亦恐不立,特为一时代的名词。其范围所及,何者应列国学,何者则否,实难判别。"[3]

由于中西学科分类之间确有一些难以弥合的差异,而时人认知中新旧中西的对立和冲突使"调和"变得困难;且"国学"本身也有其内在的缺陷,从清季国粹学派开始就有排斥历代学术主流而从边缘重建"国学"统系的倾向(虽然其"国学"又以包容宽广为特色);[4]但一个并非枝节的原因是其风行时间毕竟太短,"国学"或"国故学"终未能形成自身的学术典范,在学科认同上缺乏一个广泛接受的界定。正是国学与西式学术分科未能成功衔接这一点,成为当时及稍后一些人主张"国学"不成其为"学"的立论基础。

西方学科分类在中国教育体系中确立后,学者多据西学分类以言中学。且并非所谓"新派"人物始如此,在一般认知中应属"旧"而不新的柳诒徵于1923年即提出"非汉学非宋学"的口号,主张"论学必

---

[1] 抗父(樊少泉):《最近二十年间中国旧学之进步》,《东方杂志》19卷3号(1922年2月10日),33页。
[2] 参见罗志田:《走向国学与史学的"赛先生"——五四前后中国人心目中的"科学"一例》,《近代史研究》2000年3期。
[3] 钱穆:《国学概论》,台北商务印书馆1963年影印1931年版,1页。钱穆立论之时,"国学"本身已由高潮转向衰歇,郑振铎等人的态度转变即是一证。
[4] 说详本书第2章。

先正名",明言"汉学宋学两名词,皆不成为学术之名"。他说,"余并非有意非难此种学术,不过非难此种名词,因此种学术自有其正确之名词";而所谓"正确名词",当"就其学术性质"而定。柳氏"综合后世所谓汉学者之性质观之,凡考究文字训诂声韵之类,皆属于文字学;凡考究典章制度,以及古书之真伪、史书之体例者,皆属于历史学。故汉学者非他,文字学耳、历史学耳"。而"所谓宋学,可以分为伦理学、心理学"[1]。

很明显,他心目中"就其学术性质"而定的"正确名词"皆以当时学校中通行的西式学术分类为依据。这也不仅是学术分科的问题,柳氏注意到,新式大学中学者多"各治数种科学,有治文字学者、有治历史学者、有治伦理学者、有治心理学者,或以一兼他,或互为主辅",皆"无碍于为学"。然而"讲汉学讲宋学者则不然,一若讲汉学即不可讲宋学,讲宋学即不可讲汉学,入主出奴,互有轩轾"。所以,不"正确"的旧名词也妨碍学术本身的发展。他希望学生"认此等学术,即是学校中之某种学程,不必分别朝代、分别界限"(其实所谓"各治数种科学"者恐怕是先治名词不"正确"也不重分类的汉学或宋学,待按西学分类计算才突然变成"数种";若一开始便从西式学科入手,大概也是专治一学的更多)。

值得注意的是,这是通常认为偏于"守旧"的东南大学和南京高师两校的"国学研究会"组织的演讲,相当能说明当日学院派的"国学"有多么趋新。柳诒徵比较新旧名词的差异说,如名为汉学,则可能"使人误认为一代之学,若后世之所未有、世界之所绝无";若改"名之为文字学、历史学,使人一闻而知其性质,且可贯通历代,表明讲学者之随时进化"。这里非常明显地提示着一种希望有利于"世界"接受中国固有学术的隐衷。

虽然柳氏已尽量"面向世界",无意中仍暴露出其对西学了解的不

---

[1] 本段与下三段,柳诒徵(讲演,赵万里、王汉记)《汉学与宋学》,东南大学、南京高师国学研究会编:《国学研究会演讲录》第1集,上海商务印书馆,1924年,84—90页。本文承徐雁平君代为复制,谨此致谢。

足。他在演讲中举例说,"类如有人号称英学或德学,人必笑之;若曰吾所研究者为英国之文学或德国之哲学,方成一个名词"。但更加趋新的许啸天则指出,后者"亦有语病"。[1] 对于主张科学无国界的新派来说,如果西式分类的学科皆为"科学",则必然是普世性的,没有什么某国的某学,稍后傅斯年正从此角度否定"国学"的正当性(详后)。

如果说柳诒徵等人可以接受按西方学科分类的"国学",许啸天则不然,他认为世界各国皆有其国故、有其历史,问题是"这国故经史,是不是算一种学问"?答案是否定的:"倘然国故可以成功一种学术,那全地球上的各国,每一国都有他自己的国故;为什么却不听得有英国故学、法国故学、德国故学的名称传说呢?所以国故实在算不得是一种学问。"经史亦然,"倘然有人问我们,'你们中国有些什么学问?'我简直的回答不出来。我若回答说:'我们中国有六艺之学、有经史之学,还有那诸子百家之学。'这是滑稽的答语,也是一句笑话。试问'所谓经史之学、诸子百家之学,是一个什么学问?'我依旧是回答不出来"[2]。

他的结论是,"中国的有国故学三字发见,正是宣告我们中国学术界程度的浅薄、知识的破产,而是一个毫无学问的国家"。进而言之,"中国莫说没有一种有统系的学问,可怜,连那学问的名词也还不能成立!如今外面闹的什么国故学、国学、国粹学,这种不合逻辑的名词,还是等于没有名词"。清季国粹学派就曾基于学要"有用"的观念推导出中国"无学"的结论[3],但许氏的"中国无学"论所据又不同;前已述及,他是认为中国固有学术皆与西方学科分类不合,若从前者中一一整理出后者,便可"把这虚无飘渺学术界上大耻辱的国故学名词取销"。许啸天的观念后来为许多人采纳,尤其他提出英、法、德等西方国家均

---

[1] 许啸天:《国故学讨论集·新序》第1集,4页。
[2] 本段与下段,许啸天:《国故学讨论集·新序》第1集,4—6页(许序作于1927年1月,这些言论是其自引他编王船山集的序,作于1926年3月)。按许氏大致以当时通行于中国的西学分类为"学术"或"学问"的标准,其实西方当时和现在皆自有其"经学"(the Classical Studies),被郑振铎排斥的"古书训诂"正是其中一项重要内容。
[3] 参见本书第1章。

无"国故学"一点最为人所乐道。

从学理上对"国学"最有力的挑战来自北伐后期回国的傅斯年,傅氏大约是"整理国故"一词的最初使用者,如前所述,他在新文化运动时尚觉"国故"比"国学"更"妥协",但约从1922年起因"见到中国之大兴国学",便生"绝国故"之念。[1]他在筹备中央研究院历史语言研究所时的一份聘书稿中强调,设置这一研究所"非取抱残守缺、发挥其所谓国学;实欲以手足之力,取得日新月异之材料,供自然科学付与之工具而从事之,以期新知识之获得。材料不限国别,方术不择地域,既以追前贤成学之盛,亦以分异国造诣之隆"[2]。

傅氏进而在其著名的《历史语言研究所工作之旨趣》一文中明确提出"我们反对'国故'一个观念。如果我们所去研究的材料多半是在中国的,这并不是由于我们专要研究'国'的东西,乃是因为在中国的材料到我们的手中方便些"。正如在中国的地质或地理、生物、气象等研究所总多研究中国地质地理、生物和气象问题,世界上任何一种历史学或语言学,"要想做科学的研究,只得用同一的方法;所以这学问断不以国别成逻辑的分别,不过是因地域的方便成分工"[3]。

十多年后,他在论证"国学"的"不通"时,仍指出其内容"不外乎文字声韵之考订、历史事迹之考证,前者即所谓语言学,后者即所谓史学;此外如中国专有之材料,亦皆有专科治之"(这与柳诒徵的观念何其相近)。傅氏断言,"分类而以近代眼光治之者,即所谓史学、语学及其他科目";惟"笼统而以传统之呻唔为之者,即所谓国学"。[4]

此后反对"国学"者也大多沿袭柳诒徵、许啸天和傅斯年的取向,

---

[1]《朱家骅、傅斯年致李石曾、吴稚晖书》,《傅斯年全集》(7),101页。
[2]"史语所公文档案",元130,转引自王汎森《民国的新史学及其批评者》,收入罗志田主编:《20世纪的中国:学术与社会(史学卷)》,69页。
[3] 对于傅斯年来说,这"并不是名词的争执,实在是精神的差异的表显"。从学理上看,国学这名词不通达之处在于,若"在语言学或历史学的范围中"论国学,"为求这些题目的解决与推进"而"扩充材料,扩充工具,势必至于弄到不国了,或不故了,或且不国不故了"。傅斯年:《历史语言研究所工作之旨趣》,收在《史料论略及其他》,46—47页。
[4] 傅斯年致朱家骅[抄件](1940年7月8日),台北"中研院"史语所"傅斯年档案"。

何炳松以为,"西洋的学术,无论他是属于哲学或者属于科学,没有不以论理学为根据的;而论理学上基本的必要的初步就是'正名'"。如果"对于中国学术上的正名这一步基本的必要工作还没有做好,就想要去研究中国的学术,我以为这是古今中外的学术界未曾有过的笑话"。若要正名,则"国学两个字就犯了'名不正'的毛病。究竟'国学'是什么?现在谁能下一个合理的定义?",中国人"既然自命有一种国学,那么中国国学的特质是什么?他的真价值究竟怎样?"。[1]

何氏尝追寻国学二字"从何而来",但"在中国书中总是查考不出他的来历",遂估计其"大概是由西文中翻译出来"。他说,西人对"中国民族、语言、文字、历史等"颇有兴趣,而"一时不容易理出头绪",故混称为"支那学"(Sinology)。之所以如此,即因中国的事物太广太复杂,无法理解,甚或不过"还是一团糟",所以姑以此名。但"就我们自己方面看去,这个名词,实在是西洋人给我们的一种耻辱;换句话说,就是我们的国耻。我们决不应该俯首的接受他,我们应该提出强硬的抗议"。不过,看似民族主义甚强的何炳松实际又同意西人认为中国学术对世界无甚贡献的暗示,他问道:"国学的声浪闹了这许多年,我们所得的成绩究竟有多少?"其"对于世界学术究竟曾经有过一种什么贡献"?如果对这些都不知道,则所谓国学"还不就是'一团糟'的别名?还不就是广义的'经史百家杂钞'么"?

郑振铎也同意"所谓'国学'便是欧洲人所谓'中国学'",但他比何炳松似更清楚西方这"总括一切中国学问与事物的研究",知道其中包括两类人,"一种是识得中国文字的领事牧师们,一种是未见得识中文,却是深通某一种专门学问而去研究中国某一种事物的专门家"。第一种人他举翟理思(H. A. Giles)为例,说其"对于中国无论什么事都要谈说,文学、艺术、宗教、哲学、历史、地理,以及一切",但"这一批人的时代,现在仿佛已经过去了。现代已经进入第二个时代了,便是以专门家去研究关于中国的某一种事物的时代",后者却不宜与前者

---

[1] 本段与下段,何炳松:《论所谓"国学"》,《小说月报》20卷1号(1929年1月),2—3页。

"混而称之为'中国学者'"。[1]

前一种欧洲"中国学"的内容,"一加分析,却是什么都没有,且是不能成立的";则与其"同义的'国学',其内容当然也不外于此"。后者在中国也有,各以其专业知识来研究中国特定事物,其"研究的虽是中国的东西,他们本身却不承认自己是'国学家',我们也不该承认他们是'国学家'。他们只是植物学家、矿物学家、天文学家、化学家,而独不是'国学家'!而我们今日之所谓'国学家'者,则是异乎他们的另一类人"。当时虽有专门的"国学"、"国学系"和"国学家"等名称存在,却都不具备与前述各学、各系、各学者相提并论的资格。其实郑振铎也有些信口开河,植物和矿物学家或可以专门研究"中国的东西",天文学家和化学家便很难如此,否则多半只能纳入科学史的范围。

"国学"一名词本是清季从日本传来,何以到此时这些学者会认为是西方"中国学"一词的对译?岂不是有点中学源出西学说的意味了!是何炳松、郑振铎等太年轻而不谙旧事?还是《国粹学报》及留日学生"革命报刊"的影响已式微到在国人集体历史记忆中已基本抹去的程度?或者是西方汉学家的成就开始大量传入中国并已吓倒中国学者?这些问题都非常值得认真思考。当初清季学人为了中国的复兴,曾再造出一种包容西学的开放性"国学";如今这些否定"国学"者的基本依据则是其与西方学科分类体系不合;随着时代的变化,中学与西学的关系已从"积极防御"变为弃而不守。不过,民初这些否定"国学"者也有其进一步的思虑。

傅斯年先就说过,"'国学''中国学'等等名词,说来都甚不祥。西洋人造了支那学'新诺逻辑'一个名词,本是和埃及脱逻辑、亚西里亚逻辑同等看的,难道我们自己也要如此看吗?"[2]。何炳松接着申论说,西人所称"埃及学"、"亚述学"以至"东方学"等,无不是针对早已亡国的民族之学术,而"我们中国现在依然是中国,中国民族依然是中国民族",竟然仿效这样的例子,"这不是我们读书人的奇耻大辱

---

[1] 本段与下段,郑振铎:《且慢谈所谓"国学"》,《小说月报》20卷1号,9—10页。
[2] 傅斯年:《历史语言研究所工作之旨趣》,收其《史料论略及其他》,47页。

么?"。且德法美英日各国的学问发达都超过中国,"何以世界上并没有什么德国学、法国学、美国学、英国学和日本学?而我们中国独有所谓'国学'?"。各国皆对世界学术有贡献(注意其中日本的贡献是"东洋的史地学"),"但是他们都绝对没有什么国学"。[1]

西人没有国学或国故学是当时一个流行的说法,实则西方的学情(套改"国情")与中国的不同,整个西欧甚至北美文化的主流皆源于希腊罗马和犹太文化,而关于"西方"这一区域文明的研究不仅早就存在,迄今仍是学校的必修或主修课程(原来皆是必修,只是近年文化多元论兴起,有些学校才改为主修)。若按民初的中国术语,此正所谓"西方故学",焉能说无!说到国家,至少日本就有其国学。这本是常识,黄遵宪的《日本国志》已提及,清季不仅国粹学派每言及此,就是读书不甚多的山西举人刘大鹏也知有所谓"倭学"。[2]

本来"学科"的划分更多是为了研究的方便,从根本上言,知识是否必须分类至少是一个可以讨论的问题。且西学本身也是个变量,"学科"的分聚与兴衰往往随外在的社会需求和学理内部的发展而演化。在"二战"后的西方,区域研究已成为正式的学科门类,今日西方一些大学(特别是层次较高的大学)多设有专门的区域研究系或科(专业)。如果深究,这其中当然也能发现类似所谓"东方主义"的偏见,但基本不具何、郑等人当年所设想的"侮辱"意味;盖不仅有"中国学"(Chinese Studies),所谓发达国家也多有以国命名的"区域研究",如人人看重的美国就有"美国学"(American Studies)在。

20世纪20年代的中国学者当然不能预知西学的发展,但前引学者不少是留学生,或至少能读外文,其对西方或日本的情形似不应太隔膜;他们在比附西学分类时显露出的这种随意性的倾向,提示着某种学理之外的关怀。可知他们虽从学科分类上反对所谓"国学",实不仅着意于概念,恐怕更关心的是提倡"国学"在当时的"言外之意":他们

---

[1] 何炳松:《论所谓"国学"》,《小说月报》20卷1号,3—4页。
[2] 刘大鹏:《退想斋日记》,149页。

有着与清季士人类似的担心，即由趋新领袖胡适等提倡以"新眼光读古书"可能导致对中国富强所急需的另一类"科学"的忽视。何炳松列举的富强之国与已亡之国的对比已相当能说明问题，傅斯年所说的"国学之下都仅仅是些言语、历史、民俗等等题目"，而不包括"算学、天文、物理、化学等等"更提示出其隐忧之所在。[1]

曹聚仁便一则曰"谈国学者，大都痛恶科学。以为科学乃物质文明，国学为精神文明"。再则曰"习常之目'国故'，殆与畴昔所谓'中学''国学'者同其内包外延；本'惟我独尊'之精神以治'国故'，在昔则有'中学为体、西学为用'之夸谈，在今则有'国学为精神文明，科学为物质文明'之高论"[2]。这些表述相当清晰地提示出其思路之所指。前引郑振铎把"古书训诂"排除在学术和"知识"之外更揭示了时代的认知：只有中国当前需要的、与"物质文明"相关的西来之"科学"（也含义甚广且有分歧）才是"知识"，而提倡"古书训诂"就妨碍了"科学"的推广，因此必须反对。

康白情在1919年曾说，那时有一种"'国而不粹'的国粹家——就是说只要是国的，就是粹的，就是该敬奉的、该阐扬的"[3]。但北伐之后相当多的人态度恰反之，他们差不多主张"只要是国的，就不是粹的"。不过，尽管当时一些学人不承认国学是"学"，真正落实到具体治学之上时，学者们又发现比较有成就的还正是国学，也只有国学。顾颉刚就注意到"别的科学不发达而惟有国学发达"的现象。[4] 更具诡论意味的是，许多否定"国学"之学人又有强烈的传统"资格"观念，他们一方面不承认"国学"的学术正当性，同时又努力区分新旧，不许一些不具

---

[1] 傅斯年：《历史语言研究所工作之旨趣》，收其《史料论略及其他》，47页。
[2] 曹聚仁：《国故学之意义与价值》《春雷初动中之国故学》，《国故学讨论集》第1集，53、93页。
[3] 康白情：《"太极图"与Phallicism》，《新潮》1卷4号（1919年4月1日），675页。按康氏自己主张"'国而不粹'的国粹，值不得研究"，而应研究"'又国又粹'的国粹"（参见680—681页）。
[4] 参见罗志田：《走向国学与史学的"赛先生"——五四前后中国人心目中的"科学"一例》，《近代史研究》2000年3期。

备某些新旧"资格"的人"尸国学之名"。[1]

三 区分新旧的努力：国学的排他性

早在新文化运动时期，毛子水就在强调"国故的资格"，他认为"从外国葛郎玛采取来的"《马氏文通》"实在是一种最有用的国故学"，但林纾的"古文"，一因其是现代人所作，不能算"古人的学术思想和历史"；二来林纾自己就说过科学不用古文的话，故可以断定其"没有国故的资格"。他进而说，如果这种两不是的"古文"也是应当研究的国故，"那'八股''试帖'亦就是我们所应当研究的国故了。到那时候，国故在今日世界学术上究竟有位置没有，我就不知道了"。这大概即是张煊等人当时在《国故》上撰文"要把'国'和'故'争一个地位"的时代语境，值得注意的是毛子水的"国故"并不像胡适所说的那样中立，无疑具有明显的排他性。[2]

后来主张"国故"是"五千年间中华民族以文字表达之结晶思想"的曹聚仁继承了这一点，他也将下列三种排除在"国故"之外："（一）无病呻吟之诗文（张三李四之文集属之）；（二）未经熔化之外来文化（初期之佛教经典、基督教经典……皆属之）；（三）原民时代所遗留之迷信（《推背图》、风水之类属之）；皆未可指为中华民族之结晶思想，不得列于'国故'之林。"[3] 可知曹氏的"结晶思想"也非中性，其所谓"国故"基本即"国粹"。过去学者一般都接受胡适的说法，即"国

---

[1] 这是借用柳诒徵1922年复章太炎书中的话，他批判当时借"国学"之名行反传统之实的现象说："今古文之聚讼，由于古籍湮沉，非待坠简复出，蔑能断案。惟今文家喜为非常异义可怪之论，颇合近世好奇心理；故于经术毫无所得者，辄侈然以今文家自命。疑经蔑古，即成通人；扬墨诋孔，以传西教。后生小子，利其可以抹杀一切，而又能尸国学之名，则放姿颠倒，无所不至。"柳诒徵：《复章太炎书》，《史地学报》1卷4期（1922年8月），250页。此文承王东杰君提示、徐雁平君代为抄录，谨此致谢！柳氏说此话时整理国故刚开始抬头，故国学之名能尸；北伐后国学地位虽大降，而反对国学的新派仍不准某些人"尸国学之名"，其意味至深且长。
[2] 毛子水：《国故和科学的精神》，《新潮》1卷5号，741—742页；并参见本书第5章。
[3] 曹聚仁：《国学之意义与价值》，《国故学讨论集》第1集，61、63页。

故"一词的采纳正因其是中性的,现在看来时人认知的"中性"也是有限的。正如前引傅斯年所说,"国故本来即是国粹,不过说来客气一点儿"。整理国故的新派在努力区别于保存国粹的旧派时,无意中仍传承了不少旧派的思想。

从义和团开始,20世纪的中国就有一条隐而不显的潜流,即传统文化中属于"子不语"的怪力乱神以一种诡论性的方式逐渐从异端走入正统;新文化运动时,陈独秀、胡适、吴稚晖都曾观察到怪力乱神的"猖獗",而这些反孔教的新派人物却又都继承了儒家的正统精神,总试图打击此种旧文化"妖焰"的复炽(详另文)。曹聚仁所提出的《推背图》是一个象征,而早几年的北大学生曾对另一个介乎于正统与异端之间的《太极图》进行了讨伐。

民初"科学"的影响日强,不但湖北有以数学论证三从、妇顺的尝试,北京也有大学教授从哲学角度研究《太极图》。康白情极为不满地说:"古代野蛮思想所结晶、装满了 Phallicism [生殖崇拜] 的原则的'太极图',辗转瞎传了几千年,直到如今科学万能的世界,还有人敬奉他、阐扬他,这是我国学术界怎么大的一个污点呀!"他认为这正是"一般自命为国粹家"认不清国粹,"把极幼稚极无价值极与他不相干的东西,都引来当了他的同类"。康氏指出,似这样"步先儒的后尘,还去寻那想从糟粕里嚼出酒来的生涯,那就不惟'悖时',可真是'庸人自扰'了"[1]。

其实他自己才有些"步先儒的后尘"而不自觉。且不论《太极图》是否生殖崇拜,即是,何以就"极幼稚极无价值"而"值不得研究"呢? 这是典型的三家村理学家心态,不过与西来"科学"结合,由科学为之正名罢了。[2] 康白情以为,"我们要研究的东西,总要择有用的、实际的、合乎科学的",《太极图》却不具备这些要求;"凡是一种哲理,必须要备具明白的解说、分析的思想、条贯的理论",这三样《太极图》

---

[1] 本段与下段,康白情:《"太极图"与 Phallicism》,《新潮》1卷4号,680—681页。
[2] 民初"科学"的社会功能甚强,既能为村学究的理学观念正名,也能为考据正名。参见罗志田:《走向国学与史学的"赛先生"——五四前后中国人心目中的"科学"一例》,《近代史研究》2000年3期。

也"一无所有,所以根本不能认为哲理";最重要的是,"'太极图'基于神秘的观念而作成,与现在的科学思想根本冲突,所以不能成为研究的问题"。不过康氏毕竟与村学究有点区别,他虽认为《太极图》不能"当做哲学史的材料",更万万不能"当做哲理去研究",到底还肯定可以"把他当做社会史的材料"。

傅斯年稍后指出:"《太极图》这个玩艺儿,本是妖道造的;然而居然有几位宋儒先生大谈特谈,这是为何呢?我想彼时科学毫不发达,他的宇宙观不能基于科学观念,而又不肯不想象他的宇宙观,所以才有这类可笑的见解。在当时的知识状态之下,这类见解也未尝不可聊备一格。"而现在就不同了,"现代的哲学是被科学陶铸过的,想研究他,必须不和现代的科学立于反背的地位",并"应用现代的科学中所得作为根据"。他显然更重视"谈哲学者"的资格:"没有受当代各类学问的深培养,或者竟不知道当代学问的门径",都"不便在北京某大学里以阴阳乾坤的浑沌话着《太极图》说,或者在著名报纸上谈道体、循环、气数。"[1]

《太极图》大致还在所谓"正邪之间",随着整理国故的推广,国学的地位上升,更属异端的怪力乱神也渐以国学自居。曹聚仁自乡返申时,便在舟中遇一白发婆婆之老翁,"津津谈扶乩降神之神迹不已,且屡陈吕洞宾文昌帝降坛之诗词文笔以实之";更"喟然曰:'此我国之国学也。国学之不讲也久矣,微吾侪,谁其任之!'"。他到杭州,又发现有道德学社,实"一神秘不可思议之宗教,与大同教相伯仲。其社奉段正元为师尊,其徒事之如神、礼之如佛,以'大道宏开'为帜,以'天眼通'为秘,而贪财如命,不知人间有廉耻事。然亦自命为道业之正统、国学之嫡系"。这使他感到了问题的严重:"在昔,俗儒浅陋,尚知自惭;今则标卜算业者、习堪舆业者以及吟坛雅士,皆得以宣扬国学自命。"由于"国学无确定之界说、无确定之范围,笼统不着边际,人乃

---

[1] 傅斯年:《对于中国今日谈哲学者之感念》,《新潮》1卷5号(1919年5月1日),725—726页。

得盗窃而比附之",结果成为"百秽之所聚、众恶之所趋,而中国腐败思想之薮藏所"。[1]

何炳松也观察到:"我国近来'国'字的风靡一时,好像中国无论什么一种丑东西,只要加上了一个国字,就立刻一登龙门,声价十倍的样子。五更天十八扯的调子,现在不叫做小调而叫做'国乐'了;卖狗皮膏药的勾当,现在不叫做走江湖而叫做'国医'了;甚至前一个月上海四马路上的馄饨铺,亦要叫做'国菜馆'了。这样类推下去,那么小脚、辫子、鸦片等等东西,亦都可以叫做'国脚''国辫''国烟'了。这不但弄得'斯文扫地',而且'国'字竟变成一切妖魔鬼怪的护身符了。这不是国学两个字所引出来的流弊么?"[2]小脚、辫子、鸦片等固然久已是被攻击的对象,但五更调、狗皮膏药、馄饨铺这些下层社会的象征在何氏眼里竟成"妖魔鬼怪",意味相当深长;本来新文化运动是希望走向民间的,然一些新人物以资格论人的习性又相当深重,何氏的言说正是一个典型的例证。

不仅这些社会底层的人与物借"国学"而攀升,鲁迅在1922年发现,"不知怎的那时忽而有许多人都自命为国学家了"。具体地说就是出现了一些历史上儒林和文苑里均不存的"暴发的'国学家'",即刻书的商人和洋场小说家。"茶商盐贩,本来是不齿于'士类'的,现在也趁着新旧纷扰的时候,借刻书为名,想挨进遗老遗少的'士林'里去。"同时,洋场上的鸳鸯蝴蝶派文人,"自有洋场以来,从没有人称这些文章(?)为国学,他们自己也并不以'国学家'自命的。现在不知何以忽而奇想天开,也学了茶商盐贩,要凭空挨进'国学家'队里去"。他注意到,"当假的国学家正在打牌喝酒,真的国学家正在稳坐高斋读古书的时候",斯坦因已将西北的"汉晋简牍掘去了;不但掘去,而且做出书来了。所以真要研究国学,便不能不翻回来"。故"中国的国学不发达则已,万一发达起来,则请恕我直言,可是断不是洋场上的自命为

---

[1] 曹聚仁:《春雷初动中之国故学》,《国故学讨论集》第1集,92页。
[2] 何炳松:《论所谓"国学"》,《小说月报》20卷1号,4页。

国学家'所能厕足其间者也'的了"[1]。

鲁迅的观察确比一般人深刻,他看到了民初社会秩序的调整:必先要因"新旧纷扰"而出现既存社会秩序的紊乱,这些"暴发"者才有"挨进士林"的可能,而且这是刚出现不久的现象。"国学"这一含义混淆的学问门类在此竟然成为转变社会身份认同的工具,多少体现了民族主义情绪的兴起,而"国学"那"功夫在诗外"的吸引力也得以凸显。鲁迅当时写了相当多挖苦"国学家"的文字,多是指上海"自命为国学家"的鸳鸯蝴蝶派;即使上引文中只能读古书的"真国学家",或者也得不到他的承认。他心目中理想的国学家应该是像王国维那样不仅能读外国书,且能利用"古书"以外的材料治学者。

前面说过,当陈独秀只看见王国维的文学成就时,鲁迅已注意到他为《流沙坠简》写的长序,并以此为真国学家的标准。王国维此时所治,大体不出"儒林"一系的经史学;虽然治学的具体方法有非常大的转变,但其所关注的对象其实相当"传统"。鲁迅的界定也相当严谨,他所针对的主要是上海洋场的鸳鸯蝴蝶派文人;而前引曹聚仁所谓"吟坛雅士,皆得以宣扬国学自命",所打击的对象就宽广得多了。这些人未必能得鲁迅的真正认可,但其大致还可归入读古书的"真国学家"一类,虽不能入"儒林",或尚在"文苑"范围之内。

本来"文苑"一线的学问在西来的新学科分类确立之后,应与"儒林"一系并列而平等。但鲁迅的言说表明,这一从"集部书"转化出的学科是两分的,以西方概念的"文学"命名者自认新的"正统",并不承认休闲"说部"作者与其同类,尽管后者自有其市场、自有其领域(实际上其市场和领域都远更广大);而曹聚仁的言说进一步提示着这两者在某种程度上又都仍不为"儒林"人所看重,前引傅斯年所说的"国故的研究是学术上的事,不是文学上的事"就是一例。这里传统的无意识传承是多层面的,且与新兴观念互渗以至结合在一起了。

---

[1] 鲁迅:《热风·题记》《所谓"国学"》《不懂的音译》,《鲁迅全集》(1),292、388—389、398—399页。

当时一个有意思的现象是，反对整理国故或反对"国学"的新派学者大多或是实际不治王国维那样的国学（特别史学）而偏重于"文学"者，然而这些依靠西方学术分类而正当化的"文学"从业者仍传承着比较守旧的正统学术观念，看不起旧式的"文人"。沈雁冰在1923年底注意到，"现在有的批评整理国故，却不肯据理讨论，而徒凭主观，说整理国故的人们不是老秀才乘势出风头，便是不通西文的人以此为藏拙之道、自衒之方"。沈氏认为这是"武断的态度、谩骂的口吻"[1]，但不许"老秀才"一类人与闻整理国故或国学终成为一个很有影响的观念。

许啸天在否定"国故学"时说："'国故学'三个字，是一个极不彻底极无界限极浪漫极浑乱的假定名词；中国的有国故学，便足以证明中国人绝无学问，又足以证明中国人虽有学问而不能用"。然相对说来，国故学"还算是比较的头脑清晰的人所发明的；有的称'国学'，有的称'旧学'，有的称'国粹学'。在从前老前辈嘴里常常标榜的什么'经史之学''文献之学''汉学''宋学'；那班穷秀才，也要自附风雅，把那烂调的时文诗赋，也硬派在'国粹学'的门下。种种名目，搜罗起来，便成了今日所谓的'国故学'。"[2]这样，"国故学"之所以不成立的一个重要原因是"老前辈"和"穷秀才"的参与；但他显然又把"老前辈"和"穷秀才"分为两档，前者乃是所谓"国粹学"者，后者若要参与便属"自附风雅"了。

吴文祺自己基本从事于"文学"，但前面引过，他对做骈文、古文、诗词、歌赋、对联的"老先生们"实看不起；在他看来，"前清的科举余孽，能有几个懂国故学？虽然不能说他们个个不懂，但据我所知道的，十个秀才有九个不懂。现在有人说整理国故是老秀才乘势出风头，若不是故作违心之论，便是无的放矢的吃语！"[3]。从这些新人物对秀才的蔑视看，社会秩序的变迁固然使久处边缘的老秀才们思有所动、有"挨进"国学家社群的愿望，但恐怕也只能在没有真懂新旧"国故学"者的地

---

[1] 茅盾：《杂感》（1923年12月），《茅盾全集》（18），405页。
[2] 许啸天：《国故学讨论集·新序》第1集，3—4页。
[3] 吴文祺：《重新估定国故学之价值》，《国故学讨论集》第1集，48页。

方——比如遗老和新人物都离异的乡间——才或有所得；可惜民国的乡间已不怎么讲学问，结果是老秀才仍然不行，只有洋场文人尚存希望。

专门为"国学"辩护的顾颉刚所治基本在"儒林"一线，他也特别注重将北大那科学的"国学"区别于"老学究们所说的国学"。顾氏强调，双方虽同"在故纸堆中作生活"，但"无论我们的研究在故纸之外尚有实物的考查，就是我们完全投身于故纸堆中，也与他们截然异趣"，就像拜火的野蛮人与研究火的物理学家的差别一样。老学究们"要把过去的文化作为现代人生活的规律，要把古圣贤遗言看做'国粹'而强迫青年们去服从，他们的眼光全注在应用上，他们原是梦想不到什么叫做研究的，当然说不到科学"。简言之，北大的是"研究国学的人"，老学究们则是"国粹论者"，故"我们也当然不能把国学一名轻易送给他们"。[1]

那时以"文学"著称的郑振铎甚至以为，当时的"'国学'乃是中学校的'国文'一课的扩大，'国学家'乃是中学校的'国文教师'的抬高。他们是研究中国的事物名理的，然而却没有关于事物名理的一般的、正确的、基本的知识；他们是讨论一切关于中国的大小问题的，然而他们却没有对于这一切问题有过一番普遍的、精密的考察"。这些人的"惟一工具是中国文字，他们的惟一宝库是古旧的书本。他们的惟一能事是名物训诂、是章解句释、是寻章摘句、是阐发古圣贤之道"。除了识中国文字的程度超过部分西方"中国学者"外，这些人"在常识上也许还要远逊于"后者；有时"即在对于古书的理解力上也许还要让他们——西方的中国学者——高出一头地"。[2]

郑氏指出，所谓的"国学"和"国学家"其实"不是现代的产物，也不是从天上落下来的时代宠儿。他们在中国几千年的历史上便已屡屡的演着他们的把戏了。原来他们的前身，便是所谓'士大夫'的一种特殊的阶级。……'士大夫阶级'有幸而生于数十百千年前，便做了宰

---

[1] 顾颉刚：《一九二六年始刊词》，《北京大学研究所国学门周刊》，2:13（1926年1月6日），3—4页。
[2] 本段与下段，郑振铎：《且慢谈所谓"国学"》，《小说月报》20卷1号，10—12页。

天下的高官;我们的'国学家'不幸而生于百十年后的今天,便只好没落而做了一种'蒙馆先生'变相的'国学大师'"。近代社会变迁如此之大,以前可做高官者如今已沦落到只能做"蒙馆先生",故其"在今日的中国是一无所用的废物"。郑振铎无意中对"中学国文教师"和"蒙馆先生"的轻视,再次体现了新人物的"资格"观念有多么强。

应该说,正因为"国学"一度成为转变社会身份认同的途径,才有那么多试图"暴发"者产生"挨进士林"的愿望并尝试实现此愿望,这说明整理国故的一度风行确实不可低估。而新派人物力图将某些研究对象和读书人群体排斥在"国学"或"国故学"之外,或者揭示出一种希望维持其"清纯"的意味;对那些真正参与或支持以科学方法整理国故的学人来说,他们大概也真希望借此区别于许多并不"科学"或不懂"科学方法"却又企图"尸国学之名"者。在这方面,他们也有实际的努力。

前面说过,胡适就力图将"国学"与"古学"区分开来,他描述当时古学的状况说:"有些人还以为孔教可以完全代表中国的古文化,所以他们至今还梦想孔教的复兴;甚至于有人竟想抄袭基督教的制度来光复孔教。有些人还以为古文古诗的保存就是古学的保存了,所以他们至今还想压语体文字的提倡与传播。至于那些静坐扶乩、逃向迷信里去自寻安慰的,更不用说了。在我们看起来,这些反动都只是旧式学者破产的铁证;这些行为,不但不能挽救他们所忧虑的国学之沦亡,反可以增加国中少年人对于古学的藐视。"[1]正因此,以科学方法整理国故者总思有别于已"破产"的"旧式学者"。

曹聚仁便提出"轰国学"的口号以安顿"国故学",他在1925年说:"国学二字,浮动于吾人之脑际者经年矣。闻有一二博学者不察,用以为中国旧文化之总摄名词,逐流者乃交相引用;今则国学如麻,略识'之无'、能连缀成篇,谓为精通'国学';咿唔诗赋、以推敲词句自豪者,谓为保存'国粹'。他则大学设科研究中国文学,乃以国学名其系;开馆教授四书五经,乃以国学名其院。人莫解国学之实质,而皆以

---

[1] 胡适:《〈国学季刊〉发刊宣言》,《胡适文存二集》卷一,2页。

国学鸣其高。势之所趋,国学将为国故学之致命伤。国学一日不去,国故学一日不安。斩钉截铁,惟有轰之一法。"[1]

在学术界之内,曹氏观察到,"以'整理国故'一事而论",就有北京大学之国学研究所、无锡之国学专修馆和上海同善社之国学专修馆,三者皆"以'国学'为帜"。惟三者"虽同标一帜",其实"必不能并立"。故"'国学'之为物,名虽为一,实则为三":北大的是"赛先生之'国学'",无锡的是"冬烘先生之'国学'",而上海的则是"神怪先生之'国学'",三者"决无合作之余地"。前引傅斯年论述史语所旨趣时,曾明确将该所区别于"抱残守缺、发挥其所谓国学"者;他也试图控制史语所的规模,主张"用不着去引诱别人也好这个",以防"爱好的主观过于我们的人进来时,带进了乌烟瘴气"。[2]对当时许多新派而言,"抱残守缺"和"乌烟瘴气"大致即分别是"冬烘先生"和"神怪先生"两种"国学"的代名词,科学派每欲区别之。

但当时"国学界"的情形尚更复杂,较难归入以上三类的至少有清华、燕京和东南大学的国学机构,尤其是后者。如果一定要依此分类,这三校的国学机构皆当计入"赛先生之国学"一类;但这些机构与北大国学门是否能相互接受,恐怕还是个问题。尤其东大(及其后身中央大学)和北大之间的"蜀洛之争"持续甚久,是民初教育界人所共知的事实,而东大亦是反对新文化运动的《学衡》之大本营,稍后《学衡》主编吴宓又迁清华主持研究院,这些因素都增加了彼此关系的复杂性,难以按曹氏的划分简单归类。有一点是无疑的,即各正式大学的国学机构或多或少都受到北大国学门及胡适推动的整理国故之影响,但其共同之处仍不能掩盖彼此间明显的歧异。[3]

燕京大学国学研究所内部就曾在更多继承中国传统学术还是更多

---

[1] 本段与下段,曹聚仁:《春雷初动中之国故学》,《国故学讨论集》第1集,88、84—85页。
[2] 傅斯年:《历史语言研究所工作之旨趣》,收其《史料论略及其他》,47—48页。
[3] 下面的讨论请先参阅桑兵:《晚清民国时期的国学研究与西学》,《历史研究》1996年5期;陈以爱:《中国现代学术研究机构的兴起》,396—404页;刘龙心:《学科体制与近代中国史学的建立》,《20世纪的中国:学术与社会(史学卷)》,554—564页。

学习西方研究方法上出现不同意见，而后者似更占上风。惟该所成立于1928年，已在曹聚仁的分类之后，暂可不论。[1]清华研究院的成立虽然得到北大方面尤其胡适的帮助，然这一帮助不宜夸大。如果清华校长曹云祥真像有些人所说那样受胡适的影响，恐怕不会聘请与胡对立色彩极为鲜明的吴宓来主事。吴宓是该院实际规划的主要设计者和开办前期的主持者[2]，他就明确宣布，"本校研究院在中国实属创举，他校如北京大学亦设国学研究所，然组织办法颇有不同"。吴氏更具体指出，清华的国学"取材于欧美学者研究东方语言及中国文化之成绩，此又本校研究院之异于国内之研究国学者"[3]。其实北大国学门又何尝不欲师法欧美，不过其成员混杂，且受日本东洋学（新式汉学）的影响甚于西洋的东方学，故吴宓特别强调清华之异于北大，应非意气之争。

东南大学的情形又更复杂，实际上，与一般认知中南北对立的形象不同，东南大学的史学学人似尚较认同于北大的国学研究所。东大的《史地学报》在介绍北大《国学季刊》时对胡适起草的《发刊宣言》将国故学界定为"研究中国过去历史文化的学问"一点甚为赞同，并据此认为《国学季刊》与中国史学前途关系至巨"，而其"编辑任稿之人皆国内之俊硕，必尤有以昌明吾国之史学"。稍后《史地学报》在介绍北大国学门时更承认，"在今日情形之下，吾人谓北大国学研究所为国史研究之中心，殆无不可也。本会与京都远隔，无由知其详情，惟中心向往，颇愿国人同为注意"[4]。可知当时南北两校在发展以史学为中心的"国学"方面立场相当接近。但东大的国学研究院是以国文系为核心，态度就有些不同。

---

[1] 参见张寄谦：《哈佛燕京学社》，《近代史研究》1990年5期；陶飞亚、吴梓明：《燕京大学的国学教育与研究》，《学人》第13辑（1998年3月）。
[2] 按，据张彭春所说，研究院的《章程》最初可能是张起草的："改造清华的思想大半出于我。因为文字不便，都让别人用为己有去了。所谓研究院、专门科草案，都是我拟的。现在用我意思的人，一点也不承认谁是产生他们的。"（张彭春：《日程草案》，1925年10月7日）按，张氏最重国文和国学基础知识，倾向于《学衡》，所以研究院章程最初非吴宓起草而能得吴之认可，惟定稿必经吴宓手，盖张已承认自己中文"文字不便"也。
[3] 吴宓：《清华开办研究院之旨趣及经过》，《清华大学史料选编》第1卷，374—375页。
[4] 《史地学报》2卷4号（1923年），139页；2卷5号（1923），119页。

有意思的是，在北大之中，史学门曾是比文学门更偏旧的阵营。刘龙心的研究说明，部分由于文科学长陈独秀以奖励新文学、发展中国文学门为首务，部分因为既存的国史编纂处与中国史学门的密切关联，结果如后来的史学门主任朱希祖所说，中国文学门的教员"于新文学有慊者，大都改归中国史学门"。当陈独秀希望在中国文学门任教的朱希祖"至日本考察史学一二年，归为史学门主任，改革一切"时，朱氏因其"方专研究新文学，曾著《文学论》及《白话文之价值》等文从事鼓吹，不愿改入史学门"。[1] 按朱希祖的学问在文史之间，后来更以史学见长，此时不愿入中国史学门，恐怕更多是希望避免"旧派"的认同。所以，南北两校史学方面的相对接近（在治学取向方面仍有许多歧异）的一个原因可能是东大史学系比其国文系稍更趋新、而北大中国史学门又比其中国文学门更偏旧。

不过，即使东大国文系的国学研究院，也与北大取向有许多相近处。[2] 但当时一些新派却力图破除这样的认知，而强调双方之差异。对北大也取批评态度的吴文祺以为，"东大的《国学丛刊》的《发刊词》完全是保存国粹者的口吻，尤其没有批评的价值"[3]。很明显，吴氏"批评的价值"已前定，实不允所谓保存国粹者"预流"。

按顾实撰写的《发刊辞》虽不无文人旧态，语多含混，然其论国学之"四善"说，治国学者决不像唐中叶以后的骈文古文那样"止争形式，不问思想"；也不像八股家那样"高谈义理，力追八家，字尚未识，便诩发明"。盖"国学之于今日"，实"扫千年科举之积毒，作一时救世之良药"。对于西学，他不主张根柢浅薄即言沟通，以免产生隔阂甚至矛盾；但仍肯定西学的作用，认为"海禁既开，异学争鸣，截长补短，获益宏多"。同时，顾实更反对那种倡废汉字、摧烧古书的主张，希望

---

[1] 参见刘龙心：《学科体制与近代中国史学的建立》，《20世纪的中国：学术与社会（史学卷）》，519—523页。引文皆自朱希祖《北京大学史学系过去之略史与将来之希望》，收入《北京大学卅一周年纪念刊》，甚谢刘龙心女士提供此文的复印件。
[2] 参见陈以爱：《中国现代学术研究机构的兴起》，396—398页；刘龙心：《学科体制与近代中国史学的建立》，《20世纪的中国：学术与社会（史学卷）》，560—561页。
[3] 吴文祺：《重新估定国故学之价值》，《国故学讨论集》第1集，34—35页。

达到"为学有本,则不忘己而循人,不随波而逐流;庶几学融中外,集五洲之圣于一堂"的境界。[1]这的确有些像清季国粹学派特别是邓实、黄节等人的态度,希望有别于八股家和崇洋者,而熔汉宋中西于一炉。然从根本精神上看,这一取向与北大国学门仍是同大于异。

稍后,顾实为国学院起草《整理国学计划书》说:"自昔闭关一统之世,知有天下而不知有国家。迨海禁既开,稍知西方,于是有中西对举之名词,如中文西文、中学西学、中医西医之类是也。迩来国家观念普及于人人,于是国民、国文、国语、国乐、国技、国粹、国故、国产种种冠以国字之一类名词,复触目皆是。今日学者间之有国学问题,甚嚣尘上,亦其一也。"[2]可知其观察到的现象与后来何炳松、郑振铎所见一致,且认为国学地位在学术界的飙升是受全社会"国家观念普及"的影响。

前引曹聚仁1925年末所撰文说,"国学二字,浮动于吾人之脑际者经年"一语意味着在他的认知中,整理国故运动到1924年末才大兴,而顾实此文撰于1923年春(原署癸亥四月),他已注意到学者中"国学问题甚嚣尘上"的现象。如果两人所说皆不错,似乎南京学界中"国学"的兴起尚较上海为早,颇能"得风气之先"。然而整理国故这一"风气"却是由北大所开,可知南北双方于此似无太多歧异。顾实并明确提出"今日整理国故学,为当务之急",从词汇的使用到整体的观念,均与胡适相类。

顾实在论证"整理国故学"时说,"凡一国历史之绵远,尤必有其遗传之学识经验。内则为爱国之士所重视,外则为他邦学者所注意。远西学风莫不尊重希腊学术、罗马学术及其本国学术,吾国亦何独不宜然"。且中国"夙号世界文明之一源,焉可稍自失其面目"。这确与清季朝野皆用外国事例来论证"保存国粹"的正当性这一点非常相似,但其与北大科学派一样具有所谓"世界学术"的观念,《发刊辞》本认为,"学无畔岸,囿

---

[1] 顾实:《发刊辞》,《国学丛刊》1:1(1923年1月),1—2页,以下几段同。本文承苏位智教授提供,谨此致谢。
[2] 本段与以下数段,顾实起草、国文系通过提出:《国立东南大学国学院整理国学计划书》(癸亥四月),《国学丛刊》1:4(1923年12月),121—127页。本文承刘龙心女士代为复制,谨此致谢。

国而小"；不过因为"植基于是，推而远之，事半功倍"才提倡之。且顾氏也在不断调整自身的观念，在《发刊辞》中是以小学、经学、史学、诸子、佛典、诗文六类"统名曰国学"；到《计划书》时则说，"国学之范围，造端于周季六艺、百家"，至今日则包括所有"用中国语言文字记录之书"；不独中国，"凡他邦人如近则日本朝鲜、远则欧美诸国，有中国语言文字记录之书，亦当在整理之列"。呈现出日益"世界化"的倾向。[1]

惟顾实提出的所谓"两观三支"的整理国学方式，则显然与北大派有较大区别，也因此受到不少人的抨击。除"主观"的诗文部外，顾氏的"客观"一系分为"以科学理董国故"的科学部和"以国故理董国故"的典籍部。前者约分学说、图谱、器物三端，后者则分疏证、校理、纂修三端；前者像胡适一样列出许多文化专史的名目，后者则列出太古史、唐虞史、夏史、商史、周史、秦史等需要"纂修"者和晋、元、宋、明等旧史之"待修订者"。一位署名天均的批评者注意到这一差别，认为其"科学方法是适用于一部分的文化专史，而朝代的通史要用国故的方法；这种用法的区分，真真使人'莫名其妙'"[2]。这里确实反映了新旧学术取向的重要区别：科学派主张推陈出新，故拟做新式的专史；而国故派则提倡温故知新，故欲补修二十四史之所无或重修其中较差的断代史。[3]

换言之，东南大学国学院并不否定且认可北大科学派的取向，但认

---

[1] 不过这正是曹聚仁试图纠正的观念，曹氏认为"国故"与"中国学术史"不同，国故仅限于中华民族，"而中国学术史则凡在中国地域所曾有之学术，皆所必载"。参见曹聚仁《国故学之意义与价值》，许啸天辑：《国故学讨论集》，73—74页。
[2] 天均：《评东南大学国学院整理国学计划书》，《晨报副刊》1924年3月30日，4版。
[3] 今日一些西方学者颇愿讨论"国家民族"观念对20世纪中国学术的影响，甚至试图纠正这一影响。然东南大学国学院的《整理国学计划书》提示我们，拟做新式专史的科学派确实明显受到"国家民族"观念的影响，他们拟撰的历史也的确以国家或民族为单位；而欲补修二十四史之所无或重修其中较差的断代史者在治学上恐未必受到太多"国家民族"观念的影响，他们根本连梁启超在20世纪初年对"旧史学"的攻击也置诸脑后了。若从较长远的观念看，当时作为"旧史学"代表的柯劭忞之《新元史》，其时代冲击力固不如王国维的古史研究和顾颉刚发动的《古史辨》，然实际的学术成就却不容低估。进而言之，当趋新的傅斯年主张研究断代史而强烈反对讲通史（参见钱穆的回忆）时，这位曾提出"不国不故"主张的学者是否无意中更接近顾实所说的"以国故理董国故"而疏离于所谓"国家民族"观念呢？后来张东荪提倡"必须以民族国家主义为标准来估量一切"，却指责当时"一班整理国故的人们完全见不及此"（详后），也很有提示意义。

为科学派学子也有弊端,即"徒诵数册讲义、报章、杂志,及奉某某学术书为神圣,而未尝根本课读古书。即课读古书,亦以著有科学系统之色彩,狃于成见,信口开河"。且"科学本为不完全之学,今日学者间之所公认;尤必有以补其阙,故更进之以国故理董国故说"。而其"主观"一系的诗文部更明言"诗文之设,非以理董往籍也,将欲以衡量现代之作品云尔。移风易俗,责无旁贷";具体则"宜采两大主义:一、乐天主义,二、成仁主义"。

后者明显的"文以载道"倾向立刻遭到新文化人的抨击,周作人首先发难,针对《计划书》欲以诗文"移风易俗"的宗旨说,"东南大学(而且又是国学院)发表这种言论,即使不是意表之内,至少也并非'意表之外'的事,所以不值得怎样大惊小怪。我从前听过有人提倡忠臣美术,那么杀身成仁的烈士文学也是古已有之,算不得什么新发明。近来批评的建设之呼声又正是弥漫全国,衡量现代作品的正宗批评乃应天承运而出现于龙蟠虎踞之京陵,更是适合时势之要求"。最后一句点明东大的地理位置,显然有区分南北之意。周氏并挖苦说,《计划书》引章太炎一段话却将意思读反,"国学家而不懂国文,那才真是一个大笑话"。国学院诸公若觉"太炎先生的古文真是难懂",或可读《太炎白话文》,"一定要更容易了解些"。[1]

以后梁容若撰文呼应周作人,明确表示其立意正在于区分胡适与顾实的"整理国故"。他听到东南大学有学生说"吾师顾实先生与胡适之整理国故",从此"知道有一位和胡适之一样的整理国故的顾先生";但看了周作人的文章,将东南大学国学院的计划书找来一看,"从这篇文章里知道了'国故的理董国故法',还知道'科学为不完全之学,此世之公论'"。[2]这些当然也就是梁容若眼中顾实与胡适在"整理国故"方面"不一样"的地方,所以他要为双方正名。

若仔细阅读东大的《发刊辞》和《计划书》(以及后来顾实的一些

---

[1] 陶然:《国学院之不通》,《晨报副刊》1924年3月27日,4版。
[2] ZM:《顾实先生之妙文》,《晨报副刊》1924年4月17日,4版。

国学文章），其一个明显的特点，就是在表述中力图运用新词汇，常常并直接出以英文，可知顾氏相当希望表明他并不守旧而实知新。面临新派主动划清新旧界限的努力，他也尽量使用新概念来抵御新派的不承认和不容忍。顾实在《发刊辞》中便强调，自由和平等是其探讨国学之所本。他在《计划书》中的诗文部更发出"岳武穆之杀，非秦桧杀之也，其社会杀之也！其国民文学杀之也"的慨叹！这一断语最受非议[1]，但恐怕有其"当代诠释"的"今典"在。

到1926年4月，丁福保（仲祜）等人在上海发起组织"中国国学研究会"，并出版《国学辑林》学刊，顾实再撰《发刊词》，他自称这是接续自己前为东大《国学丛刊》所写《发刊辞》的继续，前者仅为一校而撰，今则意更广泛。顾氏提出该刊的四项宗旨，即自由研究、普及、沟通中外、注重精神。其论"自由研究"说，思想、言论、学术、出版自由"欧西载在国宪。吾国之人近虽步武隆规，往往自由其名，不自由其实；非政府专制，即舆论专制。以故旧有学术亦萎缩不明。今本会公开破除一切，人人以自由研究为鹄的，不受何等之束缚"。他在论"普及"时又说，"本会揭橥普及，绝不受何系统何党派之挟制"[2]。均明显表示出防守但不服的态势，可知此时新派的"系统和党派"已具"挟制"的能力而形成所谓"舆论专制"，故从事"旧有学术"者不得不以"自由研究"为依据来"公开破除一切"。将此与前引《计划书》及其招致的批评共观，可知所谓"国民文学"的不容忍确可杀人于无形，顾实等显然深有体会。[3]

在1923年的《发刊辞》中，顾实对"沟通中外"有明显的保留，此时则作正面的提倡说："学以愈愚，何分国界。徒以举世拜倒洋学之袴［胯］下，遂有国学一名词之反动。然是研究学术，非争执意气。故

---

[1] 参见天均：《评东南大学国学院整理国学计划书》，《晨报副刊》1924年3月30日，4版。
[2] 本段与下段，顾实：《发刊词》，《国学辑林》第1期（1926年9月），1—2页。
[3] 按顾氏在此次《发刊词》中说"考据家、性理家、词章家，固有当认为国学之巨子；然犹有大者，则群经百家之奥义、圣哲英豪之遗型，尤当尊为国学之精神"。这里对所谓"国学巨子"与"国学精神"的区分值得注意，既然意在后者，则该会该刊主要并非为了学术上的"自由研究"甚明。

谓以中学为主、西学为辅者，其说非；谓以中学为体、西学为用者，其说更非。要在阐扬古昔之典籍，昌明世界之公理，而国学公理二者相与互证而益明。"在后面论"注重精神"时，他又说，世人恒谓"东方之精神文明，西方之物质文明。其实则东方大有物质文明，西方亦有精神文明。而非吾振作固有之精神，则不足以宰制东西之文明，而吾国吾种亦将不免为某民族之臣虏"。

按顾氏之文化态度显然与陈寅恪接近（治学取向则大有别），但留学的陈氏敢于自称同意中学为体、西学为用，顾却只能表示反对，并不得不标举趋新者乐道的"学术不分国界"之超越态度，以对抗"举世拜倒洋学之袴［胯］下"的风气，尤可见其在当时"国民文学"之"舆论专制"下的自我禁抑。这样看来，东大国学院与北大国学门之取向有同有异，虽更偏于"抱残守缺"一流，却又不同于"冬烘先生之'国学'"，且其对北大派始终取承认和防守的态度。

但当时新旧之分在某种程度上已形式化或抽象化，故曹聚仁虽网开一面不提及东大，仍有不少新派人士对其抨击。新旧形式化或抽象化的一个典型例子是熊十力在1920年春曾致信蔡元培，建议新派放弃"整理旧学之事业"而"专心西学"、大量译书。罗家伦复信说，"友人王君来，说先生现在南开学校大学部担任国文教授，以潜精旧学的国文教授而有这样积极的思想，谨为南开前途贺！"[1]按熊之来信相当趋新，未必体现其"潜精旧学"，可知这一定语来自"国文教授"这一身份认同，当时国文教授大概以旧派为主，故两者竟成同义词。

罗家伦显然读出了熊十力的言外之意，特别指出"一般老先生以为我们谈新的人就不读中国书，是错误的。不知我们换了一付眼光、换了一套方法来读中国书，反而可以比他们多找出一点新东西来"。傅斯年稍后说：《山海经》和《楚辞·天问》这类材料以前都是死的，"如无殷墟文字的出土和海宁王［国维］君之发明，则敢去用这些材料的，是

---

[1] 本段与下段，熊十力致蔡元培，1920年春；罗家伦致熊子真，1920年5月28日，《新潮》2卷4号，828—829、837—839页。

没有清楚头脑的人",此后再用这些材料者,当然便是"科学"的了。[1]同做一事,头脑是否"清楚"可以有这样大的区别;有了新方法和新眼光的支持,少年气盛的趋新青年便敢于轻视和贬斥"老先生"了。[2]前引顾颉刚论证同"在故纸堆中作生活"的"我们"与"老学究"的区别,主要依据大概也在此。

而趋新少年轻视比其年长者的风气也愈演愈烈,创造社的成仿吾就连北大派也不十分承认,他眼中从事国学运动的人有三类:"1.学者名人而所学有限,乃不得不据国学为孤城者;2.老儒宿学及除国学外别无能事乃乘机倡和者;3.盲从派,这是一切运动所必需之物。这三种人性质虽稍不同,然而他们纯袭古人的非科学的旧法,思用以显耀一时,却是一样的。要想取科学的方法为真切的研究,他们都缺少科学的素养。他们的方法与态度,不外是承袭清时的考据家。所以他们纵然拼命研究,充其量不过增加一些从前那无益的考据。"[3]胡适一向认为清人的考据也是"科学方法",则在成氏眼中,胡适或者也被归入第一类了。可知在新旧区分形式化或抽象化的同时,新与旧本身的含义又是多层次和多样化的。

不能算守旧的张东荪就别有看法,他在1934年强调,"'整理国故'所负的使命实在很大",即要使中国的固有文化"再发生新芽"以养成中国的民族性。他一方面认为"这样整理国故不能望之于只了解旧学的人,因为我们必须以民族国家主义为标准来估量一切,当然要属望于新学有根本的了";同时又指责当时"一班整理国故的人们完全见不及此,他们把国故当作欧洲学者研究埃及文字与巴比伦宗教一样看待。简直把中国文化当作已亡了数千年的骨董来看,所谓国学直是

---

[1] 傅斯年:《"新获卜辞写本后记"跋》,《傅斯年全集》(3),225页。
[2] 到人生经历增加而心态也更平和后,罗家伦的观念也有改变,他后来说,当年在北大读书时的"真正国学大师如刘申叔(师培)、黄季刚(侃)、陈伯弢(汉章)几位先生,也非常之赞赏孟真"(罗家伦:《元气淋漓的傅孟真》,收入王为松编《傅斯年印象》,学林出版社,1997年,3页)。这三位治学其实也有不少新方法和新眼光,但在五四前则是"守旧"的典范,故罗氏晚年使用的"真正"二字特别意味深长。
[3] 成仿吾:《国学运动的我见》,《创造周报》第28号(1923年11月18日),2页。

考古学"。这些趋新中国学者仿效外国人研究中国学术的态度,"而美其名曰科学方法。我愿说一句过激的话:就是先打倒目下流行的整理国故的态度,然后方可有真正的整理;有了真正的整理方可言有所谓国故,不然全是骨董"[1]。

由于新与旧本身的含义如此多层次和多样化,围绕国学/国故学这一区分新旧的努力很难成功,反倒是整理国故运动部分起到了弥合新旧的实际效果。盖当时新旧两派之间在治学上除互相攻击外其实很少交往,陈训慈便观察到,"近来学术界有一不幸之现象,即耆学宿儒往往与新进学者各不相谋"[2]。新旧之间俨然成为两个世界,已缺乏沟通的手段,而国故学恰可起到沟通的作用,吴文祺提出:"一般遗老遗少们,对于西洋的科学,既没有根柢,又不肯研究。国故学的根本精神,虽然和他们的笼统脑筋格格不入,但材料毕竟是中国的,不致使他们望而却步。使国故学和他们携了手,便可以慢慢的改造他们的脑筋了。"[3]

吴氏此论确有所见,胡适个人就借整理国故"沟通"了许多旧学者。当时的情形是,新派自以为学贯古今中西,"遗老遗少"则似自知其学问所止,不碰非中国的材料。本来区分新旧的努力基本来自各类新派(那时肯自认旧派者已极少见,承认并强调者更是稀见),吴氏则提出一条以沟通而"改造"的新思路。不论排斥还是沟通,采取主动的基本在趋新一边。新派人物一方面对"国学"或"国故学"猛烈抨击,或据西学分类体系剥夺其成"学"的资格,或因怪力乱神和吟坛雅士的存在而贬斥"国学"或"国故学"、否定其正当性。极具诡论意味的是,他们同时又自动担任"国学"或"国故学"的"学术警察",排拒怪力乱神、商人、洋场文人、老秀才、蒙馆先生甚至中学国文教师等参与这不成其为"学"的"国学"或"国故学",说明他们对此其实看得不轻!

---

[1] 张东荪:《现代的中国怎样要孔子?》,原载《正风半月刊》,收入罗荣渠主编:《从西化到现代化》,北京大学出版社,1990年(本书承罗荣渠先生惠赐,特此致谢),408—409页。
[2] 叔谅:《中国之史学运动与地学运动》,《史地学报》2卷3号(1923年),13页。
[3] 吴文祺:《重新估定国故学之价值》,《国故学讨论集》第1集,49—50页。

总体言之，新派对旧派有意识的否定和排拒远胜于基本无意识的沟通，故后者的效果多体现在类似胡适这样的个人而非整体的新旧社群之上。傅斯年在1919年论证以康有为和章太炎为代表的清代学问结束期时指出，"这个时期竟可说是中国近代文化转移的枢纽。这个以前，是中国的学艺复兴时代；这个以后，便要是中国学艺的再造时代。国粹派的主义，当然从此告终；自此以后，必不会再有第一二流的国粹派的学问家"[1]。中国的学艺由复兴进入再造之后，趋新程度不足的国粹派之"学问"也将随其"主义"的告终而降格至三流以下，相当符合由听众的接受程度来决定立说者高下的民初世风。

几年后，吕思勉即注意到真旧派已淡出时代的思想言说，他发现："旧时学者，于吾国古书，往往过于尊信。谓西方学术，精者不出吾书；又或曲加附会，谓今世学术，皆昔时所已有。今之人则适相反，喜新者固视国故若土苴，即笃旧者亦谓此中未必真有可取，不过以为旧有之物，不得不从事整治而已。"[2]这样，纯粹的"旧"学者或已变得半新半旧，或者因与时代不合拍而自我禁抑，退出思想言说的主流。在民初关于"国学"争论中，已经"落伍"的国粹学派主要人物仍健在，却基本未曾参与发言，实际恐怕是有所言也无多少人愿听。自庚子义和团之役后，完全回向传统以寻找光荣和思想资源的主张便几乎不存在，或存在而基本没有什么竞争能力，这次论争也可视为20世纪中国这一明显特征的又一次表现。

国粹学派的基本退出和整理国故提倡者的态度转变这类思想权势转移是"国学"的认同出现问题的重要造因，在尊西趋新和民族主义这两大20世纪主流趋势的互动下，从保存国粹到整理国故这一演化进程竟然以不承认国学是"学"为结果，实在意味深长。如果说国学的学科认同危机更多是在思想层面，在学术范围之内，思想上相当对立且学术取向也颇多歧异的北京大学和东南大学的学人在"国故学即

---

[1] 傅斯年：《清代学问的门径书几种》，《新潮》1卷4号（1919年4月），702页。
[2] 吕思勉：《经子解题》，华东师大出版社，1995年（原版于1924年），106页。

是文化史"一点上的大致共识同样影响深远;在这样的思想与学术互动中,最后还是中国所固有而西方学术分类中也存在的史学被确立下来,"国学"一名终于不立,不得不在反对声中逐渐淡出思想和学术的主流。

从19世纪末的甲午战争到1945年抗战结束,对于久处外患压迫下的中国士人来说,20世纪20年代可能是中外"国家"实体竞争最为淡化的时段。此时与清季的最大区别是"学术"与"国家"的疏离:对强调"国无学则不立"的清季士人来说,国学既不能"无用",也不能不是"国粹";但对提倡"科学无国界"的新文化人来说,"学术"与"国家"可以无关,至少关系不密切。[1] 正是在这样一种立场之上,"国学"本身成为可以比以前远更轻松地进行讨论的题目。

拘束的减少往往伴生着随意性的增加,朱熹曾说:"屈原之赋,不甚怨君,却被后人讲坏。"章学诚以为,此语"最为知古人心"。[2] 与清季相类,民初支持和反对国学者多少都有从自己"成心"出发而将其"讲好"或"讲坏"的倾向,后者尤甚;不同的是,清季人较多是无意中受到"成心"的影响,未必出自立言者有意识的动机;民初人则更明显的是在意识层面为了某种目的将国学"讲坏"。

胡适等人对整理国故态度的转变即是一例,但其转变态度的主要原因又是认为"国学"妨碍了"中国"这一国家实体的发展,即郑振铎担心的会"有阻碍于中国民族的进步与发展",特别是阻碍"中国国力及文化的发展",无意中仍回到"国家"立场之上。[3] 可知在意识层面力图区分"学术"与"国家"的民初趋新学者在下意识层面仍相当注重两者间的关系。结果,在较少受到外患直接压迫的情形之下,一度疏离的

---

[1] 学术超越的观念在新文化运动前期甚得提倡,但显然受到五四学生运动的有力冲击;或正因此,在20年代初的"科学与人生观之争"中,学术超越的观念反得到较前更有力的提倡,这一趋势要到"九一八"之后才有较大的改变,详另文。
[2] 章学诚:《史考摘录》,收入仓修良编《文史通义新编》,339页。
[3] 郑振铎:《且慢谈所谓"国学"》,《小说月报》20卷1号(1929年1月),12页。详细的讨论参见本书第7章。

"国家"与"学术"再次凸显出相当紧密的关联[1]，体现了民初对清季的思想继承。

就表述方式言，或可以说许守微1905年凸显的"国粹与欧化之争"是从晚清"中西学战"到民初"中西文化竞争"之间的过渡阶段，三者基本同义。今日意义的"文化"概念在清季虽已出现，但得到普遍的认可大约已在新文化运动后期。对一般人而言，国粹、国学、国故这几个名词在清季民初二三十年间大致为许多人互换使用。正是"国学"的淡出进一步确立了"中国文化"这一称谓的主流地位，此后"学术"的含义日渐收缩，昔人思考的"学术与国家"的关系到今天已变为"文化与国家"的关系了。惟"中国文化"也继承了当年伴随"国学"的问题：什么是中国文化、中国文化是否妨碍中国"走向世界"以及中国文化自身怎样"走向世界"乃成为学界思想界关注、思考和争辩的问题，虽时隐时显，仍贯穿了整个20世纪，并带入21世纪。

---

[1] 这一关联究竟在多大程度上是实际存在的，多大程度上是人们认知中的，不是简单说得清楚的，本书相对侧重后者。

引用书目

说明：所有论著各依读音按汉语拼音、英语字母顺序排列；同一作者按作品出版年代顺序排列；以笔名署名者凡能确定本名均按本名排列，并将笔名在括号中书出，但一般人所熟知的笔名（如刘师培署刘光汉、章太炎署章绛等）不特别表出。

Ayers, William. *Chang Chih-tung and Educational Reform in China*, Harvard University Press, 1971

宝鋆等修：《筹办夷务始末（同治朝）》，台北文海出版社影印

巴斯蒂（Marianne Bastid）：《中国近代国家观念溯源——关于伯伦知理〈国家论〉的翻译》，《近代史研究》1997年4期

Bernal, Martin, "Liu Shih-p'ei and National Essence," in Charlotte Furth, ed., *The Limits of Change: Essays on Conservative Alternatives in Republican China*, Cambridge, Mass.: Harvard University Press, 1976, pp. 90–112

蔡元培：《蔡元培全集》，高平叔编，第3、4卷，中华书局，1984年

曹聚仁：《国故学之意义与价值》，收入许啸天编：《国故学讨论集》

曹聚仁：《春雷初动中之国故学》（1925年12月），收入许啸天编：《国故学讨论集》第1集

曹慕管：《论胡适与新文学》，《时事新报·学灯（副刊）》，1924年3月25日

曹云祥：《开学词》（1925年），《清华大学史料选编》第1卷

陈存仁：《银元时代生活史》，上海人民出版社，2000年

陈德徵来信，1922年5月6日，《小说月报》13卷6号（1922年6月）

陈独秀：《新教育是什么》，《新青年》

8卷6号,1921年4月1日

陈独秀:《陈独秀著作选》,上海人民出版社,1993年

陈端志:《五四运动之史的评价》,生活书店,1936年,香港中文大学1973年影印

陈黻宸:《陈黻宸集》,中华书局,1995年

陈守实:《学术日录》,收入《中国文化研究集刊》第1辑,复旦大学出版社,1984年

陈崧编:《五四前后东西文化问题论战文选》,中国社会科学出版社,1989年增订本

陈训慈(叔谅):《中国之史学运动与地学运动》,《史地学报》2卷3号(1923)

陈以爱:《中国现代学术研究机构的兴起——以北京大学研究所国学门为中心的探讨(1922—1927)》,台北政治大学,1999年

陈以爱:《"整理国故"运动的普及化》,"五四运动八十周年学术研讨会"论文,台北政治大学,1999年4月24—25日

陈寅恪:《寒柳堂集》,上海古籍出版社,1980年

陈寅恪:《金明馆丛稿二编》,上海古籍出版社,1980年

陈寅恪:《陈寅恪诗集》,清华大学出版社,1993年

陈寅恪:《寒柳堂记梦未定稿(补)》,收入王永兴编:《纪念陈寅恪先生百年诞辰学术论文集》,江西教育出版社,1994年

陈源:《胡适〈整理国故与"打鬼"〉之西滢跋语》,收入《胡适文存三集》卷二

成仿吾:《国学运动的我见》,《创造周报》28号(1923年11月18日)

崇有(高凤谦?):《祝黄种之将兴》,《东方杂志》第1年1期(光绪三十年正月二十五日)

戴姜福:"遵拟筹设存古学堂奏折",及所附"(拣选知县)戴姜福禀文",宣统二年二月,赵尔巽档案,案卷号468

邓实:《自治论一》,《壬寅政艺丛书·政学文编卷三》

邓实:《东西洋二大文明》,《壬寅政艺丛书·政学文编卷五》

邓实:《政论与科学之关系》,《壬寅政艺丛书·政学文编卷五》

邓实:《论政治思想(〈政艺通报〉发行之趣意)》,《癸卯政艺丛书·政学文编卷一》

邓实:《论中国群治进退之大势》,《癸卯政艺丛书·政学文编卷三》

邓实:《鸡鸣风雨楼独立书》,《癸卯政艺丛书·政学文编卷七》

邓实:《国学保存论》,《政艺通报》甲辰3号

邓实:《鸡鸣风雨楼民书》,连载于《政艺通报》甲辰5—12号

邓实:《国粹学》,《政艺通报》甲辰13号

邓实:《国粹学报发刊辞》,《国粹学报》

第 1 年（约 1905）1 期

邓实：《国学保存会小集叙》，《国粹学报》第 1 年 1 期

邓实：《国学微论》，《国粹学报》第 1 年 2 期

邓实：《国学通论》，《国粹学报》第 1 年 3 期

邓实：《国学今论》，《国粹学报》第 1 年 5 期

邓实：《古学复兴论》，《国粹学报》第 1 年 9 期

邓实：《国粹学报第一周年纪念辞并叙》，《国粹学报》第 2 年（约 1906）1 期

邓实：《明末四先生学说》，《国粹学报》第 2 年 4 期

邓实：《国学讲习记》，《国粹学报》第 2 年 7 期

邓实：《国学真论》，《国粹学报》第 3 年（约 1907）2 期

邓实：《国学无用辨》，《国粹学报》第 3 年 5 期

丁伟志：《重评"文化调和论"》，收入中国社会科学院科研局等编《五四运动与中国文化建设》上册，社会科学文献出版社，1989 年

丁伟志、陈崧：《中西体用之间》，中国社会科学出版社，1995 年

丁伟志：《晚清国粹主义述论》，《近代史研究》1995 年 2 期

丁文江：《玄学与科学》，收入《科学与人生观》

丁文江、赵丰田编：《梁启超年谱长编》，上海人民出版社，1983 年

恩格斯：《家庭、私有制和国家的起源》，收入《马克思恩格斯选集》第 4 卷，人民出版社，1972 年

反：《国粹之处分》，《新世纪》44 号（1908 年 4 月 25 日）

樊少泉（抗父）：《最近二十年间中国旧学之进步》，《东方杂志》19 卷 3 号（1922 年 2 月 10 日）

樊增祥：《批潼关厅举人陈同熙蒲城县增生王其昌禀词》（此文作于乙巳年末），《樊山政书》，宣统庚戌（约 1910）刊本，无出版地

"（四川提学使）方旭致叙永厅劝学所札"，光绪三十四年十二月八日，宜宾市档案馆清代劝学所档，卷号 3

放士：《论雪国仇宜先励国耻》，《东方杂志》第 1 年 4 期（光绪三十年四月二十五日）

弗洛伊德：《弗洛伊德后期著作选》，林尘等译，上海译文出版社，1986 年

傅斯年：《〈新潮〉发刊旨趣书》，《新潮》1 卷 1 号（1919 年 1 月 1 日）

傅斯年：《清代学问的门径书几种》，《新潮》1 卷 4 号（1919 年 4 月）

傅斯年：《毛子水〈国故和科学的精神〉附识》，《新潮》1 卷 5 号（1919 年 5 月 1 日）

傅斯年：《新潮之回顾与前瞻》（1919 年 9 月 5 日），《新潮》2 卷 1 号（1919 年 10 月 30 日）

傅斯年致朱家骅（抄件），1940 年 7 月

8日,台北"中研院"史语所"傅斯年档案"

傅斯年:《傅斯年全集》,台北联经出版公司,1980年

傅斯年:《史料论略及其他》,辽宁教育出版社,1997年

高名凯、刘正埮:《现代汉语外来词研究》,文字改革出版社,1958年

高凤谦:《论偏重文字之害》,《东方杂志》第5年7期(1908年8月)

高凤谦:《论保存国粹》,《教育杂志》第1年7期(宣统元年六月)

耿云志:《胡适整理国故平议》,《历史研究》1992年2期

Greenfeld, Liah. *Nationalism:Five Roads to Modernity*, Cambridge, Mass.: Harvard University Press, 1992

顾潮编:《顾颉刚年谱》,中国社会科学出版社,1993年

顾颉刚致傅斯年,1919年2月21日,《新潮》1卷4号(1919年4月1日)

顾颉刚:《中学校本国史教科书编纂法的商榷》,《教育杂志》14卷4号(1922年4月)

顾颉刚:《一九二六年始刊词》,《北京大学研究所国学门周刊》2卷13期(1926年1月6日)

顾颉刚:《我们对于国故应取的态度》,《小说月报》14卷1号(1923年1月)

顾颉刚:《我是怎样编写〈古史辨〉的?》,《古史辨》(一),上海古籍出版社1981年重印本

顾颉刚:《中国近来学术思想界的变迁观》,《中国哲学》第11辑,人民出版社,1984年

《顾颉刚自传》(一),《中外杂志》(台北)47卷1期(1990年1月)

顾颉刚致傅斯年,1919年8月11日,《学术集林》卷一,上海远东出版社,1994年8月

顾颉刚致王伯祥,1919年8月14日,《学术集林》卷一

顾实:《发刊辞》,《国学丛刊》1卷1期(1923年1月)

顾实起草、国文系通过提出:《国立东南大学国学院整理国学计划书》(癸亥四月),《国学丛刊》1卷4期(1923年12月)

顾实:《发刊词》,《国学辑林》第1期(1926年9月)

冠:《与梁任公先生谈话记》(1923年2月),清华大学校史研究室:《清华大学史料选编》第1卷

管豹:《新旧之冲突与调和》,《东方杂志》17卷1号(1920年1月10日)

关晓红:《张之洞与晚清学部》,《历史研究》2000年3期

郭沫若:《整理国故的评价》,《创造周报》36号(1924年1月13日)

郭颖颐:《中国现代思想中的唯科学主义:1900—1950》,雷颐译,江苏人民出版社,1995年

韩定山:《我所亲历的甘肃存古学堂》,原载《甘肃文史资料》,收入朱有瓛主编《中国近代学制史料》第2辑下册

狭间直树：《关于梁启超称颂"王学"问题》，《历史研究》1998年5期

何炳松：《论所谓"国学"》，《小说月报》20卷1号（1929年1月）

何思敬：《读妙峰山进香专号》，《民俗》第4期（1928年4月11日）

何域凡：《存古学堂嬗变记》，《四川文史资料集粹》第4卷，四川人民出版社，1996年

侯外庐：《近代中国思想学说史》上下册，生活书店，1947年

胡逢祥：《论辛亥革命时期的国粹主义史学》，《历史研究》1985年5期

胡适致毛子水，1919年8月16日，《新潮》2卷1号（1919年10月）

胡适：《胡适文存》，亚东图书馆，1920年

胡适：《胡适文存二集》，亚东图书馆，1924年

胡适：《再谈谈整理国故》，收入许啸天编：《国故学讨论集》第1集

胡适：《胡适文存三集》，亚东图书馆，1930年

胡适：《新文化运动与国民党》，收入《人权论集》，上海新月书店，1930年

胡适：《藏晖室札记（胡适日记）》，上海商务印书馆，1939年

《胡适来往书信选》，中华书局，1979年

胡适：《胡适的日记》，中华书局，1985年

胡适：《胡适的日记（手稿本）》，台北远流出版公司，1989—1990年

《胡适遗稿及秘藏书信》，耿云志编，黄山书社，1994年

《胡适书信集》，耿云志等编，北京大学出版社，1996年

胡适：《胡适序》，《科学与人生观》，山东人民出版社1997年横排新版

《胡适口述自传》，唐德刚译注，华东师范大学出版社，1993年

胡颂平编：《胡适之先生晚年谈话录》，中国友谊出版公司，1993年

华华：《与胡适之先生谈话记》，收入清华大学校史编写组：《清华大学校史稿》

黄福庆：《清末留日学生》，台北"中研院"近代史所，1975年

黄节：《国粹保存主义》，《壬寅政艺丛书·政学文编卷五》

黄节：《东西洋民族交通消长之大潮》，《癸卯政艺丛书·政史文编卷三》

黄节：《国粹学社发起辞》，《政艺通报》甲辰1号

黄节：《国粹学报叙》，《国粹学报》第1年1期

黄节：《春秋攘夷大义发微》，《国粹学报》第2年8期

黄节：《孔学君学辨》，《政艺通报》丁未1号5张、2号6张、3号5张

黄进兴：《优入圣域：权力、信仰与正当性》，台北允晨文化公司，1994年

引用书目　409

詹森（Marius B. Jansen）：《日本及其世界：二百年的转变》，柳立言译，香港商务印书馆，1987年

季羡林：《陈寅恪先生的爱国主义》，收入《〈柳如是别传〉与国学研究》，浙江人民出版社，1995年

蒋方震（飞生）：《国魂篇》，《浙江潮》第1、3、5期（癸卯正月、三月、五月）

蒋方震：《蒋百里全集》，台北传记文学出版社，1971年

金一：《心声》，《国粹学报》第3年3期

金毓黻：《静晤室日记》，辽沈书社，1993年

静庵：《范源濂氏的谈话》，《晨报副刊》1923年10月14日

康白情：《"太极图"与Phallicism》，《新潮》1卷4号（1919年4月1日）

康有为：《物质救国论》，上海长兴书局，1919年

康有为：《列国游记》，上海市文物保管委员会编，上海人民出版社，1995年

康有为：《大同书》，收入钱锺书主编、朱维铮执行主编《康有为大同论二种》，生活·读书·新知三联书店，1998年

雷颐：《胡适与"整理国故"运动》，收入其《时空游走：历史与现实的对话》，山东教育出版社，1999年

Levenson, Joseph R. *Confucian China and Its Modern Fate*, Berkeley & Los Angeles: University of California Press, vol. 3

李长林：《国人对欧洲文艺复兴的早期了解》，《世界史研究动态》1992年8期

厉鼎煃：《章太炎先生访问记》，《国风》（南京）8卷4期（1936年4月）

李书城：《学生之竞争》，《湖北学生界》第2期（1903），《辛亥革命前十年间时论选集》卷一上

李石曾（民）：《谈学》，《新世纪》7号（1907年8月3日，按，也有人说"民"是褚民谊而非李石曾的笔名）

李石曾（真）：《进化与革命》，《新世纪》20号（1907年11月2日）

李细珠：《晚清保守思想的原型——倭仁研究》，社会科学文献出版社，2000年

李孝悌：《胡适与整理国故——兼论胡适对中国传统的态度》，《食货月刊（复刊）》（台北）15卷5—6期（1985年11月）

梁启超：《评胡适的〈一个最低限度的国学书目〉》，《胡适文存二集》卷一

梁启超：《国学入门书要目及其读法》，《胡适文存二集》卷一

梁启超：《治国学杂话》，《胡适文存二集》卷一

梁启超：《保教非所以尊孔论》，《辛亥革命前十年间时论选集》卷一上

梁启超：《新民说》，《辛亥革命前十

年间时论选集》卷一上

梁启超：《梁启超论清学史二种》，朱维铮校注，复旦大学出版社，1985年

梁启超致胡适，1921年4月3日，收入《胡适文存二集》卷一

梁启超：《饮冰室合集》，中华书局，1989年影印版

梁容若（ZM）：《顾实先生之妙文》，《晨报副刊》1924年4月17日

梁实秋：《灰色的书目》，《晨报副刊》1923年10月15日

梁实秋：《清华八年》，台北重光文艺出版社，1962年

梁漱溟：《梁漱溟全集》，山东人民出版社，1989年

林毓生：《当前文化发展的困境及其解决之道》，《联合报·联合副刊》1994年3月24日

林语堂（林玉堂）：《科学与经书》，《晨报五周年纪念增刊》1923年12月1日

林语堂致钱玄同，1925年4月7日，收入《钱玄同文集》第2卷

林语堂：《机器与精神》，收入《胡适文存三集》卷一

刘大鹏：《退想斋日记》，乔志强标注，山西人民出版社，1990年

刘复：《敦煌掇琐叙目》，《北京大学研究所国学门周刊》1卷3期（1925年10月28日）

刘复（半农）致周作人（启明），1925年1月28日，收入《钱玄同文集》第2卷

刘龙心：《学科体制与近代中国史学的建立》，收入罗志田主编《20世纪的中国：学术与社会（史学卷）》，449—580页

刘师培：《刘申叔先生遗书》，江苏古籍出版社1997年影印

刘师培：《刘师培辛亥前文选》，钱锺书主编、朱维铮执行主编，生活·读书·新知三联书店，1998年

刘师培：《论古学出于史官》，《国粹学报》第1年1期

刘师培：《论文杂记》，《国粹学报》第1年1期

刘师培：《古学起源论一、二》，《国粹学报》第1年8、11期

刘光汉：《孙兰传》，《国粹学报》第1年10期

刘师培：《国学发微》，《国粹学报》第1年11期

刘师培：《孔学真论》，《国粹学报》第2年5期

刘师培：《补古学出于史官论》，《国粹学报》第2年5期

刘师培：《劝各省州县编辑书籍志启》，《国粹学报》第2年6期

刘师培：《论中国宜建设藏书楼》，《国粹学报》第2年7期

刘师培：《编辑乡土志序例》，《国粹学报》第2年9期

刘师培：《论近世文学之变迁》，《国粹学报》第3年1期

刘师培：《〈新方言〉后序》，《国粹学报》第4年6期

柳诒徵（讲演，赵万里、王汉记）：《汉

学与宋学》，东南大学、南京高师国学研究会编《国学研究会演讲录》第1集，上海商务印书馆，1924年

逯耀东：《傅斯年与〈历史语言研究所集刊〉》，《台湾大学历史学报》第20期（1996年11月）

卢于道：《为树立科学文化告国人书》，《国风》（南京）8卷7期（1936年7月）

罗家伦：《致熊子真函》，1920年5月28日，《新潮》2卷4号（1920年5月）

罗家伦：《近代中国文学思想的变迁》，《新潮》2卷5号（1920年9月1日）

罗家伦：《罗志希先生来信》，《晨报副刊》1923年10月19日

罗家伦：《元气淋漓的傅孟真》，收入王为松编《傅斯年印象》，学林出版社，1997年

罗荣渠主编：《从西化到现代化》，北京大学出版社，1990年

罗志田：《再造文明之梦——胡适传》，四川人民出版社，1995年

罗志田：《中国文化体系之中的传统中国政治统治》，《战略与管理》1996年3期

罗志田：《民族主义与近代中国思想》，台北东大图书公司，1998年

罗志田：《权势转移：近代中国的思想、社会与学术》，湖北人民出版社，1999年

罗志田：《史料的尽量扩充与不看二十四史——民国新史学的一个诡论现象》，《历史研究》2000年4期

罗志田：《走向国学与史学的"赛先生"——五四前后中国人心目中的"科学"一例》，《近代史研究》2000年3期

罗志田：《历史创造者对历史的再创造：修改"五四"历史记忆的一次尝试》，《四川大学学报》2000年5期

罗志田：《二十世纪的中国思想与学术掠影》，广东教育出版社，2001年

罗志田：《乱世潜流：民族主义与民国政治》，上海古籍出版社，2001年

罗志田主编：《20世纪的中国：学术与社会（史学卷）》，山东人民出版社，2001年

罗志田：《〈山海经〉与近代中国史学》，《中国社会科学》2001年1期

罗志田（罗厚立）：《物质的兴起：20世纪中国文化的一个倾向》，《开放时代》2001年3期

马君武：《马君武集（1900—1919）》，莫世祥编，华中师范大学出版社，1991年

马叙伦：《二十世纪之新主义》，《癸卯政艺丛书·政学文编卷四》

马叙伦：《中国无史辨》，《新世界学报》第9期（光绪二十八年十二月）

马叙伦：《啸天庐古政通志》，《国粹学报》第1年7期

毛子水：《国故和科学的精神》，《新潮》1卷5号（1919年5月1日）

毛子水：《〈驳新潮国故和科学的精神篇〉订误》，《新潮》2卷1号（1919年10月）

茅海建：《天朝的崩溃——鸦片战争再研究》，生活·读书·新知三联书店，1995年

村田雄二郎：《康有为与孔子纪年》，《学人》第2辑（1992年7月）

木山英雄：《"文学复古"与"文学革命"》，《学人》第10辑（1996年9月）

马西尼（Federico Masini）：《现代汉语词汇的形成——十九世纪汉语外来词研究》，黄河清译，汉语大词典出版社，1997年

蒙文通：《经史抉原》（《蒙文通文集》第3卷），巴蜀书社，1995年

南械（张继良？）：《佚丛序》，《政艺通报》丁未17号

倪海曙：《中国拼音文字运动史简编》，上海时代书报出版社，1948年

欧榘甲：《新广东》（1902），《辛亥革命前十年间时论选集》卷一上

潘博：《国粹学报叙》，《国粹学报》第1年1期

皮锡瑞：《师伏堂日记》，选刊在《湖南历史资料》1959年第1辑

钱基博：《十年来之国学商兑》，收入《中国现代学术经典·钱基博卷》，刘梦溪主编，河北教育出版社，1996年

钱穆：《国史大纲》，台北商务印书馆，1954年

钱穆：《国学概论》，台北商务印书馆1963年影印1931年版

钱穆：《中国近三百年学术史》，台北商务印书馆1964年重印本

钱穆：《现代中国学术论衡》，岳麓书社，1986年

钱穆：《钱宾四先生论学书简》，收入余英时《钱穆与中国文化》，上海远东出版社，1994年

前行：《中国新语凡例》，《新世纪》40号（1908年3月28日）

钱玄同致顾颉刚，1923年2月9日，《小说月报》14卷5号（1923年5月）

钱玄同：《林玉堂〈国语罗马字拼音与科学方法〉附记》，《晨报副刊》1923年9月12日

钱玄同：《汉字革命与国故》，《晨报五周年纪念增刊》

钱玄同：《刘师培〈黄帝纪年说〉按语》，《刘申叔遗书》

钱玄同：《钱玄同文集》，中国人民大学出版社，1999年

钱锺书：《管锥编》，中华书局，1979年

清华大学校史编写组：《清华大学校史稿》，中华书局，1981年

清华大学校史研究室：《清华大学史料选编》第1卷，清华大学出版社，1991年

润生来信，1922年12月21日，《小说

月报》14 卷 2 号（1923 年 2 月）

实藤惠秀：《中国人留学日本史》，谭汝谦、林启彦译，生活·读书·新知三联书店，1983 年

桑兵：《晚清民国时期的国学研究与西学》，《历史研究》1996 年 5 期

桑兵：《国学与汉学——近代中外学界交往录》，浙江人民出版社，1999 年

桑兵：《晚清民国的国学研究》，上海古籍出版社，2001 年

Schneider, Laurence, A. "National Essence and the Intelligentsia," in Charlotte Furth, ed., *The Limits of Change: Essays on Conservative Alternatives in Republican China*, Cambridge, Mass.: Harvard University Press, 1976

Schwarcz, Vera. *The Chinese Enlightenment: Intellectuals and the Legacy of the May Fourth Movement of 1919*, Berkeley: University of California Press, 1986

沈松侨：《学衡派与五四时期的反新文化运动》，台湾大学，1984 年

沈松侨：《我以我血荐轩辕——黄帝神话与晚清的国族建构》，《台湾社会研究季刊》第 28 期（1997 年 12 月）

沈松侨：《振大汉之天声——民族英雄系谱与晚清的国族想象》，《"中央研究院"近代史研究所集刊》33 期（2000 年 6 月）

沈兼士：《沈兼士学术论文集》，中华书局，1986 年

沈雁冰：《答梁绳祎》，《小说月报》13 卷 1 号（1922 年 1 月）

沈雁冰：《最后一页》，《小说月报》13 卷 6 号（1922 年 6 月）

沈雁冰复陈德徵，《小说月报》13 卷 6 号（1922 年 6 月）

沈雁冰复万良濬，《小说月报》13 卷 7 号（1922 年 7 月）

沈雁冰（玄珠）：《心理上的障碍》，《小说月报》14 卷 1 号（1923 年 1 月）

沈雁冰（茅盾）：《茅盾全集》，人民文学出版社，1989 年

宋恕：《宋恕集》，胡珠生编，中华书局，1993 年

苏云峰：《张之洞与湖北教育改革》，台北"中研院"近史所专刊，1976 年

孙家鼐：《议覆开办京师大学堂折》（光绪二十二年七月），收入中国史学会主编《中国近代史料丛刊——戊戌变法》第 2 册，神州国光社，1953 年

孙隆基：《清季民族主义与黄帝崇拜之发明》，《历史研究》2000 年 3 期

孙雄：《北洋客籍学堂识小录叙》，《政艺通报》丁未 14 号

孙雄：《师郑堂国文讲义叙目》，《政艺通报》丁未 15 号

谭嗣同：《谭嗣同全集（增订本）》，蔡尚思、方行编，中华书局，

1998 年

唐才常：《唐才常集》，中华书局，1980 年

汤志钧编：《章太炎年谱长编》，中华书局，1979 年

陶飞亚、吴梓明：《燕京大学的国学教育与研究》，《学人》第 13 辑（1998 年 3 月）

田北湖：《国定文字私议》，《国粹学报》第 4 年 10、12 期

天均：《评东南大学国学院整理国学计划书》，《晨报副刊》1924 年 3 月 30 日

de Vargas, Phlip. "Some Elements in the Chinese Renaissance," *The New China Review*, Ⅳ : 2-3（Feb. & June, 1922）

万良濬来信，1922 年 5 月 24 日，《小说月报》13 卷 7 号（1922 年 7 月）

汪德渊：《救亡决论》，连载于《政艺通报》丁未 22—23 号

王伯祥：《国故的地位》，《小说月报》14 卷 1 号（1923 年 1 月）

王东杰：《国学保存会和清季国粹运动》，《四川大学学报》1999 年 1 期

王东杰：《欧风美雨中的国学保存会》，《档案与史学》1999 年 5 期

王东杰：《〈国粹学报〉与"古学复兴"》，《四川大学学报》2000 年 5 期

王汎森：《刘师培与清末的无政府主义运动》，《大陆杂志》90 卷 6 期（1995 年 6 月）

王汎森：《清末的历史记忆与国家建构——以章太炎为例》，《思与言》（台北）34 卷 3 期（1996 年 9 月）

王汎森：《晚清的政治概念与"新史学"》，收入罗志田主编《20 世纪的中国：学术与社会（史学卷）》

王汎森：《民国的新史学及其批评者》，收入罗志田主编《20 世纪的中国：学术与社会（史学卷）》

王国维：《王国维遗书》，上海古籍出版社，1983 年影印商务印书馆 1940 年版

王奇生：《中国留学生的历史轨迹》，湖北教育出版社，1992 年

王先谦：《虚受堂文集》，1932 年葵园四种版

王先谦：《虚受堂书札》，1932 年葵园四种版

王煦华：《顾颉刚〈中国近来学术思想界的变迁观〉后记》，《中国哲学》第 11 辑，人民出版社，1984 年

闻黎明、侯菊坤编：《闻一多年谱长编》，湖北人民出版社，1994 年

闻一多：《闻一多全集》，湖北人民出版社，1993 年

吴宓:《清华开办研究院之旨趣及经过》，《清华大学史料选编》第 1 卷

吴宓：《吴宓日记》（1—2），生活·读书·新知三联书店，1998 年

伍启元：《中国新文化运动概观》，上海现代书局，1934 年

伍文琛：《群书》，连载于《政艺通报》丙午 18—19 号

吴文祺:《重新估定国故学之价值》(1924

年2月），收入许啸天编：《国故学讨论集》第1集

吴学昭：《吴宓与陈寅恪》，清华大学出版社，1992年

吴雁南等主编：《清末社会思潮》，福建人民出版社，1990年

吴稚晖（燃）：《新语问题之杂答》，《新世纪》45号（1908年5月2日）

吴稚晖（燃）：《前行〈中国新语凡例〉注》，《新世纪》40号（1908年3月28日）

吴稚晖（燃）：《新语问题之杂答》，《新世纪》44号（1908年4月25日）

吴稚晖（燃料）：《书驳中国用万国新语说后》，《新世纪》57号（1908年7月25日）

吴稚晖：《苏格兰〈废除汉文议〉按语》，《新世纪》71号（1908年10月31日）

吴稚晖：《复蔡子民先生书》，《晨报副刊》1923年7月23日

《吴稚晖先生来信》，《晨报副刊》1923年10月15日

吴稚晖：《国音、国语、国字》，台北传记文学出版社，1970年

吴稚晖：《箴洋八股化之理学》，收入《科学与人生观》

吴稚晖：《一个新信仰的宇宙观及人生观》，收入《科学与人生观》

四川总督锡良、学政郑沅：《添设致用学堂以广儒效而豫师资折》，光绪三十二年三月初四，《光绪朝朱批奏折》第105辑，中华书局，1996年

夏承焘：《夏承焘集》，浙江古籍、浙江教育出版社，1997年

熊月之：《西学东渐与晚清社会》，上海人民出版社，1994年

熊子真致蔡元培，1920年春，《新潮》2卷4号（1920年5月）

许啸天编：《国故学讨论集》，上海书店1991年影印

薛祥绥：《讲学救时议》，《国故》第3期（1919年5月）

许之衡：《读国粹学报感言》，《国粹学报》第1年6期

许之衡(许守微)：《论国粹无阻于欧化》，《国粹学报》第1年7期

严复：《〈孟德斯鸠之支那论〉按语》，《政艺通报》丙午14—15号

严复：《论教育书》，《外交报》（1902），《辛亥革命前十年间时论选集》卷一上

严复：《严复集》，王栻主编，中华书局，1986年

严既澄：《韵文及诗歌之整理》，《小说月报》14卷1号（1923年1月）

严既澄：《国故与人生》，《文学（周报）》118期（1924年4月21日）、119期（1924年4月28日）

杨度：《游学译编叙》，《游学译编》第1册（光绪二十八年十月）

杨天石：《论辛亥革命前的国粹主义思潮》，《新建设》1965年2期

杨天石：《振兴中国文化的曲折寻求——论辛亥前后至"五四"时期的钱玄同》，中国社会科学院科研局等编《五四运动与中国文化建设》下册，

社会科学文献出版社，1989年

杨荫杭：《老圃遗文辑》，长江文艺出版社，1993年

叶德辉：《郋园书札》，长沙中国古书刊印社1935年《郋园全书》汇印本

俞旦初：《爱国主义与中国近代史学》，中国社会科学出版社，1996年

余其锵（余一）：《民族主义论》，《浙江潮》（1903），收入《辛亥革命前十年间时论选集》卷一下

余祥森：《整理国故与新文学运动》，《小说月报》14卷1号（1923年1月）

余英时：《钱穆与中国文化》，上海远东出版社，1994年

Yu Ying-Shih, "Changing Conceptions of National History in Twentieth-Century China," in Erik Lönnroth, Karl Molin, & Ragnar Björk eds., *Conceptions of National History* (Walter de Gruyter, 1994)

张东荪：《劳而无功——评丁在君先生口中的科学》，收入《科学与人生观》

张东荪：《现代的中国怎样要孔子？》，原载《正风半月刊》，收入罗荣渠主编《从西化到现代化》

张佛泉：《梁启超国家观念之形成》，《政治学报》（台北）1卷1期（1971年9月）

张寄谦：《哈佛燕京学社》，《近代史研究》1990年5期

张君劢：《学术方法上之管见》，《改造》4卷5号（1922年1月）

张君劢：《人生观论战之回顾》，《东方杂志》31卷13期（1934年7月1日）

张君劢：《科学与计划政治》，《再生》新第240期（1948年11月22日）

张禄（马叙伦？）：《理科救国》，《东方杂志》17卷6号（1920年3月25日）

张枏、王忍之编：《辛亥革命前十年间时论选集》卷一、卷三，生活·读书·新知三联书店，1960、1977年

张彭春：《日程草案》（即日记），1923—1925，原件藏美国哈佛燕京图书馆，我所用的是台北"中研院"近史所的微缩胶卷

张煊：《驳新潮国故和科学的精神篇》，《国故》第3期（1919年5月）

张之洞：《张文襄公全集》，中国书店1990年影印本

章士钊：《章士钊全集》，文汇出版社，2000年

章太炎：《诸子学略说》，《国粹学报》第2年8期

章太炎：《规新世纪》，《民报》24号（1908年10月）

章太炎：《原学》，《国粹学报》第6年（约1910）4期

章太炎：《章太炎政论选集》，汤志钧编，中华书局，1977年

章太炎：《章太炎全集》（3—4），上海人民出版社，1984、1985年

章学诚：《文史通义新编》，仓修良编，

上海古籍出版社，1993年

赵尔巽：《奏筹设存古学堂折》，《政治官报》第900号（宣统二年三月二十四日）第31册，台北文海出版社1965年影印本

赵启霖：《详请奏设存古学堂文》，《四川教育官报》第72期（宣统二年）

Zarrow, Peter. *Anarchism and Chinese Political Culture*, New York: Columbia University Press, 1990

郑伯奇：《国民文学论（上）》，《创造周报》33号（1923年12月23日）

郑伯奇：《国民文学论（下）》，《创造周报》35号（1924年1月6日）

郑师渠：《晚清国粹派——文化思想研究》，北京师范大学出版社，1993年

郑振铎：《文艺丛谈（一）》，《小说月报》12卷1号（1921年1月）

郑振铎：《整理中国文学的提议》，《文学旬刊》51期（1922年10月1日）

郑振铎：《新文学之建设与国故之新研究》，《小说月报》14卷1号（1923年1月）

郑振铎复润生，《小说月报》14卷2号（1923年2月）

郑振铎：《新与旧》，《文学（周报）》136期（1924年8月5日）

郑振铎：《何炳松〈论所谓"国学"〉按语》,《小说月报》20卷1号（1929年1月）

郑振铎：《且慢谈所谓"国学"》，《小说月报》20卷1号（1929年1月）

钟少华：《试论近代中国之"国学"研究》，《学术研究》1999年8期

周树人（鲁迅）：《鲁迅全集》，人民文学出版社，1982年

周作人（独应）：《论文章之意义暨其使命因及中国近时论文之失》，收入《辛亥革命前十年间时论选集》卷三

周作人（陶然）：《国学院之不通》，《晨报副刊》1924年3月27日

周作人：《艺术与生活》，上海中华书局，1936年

周作人：《苦口甘口》，上海太平书局，1944年

朱维铮：《音调未定的传统》，辽宁教育出版社，1995年

朱维铮：《求索真文明——晚清学术史论》，上海古籍出版社，1996年

朱有瓛主编：《中国近代学制史料》第2辑下册，华东师范大学出版社，1989年

庄俞：《论各省可不设存古学堂》，《教育杂志》第3年5期（宣统三年五月）

壮游：《国民新灵魂》，《江苏》1903年5期，《辛亥革命前十年间时论选集》卷一下

未署名

《光绪朝朱批奏折》，中华书局，1996年

《国学保存会藏书楼募捐启》，《政艺通报》丁未4号，插页

《国粹学报发刊辞及〈略例〉》，《国粹学报》第1年1期

《国立北京大学研究所整理国学计划书》1920年10月，《北京大学日刊》1920年10月19日

《科学与人生观》，山东人民出版社，1997年横排新版

《论文学与科学不可偏废》，《大陆》（1903），收入《辛亥革命前十年间时论选集》卷一上

《民族精神论》，《江苏》（1904），收入《辛亥革命前十年间时论选集》卷一下

《拟设国粹学堂启》，《国粹学报》第3年（约1907）1期

《〈清华周刊〉记者来书》，《胡适文存二集》卷一

《清史稿·吴汝纶传》卷486，中华书局1977年标点本

《文学研究会章程》，《小说月报》12卷1号（1921年1月）

《新定学务纲要》，《东方杂志》第1年3期（光绪三十年三月二十五日）

《研究院章程》，《清华大学史料选编》第1卷

《张文襄公与教育之关系》，《教育杂志》第1年10期（宣统元年九月）

《张文襄学堂章程之影响》，《教育杂志》第1年11期（宣统元年十月）

《张相国之遗言》，《教育杂志》第1年10期（宣统元年九月）

报纸期刊（作为史料）

《申报》

《大公报》

《时事新报》

《晨报副刊》，人民出版社1981年影印本

《东方杂志》

《政艺通报》（皆按类重装出版的《政艺丛书》，其中壬寅、癸卯、丁未三年为台北文海出版社影印本）

《国粹学报》

《教育杂志》，台北商务印书馆1975年影印

《政治官报》（台北文海出版社影印本，日期不详）

《新世界学报》

《游学译编》

《浙江潮》

《民报》

《小说月报》

《新世纪》（台北文海出版社影印本）

《新青年》

《新潮》，上海书店1986年影印本

《国故》

《北京大学日刊》

《北京大学研究所国学门周刊》

The New China Review

《改造》

《再生》

《文学（周报）》

《文学旬刊》

《创造周报》

《国风》

"当代学术"第一辑

美的历程
李泽厚著

中国古代思想史论
李泽厚著

古代宗教与伦理
儒家思想的根源
陈 来著

从爵本位到官本位(增补本)
秦汉官僚品位结构研究
阎步克

天朝的崩溃(修订版)
鸦片战争再研究
茅海建著

晚清的士人与世相(增订本)
杨国强著

傅斯年
中国近代历史与政治中的个体生命
王汎森著

法律与文学
以中国传统戏剧为材料
苏 力著

刺桐城
滨海中国的地方与世界
王铭铭著

第一哲学的支点
赵汀阳著

生活·讀書·新知 三联书店 刊行

"当代学术"第二辑

七缀集
钱锺书 著

杜诗杂说全编
曹慕樊 著

商文明
张光直 著

西周史（增补二版）
许倬云 著

拓跋史探（修订本）
田余庆 著

近代中国社会的新陈代谢
陈旭麓 著

甲午战争前后之晚清政局
石　泉 著

民主四讲
王绍光 著

心灵秩序与世界历史（增订本）
奥古斯丁对西方古典文明的终结
吴　飞 著

海德格尔与伦理学问题（修订版）
韩　潮 著

生活·讀書·新知 三联书店 刊行

"当代学术" 第三辑

三松堂自序
冯友兰 著

中国文明起源新探
苏秉琦 著

美术、神话与祭祀
张光直 著

杜甫评传
陈贻焮 著

中国历史通论
王家范 著

清代政治论稿
郭成康 著

无法直面的人生（修订本）
鲁迅传
王晓明 著

反抗绝望（修订版）
鲁迅及其文学
汪 晖 著

竹内好的悖论（增订本）
孙 歌 著

跨语际实践（修订译本）
刘 禾 著

生活·讀書·新知 三联书店 刊行